# Digitales Zentralbankgeld im Rechtsvergleich China-EU

**Europäische Hochschulschriften Recht**

European University Studies in Law
Publications Universitaires Européennes de Droit

Band/Volume 6842

Tingting Huang

# Digitales Zentralbankgeld im Rechtsvergleich China-EU

PETER LANG
Berlin · Bruxelles · Chennai · Lausanne · New York · Oxford

**Bibliografische Information der Deutschen Nationalbibliothek**
Die Deutsche Nationalbibliothek verzeichnet diese Publikation in der Deutschen Nationalbibliografie; detaillierte bibliografische Daten sind im Internet über http://dnb.d-nb.de abrufbar.

Zugl.: Marburg, Univ., Diss., 2025

**DE-04**
ISSN (Print) 3052-8291
ISSN (eVersion) 3052-8305
ISBN 978-3-631-94420-2 (Print)
ISBN 978-3-631-94450-9 (ePDF)
ISBN 978-3-631-94451-6 (ePUB)
DOI 10.3726/b23261


Verlegt durch Peter Lang GmbH, Berlin (Deutschland)

info@peterlang.com



**www.peterlang.com**

*Meiner Familie Gewidmet*

# Inhaltsübersicht

# Inhaltsverzeichnis

# Vorwort

Die vorliegende Arbeit wurde im Sommersemester 2025 von dem Fachbereich Rechtswissenschaften der Philipps-Universität Marburg als Dissertation angenommen. Literatur, Rechtsprechung und Webseiten entsprechen dem Stand März 2025. Die Dissertation wurde aus rechtsvergleichender Perspektive basierend auf dem neuesten Stand der technologischen Entwicklung verfasst und ebenfalls stimmt mit dem Hauptthema des Institutes für das Recht der Digitalisierung der Philipps-Universität Marburg überein.

Meinem Doktorvater, Herrn Prof. Dr. Sebastian Omlor, LL.M. (NYU), LL.M. Eur., möchte ich meinen herzlichsten Dank aussprechen. Neben einer hervorragenden wissenschaftlichen Betreuung durfte ich mich als externe Doktorandin in sein Team integrieren – nicht nur bei der Ausarbeitung der Dissertation am Lehrstuhl, sondern auch durch die Vernetzung mit Kolleginnen und Kollegen sowie die Teilnahme an wissenschaftlichen Aktivitäten. Zudem verdanke ich ihm die Möglichkeit, in Deutschland zu studieren, sowie seine Betreuung, unter der ich meine Magisterarbeit verfassen konnte. Weiterer Dank gilt Herrn Prof. Dr. Georgios Gounalakis für seine wertvollen Bemerkungen und die zügige Erstellung des Zweitgutachtens. Ebenfalls bedanke ich mich herzlich bei allen Kolleginnen und Kollegen des Instituts für das Recht der Digitalisierung – insbesondere bei Dr. Johannes Meier, Dr. Tim Blöcher, Alexander Schneider, Laurenz Wagner, Parlove Singh Bawa, Benedikt Bartylla und Youssef Hefny –, die mich während meiner Promotion sowohl fachlich als auch menschlich begleitet und unterstützt haben. Mein Dank gilt darüber hinaus dem China Scholarship Council (CSC) für ein Promotionsstipendium.

Dem Dozenten Lianjun Zhang danke ich sehr herzlich, ohne seine Anleitung und Führung könnte ich den akademischen Weg nicht eröffnen. Ebenso gilt mein Dank für Herrn Prof. Xinghu Lei, ohne dessen Unterstützung und Ermunterung hätte ich meine Doktorarbeit nicht so effizient und fachgerecht erledigen können.

Großer Dank gebührt Niklas Repking, Shaokun Huang, Huanyu Deng, Qiang Ma, Kaige Cheng und Yuan Huang. Nur dank ihres Verständnisses, ihres Rückhalts und ihrer Unterstützung konnte ich die Herausforderungen sowohl im Studium als auch im Leben meistern und meine Dissertation erfolgreich abschließen.

Die Arbeit ist meinen Eltern und meinen Brüdern gewidmet. Ohne ihre finanzielle Unterstützung und ihr Verständnis hätte ich keine Chance gehabt, in Deutschland zu studieren. Meinem Vater gilt dabei ein besonderer Dank: Er hat mich während meines mehr als zwanzigjährigen Studiums bedingungslos unterstützt und mir stets Rückhalt gegeben. Dafür danke ich ihm an dieser Stelle von ganzem Herzen.

Marburg, im August 2025 Tingting Huang

# Abkürzungsverzeichnis

| | |
|---|---|
| AEUV | Vertrag über die Arbeitsweise der Europäischen Union |
| Alt. | Alternative(n) |
| AML | Anti-Money Laundering |
| AMLD5 | Fünfte EU-Geldwäscherichtlinie |
| API | Application Programming Interface |
| Art. | Artikel |
| AT | Allgemeiner Teil |
| Aufl. | Auflage |
| Bd. | Band |
| BDSG | Bundesdatenschutzgesetz |
| BEPS | Bulk Electronic Payment System |
| BGB | Bürgerliches Gesetzbuch |
| BGH | Bundesgerichtshof |
| BIP | Bruttoinlandsprodukts |
| BIZ | Bank für Internationalen Zahlungsausgleich |
| bspw. | Beispielsweise |
| BVerfG | Bundesverfassungsgericht |
| ca. | circa |
| CBDC | digitale Zentralbankwährung |
| CFT | Countering the Financing of Terrorism |
| CFXPS | China Foreign Exchange Payment System |
| COVID | Coronavirus Disease |
| d. h. | das heißt |
| DAG | azyklische Graph |

| | |
|---|---|
| dEuroVO-E | Verordnungsvorschlag für die Einführung des digitalen Euro |
| DLT | Distributed-Ledger-Technologie |
| DSGVO | Datenschutzgrundverordnung |
| e-CNY | digitale Yuan |
| EMPK | Konvention zum Schutz der Menschenrechte und Grundfreiheiten |
| ERPB | Euro Retail Payments Board |
| EU | Europäische Union |
| EuGH | Europäischer Gerichtshof |
| EUid | European Digital Identity |
| EUR | Euro |
| EuroBaMüVO-E | Vorschlag über Euro-Banknoten und Euro-Münzen als gesetzliches Zahlungsmittel |
| EUV | Vertrag über die Europäische Union |
| eWpG | Gesetz über elektronische Wertpapiere |
| EZB | Europäische Zentralbank |
| f./ff. | folgende/ fortfolgende |
| FATF | Financial Action Task Force |
| G20 | Gruppe der Zwanzig |
| GBG | Gesetz zur Bekämpfung der Geldwäsche |
| GEC | Gesetz über den E-Commerce |
| GeCZB | Gesetz der Volksrepublik China über die PBOC |
| GeCZB-E | Entwurfs eines Gesetzes zur Änderung des Gesetzes der Volksrepublik China über die PBOC |
| GG | Grundgesetz |
| GRCH | Charta der Grundrechte der Europäischen Union |
| GSPD | Gesetz der Volksrepublik China zum Schutz personenbezogener Daten |
| GUI | Graphical User Interface |
| h. M. | herrschende Meinung |
| HKMA | Hong Kong Monetary Authority |
| Hrsg. | Herausgeber |
| Hs. | Halbsatz |
| HVPS | High Value Payment System |
| i. S. d. | im Sinne der/des |

| | |
|---|---|
| i. S. v. | im Sinne von/vom |
| i. V. m. | in Verbindung mit |
| IBAN | International Bank Account Number |
| IBPS | Internet Banking Payment System |
| ICOs | Initial Coin Offerings |
| ICT | Informations- und Kommunikationstechnologien |
| IoT | Internet of Things |
| IWF | internationaler Währungsfonds |
| KOM | Europäische Kommission |
| LeZ (Nr. 1) | Leitlinien für den elektronischen Zahlungsverkehr (Nr. 1) |
| lit. | litera |
| MAG | Market Advisory Group |
| mBridge | Multiple CBDC Bridge |
| MiCAR | Markets in Crypto-Assets Regulation |
| MVdDvG | Maßnahmen für die Verwaltung der Dienstleistungspreise von Geschäftsbanken |
| NFC | Near Field Communication |
| Nr. | Nummer(n) |
| NVK | Nationaler Volkskongress |
| NZBen | nationale Zentralbanken |
| P2P | Person-to-Person |
| PBOC | People's Bank of China |
| PIN | Persönliche Identifikationsnummer |
| POS | Point of Sale |
| PSD | Payment Services Directive |
| PSR | Payment Services Regulation |
| RMB | Renminbi |
| Rn. | Randnummer |
| S. | Satz |
| SDK | Software Development Kit |
| SE | Secure Element |
| SIM | Subscriber Identity Module |
| sog. | sogenannte(r/s/n) |
| TAN | Transaktionsnummer |
| u. a. | und andere/unter anderem |

| | |
|---|---|
| USA | Vereinigte Staaten von Amerika |
| USD | United States Dollar |
| usw. | und so weiter |
| v./n. Chr. | vor/nach Christus |
| Var. | Variante(n) |
| vgl. | vergleiche |
| VmOZvNBZ | Verwaltungsmaßnahmen für das Online-Zahlungsverkehrsgeschäft von Nicht-Bank-Zahlungsinstituten |
| VO | Verordnung |
| VVB | vorläufige Verordnung über die Verwaltung des Bargelds |
| VVE | Verordnung über die Verwaltung von Spareinlagen |
| VVR | Verordnung der Volksrepublik China über die Verwaltung des RMB |
| z. B. | zum Beispiel |
| ZAG | Zahlungsdiensteaufsichtsgesetz |
| ZGB | Zivilgesetzbuch der Volksrepublik China |

# Erster Teil: Einführung

## § 1 Gründe für die Entwicklung von CBDCs

### A. *Erfordernisse der digitalen Wirtschaftsentwicklung*

Nach der Agrar- und der Industrieökonomie erfolgt eine neue Form der wirtschaftlichen Entwicklung – die digitale Wirtschaft, die in den letzten Jahrzehnten zunehmend an Bedeutung gewonnen hat.[1] Der von der Gruppe der Zwanzig (G20) veröffentlichten Initiative zur Entwicklung der digitalen Wirtschaft und zur Zusammenarbeit in diesem Bereich zufolge, bezieht sich die digitale Wirtschaft auf „ein Reihe von wirtschaftlichen Aktivitäten, bei denen digitalisierte Kenntnisse und Informationen als Schlüsselproduktionsfaktoren, moderne Informationsnetzwerke als wichtige Träger und die effektive Nutzung von Informations- und Kommunikationstechnologien (ICT) als wesentliche Triebkräfte zur Effizienzsteigerung und Optimierung der Wirtschaftsstruktur dienen."[2] Die digitale Wirtschaft umfasst die digitale Industrialisierung, die Digitalisierung der Industrie, digitale Governance und die Digitalisierung der Werte.[3] Die Entwicklung der digitalen Wirtschaft erhöht kontinuierlich das Niveau der Digitalisierung, Vernetzung und Intelligibilität der Wirtschaft und Gesellschaft und treibt die ständige Entwicklung und Verbesserung der digitalen Welt voran. Im Jahr 2022 betrug die Wertschöpfung der digitalen Wirtschaft in den 51 berechneten Ländern 41,4 Billionen Dollar, was

---

1 马化腾/孟昭莉/闫德利等著，数字经济——中国创新增长新动力，中信出版集团，2017, S.15-16.

2 G20 2016 China, G20 Digital Economy Development and Cooperation Initiative, abrufbar unter abrufbar unter //www.mofa.go.jp/files/000185874.pdf ((zuletzt abgerufen: 05.10.2024).

3 中国信息通信研究院，中国数字经济白皮书 (2023), 04. 2024, S. 1.

einem nominalen Wachstum von 7,4 % im Vergleich zum Vorjahr und 46,1 % des Bruttoinlandsprodukts (BIP) entsprach.[4] Was den Umfang der digitalen Wirtschaftsentwicklung anbelangt, so stehen die USA, China und Deutschland seit vielen Jahren an der Spitze der Weltrangliste: Im Jahr 2022 führte die USA mit einer digitalen Wirtschaftsleistung von 17,2 Billionen Dollar die Rangliste an, gefolgt von China mit 7,5 Billionen Dollar und Deutschland mit 2,9 Billionen Dollar auf dem dritten Platz.[5]

Die Funktionen von Bargeld und sein Verwendungsumfeld verändern sich in der digitalen Wirtschaft grundlegend.[6] Die Bargeldnutzung nimmt tendenziell ab: Laut einer von der People's Bank of China (PBOC) im Jahr 2019 durchgeführten Umfrage machten die Anzahl und der Wert der bargeldlosen Zahlungen (Zahlungen mit Handy und Bankkarten) 73 % bzw. 82 % aus, während die Anzahl und der Wert der Barzahlungen 23 % bzw. 16 % betrugen und 46 % der Befragten während des Umfragezeitraums kein Bargeld verwendeten.[7] Nach einer Studie der Europäischen Zentralbank (EZB) wurden 59 % der Transaktionen am Point of Sale (POS) im Euroraum mit Bargeld abgewickelt, gegenüber 79 % im Jahr 2016 und 72 % im Jahr 2019.[8] Bei Person-to-Person-Transaktionen (P2P) im Euroraum ging der Anteil des Bargelds an der Gesamtzahl der Zahlungen von 86 % im Jahr 2019 auf 73 % im Jahr 2022 und der Anteil an den ausgezahlten Beträgen von 65 % auf 59 % zurück.[9] Darüber hinaus darf nicht außer Acht gelassen werden, dass diejenigen, die Bargeld bevorzugen, nicht in der Lage sind, dieses für den elektronischen Geschäftsverkehr zu verwenden. Die bestehenden bargeldlosen Zahlungsmethoden können zwar den Zahlungsbedürfnissen der Mehrheit der Öffentlichkeit in der digitalen Wirtschaft Rechnung tragen, sind aber nicht in der Lage, bargeldlose Zahlungsmethoden für alle Gruppen

---

4 中国信息通信研究院，全球数字经济白皮书 (2023), 01.2024, 前言, S. 1.

5 中国信息通信研究院，全球数字经济白皮书 (2023), 01.2024, S. 18.

6 Working Group on E-CNY Research and Development of PBOC, Progress of Research & Development of E-CNY in China (Das Weißbuch zum e-CNY), 2021, S. 2; Begründung dEuroVO-E, S. 1.

7 Working Group on E-CNY Research and Development of PBOC, Das Weißbuch zum e-CNY, 2021, S. 2-3.

8 EZB, Study on the payment attitudes of consumers in the euro area (SPACE), 2022, S. 4.

9 EZB, Study on the payment attitudes of consumers in the euro area (SPACE), 2022, S. 4.

effizient und umfassend bereitzustellen, zum Beispiel (z. B.) für Menschen in Gebieten, in denen der digitale Zahlungsverkehr weniger entwickelt ist, für Menschen mit Behinderungen, funktionalen Einschränkungen sowie für ältere Menschen oder Menschen mit begrenzten Fähigkeiten.[10] Im Zeitalter der digitalen Wirtschaft werde ein neues, zeitgemäßes, sicheres und inklusives Zahlungsmittel benötigt. Die digitale Zentralbankwährung (Central Bank Digital Currency, CBDC) wäre eine ideale Währung für die digitale Wirtschaft, da sie als inklusives Zahlungsmittel weiterhin den vielfältigen Zahlungsbedürfnissen der Menschen gerecht wird und gleichzeitig den Komfort, die Geschwindigkeit und die Sicherheit von Zahlungen erhöht sowie die Zahlungskosten senkt.[11] In diesem Zusammenhang wird der Entwicklung der CBDC mehr als zuvor Aufmerksamkeit geschenkt.[12]

## B. Getrieben von der Entwicklung virtueller Währungen

Seit der Einführung von Bitcoin im Jahr 2009 ist eine Vielzahl von virtuellen Währungen entstanden. Je nach Art der virtuellen Währungen lassen sich drei Typen unterscheiden: erstens virtuelle Währungen, die auf öffentlichen Ketten beruhen und vollständig dezentralisiert sind, wie Bitcoin; zweitens Token, die durch Initial Coin Offerings (ICOs) ausgegeben werden und bestimmte Wertpapiermerkmale aufweisen, wie Filecoin; und drittens virtuelle Währungen, die in Fiatwährungen verankert sind und über einen relativ stabilen Wert verfügen, wie Tether USD. Am 02.

---

[10] Diese Schlussfolgerung stützt sich auf den Begriff der Inclusive Finance. Inclusive Finance ist ein von den Vereinten Nationen im Jahr 2005 entwickelter Begriff für Finanzdienstleistungen, das sich auf den gleichberechtigten Zugang zu verantwortungsvollen und nachhaltigen Finanzdienstleistungen für die Allgemeinheit bezieht. Im Kern geht es um die wirksame und umfassend Bereitstellung von Finanzdienstleistungen für alle Schichten und Gruppen der Gesellschaft, insbesondere für diejenigen, die vom traditionellen Finanzwesen vernachlässigt werden, wie die Armen in den Städten und auf dem Land sowie Kleine und mikrounternehmen. Siehe United Nations, Resolution adopted by the General Assembly on 16 September 2005, paragraph 23i, 24.10.2005; United Nations, Building Inclusive Financial Sectors for Development, New York 2006, S.1.

[11] Working Group on E-CNY Research and Development of PBOC, Das Weißbuch zum e-CNY, 2021,S. 2. ECB, Report on a digital Euro (10/2020), S. 10.

[12] Begründung dEuroVO-E, S. 1; Working Group on E-CNY Research and Development of PBOC, Das Weißbuch zum e-CNY, 2021, S. 2.

Juni 2024 zeigte die Website „Coin Market Cap“ mehr als 2,4 Millionen Kryptowährungen, deren Marktkapitalisierung zusammen genommen 2,23 Billionen Euro (17,96 Billionen RMB) beträgt.[13] Virtuelle Währungen machen von Hochtechnologien wie Blockchain und Kryptographie mit Merkmalen wie vollständiger oder teilweiser Dezentralität und Anonymität Gebrauch. Einerseits haben Fortschritte in Wissenschaft und Technologie die Innovation der Finanztechnologie und die Effizienz des globalen Zahlungssystems vorangetrieben und können nützliche Erfahrungen für die Entwicklung der CBDC in Bezug auf technologische Demonstration, Finanzinnovation und die Verbesserung des Zahlungssystems liefern. Andererseits birgt die Entwicklung virtueller Währungen, insbesondere der Aufstieg von Stablecoins, nicht nur neue Marktrisiken, Risiken für den Datenschutz und die Privatsphäre sowie Risiken im Zusammenhang mit Geldwäsche/Terrorismusfinanzierung, sondern sie kann auch den Status der gesetzlichen Zahlungsmittel bedrohen und zahlreiche Risiken und Herausforderungen für das internationale Währungssystem, das Zahlungs- und Clearingsystem und die Steuerung grenzüberschreitender Kapitalströme mit sich bringen.

Um die Finanzstabilität zu gewährleisten, muss die Währung der Zentralbank in den Mittelpunkt des Finanzsystems rücken. In der digitalen Wirtschaft ist die Entwicklung von CBDCs zu einer unumgänglichen Entscheidung für die Entmaterialisierung des Geldes geworden.[14] Um zu verhindern, dass virtuelle Währungen den Status des Renminbi (RMB) als gesetzliches Zahlungsmittel bedrohen, haben die chinesischen Behörden eine Reihe strenger Maßnahmen zu ihrer Regulierung ergriffen, und von 2013 bis 2021 wurden vier Regeln der Abteilungen zu virtuellen Währungen erlassen, z. B. Bekanntmachung zur weiteren Verhinderung und Behebung der Risiken des Handels mit virtuellen Währungen und der Spekulation (Einzelheiten siehe Zweiter Teil § 4 III 2).[15] Im Gegensatz dazu hat die EU

---

13 Top 100 Kryptowährungen nach Börsenwert, abrufbar unter //coinmarketcap.com/de/, 02.06.2024.

14 Vgl. Working Group on E-CNY Research and Development of PBOC, Das Weißbuch zum e-CNY, 07, 2021. S. 3; Interview with Les Echos, 24.03.2024.

15 PBOC, the Central Internet Information Office, Supreme People's Court, Supreme People's Procuratorate, Ministry of Industry and Information Technology, Ministry of Public Security, State Administration for Market Regulation, China Banking and Insurance Regulatory Commission, China Securities Regulatory Commission, State

durch Verabschiedung von Richtlinien und Verordnungen, wie die Fünfte Geldwäscherichtlinie (AMLD5)[16] und Markets in Crypto-Assets Regulation (MiCAR)[17], die Entwicklung und die Legalisierung virtueller Währungen gefördert. Ausweislich Art. 3 Nr. 18 AMLD5 besitzen virtuelle Währungen keinen gesetzlichen Status einer Währung oder von Geld, werden aber von natürlichen oder juristischen Personen als Tauschmittel akzeptiert. Als Tauschmittel werden virtuelle Währungen allerdings in der Tat als Ersatz für gesetzliche Zahlungsmittel fungieren.[18] Die EZB und die nationalen Zentralbanken (NZBen) gehen davon aus, dass der digitale Euro den Euro als einheitliche Währung im Euro-Währungsgebiet konsolidieren kann.[19]

## C. Druck durch internationalen Wettbewerb

Bis zum Mai 2024 haben die Bahamas, Nigeria und Jamaika die Führung bei der Ausgabe von CBDCs übernommen.[20] Mehr als 130 Länder und Währungsunionen, die 98 % des weltweiten Bruttoinlandsprodukts repräsentieren, untersuchen CBDCs.[21] Diese breite internationale Beteiligung zeigt deutlich, dass sich die Untersuchung und Einführung von CBDCs zu einer zentralen Bedeutung im globalen Finanzsystem entwickelt hat. Im Zuge der beschleunigten Entwicklung von CBDCs nimmt auch deren globaler Wettbewerb zu. Vor dem Hintergrund von Globalisierung und

---

Administration of Foreign Exchange, Bekanntmachung zur weiteren Verhinderung und Behebung der Risiken des Handels mit virtuellen Währungen und der Spekulation, 15.09.2021, No. 237 of the PBOC.

16 Richtlinie (EU) 2018/843 des Europäischen Parlaments und des Rates vom 30. Mai 2018 zur Änderung der Richtlinie (EU) 2015/849 zur Verhinderung der Nutzung des Finanzsystems zum Zwecke der Geldwäsche und der Terrorismusfinanzierung und zur Änderung der Richtlinien 2009/138/EG und 2013/36/EU, L 156/43.

17 Verordnung (EU) 2023/1114 des Europäischen Parlaments und des Rates vom 31. Mai 2023 über Märkte für Kryptowerte und zur Änderung der Verordnungen (EU) Nr. 1093/2010 und (EU) Nr. 1095/2010 sowie der Richtlinien 2013/36/EU und (EU) 2019/1937, L 150/40.

18 Huang, MLR 2021, 48 (63).

19 Eurosystem, A stocktake on the digital euro, 18.10.2023. S.8-9. ECB, Digital euro –for everyone, everywhere in the euro area, 17.05.2024. S. 3; Begründung dEuroVO-E, S.1-2.

20 Atlantic Council, Central Bank digital Currency Tracker, abrufbar unter://www.atlanticcouncil.org/cbdctracker/.

21 Atlantic Council, Central Bank digital Currency Tracker, abrufbar unter://www.atlanticcouncil.org/cbdctracker/.

Digitalisierung ist die Erforschung und Anwendung von CBDCs nicht nur ein wesentlicher Aspekt der Finanzinnovation, sondern auch ein Kernbestandteil nationaler Wirtschafts- und Finanzstrategien. Es ist erforderlich, dass die Länder proaktiv und intensiv CBDCs entwickeln, um ihre Position und ihren Einfluss im globalen Finanzsystem zu erhalten und auszubauen. Der First-Mover-Vorteil der CBDCs wird es dem Land ermöglichen, einerseits eine vorteilhafte Position im globalen Fintech-Sektor einzunehmen und andererseits mehr Diskursanteile und Dominanz bei der künftigen Formulierung internationaler Finanzregeln und der Architektur des globalen Zahlungssystems zu erlangen. Infolgedessen fördern viele Länder oder Währungsunionen ihre jeweiligen Projekte für CBDCs. Der digitale Yuan (e-CNY) befindet sich in etlichen Städten in der Pilotphase und das digitale Euro-Projekt der EU schreitet zügig voran.

## D. Vorteile von CBDCs

Neben den oben genannten wirtschaftlichen, politischen und technischen Gründen, weist CBDC selbst eine Reihe von Vorteilen auf: 1) Kostenersparnis und Umweltfreundlichkeit: Gegenüber Banknoten entfallen bei CBDC aufwändiger Druck, Transport, Einzahlung, Einzug und die Vernichtung; 2) Hohe Sicherheit: Abweichend von Buchgeld und E-Geld besitzt CBDC den Status eines gesetzlichen Zahlungsmittels und ist durch eine staatliche Kreditgarantie abgesichert. Sie unterliegt folglich nicht dem Insolvenzrisiko und verfügt über das höchste Sicherheitsniveau. Darüber hinaus bietet sie einen höheren Schutz der Privatsphäre und der personenbezogen Daten; 3) Rückverfolgbarkeit und Kontrollierbarkeit: CBDC zeichnet sich durch Rückverfolgbarkeit und Kontrollierbarkeit aus, die es ermöglichen, den Geldumlauf dynamisch zu überwachen, die Effizienz der Überwachung zu verbessern und illegale und kriminelle Aktivitäten wie Geldwäsche, Steuerhinterziehung und Schmuggel wirksam einzudämmen; 4) Zahlungssicherheit in Extremsituationen: Bei Naturkatastrophen oder Epidemien beispielweise (bspw.) bietet CBDC ein alternatives Zahlungsmittel, wenn Bargeld, Buchgeld und E-Geld nicht verfügbar sind.[22]

---

[22] Siehe ECB, Report on a digital Euro (10/2020), S. 13-15; Working Group on E-CNY Research and Development of PBOC, Das Weißbuch zum e-CNY in China, S. 3, 6, 7.

### E. Zusammenfassung

In diesem Abschnitt werden die Gründe für die Entwicklung von CBDCs dargestellt. Sie betreffen die digitale Wirtschaft, virtuelle Währungen, den internationalen Wettbewerb und die Vorteile von CBDCs. In der digitalen Wirtschaft spielt Bargeld eine immer geringere Rolle, während die Entwicklung virtueller Währungen seinen Status als gesetzliches Zahlungsmittel bedroht. Die Welle der Forschung und Entwicklung von CBDCs hat deren Erforschung weiter vorangetrieben. Darüber hinaus bieten die Vorteile von CBDCs einen zusätzlichen Anreiz für ihre Entwicklung. Aufgrund einer Kombination aus wirtschaftlichen, politischen und technologischen Faktoren ist die Entwicklung von CBDCs für viele Länder bzw. Währungsgebiete zu einer verbreiteten Entscheidung geworden.

## § 2 Überblick und aktueller Stand von CBDCs

### A. Der e-CNY

#### I. Entwicklungsprozess

Im Jahr 2014 richtete China die Forschungsgruppe für e-CNY ein, die damit begann, spezielle Forschungsarbeiten zu den Rahmenbedingungen für die Ausgabe, zu den Schlüsseltechnologien, dem Ausgabe- und Umlaufumfeld und den relevanten nationalen Erfahrungen durchzuführen.[23] Im Jahr 2016 wurde das Forschungsinstitut für e-CNY gegründet, das den Bau des Prototypsystems der ersten Generation des e-CNY abschloss, und im folgenden Jahr begann die PBOC kommerzielle Organisationen zu organisieren, um eine gemeinsame Entwicklung und Experimente für e-CNY durchzuführen.[24] Im Jahr 2019 trat der e-CNY in eine beschleunigte Entwicklungsphase ein, in dieser Zeit wurde der Übergang vom Konzept zur praktischen Anwendung vollzogen.[25] Im April 2020 wurde der e-CNY in Shenzhen, Suzhou, Xiong'an, Chengdu und intern im Rahmen der Olympischen Winterspiele in

---

23 Working Group on E-CNY Research and Development of PBOC, Das Weißbuch zum e-CNY, S. 1.

24 Working Group on E-CNY Research and Development of PBOC, Das Weißbuch zum e-CNY, S. 1.

25 一文带你了解数字人民币及其发展历程——2021年数字货币时代加速到来，中国产业经济信息网，19.01.2021, abrufbar unter http://www.cinic.org.cn/sj/sdxz/cjjr/1020593.html.

geschlossenen Pilotprojekten getestet.[26] § 19 Abs. 2 des im Jahr 2020 veröffentlichten Entwurfs eines Gesetzes zur Änderung des Gesetzes der Volksrepublik China über die PBOC (GeCZB-E) sieht vor, dass der RMB sowohl die physische als auch die digitale Form umfasst, wodurch der Status des e-CNY als gesetzliches Zahlungsmittel im chinesischen Währungsrecht festgelegt wird. Im Juli 2021 wurde ein Weißbuch über den Forschungsfortschritt zum e-CNY (Das Weißbuch zum e-CNY) veröffentlicht, in dem Fragen zum e-CNY erläutert werden, die vom Entwicklungshintergrund, den Zielen und der Vision über den Gestaltungsrahmen bis hin zu möglichen Auswirkungen und Reaktionsstrategien reichen.[27] Seit Januar 2022 stellt die PBOC der Öffentlichkeit den e-CNY über die e-CNY-App zur Verfügung, jedoch lediglich in ausgewählten Städten oder Provinzen.[28] Seitdem wird der e-CNY kontinuierlich in den Bereichen technische Integration, Händlergewinnung, Aufbau von Transaktionsszenarien, Benutzerschulung und Werbung gefördert. Im Jahr 2024 werden die Forschung, Entwicklung und Anwendung des e-CNY weiterhin vorangetrieben und die Überwachung des grenzüberschreitenden RMB-Geschäfts wird verstärkt.[29]

## II. Entwicklungsergebnisse

Bislang steht der e-CNY der Öffentlichkeit in den folgenden Städten und Provinzen zur Verfügung: Beijing, Tianjin, Hebei, Dalian, Shanghai, Jiangsu, Zhejiang (einschließlich Hangzhou, Ningbo, Wenzhou, Huzhou, Shaoxing and Jinhua), Fujian (einschließlich Fuzhou and Xiamen), Shandong (einschließlich Ji'nan and Qingdao), Changsha, Guangdong, Guangxi (einschließlich Nanning and Fangcheng Port), Hainan, Chongqing, Sichuan, Yunnan (einschließlich Kunming und Xishuang Banna) sowie Xi'an. Die Stadt Suzhou ist eine Modellstadt für die Förderung des e-CNY. Bis Ende 2023 hatte das e-CNY-Pilotprojekt in Suzhou insgesamt 1,11 Millionen Anwendungsszenarien und

---

26 中国人民银行，数字人民币封闭测试不会影响人民币发行流通, 新华社, 17.04.2020, abrufbar unter://www.gov.cn/xinwen/2020-04/17/content_5503711.htm.

27 Working Group on E-CNY Research and Development of PBOC, Das Weißbuch zum e-CNY, 2021.

28 数字人民币渐行渐近，新华网，13.03.2022, abrufbar unter http://www.xinhuanet.com/politics/2022-03/13/c_1128465510.htm.

29 2024年中国人民银行工作会议, 05.01.2024, abrufbar unter http://www.pbc.gov.cn/goutongjiaoliu/113456/113469/5194629/index.html.

es wurden mehr als 29,16 Millionen persönliche Wallets und 1,94 Millionen geschäftliche Wallets mit einem Handelsvolumen von mehr als 3,9 Billionen Yuan eröffnet, was mehr als 90 % des Handelsvolumens der Provinz Jiangsu entspricht.[30] Bis Ende Juli 2024 wurden in China insgesamt 180 Millionen persönliche Wallets mit einem Handelsvolumen von 7,3 Billionen Yuan eröffnet.[31] Zurzeit decken die Anwendungsszenarien zum e-CNY bereits Lebenshaltungskosten, Gehaltszahlungen, Catering, Verkehr, Einkauf, staatliche Dienstleistungen (z. B. Steuerzahlungen), medizinische Versorgung und Versicherungsansprüche usw. [32] Beispielsweise werden Beamte, Angestellte in Organisationen des öffentlichen Sektors und Arbeiter staatlicher Kapitaleinheiten auf allen Ebenen seit Mai 2023 in der Stadt Changshu vollständig mit e-CNY bezahlt.[33] Ausländer, die sich vorübergehend in China aufhalten, können ein e-CNY-Wallet ohne chinesische Handynummer und chinesisches Bankkonto eröffnen.[34] Um den e-CNY nutzen zu können, müssen die Ausländer die Auslandsversion der e-CNY-App herunterladen und ein Konto registrieren. Derzeit werden Mobiltelefonnummern aus über 210 Ländern und Regionen für die Kontoregistrierung unterstützt.[35] Die Auslandsversion der e-CNY-Wallet unterstützt die „Top-up As you Pay" Funktion, die Visa, Mastercard und bald weitere internationale Kartensysteme unterstützt.[36] Wenn Ausländer ihre internationalen Bankkarten mit der Wallet verknüpfen, können sie direkt von ihrer Wallet bezahlen, ohne sie vorher aufladen zu müssen.[37] Es ist zudem erwähnenswert, dass der e-CNY

---

30 全国唯一入选！江苏省苏州市数字人民币试点经验“上榜”, 31.05.2024, 移动支付网, abrufbar unter://m.mpaypass.com.cn/news/202405/31093450.html#:~:text.

31 Hierzu Siehe穆长春：稳妥推进数字人民币研发和应用扎实助力金融强国战略, abrufbar unter //finance.sina.cn/zl/2024-10-11/zl-incscxfw8223406.d.html?from=wap.

32 余云峰，数字人民币发展研究报告2022, S. 64.

33 常熟市宣布：所有公务员，用数字人民币发工资, 中国服务贸易指南网, abrufbar unter http://tradeinservices.mofcom.gov.cn/article/difang/maoydt/202305/148880.html.

34 Working Group on E-CNY Research and Development of PBOC, Das Weißbuch zum e-CNY, S. 6.

35 央行发布境外来华人士数字人民币支付指南，中国新闻网，18.03.2024, abrufbar unter //cn.chinadaily.com.cn/a/202403/18/WS65f83f1ba3109f7860dd5f77.html.

36 央行发布境外来华人士数字人民币支付指南，中国新闻网，18.03.2024, abrufbar unter //cn.chinadaily.com.cn/a/202403/18/WS65f83f1ba3109f7860dd5f77.html.

37 央行发布境外来华人士数字人民币支付指南，中国新闻网， 18.03.2024, abrufbar unter://cn.chinadaily.com.cn/a/202403/18/WS65f83f1ba3109f7860dd5f77.html.

seit Anfang Dezember 2022 in die Geldmenge M0 aufgenommen wurde. Ende Dezember 2022 belief sich der Bestand an umlaufenden e-CNY auf 13,61 Milliarden Yuan.[38]

## B. Der digitale Euro

### I. Untersuchungsphase

#### *1. Untersuchungsberichte*

Am 14. Juli 2021 beschloss der EZB-Rat, die auf zwei Jahre angelegte Untersuchungsphase eines Projekts für den digitalen Euro einzuleiten, um zentrale Fragen im Zusammenhang mit der Gestaltung und Ausgabe des digitalen Euro zu klären.[39] Bis zum 23. Juli 2023 hat die EZB vier Fortschrittsberichte über die Untersuchungsphase des digitalen Euro veröffentlicht: Der erste Bericht befasst sich mit der ersten Gruppe von Gestaltungsoptionen, dazu gehören Fragen wie der Überweisungsmechanismus, die Online-/Offline-Verfügbarkeit, der Privatsphäre und die Instrumente zur Kontrolle der im Umlauf befindlichen digitalen Euro.[40] Der zweite Bericht beschreibt die zweite Gruppe von Gestaltungsoptionen, die das Abwicklungsmodell, den Finanzierungs-/Defundingmechanismus, das Ausgabemodell und die Rolle der Intermediäre umfasst.[41] Der dritte Bericht untersucht die dritte Gruppe von Gestaltungsoptionen in Bezug auf Regelungen für den Zugang sowie die Bestände und das Onboarding des digitalen Euro sowie Ausgabeaspekte. Außerdem wurden die geplanten digitalen Euro-Dienstleistungen und -Funktionalitäten beschrieben.[42] Der vierte Bericht erläutert die Ansichten des Eurosystems zum Kompensationsmodell für den digitalen Euro, gibt aktuelle Informationen über laufende Arbeiten, wie z. B. die Konzeption auf hoher Ebene, die Überlegungen zur digitalen finanziellen Inklusion und den geplanten Einführungseinsatz, und erörtert die Ergebnisse des Prototyping und der Marktforschung, die in die Schlussfolgerungen der

---

[38] 中国人民银行，2023年金融统计数据报告，abrufbar unter https://www.gov.cn/lianbo/bumen/202401/content_6925677.htm.

[39] Eurosystem, Eurosystem launches digital euro project, 14.07.2021, abrufbar unter //www.ecb.europa.eu/press/pr/date/2021/html/ecb.pr210714~d99198ea23.en.html.

[40] ECB, Progress on the investigation phase of a digital euro, September 2022.

[41] ECB, Progress on the investigation phase of a digital euro – second report, December 2022.

[42] ECB, Progress on the investigation phase of a digital euro – third report, April 2023.

Untersuchungsphase einfließen, sowie die Arbeit an der Entwicklung eines Regelwerks.[43]

### 2. Die dEuroVO-E

Die Europäische Kommission (KOM) hat am 28. Juni 2023 einen Verordnungsvorschlag für die Einführung des digitalen Euro (dEuroVO-E) vorgelegt, der aus zehn Kapiteln und einundvierzig Artikeln besteht.[44] Im Wesentlichen geht es um die Einführung und Ausgabe des digitalen Euro, den digitalen Euro als gesetzliches Zahlungsmittel, die Bereitstellung des digitalen Euro, die Verwendung des digitalen Euro als Wertaufbewahrungsmittel und als Zahlungsmittel, die Bereitstellung des digitalen Euro außerhalb des Euro-Währungsgebiets, die technischen Merkmale des digitalen Euro, den Schutz der Privatsphäre und den Datenschutz, sowie Bekämpfung der Geldwäsche. Zusätzlich zu diesem Vorschlag legte die KOM gleichzeitig einen Vorschlag vor für eine Verordnung über die Erbringung von Diensten im Zusammenhang mit dem digitalen Euro durch Zahlungsdienstleister mit Sitz in Mitgliedsstaaten, deren Währung nicht der Euro ist, und zur Änderung der Verordnung (EU) 2021/1230.[45] Solche Verordnungsvorschläge werden die Rechtsgrundlage für die Ausgabe, Breitstellung und Verwendung des digitalen Euro darstellen.

### 3. Einbeziehung von Stakeholdern

Die EZB legt beim Projekt des digitalen Euro großen Wert auf die Einbindung der Stakeholder. Im Jahr 2021 richtete die EZB die Market Advisory Group (MAG) ein, die das Eurosystem aus der Perspektive der Branche zur potenziellen Gestaltung und Ausgabe des digitalen Euro sowie dazu berät, wie der digitale Euro allen Akteuren des vielfältigen Zahlungsökosystems im

---

43 ECB, Progress on the investigation phase of a digital euro – fourth report, July 2023.

44 KOM, Vorschlag für eine Verordnung des Europäischen Parlaments und des Rates zur Einführung des digitalen Euro, COM(2023) 369 final, 28.06.2023.

45 KOM, Vorschlag für eine Verordnung des Europäischen Parlaments und des Rates über die Erbringung von Diensten im Zusammenhang mit dem digitalen Euro durch Zahlungsdienstleister mit Sitz in Mitgliedstaaten, deren Währung nicht der Euro ist, und zur Änderung der Verordnung (EU) 2021/1230 des Europäischen Parlaments und des Rates, COM (2023) 368 final, 28.06.2023.

Euroraum einen Mehrwert bieten kann.[46] Gestaltungs- und Ausgabeoptionen für den digitalen Euro wurden auch im vom Eurosystem eingerichteten Forum für den institutionellen Dialog (Euro Retail Payments Board (ERPB)) geprüft.[47] Darüber hinaus lud die EZB die Marktteilnehmer ein, an einer Marktforschung über technische Gestaltungsoptionen für mögliche Komponenten und Dienstleistungen des digitalen Euro teilzunehmen. Die Marktforschung befasst sich mit zwölf verschiedenen Komponenten, die zur Unterstützung eines digitalen Euro erforderlich sein können, sowie mit der Frage, wie deren Entwicklung, Wartung und Betrieb zu bewerkstelligen ist.[48] Auch die Öffentlichkeit wird in das Projekt des digitalen Euro einbezogen. Der von der EZB im Jahr 2021 veröffentlichte Bericht über die Ergebnisse der öffentlichen Konsultation zeigt, dass sich die Befragten von einem digitalen Euro vor allem den Schutz der Privatsphäre (43 %), Sicherheit (18 %), Nutzbarkeit im gesamten Euroraum (11 %), keine zusätzlichen Kosten (9 %) und die Offline-Nutzung (8 %) wünschen.[49]

## II. Vorbereitungsphase

Am 18. Oktober 2023 beschloss der EZB-Rat, ab November die zweijährige Vorbereitungsphase für den digitalen Euro zu starten. Dazu gehören die Fertigstellung des Regelwerks für den digitalen Euro und die Auswahl von Anbietern, die eine digitale Euro-Plattform und -Infrastruktur entwickeln könnten.[50] Dazu gehören auch Tests und Experimente, um einen digitalen Euro zu entwickeln, der sowohl den Anforderungen des Eurosystems als auch den Bedürfnissen der Nutzer entspricht, z. B. in Bezug auf Benutzerfreundlichkeit, Datenschutz, finanzielle Inklusion und ökologischen Fußabdruck.[51] Der

---

46 ECB, announces members of Digital Euro Market Advisory Group, 25.10.2021, abrufbar unter://www.ecb.europa.eu/press/pr/date/2021/html/ecb.pr211025%7E08af93ada7.en.html.

47 ECB, A stocktake on the digital euro Summary report on the investigation phase and outlook on the next phase, 18,10.2023, S. 40.

48 ECB, Market Research Outcome Report, February 2023, S. 1.

49 ECB, Eurosystem Report on the Public Consultation on a Digital Euro, April 2021, S. 10.

50 ECB, Eurosystem proceeds to next phase of digital euro project, 18.10.2023. abrufbar unter://www.ecb.europa.eu/press/pr/date/2023/html/ecb.pr231018~111a014ae7.en.html

51 ECB, Eurosystem proceeds to next phase of digital euro project, 18.10.2023. abrufbar unter://www.ecb.europa.eu/press/pr/date/2023/html/ecb.pr231018~111a014ae7.en.html

Beginn der Vorbereitungsphase bedeutet jedoch nicht die Ausgabe des digitalen Euro, und der EZB-Rat kann erst nach Verabschiedung dieser Gesetzgebung einen möglichen Beschluss zur Ausgabe des digitalen Euro fassen.[52] Nach zwei Jahren wird der EZB-Rat sich auf der Grundlage der Ergebnisse der Vorbereitungsphase und der Entwicklung des Gesetzgebungsverfahrens über mögliche weitere Schritte entscheiden. Die potentielle Entwicklung und Markteinführung ist ab November 2025 geplant.[53]

### C. Zusammenfassung

Betrachtet man die Entwicklung von e-CNY und digitalem Euro, lässt sich feststellen, dass beide unterschiedliche Entwicklungspfade verfolgen. In China wurde die Entscheidung getroffen, den e-CNY zu entwickeln, woraufhin eine Reihe von Maßnahmen ergriffen wurden, um seine Entwicklung zu unterstützen. Der e-CNY ist bereits in bestimmten Städten im Umlauf, obwohl es dafür noch keine Rechtgrundlage gibt. Die Entwicklung des digitalen Euro basiert auf zahlreichen Untersuchungen und Vorbereitungen. Solange die dEuroVO-E nicht verabschiedet ist, kann der ZEB-Rat einen eventuellen Beschluss zur Ausgabe des digitalen Euro nicht fassen.

## § 3 Das chinesische Rechtssystem

Seit der Gründung des Neuen China im Jahr 1949 hat sich China um den Aufbau seines Rechtssystems bemüht. Bis Ende 2010 hatte China ein Rechtssystem des Sozialismus chinesischer Prägung geschaffen. Es wird von der Verfassung bestimmt und von den verfassungsbezogenen Gesetzen sowie dem Zivil- und Handelsrecht als Hauptsäulen gestützt, und es besteht aus Gesetzen, Verwaltungsrechtsnormen, territorialen Rechtsnormen und anderen Rechtsnormen auf verschiedenen Ebenen.[54] Das Zivilgesetzbuch der Volksrepublik China (ZGB) wurde im Jahr 2020 verabschiedet und trat am

---

52 ECB, A stocktake on the digital euro Summary report on the investigation phase and outlook on the next phase, 18.10.2023, S. 5.

53 Eurosystem, Digital Euro: the future of money, 14.03.2024, S. 15.

54 中华人民共和国新闻办公室，中国特色社会主义法律体系白皮书，中央政府门户网站，10. 2011, abrufbar unter //www.gov.cn/zwgk/2011-10/27/content_1979526.htm#:~:text.

01. Januar 2021 in Kraft.[55] Da sich die Untersuchung dieser Arbeit mit Chinas Gesetzen, Verwaltungsrechtsnormen, Regeln der Abteilungen usw. befassen wird, ist es notwendig, an dieser Stelle eine Einführung in das chinesische Rechtssystem darzulegen.

## A. Begriff des Rechts

In der antiken Literatur wurden „Fa" und „Lü" (法 und 律) getrennt verwendet, hatten jedoch die gleiche Bedeutung: eine Norm, die Gleichmäßigkeit und Einheitlichkeit ausdrückt, allerdings wurden in der Neuzeit „Fa" und „Lü" zu einem einzigen Begriff zusammengeführt, nämlich „Recht" (法律).[56] Chinas Recht hat einen weiteren und einen engeren Sinn: Das Recht im weiteren Sinne bezieht sich auf alle Rechtsquellen des chinesischen Rechtssystems, einschließlich der Verfassung, der Gesetze, der Verwaltungsnormen, der territorialen Rechtsnormen, Autonomie- und Einzelverordnungen und Regeln.[57] Das Recht im engeren Sinne umfasst lediglich Gesetze, die vom Nationalen Volkskongress (NVK) erlassen werden (z. B. Verfassung, ZGB) und andere Gesetze, die vom Ständigen Ausschuss des NVK erlassen und geändert werden (z. B. Gesetz über den E-Commerce der Volksrepublik China).[58] Um eine Unterscheidung zu treffen, bezeichnen Juristen das Recht im weiteren Sinne manchmal als „Fa" (法) und das Recht im engeren Sinne als „Fa Lü" (法律), aber in vielen Fällen werden alle „Fa" (法) aufgrund des Gewohnheitsprinzips weiterhin als „Fa Lü" (法律) bezeichnet.[59]

## B. Rechtssystem

Das Rechtssystem besteht aus der Gesamtheit der in einem Land geltenden Gesetze und ist ein systematischer Organismus, der durch die Klassifizierung und Kombination von Rechtsgebieten gebildet wird.[60] Unter Rechtsgebiet

55 中华人民国和国民法典（2020年5月28日第13届全国人民代表大会第3次会议通过），中国人大网，abrufbar unter http://www.npc.gov.cn/npc/c2/c30834/202006/t20200602_306457.html.

56 法理学编写组编，法理学，第2版，人民出版社，2020, S. 32.

57 屠凯，法学绪论，第1版，法律出版社，2022, S. 35; 张文显主编，法理学，第5版，高等教育出版社，2018, S. 66.

58 屠凯，法学绪论，第1版，法律出版社，2022, S. 35; 张文显主编，法理学，第5版，高等教育出版社，2018, S. 66.

59 法理学编写组编，法理学，第2版，人民出版社，2020, S.32-33.

60 周永坤，法理学——全球视野，第4版，法律出版社，2016, S.72.

versteht man die Summe gleichartiger Rechtsnormen, die nach bestimmten Kriterien und Grundsätzen, nach der unterschiedlichen Natur der Rechtsnormen, den unterschiedlichen Bereichen der Regelung sozialer Beziehungen und unterschiedlichen Methoden unterteilt sind.[61] Das Rechtsgebiet ist die grundlegende Zusammensetzung des Rechtssystems. Chinas aktuelles Rechtssystem begann im Jahr 1949. Es hat in der Aufteilung der Rechtsgebiete im Grunde die Tradition des Zivilrechtssystems geerbt. Nach der Rückkehr Hongkongs im Jahr 1997 und Macaos im Jahr 1999 zeigt das Rechtssystem Chinas das Merkmal von „Ein Land, zwei Rechtssysteme und drei Rechtsräume", d. h., unter der Voraussetzung eines Landes und im Rahmen einer einheitlichen Verfassung existieren zwei verschiedene Rechtssysteme (Zivilrechtssystem und Common Law) und drei unabhängige Rechtsräume (das Festland, Hongkong und Macao).[62] Darüber hinaus ist Taiwan eine Region Chinas, die noch nicht mit China vereinigt ist und einen eigenen Rechtsraum bildet. Für das Thema dieser Arbeit wird hier ausschließlich das Rechtssystem des chinesischen Festlandes untersucht. Über die Einteilung der Rechtsgebiete im chinesischen Rechtssystem sind sich die Juristen nicht einig, aber sie sind im Großen und Ganzen identisch und umfassen sechs große Rechtsgebiete: Verfassungsrecht, Verwaltungsrecht, Zivil- und Handelsrecht, Wirtschaftsrecht, Strafrecht und Verfahrensrecht.[63] Bis zum 02. September 2022 gibt es insgesamt 293 geltende Gesetze (Recht im engeren Sinne).[64]

---

61 张文显主编，法理学，第5版，高等教育出版社，2018, S.102.

62 周永坤，法理学——全球视野，第4版，法律出版社，2016, S. 75-76.

63 Das von Professor Wenxian Zhang herausgegebene Lehrbuch der Jurisprudenz unterteilt die Rechtsgebiete in Verfassungsrecht und die Gesetze im Zusammenhang mit der Verfassung, Zivil- und Handelsrecht, Verwaltungsrecht, Wirtschaftsrecht, Sozialrecht, Strafrecht, Hierzu siehe张文显主编，法理学，第5版，高等教育出版社，2018, S. 105-109; Das von Professor Zongling Shen herausgegebene Lehrbuch der Jurisprudenz unterteilt die Rechtsgebiete in Verfassungsrecht, Verwaltungsrecht, Zivilrecht, Handelsrecht, Wirtschaftsrecht, Arbeits- und Sozialversicherungsrecht, Umweltrecht, Strafrecht, Verfahrensrecht, Militärrecht, hierzu siehe沈宗灵主编，法理学，高等教育出版社，1994, S. 333f.; Das von Professor Guohua Sui herausgegebene Lehrbuch der Jurisprudenz unterteilt die Rechtsgebiete in Verfassungsrecht, Verwaltungsrecht, Zivil- (/Handels-) recht, Wirtschaftsrecht, Eherecht, Arbeitsrecht, Strafrecht, Verfahrensrecht, hierzu siehe孙国华主编，法理学教程，中国人民大学出版社1994, S. 384f.

64 现行有效法律目录（293件），中国人大网，abrufbar unter abrufbar unter://www.chinacourt.org/article/detail/2022/10/id/6949354.shtml.

## C. Rechtsquellen

Die Rechtsquellen sind die Quellen von Normen oder Grundsätzen, die in ihrer rechtlichen Wirksamkeit, in ihrer rechtlichen Autorität oder in ihrer rechtlichen Bedeutung anerkannt sind und als Grundlage für die richterliche Entscheidung von Rechtsstreitigkeiten dienen.[65] Die Rechtsquellen in China stützen sich auf die Verfassung, wobei der Erlass von Rechten die wichtigste Form darstellt. Informelle Rechtsquellen wie Gewohnheiten und Richtlinien werden an dieser Stelle nicht behandelt. Zu den Rechtsquellen in China gehören die Verfassung, Gesetze, Verwaltungsrechtsnormen, die territorialen Rechtsnormen, Autonomie- und Einzelverordnungen, wirtschaftliche Rechtsnormen in Sonderwirtschaftszonen, Gesetze und Rechtsnormen sowie Regeln in Sonderverwaltungszonen, internationale Verträge und Gewohnheitsrechte und Rechtsauslegungen.[66] Entsprechend dem Inhalt dieser Arbeit werden die Verfassung, die Gesetze, die Verwaltungsrechtnormen, die Regeln sowie die Rechtsauslegungen näher betrachtet.

### I. Verfassung

Die Verfassung ist die wichtigste Rechtsquelle mit der höchsten Rechtswirkung und Rechtsgrundlage für die Gesetzgebung anderer Gesetze. Kein anderes Gesetz darf gegen die Verfassung verstoßen, andernfalls ist es unwirksam und nichtig. Die Verfassung ist das grundlegende, fundamentale Gesetz, welches die Staatsform, die Regierungsform und die Staatsstruktur festlegt und die Grundrechte und -pflichten der Bürger und Bürgerinnen usw. bestätigt. Die Bestimmungen der Verfassung sind von derart großer inhaltlicher Bedeutung, dass die Verfahren für ihre Verabschiedung und Änderung strenger sind als die für andere Gesetze. Im Jahr 1954 trat die Verfassung in Kraft und wurde seitdem dreimal grundlegend überarbeitet. Die geltende Verfassung ist die Verfassungsversion von 1982, die seither fünfmal in einzelnen Artikeln und Teilen geändert wurde.

### II. Gesetz

Gemäß § 10 des Gesetzgebungsgesetzes sind der NVK und der Ständige Ausschuss des NVK die Organe der Gesetzgebung Chinas. Gesetze sind

---

65 舒国滢主编，法理学导论，第3 版，北京大学出版社，2019, S. 66.

66 张文显主编，法理学，第5版，高等教育出版社，2018, S. 89-90; 周永坤，法理学——全球视野，第4版，法律出版社，2016, S. 52-59, 61-62.

normative Dokumente, die von den Organen der Gesetzgebung formuliert werden und das Recht im engeren Sinne betreffen. Die Gesetze Chinas lassen sich in zwei Arten unterteilen: Grundgesetze und Gesetze außerhalb der Grundgesetze. Grundgesetze werden vom NVK erlassen und geändert und regeln grundlegende und umfassende Beziehungen in einem bestimmten Bereich des gesellschaftlichen Lebens, z. B. ZGB oder das Strafgesetz. Gesetze außerhalb der Grundgesetze werden vom Ständigen Ausschuss des NVK erlassen und geändert und regeln die Beziehungen in einem anderen Bereich des gesellschaftlichen Lebens außerhalb der Grundgesetze. Ihr Anwendungsbereich ist enger als der der Grundgesetze, aber ihre Zahl ist größer und sie stellen einen wichtigen Teil der Rechtsquellen dar, z. B. das „Gesetz der Volksrepublik China zum Schutz personenbezogener Daten" (GSPD). Die Rechtswirkung des Gesetzes steht unter der Verfassung.

## III. Verwaltungsrechtsnormen

Ausweißlich § 72 Abs. 1 des Gesetzgebungsgesetzes legt der Staatsrat gemäß der Verfassung und den Gesetzen Verwaltungsrechtsnormen fest. Verwaltungsrechtsnormen können zu folgenden Angelegenheiten Bestimmungen treffen: 1) Angelegenheiten, deren Festlegung in Verwaltungsrechtsnormen zur Durchführung von Bestimmungen eines Gesetzes erforderlich ist; 2) Angelegenheiten, in denen der Staatsrat gemäß der Bestimmung des Art. 89 der Verfassung die Verwaltungskompetenz hat (§ 72 Abs. 2 Gesetzgesetzgebungsgesetz). Die Verwaltungsrechtsnormen regeln Angelegenheiten in den Bereichen z. B. der Politik, Wirtschaft, Kultur, Wissenschaft und Technik sowie bei auswärtigen Angelegenheiten. Sie sind zahlreich und nach „Verordnungen", „Beschlüssen" oder „Erlassen" usw. benannt, wie z. B. die „Vorläufige Verordnung über die Eintragung von Immobilien". Die Rechtswirkung der Verwaltungsrechtsnormen ist geringer als die der Verfassung und der Gesetze, aber höher als die territorialer Rechtsnormen.

## IV. Regeln

Zu den Regeln gehören die Regeln der Abteilung und die Regeln der territorialen Regierungen. Alle Ministerien und Ausschüsse des Staatsrates, die Chinesische Volksbank, der Rechnungshof, die dem Staatsrat direkt unterstellten Organe mit Verwaltungsfunktionen und gesetzlich vorgesehene Einrichtungen können gemäß den Gesetzen und den Verwaltungsrechtsnormen, Beschlüssen und Erlassen des Staatsrates innerhalb des

Zuständigkeitsbereichs dieser Abteilung Regeln festlegen (§ 91 Abs. 1 Gesetzgebungsgesetz). Angelegenheiten, die in Regeln der Abteilungen bestimmt werden, müssen zum Bereich der Durchführung von Gesetzen oder von Verwaltungsrechtsnormen, Beschlüssen oder Erlassen des Staatsrates gehören (§ 91 Abs. 2 Gesetzgebungsgesetz). Die Volksregierungen von Provinzen, von Autonomen Regionen, von regierungsunmittelbaren Städten, von Städten, die in Bezirke aufgeteilt sind und von autonomen Bezirken, können gemäß den Gesetzen und Verwaltungsrechtsnormen und gemäß den territorialen Rechtsnormen dieser Provinzen, autonomen Regionen und regierungsunmittelbaren Städten Regeln festlegen (§ 93 Gesetzgebungsgesetz). Die Regeln sind nur eine „Quasi-Rechtsquelle", da die Volksgerichte nach § 63 des Verwaltungsprozessgesetzes der Volksrepublik China Regeln bei der Bearbeitung von Verwaltungssachen heranziehen, aber sich nicht auf diese Regeln stützen. Regeln werden im Allgemeinen als „Bestimmungen", „Methoden" und „Bekanntmachung" bezeichnet, z. B. die „Verwaltungsmethode zur Informationsoffenlegung im kommerziellen Franchising". Die Rechtswirkung der Regeln ist geringer als die der Verfassung und der Gesetze, der Verwaltungsrechtsnormen und territorialen Rechtsnormen, aber höher als die der Autonomie- und Einzelverordnungen.

## V. Auslegung von Gesetzen

Auslegung von Gesetzen bezieht sich auf die Erläuterung des Inhalts und der Bedeutung bestehender Gesetze durch staatliche Organe, die dazu befugt sind. Gemäß Art. 67 der Verfassung und §§ 48, 49 und 119 des Gesetzgebungsgesetzes sowie dem Beschluss des Ständigen Ausschusses des NVK zur verbesserten Auslegung der Gesetze umfasst Auslegung von Gesetzen gesetzgeberische und administrative Erklärungen sowie Justizielle Erklärungen.[67] Auslegung von Gesetzen in China weist folgende Besonderheiten auf. Erstens haben sowohl die Legislative als auch die Exekutive die Befugnis zur Auslegung von Gesetzen, und in vielen Fällen geht die Auslegung von Gesetzen über Erklärung der Sinne von Verschriften der Gesetzen hinaus, die im Wesentlichen „Recht" schafft.[68] Zweitens geht es bei der Auslegung von Gesetzen in China nicht in erster Linie um Einzelfälle, sondern um die Vorgabe von Regeln für das

---

67 张文显主编，法理学，第5版，高等教育出版社， 2018, S. 90.

68 周永坤，法理学——全球视野，第4版，法律出版社，2016, S. 61.

allgemeine Verhalten.[69] Obwohl China also ein Zivilrechtssystem ist, ist auch Auslegung von Gesetzen eine formale Rechtsquelle.

Gesetzgeberische und administrative Erklärungen sind relativ selten, da der Gesetzgeber und Staatsrat direkt jeweils Gesetze und Verwaltungsvorschriften erlassen können und somit nicht mehr auf die indirekte Methode der Auslegung von Gesetzen zurückgreifen müssen. Justizelle Erklärungen beziehen sich auf Erklärungen durch die höchste Justiz, wie Gesetze und Recht bei ihrer Anwendung der Rechten konkret anzuwenden sind, einschließlich der Erklärungen des obersten Volksgerichthofs und Volksstaatsanwaltschaft sowie ihrer gemeinsamen Erklärungen.[70] Justizielle Erklärungen ist die häufigste Form der Auslegung von Gesetzen. Das Oberste Volksgericht besitzt zwar keine Gesetzgebungsgewalt, aber seine Justizielle Erklärungen dient als Grundlage für die Verhandlung des Falles und wird auch als Rechtsquelle betrachtet.[71] Ein Beispiel hierfür ist die „Erläuterungen des Obersten Volksgerichts zu einigen Fragen der allgemeinen Grundsätze im Buch über Verträge im ‚Zivilgesetzbuch der Volksrepublik China'".

## D. Zusammenfassung

Was das chinesische Recht betrifft, so beruhen die Rechtsvergleiche in diesem Beitrag auf dem Recht im weiteren Sinne, das auf das Rechtssystem der Volksrepublik China auf dem Festland beschränkt ist. Das im Folgenden erwähnte Recht umfasst vor allem die Verfassung, Gesetze, Verwaltungsrechtnormen und Regeln. Regeln gelten zwar als „quasi-Rechtsquelle", doch wegen ihres einfachen Erlassverfahrens und ihrer Fähigkeit, spezifische Probleme schnell zu regeln, sind sie zahlreich. An mehreren Stellen in diesem Beitrag wird auf Regeln Bezug genommen. Auslegung von Gesetzen werden nämlich von der Justiz als Grundlage für die Entscheidung von Fällen herangezogen und gelten daher ebenfalls als Rechtsquelle.

---

[69] 周永坤，法理学——全球视野，第4版，法律出版社，2016, S. 61.

[70] 张文显主编，法理学，第5版，高等教育出版社，2018, S. 294-295.

[71] 周永坤，法理学——全球视野，第4版，法律出版社，2016, S. 62.

# Zweiter Teil: Chinas Geldgeschichte

Wissenschaftler, die sich in der EU oder in Deutschland mit Geld beschäftigen, sind in der Regel mit ihrer Geldgeschichte vertraut, während sie von der Geldgeschichte Chinas relativ wenig Kenntnis haben. Daher widmet sich dieses Kapitel der chinesischen Geschichte der Geldentwicklung als Ausgangspunkt für das Verständnis des chinesischen Währungs- und Geldrechts. Das chinesische Geld hat sich mit dem Wechsel der Dynastien entwickelt[72] und kann auf mehr als 4.000 Jahre Geschichte zurückblicken. Durch die Aufarbeitung der Geschichte der Geldentwicklung ist es möglich, ein tieferes Verständnis für die Geldkultur und die Phänomene des Geldes in China zu erlangen und einen erweiterten Einblick in die Gesetzmäßigkeiten der globalen Geldentwicklung zu gewinnen.

---

[72] Um die Geschichte des chinesischen Gelds deutlicher darzustellen, werden hier zunächst die Dynastien des alten China und die entsprechende Zeit aufgeführt. Vor Christi: Xia: ca. 2070-ca. 1600, Shang: ca. 1600-ca. 1046, Westliche Zhou: 1046-771, Frühling und Herbst: 770-476, Streitende Reiche: 476-221, Qin: 221-206, Han: 202-220, Han-Dynastie unterteilt in die Westlichen Han und die Östlichen Han, die Westlichen Han: 202 v. Chr. - 25 n.Chr.; Nach Christi: Östliche Han: 25-220, Drei Reiche: 220-280, Jin-Dynastie: 265-420, Nördliche und Südliche Dynastien: 420-589, Sui-Dynastie: 581-618, Tang-Dynastie: 618-907, Fünf Dynastien: 907-960, Zehn Reiche: 891-979, Song-Dynastie: 960 -1279, Yuan-Dynastie: 1271-1368, Ming-Dynastie: 1368-1644, Qing-Dynastie: 1644-1912, Republik China: 1912-1949, Volksrepublik China: 1949-.

# § 4 Entwicklungsstufen

## A. Primitive Geldformen

### I. Natürliches Geld – Kaurimuscheln

In der Phase des Tauschhandels werden häufig verschiedene Waren als Sachgeld verwendet. In der Antike wurden Vieh, Tierhäute, Getreide, Stoffe und Seide, Schmuck, Muscheln, Schildkrötenpanzer, landwirtschaftliche Geräte usw. als Sachgeld verwendet.[73] Mit der kontinuierlichen Entwicklung des Warenaustauschs traten jedoch allmählich die Nachteile des Sachgelds, wie z. B. die schwierige Aufbewahrung und Teilbarkeit, zutage. In häufigen Transaktionen wurde dieses Sachgeld nach und nach verdrängt und schließlich durch Kaurimuscheln ersetzt, die besondere natürliche Eigenschaften aufweisen, wie z. B. schönes Aussehen, lange Haltbarkeit, moderate Größe und leichte Tragbarkeit.[74] Kaurimuscheln als frühestes Geld in China lassen sich bis in die Xia-Dynastie (ca. 2070–1600 v. Chr.[75]) zurückverfolgen, was nicht nur in der Literatur dokumentiert, sondern auch durch archäologische Funde belegt ist.

In der *Debatte über Salz und Eisen: Entwertete Münzen* (《盐铁论·错币篇》) steht geschrieben: „Die Xia-Dynastie verwendete Xuan Bei“,[76] Xuan Bei bedeutet schwarze Kaurimuscheln. In der Xia-Kultur-Ruine von Erlitou Yanshi Henan fand man natürliche Kaurimuscheln, zusätzlich zu den verarbeiteten Muscheln aus Knochen und Muscheln aus Stein.[77] Während der Shang-Dynastie (ca. 1600–1046 v. Chr.) hat sich die Verwendung von Kaurimuscheln noch weiter verbreitet. Im *Buch der Urkunden: Pan Geng* (《尚书·盘庚》) wird berichtet, dass Pan Geng die Adligen und Minister tadelte, da sie dem König nicht loyal dienten, sondern nur nach Muscheln und Jade trachteten.[78] In der Grabstätte von Yinxu Fu Hao[79] in Xiaotun Anyang wurden 6.880

---

73 刘精诚，李祖德，货币史话，社会科学文献出版社，2012, S. 11.

74 彭信威，中国货币史，中国人民大学出版社，2020, S. 32.

75 Es gibt zwei Ansichten über den Zeit der Xia-Dynastie: 2029 v. Chr. bis 1600 v. Chr. und 2070 v. Chr. bis 1600 v. Chr. In dieser Arbeit wird die zweite Ansicht vertreten, die sich aus der Übersichtstabelle der chinesischen historischen Chronologie auf der Offiziellen Website der Regierung der Volksrepublik China ergibt, abrufbar unter abrufbar unter://www.gov.cn/guoqing/2005-09/13/content_2582651.htm.

76 陈桐生译注，盐铁论，中华书局，2015, S. 45.

77 王雪農主编，中国钱币大辞典——考古资料编，中华书籍，1991, S. 2.

78 王世舜，王翠叶译注，尚书，中华书局，2012, S. 122.

79 Die ‚Yinxu‘ bezeichnet die Ruinen der späten Hauptstadt der Shang-Dynastie, ‚Fu Hao‘ ist die Gemahlin des 22. Königs der Shang-Dynastie.

Kaurimuscheln gefunden.[80] Darüber hinaus finden sich in den Inschriften der Bronzegefäße der Shang-Dynastie (Wie in *Xin Si Yi* (《辛巳彝》), *Zhong Ding* (《中鼎》), *Zhi Jue* (《豸爵》)) zahlreiche Hinweise auf die Belohnung mit Kaurimuscheln und das Verschenken von Kaurimuscheln.[81] Kaurimuscheln als Sachgeld stehen für den Wert, der sich auch in der Konstruktion chinesischer Schriftzeichen widerspiegelt. Der von ihr piktografisch abgeleitete Radikal Kaurimuscheln (贝Bèi) ist heute noch Bestandteil zahlreicher mit Geld in Zusammenhang stehender Schriftzeichen wie etwa Ware (货 huò), Vermögen (财 cái), Kapital (资zī), Händler (贩fàn), Schenken (赠zèng).[82]

## II. Früheste geprägte Münzen – Kupfer-Imitation der Kaurimuschel

Mit der Entwicklung der Wirtschaft und dem Anwachsen der Bevölkerung nahm der Warenhandel zu. Die Kaurimuscheln konnten die Nachfrage im Warenhandel nicht mehr befriedigen, infolgedessen tauchten Imitationen der Kaurimuschel aus Erde, Stein, Knochen, Bronze und Gold auf und kamen parallel zu den Kaurimuscheln in Umlauf.[83] Diese Muschelmünzen aus unterschiedlichen Materialien und Formen machten es jedoch schwierig, ihren Wert zu bestimmen. Als Metallmünze zeigte die Kupfer-Imitation der Kaurimuschel allmählich im gemeinsamen Umlauf mit anderen künstlichen Muscheln ihre Überlegenheit, da ihre Metalltextur einheitlich, dauerhaft, verschleißfest und leicht zu tragen sowie aufzubewahren ist. Außerdem können sie beliebig geteilt werden, ohne dass sich ihr Wert verändert. Im Laufe der Zeit ersetzten Kupfer-Imitation der Kaurimuschel schließlich andere künstliche Muscheln und wurden zur wichtigsten Form des Geldes. Kupfer-Imitationen der Kaurimuschel tauchten bereits in der Shang-Dynastie auf. Zwischen 1953 und 1954 wurde eine 1,5 cm lange und 1,2 cm breite Kupfer-Imitation der Kaurimuschel in einem Shang-Grab im Dorf Dasikong, Nr. 14, Anyang, Henan, gefunden.[84] Im Jahr 1971 wurden 109 Kupfer-Imitationen der Kaurimuschel in einem Grab der späten Shang-Dynastie in Lin Zhayu, Baode, Shanxi, ausgegraben.[85] Diese Kupfer-Imitationen der Kaurimuschel

---

80 王雪農主编，中国钱币大辞典——考古资料编，中华书籍，1991, S. 6, 25.

81 刘精诚，李祖德，货币史话，社会科学文献出版社，2012, S. 13.

82 王丹，货币如何塑造我们的世界：一部全新得世界经济史，天地出版社，2022, S. 10.

83 原永清，贝币三题，收藏，2013, 80 (81).

84 王雪農主编，中国钱币大辞典——考古资料编，中华书籍，1991, S. 9-10.

85 王雪農主编，中国钱币大辞典——考古资料编，中华书籍，1991, S. 10.

waren sowohl der Beginn der Metallmünzprägung in China als auch die früheste Metallmünzprägung der Welt.[86] Sie sind etwa 700 Jahre älter als die bernsteinfarbenen Gold- und Silbermünzen, die im 7. Jahrhundert v. Chr. vom Königreich Lydien ausgegeben wurden.[87]

## B. Münzen als Zahlungsmittel

### I. Die vier Pre-Qin-Münzen

Frühlings- und Herbstperiode (770-476 v. Chr.) und die Streitenden Reiche (476-221 v. Chr.) waren die ersten Perioden der großen nationalen Teilung in der chinesischen Geschichte. Statistiken zufolge gab es während der Frühlings- und Herbstperiode mehr als einhundertvierzig Staaten, aber nur ein Dutzend Staaten mit Macht und Einfluss, nämlich Qi, Jin, Lu, Chu, Qin, Yan, Zheng, Chen, Song, Wu, Yue und Cao. In dieser Zeit war die wirtschaftliche Entwicklung der Staaten ungleichmäßig, und diese Unterschiede spiegelten sich auch in der Metallprägung von Münzen wider, was zu einer Vielzahl verschiedener Geldformen führte, von denen die Spatenmünzen, Messermünzen, Lochmünzen und Ameisennasenmünzen die repräsentativsten waren. Sie existierten bereits vor der Qin-Dynastie, weshalb sie auch als die vier Geldsysteme vor der Qin-Dynastie bezeichnet werden.[88] Die Spatenmünze entlehnt ihre Form eigentlich einem landwirtschaftlichen Werkzeug, dem Spaten und war vor allem in Jin im Umlauf.[89] Analog zur Entstehung der Spatenmünzen leitet sich die Messermünze, von der Form des Messer ab.[90] Sie war vor allem in Qi und Yan verbreitet. Lochmünzen besitzen in der Mitte ein Loch (runde oder quadratische Löcher) und nach der Hälfte der Zeit der Streitenden Reiche tauchten Lochmünzen in Wei, Qin, Yan usw. auf.[91] Die Ameisennasenmünzen haben eine erhabene Vorderseite, eine abgeflachte oder konkave Rückseite, ein perforiertes Ende und die Vorderseite der Münze ist mit einem Schriftzeichen versehen, das dem Wort „Fluch" ähnelt.[92]

---

86 任双伟，永通万国：货币与历代兴衰，人民文学出版社，2023, S. 20.

87 王永生，三千年来谁铸币：50枚钱币串联的极简中国史，中信出版集团，2019, S. 19-20.

88 王永生，三千年来谁铸币：50枚钱币串联的极简中国史，中信出版集团，2019, S. 24; 王永生，钱币上的中国史，中信出版集团，2022, S. 77.

89 王永生，三千年来谁铸币：50枚钱币串联的极简中国史，中信出版集团，2019, S. 23.

90 王永生，三千年来谁铸币：50枚钱币串联的极简中国史，中信出版集团，2019, S. 29.

91 王永生，三千年来谁铸币：50枚钱币串联的极简中国史，中信出版集团，2019, S. 32.

92 王永生，三千年来谁铸币：50枚钱币串联的极简中国史，中信出版集团，2019, S. 33-34.

Die Ameisennasenmünzen entwickelten sich aus den Kupferimitationen der Kaurimuschel der Shang-Dynastien. Die meisten kulturellen Relikte und ideologischen Überzeugungen des Chu wurden aus dem alten System der Shang-Dynastien übernommen, und so waren die Ameisennasenmünzen hauptsächlich in Chu in Umlauf.[93] Die Frühlings- und Herbstperiode war eine Periode des Übergangs von der Sklaverei zum Feudalismus in der chinesischen Gesellschaft. In dieser Zeit entwickelte sich die landwirtschaftliche Zivilisation beträchtlich, unter anderem durch den weit verbreiteten Gebrauch von eisernen landwirtschaftlichen Geräten, die Verbreitung des Ochsenpfluges und den Bau und die Nutzung von Wasserdämmen für das Ackerland. Der Fortschritt in der Landwirtschaft förderte die Entwicklung des Handwerks und des Handels, führte zu sozialem und wirtschaftlichem Wohlstand und ließ die farbenfrohe und glänzende Geldkultur der Pre-Qin-Zeit entstehen.

## II. Münzen als gesetzliches Zahlungsmittel

### 1. *Vereinheitlichung der Währung*

#### A) HALB-TAEL VON QIN

Chinas altes Geld entstand während der Shang-Dynastie, entwickelte sich während der westlichen Zhou-Dynastie (1046-771 v. Chr.) und der Frühlings- und Herbstperiode sowie der Zeit der Streitenden Reiche und wurde schließlich in Qin (221-206 v. Chr.) vereinigt. Die Einigung Chinas durch Qin Shihuang im Jahr 221 v. Chr. war nicht nur epochal in der chinesischen politischen Geschichte, sondern eröffnete auch ein neues Kapitel in der Geschichte des chinesischen Gelds. Qin Shihuang schaffte in der Zeit der Streitenden Reiche alles bis dahin existierende Geld ab und verbreitete Halb-Tael von Qin im ganzen Land. Halb-Tael von Qin war kein neues von Qin geschaffenes Geld, sondern basierte auf einem der vier Hauptgeldformen aus der Zeit vor Qin, den Lochmünzen, und war eine modifizierte Version der Lochmünzen. Auf der Vorderseite des Halb-Tael von Qin waren links und rechts die Zeichen „半" (Halb) und „两" (Tael) aufgedruckt, was darauf hinweist, dass er einen halben Tael wiegt.[94] Diese beiden Zeichen sind in der Kleinen Siegelschrift eingraviert, die auf der Großen Siegelschrift basiert. Sie

---

93 王永生，三千年来谁铸币：50枚钱币串联的极简中国史， 中信出版集团，2019, S. 24, 29, 36.

94 王丹，货币如何塑造我们的世界：一部全新得世界经济史，天地出版社，2022, S. 21.

wurde jedoch vereinfacht, indem eine große Anzahl von Schriftzeichen aus den Sechs Königreichen, die nicht mit der Qin-Schrift übereinstimmten, entfernt wurden. Die Kleine Siegelschrift stellt eine neue Standardschrift nach der Vereinigung von Qin dar. Die Form des Halb-Tael von Qin war rund mit quadratischen Löchern, abgeleitet von Lochmünzen mit runden Löchern, welche die Grundform des Geldes in China und in ganz Ostasien für mehr als 2.000 Jahre nach der Qin-Dynastie festlegte.[95] Der Halb-Tael von Qin war jedoch nicht das einzige Geld während der Qin-Dynastie. Das Geldsystem in Qin wurde auf zwei neue Geldklassen festgelegt: Die eine nutzte Gold als oberes Münzgeld, das mit hohem Wert vor allem für Geschenke und größere Transaktionen unter Adeligen verwendet wurde.[96] Die andere Geldklasse bezieht sich auf den Halb-Tael von Qin mit einem geringeren Wert als unteres Münzgeld, dessen sich hauptsächlich das gewöhnliche Volk bediente.[97] Die Goldeinheit ist „Yi“ und Ein „Yi“ unterteilte sich in 20 Tael.

#### B) WÄHRUNGS- BZW, GELDRECHT

Nach der Vereinheitlichung der Währung lag das Münzrecht schließlich beim Staat, der es dem privaten Sektor untersagte, Geld zu prägen.[98] Die Qin-Dynastie erließ das „Jin-Bu-Gesetz“ und das „Guan-Shi-Gesetz“, die das früheste Währungs- oder Geldrecht in der chinesischen Geschichte darstellen.[99] Das „Jin-Bu-Gesetz“ regelte die Speicherung des Umlaufs und den Einzug von Münzen. Nach dem „Jin-Bu-Gesetz“ musste (1) die Regierungsbehörde bei der Einziehung von Münzen alle 1.000 Münzen in einen aus Strohseilen gefertigten Behälter, die so genannte „Kehrschaufel“, geben und mit dem Siegel des Kreisrats oder Stellvertreter des Kreisrates versehen; (2) Wenn es weniger als 1.000 Münzen waren, wurden sie ebenfalls versiegelt; (3) Die Münzen wurden zusammengemischt, unabhängig davon, ob sie schön oder grob geprägt waren; (4) Bei der Verteilung der Münzen musste das Siegel dem Kreisrat und dem stellvertretenden Kreisrat zur Prüfung vorgelegt werden, bevor sie entsiegelt und verwendet werden durften; (5) Wenn die Öffentlichkeit Münzen für den Handel verwendete, mussten alle unabhängig von der Qualität des

95 王永生，三千年来谁铸币：50枚钱币串联的极简中国史， 中信出版集团，2019, S. 44-45.
96 任双伟，永通万国：货币与历代兴衰，人民文学出版社，2023, S. 169.
97 任双伟，永通万国：货币与历代兴衰，人民文学出版社，2023, S. 169.
98 彭信威，中国货币史，中国人民大学出版社，2020, S. 75.
99 王永生，钱币上的中国史，中信出版集团，2022, S. 157.

Geldes die Münzen gemeinsam benutzen und durften nicht wählerisch sein.[100] Das „Guan-Shi-Gesetz“ legte z. B. fest, dass bei handwerklichen Tätigkeiten und beim Verkauf von Produkten für die Regierungsbehörde das Geld sofort bei der Entgegennahme in das „缿“ (eine Art keramischer Geldaufbewahrungsbehälter) gelegt werden musste, damit der Käufer die Geldeingänge sehen konnte. Diejenigen, die gegen die Regelung verstießen, wurden mit einer Geldstrafe von einem Jia (甲)[101] bestraft.[102] Diese Regelung enthielt spezifische Anforderungen für die Einziehung von Geld auf dem Markt und konnte korruptem und betrügerischem Verhalten in gewisser Weise ein Ende setzen.[103] Mit dem Untergang der Qin-Dynastie brach auch das Geldsystem der Dynastie zusammen.

## 2. *Entwicklung einer einheitlichen Währungen*

### A) FÜNF BAHT MÜNZEN DER HAN-DYNASTIE

Nach dem Untergang der Qin-Dynastie wurde die Han-Dynastie gegründet und China wieder vereinigt. Die Han-Dynastie wurde in die Westliche Han-Dynastie (202 v. Chr.-25 n. Chr.) und die Östliche Han-Dynastie (25-220 n. Chr.) unterteilt. Das Geldsystem der Westlichen Han-Dynastie übernahm im Wesentlichen das System der Qin-Dynastie und verwendete weiterhin Gold als oberes Münzgeld und Kupfermünzen als unteres Münzgeld. In den ersten Jahren der Westlichen Han-Dynastie stand die Wirtschaft jedoch aufgrund der Verwüstungen des Krieges fast am Rande des Zusammenbruchs. Die Han-Herrscher waren der Ansicht, dass die Armut im Land auf einen Mangel an Geld zurückzuführen war. [104]Zudem betrachteten sie das Halb-Tael der Qin-Dynastie, das mit einem Gewicht von 12 Baht als zu schwer galt, als unpraktisch im Gebrauch.[105] Deshalb führte Gaozu, der erste Kaiser der Han-Dynastie, eine Politik der Prägung von Münzen mit geringerem Gewicht ein, erhöhte die Geldmenge und erlaubte Privatpersonen, Münzen zu prägen, was jedoch zu galoppierender Inflation führte und eine versteckte Gefahr

---

[100] Siehe金布律: “官府受钱者，千钱一畚，以丞、令印印。不盈千者，亦封印之。钱善不善，杂实之。出钱，献封丞、令，乃发用之。百姓市用钱，美恶杂之，勿敢异。“

[101] Ein Jia (甲) war im alten China eine Einheit für Geldstrafen oder Bestrafung.

[102] Siehe关市律: “为作务及官府市“，受钱必辄入其钱缿中，令市者见其入。不从令者，资一甲。”

[103] 王永生，三千年来谁铸币: 50枚钱币串联的极简中国史， 中信出版集团，2019, S. 49.

[104] 刘精诚，李祖德，货币史话，社会科学文献出版社，2012, S. 38.

[105] 刘精诚/李祖德，货币史话，社会科学文献出版社，2012, S. 38.

von minderwertigen und gefälschten Münzen mit sich brachte, die illegal hergestellt und verkauft wurden.[106] In der Folgezeit wurden fünf Senkungen des Geldgewichts durchgeführt, wobei das Gewicht z. B. zwischen 8 Baht, 2,4 Baht und 3 Baht schwankte, jedoch schließlich das halb-Tael von Qin, das ursprünglich 12 Baht wog, auf nur noch 4 Baht reduziert wurde und als „Halb-Tael von vier Baht " bezeichnet wurde.[107] Die Einführung des Halb Taels von vier-Baht stärkte das Vertrauen der Bevölkerung in den Halb Tael, wodurch die Preise sanken und eine Tendenz zur Stabilisierung zeigten.

Im Jahr 140 v. Chr. trat Kaiser Wu von Han die Herrschaft an, daraufhin führte er sechs Münzreformen durch. Im 4. Jahr des Yuan Ding (113 v. Chr.) legte Kaiser Wu in der 6. Reform fest, dass nur Münzen verwendet werden durften, die von den Shanglin Sanguan (der zentralen Münzstätte) geprägt wurden, und von da an begann in China die Ära der Fünf Baht Münzen.[108] Die Fünf Baht Münze entwickelte sich aus dem Halb-Tael von Qin, der Fünf Baht ist sowohl der Name und die Währungseinheit als auch das Gewicht der Währung. Mit ihrer moderaten Größe, dem angemessenen Gewicht, der fortschrittlichen Handwerkskunst, dem feinen Guss, der sauberen Form und dem einheitlichen Standard war die Fünf Baht Münze nach dem Halb-Tael von Qin der zweite Meilenstein in der Entwicklung der alten chinesischen Währung.[109] Die Fünf Baht Münze verwirklichte die Vereinheitlichung des Münzrechts und legte den Grundstein für die Bildung der politischen Einheit. Sie wurde über zwei Han-Dynastien und die Drei Reiche (220–280 n. Chr.), sowie die Wei-, Jin-, Nord- und die Süd-Dynastie (420–589 n. Chr.) bis hin zur Sui- und Tang-Dynastie hinweg verwendet, insgesamt über einen Zeitraum von 739 Jahren.[110] Damit wurde sie zur am längsten verwendeten Währung in der Geschichte Chinas und brach mit der Tradition, Münzen bei jedem Dynastiewechsel neu prägen zu müssen.

### B) KAI YUAN TONG BAO DER TANG-DYNASTIE

Die Tang-Dynastie begann im Jahr 618 n. Chr. und endete im Jahr 907. Tang Gao Zu, der erste Kaiser der Tang-Dynastie, ließ Kai Yuan Tong Bao

---

106 刘精诚/李祖德，货币史话，社会科学文献出版社，2012, S. 38.
107 刘精诚/李祖德，货币史话，社会科学文献出版社，2012, S. 39.
108 王永生，三千年来谁铸币：50枚钱币串联的极简中国史， 中信出版集团，2019, S. 57.
109 彭信威，中国货币史，中国人民大学出版社，2020, S. 149.
110 王永生，三千年来谁铸币：50枚钱币串联的极简中国史， 中信出版集团，2019, S. 53.

erstmals im Jahr 621 prägen. Bei Kai Yuan Tong Bao handelte es sich noch um eine Lochmünze mit quadratischen Löchern, ihre Vorderseite wurde mit „Kai Yuan Tong Bao“ bedruckt. Der Kai Yuan Tong Bao wird aufgrund eines bedeutenden Fortschritt des alten chinesischen Geldwesens als dritter Meilenstein der chinesischen Geldentwicklung angesehen. Der durch ihn erzielte Fortschritt entspricht vor allem den folgenden Aspekten: Erstens wurde das Geld nicht mehr nach seinem Gewichtswert bezeichnet, sondern mit abstrakten Symbolen (z. B. „Tong Bao“), und auf den Münzen wurde die Regierungsperiode, in der sie geprägt wurden, aufgedruckt, weshalb sie auch Nianhaoqian („Regierungsperiode-Münzen“) heißen. Zweitens wurde der gesetzliche Gewichtswert der Währung festgelegt. Drittens hatte die Kai Yuan Tong Bao einen direkten Einfluss auf die Maßeinheiten und die Einführung des Dezimalsystems. Viertens legte die Kai Yuan Tong Bao die Farbe der Kupfermünzen und das Verhältnis der Bestandteile fest und beendete damit die Geschichte der antiken Münzprägung ohne Farbstandard in China.[111]

Als die Tang-Dynastie immer mächtiger wurde, wuchs der Einfluss des Kai Yuan Tong Bao, infolgedessen prägten Länder wie Japan und die westlichen Regionen ihr Geld nach dem Vorbild des Kai Yuan Tong Bao.[112] Diese Münze war mehr als 1 200 Jahre in China im Umlauf, wurde aber nur während der 300 Jahre der Tang-Dynastie als gesetzliches Zahlungsmittel verwendet. Danach wurde er nicht mehr offiziell als gesetzliches Zahlungsmittel anerkannt, obwohl er im privaten Sektor weiterhin im Umlauf war. Mit dem Ende der Qing-Dynastie wurde die Prägung der Lochmünzen mit quadratischen Löchern eingestellt und auf maschinell geprägte Kupferdollars umgestellt, was eine große Veränderung im chinesischen Geldsystem bedeutete.[113]

### C) EISENMÜNZEN DER SONG-DYNASTIE

In der Song-Dynastie (960-1279 n. Chr.) wurden neben den Kupfermünzen als gesetzliches Zahlungsmittel in bestimmten Regionen auch Eisenmünzen ausgegeben, die parallel zu den Kupfermünzen im Umlauf waren und ebenfalls als gesetzliches Zahlungsmittel galten. Die Geschichte der Eisenmünzen

---

111 王钊，开元通宝的产生和意义，西安金融，2003, 59 (59).

112 王仲殊，论汉唐时代铜钱在边境及国外的流传——从开元通宝的出土看琉球与中国在历史上的关系，考古，1998, 58ff; 王永生，三千年来谁铸币：50枚钱币串联的极简中国史，中信出版集团，S. 131.

113 彭信威，中国货币史，中国人民大学出版社，2020, S. 786.

konnte bis in die Zeit der Streitenden Reiche zurückverfolgt werden. Eisenmünzen sind in der chinesischen Geschichte mit Unterbrechungen etwa nur fünf- oder sechshundert Jahre lang verwendet worden. Erst in der Song-Dynastie wurden Eisenmünzen offiziell als gesetzliches Zahlungsmittel anerkannt. Dafür gibt es mehrere Gründe: Erstens stand die Song-Dynastie unter dem Einfluss des Geldsystems der Zeit der Fünf Dynastien und Zehn Reiche, in der Eisen und Blei von verschiedenen Mächten zur Münzprägung verwendet wurden, da es an Kupfermaterial mangelte. Zweitens sollte der Druck auf die Militärausgaben gemildert werden, während der Song-Dynastie gab es eine Langzeitgarnison in der nordwestlichen Region, die arm an Kupferressourcen, aber reich an Eisenerzressourcen war, sodass Eisenmünzen in der lokalen Region geprägt wurden, um die Gehälter der Armee zu zahlen. Drittens sollte der Abfluss von Kupfermünzen verhindert werden und so wurden Eisenmünzen in den Grenzgebieten eingeführt. Viertens sollte der Druck der Geldpanik gemildert werden, da die Ressourcen der Kupferminen begrenzt waren und die von der Regierungsbehörde geprägten Kupfermünzen den Bedarf im Umlauf nicht decken konnten.[114] Zu Beginn der Nördlichen Song-Dynastie wurden Eisenmünzen in vier Regionen verwendet, darunter Jiangnan, Fujian, Sichuan und Shaanxi, dann änderte sich der Verwendungsbereich von Eisengeld, schließlich entstand in der Südlichen Song-Dynastie eine Situation, in der der Jangtsekiang als Grenze diente: Südlich des Flusses zirkulierten Kupfermünzen, aber während nördlich des Flusses Eisenmünzen verwendet wurden.[115]

### D) GOLD ALS GESETZLICHES ZAHLUNGSMITTEL

Im alten China wurde Gold auf verschiedene Weise verwendet, nicht nur als Zahlungsmittel, sondern auch zur Herstellung von Schmuck, Ess- und Trinkgeschirr, Musikinstrumenten, Ritualinstrumenten und Buddha-Statuen.[116]Während der Frühlings- und Herbstzeit und der Zeit der Streitenden Reiche verwendete Chu Gold als Zahlungsmittel, und das von ihm geprägte „爰金“ war das früheste Goldgeld in China.[117] Wie oben

---

[114] 王永生，三千年来谁铸币: 50枚钱币串联的极简中国史， 中信出版集团，S. 246-247.

[115] 王永生，三千年来谁铸币: 50枚钱币串联的极简中国史， 中信出版集团，S. 248.

[116] 王昶/申柯娅/李国忠，中国古代对黄金的认识与利用，中国宝玉石，1998, 48 (49-50).

[117] 李祖德，试论秦汉的黄金货币，中国史研究，1997, 53 (53).

erwähnt, wurden nach der Vereinigung der Qin-Dynastie Gold und der Halb-Tael von Qin gleichzeitig als gesetzliches Zahlungsmittel eingeführt.[118] Die Han-Dynastie übernahm das Qin-System und Gold war weiterhin als oberes Münzgeld im Umlauf.[119] Es wird angenommen, dass Gold in der Westlichen Han-Dynastie weit verbreitet war. Jedoch wurde Gold in dieser Zeit hauptsächlich für die Belohnungen des Kaisers verwendet, aus dieser Sicht ist das Argument jedoch nicht überzeugend.[120] In der Östlichen Han-Dynastie nahm die Verwendung von Gold als Währung stark ab, was ein Rätsel in der chinesischen Geschichte darstellt. Einige haben versucht, die Gründe dafür zu erforschen, jedoch sind die daraus resultierenden Schlussfolgerungen häufig wenig überzeugend.[121] Der Numismatiker Xinwei Peng ist der Meinung, dass der Rückgang des Goldumlaufs in der Östlichen Han-Dynastie zum einen auf den Goldabfluss während der Westlichen Han-Dynastie zurückzuführen ist, zum anderen auf den gestiegenen Bedarf an Gold für Kunsthandwerk und die Beigabe von Goldobjekten in Gräbern.[122] Während der drei- oder vierhundert Jahre der Jin-Dynastie bis zur Sui-Dynastie verbreitete sich die Verwendung von Gold und Silber noch weiter, vor allem diejenige von Silber. Infolge der Entwicklung des Außenhandels verwendeten viele Menschen Gold und Silber für Transaktionen in Kanton, Jiaoshu und Hexi, während Silber an Orten ohne Außenhandel vor Gold aufgrund der Verwirrung über das inländische Münzsystem bevorzugt und leichter akzeptiert wurde.[123] Gold spielte in der Tang-Dynastie nicht die Rolle des Wertmaßstabs und des Tauschmittels, sondern wurde eher für Steuern, Spenden, Belohnungen, militärische und politische Ausgaben, Bestechungsgelder oder Dankesgeschenke verwendet.[124] Die Verwendung des Golds in der Song-Dynastie glich der in der Tang-Dynastie.[125] Nach der Yuan-Dynastie verschwand die Geldfunktion des Goldes.

---

118 任双伟，永通万国：货币与历代兴衰，人民文学出版社，2023, S. 169.
119 陈世英，试论中国古代黄金的作用，伊犁教育学院学报， 2004, 51 (53).
120 彭信威，中国货币史，中国人民大学出版社，2020, S. 163-164.
121 彭信威，中国货币史，中国人民大学出版社，2020, S. 166.
122 彭信威，中国货币史，中国人民大学出版社，2020, S. 166-169.
123 王永生，钱币上的中国史，中信出版集团，2022, S. 649.
124 陈世英，试论中国古代黄金的作用，伊犁教育学院学报，2004, 51 (54).
125 彭信威，中国货币史，中国人民大学出版社，2020, S. 437.

## E) SILBER ALS GESETZLICHES ZAHLUNGSMITTEL

Seit der Song- und der Yuan-Dynastie hatte Silber in China zunehmend eine Geldfunktion übernommen. Seit der Yuan-Dynastie (1271–1368 n. Chr.) ging China zu Silber als Wertmaßstab über und entwickelte nach und nach die Verwendung von Silber als Tauschmittel, was eine grundlegende Veränderung des chinesischen Geldwesens bedeutete.[126] Während der Ming-Dynastie (1368–1644 n. Chr.), als das Papiergeld (Bao Chao) eingeführt wurde, wurde der Handel mit Gold und Silber verboten, private Transaktionen wurden jedoch weiterhin in Silber abgewickelt. Im Jahr 1436, dem ersten Jahr der Zhengtong-Periode, wurde die Steuer mit Silber erhoben und das bestehende Silberverbot wurde entsprechend aufgehoben sowie während der Tianshun-Periode wurde schließlich auch das Kupfermünzenverbot offiziell aufgehoben, was zur gleichzeitigen Verwendung von Silber- und Kupfermünzen sowie Banknoten als Zahlungsmittel zwischen 1436 und dem Beginn der Jiajing-Periode (Mitte der 1520er Jahre) beitrug.[127]

In der Praxis war das Papiergeld aufgrund seiner starken Entwertung kaum noch nutzbar, während die Kupfermünzen durch illegale Massenprägungen erheblichen Wertschwankungen unterlagen, in der Tat wies einzig die Verwendung von Silber eine stabile Entwicklungstendenz auf.[128] Ab den 1520er Jahren begann China, Silber als Hauptzirkulationswährung und Wertmaßstab zu verwenden. Die staatlichen Steuereinnahmen wurden vollständig in Silber erhoben, während Beamte im Austausch mit der Bevölkerung sowohl Kupfermünzen als auch Silber verwendeten, wobei Kupfermünzen als Ergänzung zu Silber dienten. Damit war das Silberstandard-System in der chinesischen Währungsgeschichte endgültig etabliert.[129]

Der weit verbreitete Gebrauch von Silber in der Ming-Dynastie förderte die Monetarisierung der chinesischen Gesellschaft und Wirtschaft und trieb das Entstehen einer Marktwirtschaft voran. Die Verbreitung von Silber als Währung zog nicht nur große Mengen an ausländischem Silber nach China, sondern führte auch dazu, dass China sich wirtschaftlich aktiver der Welt öffnete.[130] Das Geldsystem der Qing-Dynastie basierte weiterhin

---

126 彭信威，中国货币史，中国人民大学出版社，2020, S. 578.
127 赵轶峰，东北师大学报（哲学社会科学版），1985, 41 (41).
128 赵轶峰，东北师大学报（哲学社会科学版），1985, 41 (41-42).
129 赵轶峰，东北师大学报（哲学社会科学版），1985, 41 (42).
130 万明，明代白银货币化：中国与世界连接的新视角，河北学刊，2004, 145 (150).

hauptsächlich auf Silber, wobei Kupfermünzen als Ergänzung dienten.[131] Der Silberumlauf in der Qing-Dynastie lässt sich in drei Hauptphasen unterteilen: In der Anfangsphase (den ersten 100 Jahren) war die Silbertael die hauptsächliche Umlaufwährung. In der mittleren Phase (dem Großteil des 19. Jahrhunderts) waren ausländische Silberdollar in China verbreitet. in der späten Phase (den letzten 20 Jahren der Qing-Dynastie) prägte China seine eigenen Silberdollar, während die Silbertael weiterhin im Umlauf blieben.[132] In den 1930er Jahren führten die USA eine Reihe von Maßnahmen durch, um den Verfall der weltweiten Silberpreise zu stoppen. Diese Maßnahmen hatten große Auswirkungen auf das Geldwesen in China, was zu einem massiven Abfluss von Silber, Deflation, Geschäftsschließungen und Arbeitslosigkeit führte. Um sich aus diesem Dilemma zu befreien, führte die Kuomintang-Regierung im November 1935 die „Fiat-Währungsreform" ein, die unter anderem die Abschaffung des Silberstandards vorsah.[133]

## C. Banknoten als (gesetzliches) Zahlungsmittel

### I. Die ältesten Banknoten – die Jiaozi

Die Jiaozi der Song-Dynastie sind die ältesten Banknoten der Welt. In den späten Jahren des Kaisers Taizong Chunhua der Nördlichen Song-Dynastie (990-994) erfanden private Geschäfte in Chengdu in der Provinz Sichuan den privaten Jiaozi, und im ersten Jahr des Kaisers Renzong Tiansheng (1023) wurde die Geldverwaltungsbehörde „Yizhou Jiaozi-Wu" gegründet.[134] Hier sind drei wesentliche Gründe für die Einführung des Jiaozi: Der erste ist die Entwicklung der Drucktechnik. China war das erste Land, in dem die Drucktechnik erfunden wurde. Während der Nördlichen Song-Dynastie entwickelte sich die Holztafeldruckindustrie rasch, und während der Herrschaft von Kaiser Renzong in der Song-Dynastie (1022–1063) wurde der Buchdruck mit beweglichen Lettern erfunden.[135] Diese Fortschritte in der Drucktechnik bildeten eine solide technische Grundlage für den Druck von Banknoten in der späten Song-Dynastie. Der zweite Grund war die Entwicklung kommerzieller Kreditbeziehungen. In der Tang-Dynastie entstand das „fliegende

---

131 彭信威，中国货币史，中国人民大学出版社，2020, S. 786.
132 刘精诚/李祖德，货币史话，社会科学文献出版社，2012, S. 124.
133 刘精诚/李祖德，货币史话，社会科学文献出版社，2012, S. 134.
134 王永生，钱币上的中国史，中信出版集团，2022, S. 513.
135 刘精诚/李祖德，货币史话，社会科学文献出版社，2012, S. 94.

Geld", ein Gutschein, mit dem man an einem anderen Ort Bargeld abheben konnte, was eine neue Stufe in der Entwicklung sozialer Kreditbeziehungen darstellte und zur Entstehung des Jiaozi beitrug.[136] Drittens die Entwicklung des Warenhandels und der Geldwirtschaft. Sichuan in der Nördlichen Song-Dynastie war seit dem Ende der Tang-Dynastie nur selten von Kriegen heimgesucht worden und Wirtschaft und Kultur wurden durch ein relativ stabiles soziales Umfeld aufrechterhalten. In dieser Zeit entwickelte sich Sichuan zu einer bedeutenden Produktionsstätte für Salz, Tee, Seide und andere Massengüter, wodurch ein intensiver Geldumlauf entstand.[137] Die in Sichuan verwendeten Eisenmünzen waren aufgrund ihres geringen Wertes und hohen Gewichts für den Massenhandel jedoch ungeeignet, so musste bspw. ein Stück Stoff, das damals 20.000 Eisenmünzen kostete, mit einem Wagen von Eisenmünzen erstanden werden.[138] Unter diesen Umständen musste ein neues Umlaufmittel gefunden werden, was zur Schaffung von Papiergeld führte.

Ursprünglich wurde Jiaozi von den reichen und angesehenen Geschäftsmagnaten ausgegeben, die ihn jederzeit zurückziehen und einlösen konnten, was ihm ein hohes Ansehen einbrachte. Die gewinnorientierte Natur der Kaufleute machte es jedoch auch möglich, dass sie ihr Wort nicht hielten und die missbräuchliche Ausgabe und Veruntreuung von Einlagen kam von Zeit zu Zeit vor, was eine Menge von Klagen auslöste.[139] Zhang Yong, der Gouverneur von Yizhou während der Jingde-Herrschaft von Kaiser Zhenzong der Song-Dynastie (1004–1007) bereinigte die Jiaozi-Geschäfte und schied aus ihr aus, die einen schlechten Ruf hatten, und wählte schließlich 16 mächtige Geschäfte aus, um die Ausgabe des Jiaozi zu leiten.[140] Die Reform hatte jedoch nicht die gewünschte Wirkung, und zwischen 1020 und 1023 erging der offizielle Befehl, die privaten Jiaozi, die seit mehr als zehn Jahren benutzt wurden, zwangsweise abzuschaffen.[141] Aber die Nutzung von Jiaozi brachte im wirtschaftlichen Handel große Vorteile und wurde tief in der Gesellschaft verankert. Auf öffentlichen Wunsch hin, die Nutzung von Jiaozi wiederherzustellen, ernannte der Kaiserhof den Beamten Xue Tian,

---

136 刘精诚/李祖德，货币史话，社会科学文献出版社，2012, S. 94.
137 王永生，纸币史话，社会科学文献出版社，2016, S. 23.
138 王永生，钱币上的中国史，中信出版集团，2022, S. 514.
139 彭信威，中国货币史，中国人民大学出版社，2020, S. 444.
140 王永生，钱币上的中国史，中信出版集团，2022, S. 520.
141 王永生，纸币史话，社会科学文献出版社，2016, S. 25.

um eine Lösung für die Frage der Beibehaltung oder Abschaffung von Jiaozi vorzuschlagen. Xue Tian schlug die Ausgabe von staatlichen Jiaozi vor, was vom Kaiserhof angenommen wurde, und im zweiten Jahr der Tiansheng-Ära (1024) wurde er beauftragt, die ersten staatlichen Jiaozi auszugeben.[142] Xue Tian zog Lehren aus den Erfahrungen mit privaten Jiaozi und stellte die Prinzipien auf, dass Jiaozi nur nach Erhalt von Bargeld (Münzen oder Silber) ausgegeben wurden und sie in den Tresor eingelagert wurden. So konnte Jiaozi bei Rückgabe umgehend in Bargeld umgetauscht werden.[143] Die Einführung von Jiaozi in der Nördlichen Song-Dynastie machte China zum ersten Land der Welt, das Banknoten als Zahlungsmittel verwendete. In der Südlichen Song-Dynastie waren die sogenannten Huizi dann die ersten Banknoten der Welt, die in großen Teilen eines Landes zirkulierten.[144]

## II. Die große Inflation

In der frühen Phase der Papiergeldausgabe während der Song-Dynastie funktionierte das Papiergeld aufgrund des Standardsystems und des Rücknahme-Mechanismus reibungslos. Aber in der mittleren und späten Periode zwangen die häufigen Kriege die Regierung, zur Finanzierung der Kriegsausgaben auf die Ausgabe von Papiergeld zurückzugreifen, was schließlich wegen des Rücknahme-Mechanismus schlechten zu einer schweren Hyperinflation mit den entsprechenden Folgen führte.[145] Der Umlauf von Papiergeld wurde nach mehr als 20 Jahren der Ausgabe von Banknoten in der Ming-Dynastie zunehmend erschwert, und nach der Mitte der Ming-Dynastie wurde das Papiergeld allmählich verdrängt, so verschwand es für einen langen Zeitraum vollständig von der historischen Bühne.[146] Das Scheitern der Banknoten in der Ming-Dynastie schuf jedoch die Voraussetzungen für die endgültige Monetarisierung von Silber und dessen Etablierung als Hauptgeld.[147] Die Qing-Dynastie (1644–1912) war aufgrund der Lehren aus der Hyperinflation der vorherigen Dynastie sehr vorsichtig im Umgang mit Papiergeld und verfolgte den Grundsatz Banknoten nicht zu verwenden. Aufgrund finanzieller

---

142 彭信威，中国货币史，中国人民大学出版社，2020, S. 163-164.

143 王永生，纸币史话，社会科学文献出版社，2016, S. 25.

144 刘精诚/李祖德，货币史话，社会科学文献出版社，2012, S. 96.

145 管汉晖/钱盛，宋代纸币的运行机制：本位、回赎、战争与通胀，经济科学，2016, 114 (114).

146 包伟民，试论宋代纸币的性质及其历史地位，中国经济史研究， 1995, 21 (21).

147 王永生，纸币史话，社会科学文献出版社，2016, S. 74.

Schwierigkeiten gab die Qing-Dynastie jedoch auch zweimal Banknoten aus, die jedoch nach der Krise sofort abgeschafft wurden.[148] Im Jahr 1911 brach die Xinhai-Revolution aus, die dem Jahrtausende alten Feudalismus in China ein Ende setzte und zur Gründung der Republik Chinas (1912–1949) führte. Die Republik China durchlief die Periode der Herrschaft der Beiyang-Warlords (1912–1928) und die Herrschaft der Kuomintang (1928–1949). Während der Beiyang-Regierung war das chinesische Geldsystem am chaotischsten, da nicht nur Silber- und Kupferdollar gleichzeitig im Umlauf waren und Silberbarren und Kupfermünzen weiterhin verwendet wurden, sondern auch verschiedene Arten von Papiergeld ausgegeben wurden.[149] Angesichts dieser Schwierigkeiten strebte die Beiyang-Regierung eine Vereinheitlichung des Währungssystems an und brachte verschiedene Vorschläge zur Währungsreform vor. Doch aufgrund der instabilen politischen Lage im Inland, der Fragmentierung durch die Warlords und der Invasion ausländischer Mächte kam es in Zeiten der Beiyang-Regierung zu einer chaotischen, unordnungsmäßigen und nicht kontinuierlichen Währungsreform, die letztendlich nicht erfolgreich war.[150]

Die Kuomintang-Regierung führte während ihrer mehr als zwanzigjährigen Herrschaft drei bedeutende Währungsreformen durch: Die erste war die Abschaffung der Tael und die Umstellung auf den Dollar im Jahr 1933, die den gleichzeitigen Umlauf des Silbertael und des Silberdollars beendete; Die zweite war die „Fiat-Währungsreform" im Jahr 1935; Und die dritte war die Währungsreform mit dem „Gold-Yuan" im Jahr 1948.[151] Die „Fiat-Währungsreform" war von großer Bedeutung und zu ihren wichtigsten Maßnahmen gehörten: 1) die Umsetzung der Fiat-Währungspolitik und die Vereinheitlichung des Rechts auf Währungsausgabe, 2) das Verbot des Umlaufs von Silber und die Einführung des staatlichen Silberbesitzes als Reserve für die Ausgabe von Fiat-Währung, 3) die zentrale Verwaltung der Reserven, 4) die Abschaffung des Silberstandards und die Einführung des Devisenstandards.[152] Diese Währungsreform führte dazu, dass Chinas Währungssystem vom

---

[148] 王永生，纸币史话，社会科学文献出版社，2016, S. 94.

[149] 张媛/王宏斌，论北洋政府时期银元与铜元市场比价波动问题，河南大学学报(社会科学版)，1991, 90 (90).

[150] 李兴强，论北洋政府时期的币制改革，湖北教育学院学报，2007, 70 (71).

[151] 刘精诚/李祖德，货币史话，社会科学文献出版社，2012, S. 134-135.

[152] 虞宝棠，试论国民党政府的法币政策，历史档案，1983, 114 (115).

Silberstandard zu einem nicht einlösbaren Papiergeldsystem überging, was dem Trend der Entwicklung moderner Währungsformen entsprach und einen bedeutenden Fortschritt im chinesischen Währungssystem darstellte. Darüber hinaus vereinheitlichte sie die Währung im Inland, beendete die chaotische Situation im Geldumlauf und förderte die Entwicklung der Volkswirtschaft.[153] Allerdings hatte der Devisenstandard in dieser Währungsreform einen stark kolonialen Charakter, und das bürokratische Kapital vervollständigte sein Monopol auf die nationalen Finanzen durch das Finanzsystem mit Hilfe des einheitlichen Währungsausgaberechts und der silbernen staatlichen Währungsreformmaßnahmen.[154] Darüber hinaus handelte es sich bei der Fiat-Währung um nicht einlösbares Papiergeld, die Regierung gab kontinuierlich weitere Fiat-Währung aufgrund langwieriger Kriege und anhaltender Haushaltsdefizite aus, was letztendlich eine schweren Hyperinflation zur Folge hatte.[155] Angesichts des völligen Zusammenbruchs des Fiat-Währungssystems führte die Kuomintang-Regierung am 20. August 1948 die Währungsreform mit „Gold-Yuan" ein. Dies geschah in der Hoffnung, durch diese Maßnahme eine letzte Rettung des Währungssystems zu erreichen, aber diese Reform endete schließlich mit einem Misserfolg. Von Juni 1946 bis Mai 1949 stiegen die Inlandspreise im Vergleich zur Vorkriegszeit (Juni 1937) um das 36-Billionen-Fache, und die Getreidepreise stiegen im Vergleich zur Vorkriegszeit um das 47-Billionen-Fache.[156] Am 21. Mai 1949 betrug der Reispreis pro Stein in Shanghai 440 Millionen Gold-Yuan, und wenn man von 3,2 Millionen Reiskörnern pro Stein ausgeht, war der Preis eines Reiskorns mehr als 130 Gold-Yuan.[157] Am 10. Mai 1954 gab die Bank der Provinz Xinjiang der Nationalen Regierung der Republik China eine Banknote mit einem Nennwert von 6 Milliarden Yuan heraus, die größte Banknote in der chinesischen Geschichte, mit der man jedoch nur etwa 88 Reiskörner oder eine Schachtel Streichhölzer kaufen konnte.[158] Die Inflation

---

153 诸葛达，国民党政府1935年的币制改革，浙江学刊（双月刊），1995, 119 (121).

154 黄如桐，一九三五年国民党政府法币政策概述及其评价，近代史研究，1985, 94 (108).

155 黄如桐，一九三五年国民党政府法币政策概述及其评价，近代史研究，1985, 94 (108).

156 "粒米百元"——恶性通货膨胀给中行带来严重影响（1946年－1949年），abrufbar unter abrufbar unter://www.boc.cn/aboutboc/ab7/200809/t20080926_6910.html.

157 "粒米百元"——恶性通货膨胀给中行带来严重影响（1946年－1949年），abrufbar unter abrufbar unter://www.boc.cn/aboutboc/ab7/200809/t20080926_6910.html.

158 王丹，货币如何塑造我们得世界：一部全新得世界经济史，天地出版社，2022, S. 170.

unter der nationalen Regierung der Republik China war die schlimmste in der modernen chinesischen Geschichte.

## III. Die Währung des neuen China – RMB-Banknoten

Mit dem bevorstehenden Sieg im Befreiungskrieg gab China am 01. Dezember 1948 den ersten Satz RMB aus. Da es sich um den ersten Satz Währung während des Krieges handelte, hatte sie einen eindeutig kriegerischen Charakter, der die Grundvoraussetzung für den Druck und die Ausgabe den Bedürfnissen des Krieges entsprechend erfüllte.[159] Hinsichtlich des Designs und des Nennwerts der ersten Serie der RMB zeigt die Statistik, dass es 12 Nennwerte und 78 Designs gibt. Aufgrund der Inflation zum Zeitpunkt der Ausgabe waren die Banknoten in der Regel mit einem hohen Nennwert versehen.[160] Der Druck und die Ausgabe des ersten Satzes von RMB wurde von Zweigstellen der PBOC in jeder Region lokal organisiert, was bedeutet, dass der RMB mit alten und neuen Maschinen in alten und neuen Fabriken gedruckt wurde.[161] Infolgedessen gab es unterschiedliche Drucktechniken und eine uneinheitliche Qualität der RMB. Die Einführung des ersten Satzes von RMB spielte nicht nur eine erhebliche Rolle für den endgültigen Sieg im Befreiungskrieg und die wirtschaftliche Stabilität des neuen China, sondern ermöglichte auch die Vereinheitlichung des chinesischen Währungssystems. Mit der Ausgabe des zweiten Satzes RMB am 1. März 1955 wurde der im Umlauf befindliche erste Satz von RMB sofort eingezogen.[162] Bis heute hat die PBOC fünf Sätze RMB ausgegeben. Die Einheit von RMB ist Yuan (元) und die Teilwährung ist Jiao (角). Ein Yuan entspricht zehn Jiao. Der Nennwert von Yuan ist in 1, 5, 10, 20, 50 und 100 unterteilt.[163]

Vor dem Hintergrund der kontinuierlichen Vertiefung der globalen wirtschaftlichen Integration handelt China im Einklang mit dem Trend und fördert aktiv die Internationalisierung des RMB. Durch Maßnahmen wie die Einführung einer RMB-Pilotabwicklung für den grenzüberschreitenden

---

[159] 梁建，人民币，与新中国同行，金融博览（财富），2018, 32 (34).

[160] 姜长青，新中国成立后首次人民币发行的历史过程，上海党史与党建，2021, 50 (50).

[161] 左保昌/吴开泰，新中国战时的本位货币——回顾第一套人民币的印制发行，中国钱币，1985, 53 (55).

[162] 姜长青，新中国成立后首次人民币发行的历史过程，上海党史与党建，2021, 50 (53).

[163] 中国人民银行，人民币发行，abrufbar unter http://www.pbc.gov.cn/huobijinyinju/147948/147954/index.html.

Handel, die Entwicklung des Offshore-RMB-Marktes, die Ausweitung der Verwendung des RMB bei internationalen Investitionen und Finanzierungen sowie die Förderung der Aufnahme des RMB in den Währungskorb der Sonderziehungsrechte (SZR) des Internationalen Währungsfonds (IWF) hat sich China bemüht, den Status und den Einfluss des RMB im globalen Finanzsystem zu stärken.[164] China hat die Internationalisierung des RMB nach der internationalen Finanzkrise von 2008 eingeleitet und vor der Wechselkursreform von 2015 rasch vorangetrieben. Trotz der Anpassungen im Prozess der Internationalisierung des RMB nach der „8-11"-Wechselkursreform von 2015 und bis ins Jahr 2017 hinein profitierte die Internationalisierung des RMB von der wirtschaftlichen Erholung Chinas und dem positiven Wachstum nach der Corona-Epidemie.[165] Laut der Untersuchung der Bank für Internationalen Zahlungsausgleich (BIZ) 2022 ist der Anteil der RMB-Devisentransaktionen am Weltmarkt in den letzten drei Jahren von 4,3 % auf 7 % gestiegen und der Platz in der diesbezüglichen Rangliste hat sich von Platz acht auf Platz fünf verbessert.[166] Nach Angaben des IWF beliefen sich die von den Zentralbanken weltweit gehaltenen RMB-Reserven Ende 2022 auf 298,4 Milliarden US-Dollar, was Platz fünf unter den wichtigsten Reservewährungen und einem Anteil von 2,69 % an den weltweiten Währungsreserven entspricht. Im Vergleich zu 2016, als der RMB erstmals in die SZR aufgenommen wurde, bedeutet dies einen Anstieg um 1,62 %.[167] Ende 2022 lag der RMB dem Composite Internationalisierungsindex zufolge bei 3,16, was einem Anstieg von 5,9 % entspricht. Im gleichen Zeitraum lagen die Internationalisierungsindizes des US-Dollars, des Euro, des britischen Pfunds und des japanischen Yens bei einem Wert von 58,3, 22,18, 7,73 bzw. 5,24.[168]

---

164 中国人民银行，2023 年人民币国际化报告，27.10.2023, S. 1ff. abrufbar unter http://www.pbc.gov.cn/goutongjiaoliu/113456/113469/5114765/2023102720175126516.pdf.

165 石光，构建新发展格局需要推进人民币国际化，来源中国经济时报，02.02.2024, abrufbar unter //www.drc.gov.cn/DocView.aspx?chnid=379&leafid=1338&docid=2907555.

166 Monetary and Economic Department, Triennial Central Bank Survey: OTC foreign exchange turnover in April 2022, 27.10.2022, S. 6, abrufbar unter https://www.bis.org/statistics/rpfx22_fx.pdf.

167 Globel Times, Yuan internationalization proceeds as Argentina to use it again for IWF debt, 1.11.2023, abrufbar unter://www.globaltimes.cn/page/202311/1301005.shtml.

168 中国人民银行，2023年人民币国际化报告，27.10.2023, S. 4, abrufbar unter http://www.pbc.gov.cn/goutongjiaoliu/113456/113469/5114765/2023102720175126516.pdf.

## D. bargeldlose Zahlungsverkehr

### I. Buchgeld als Zahlungsmittel

#### *1. Antike „Kreditinstitute“*

Eine Einlage (deposit) bezieht sich auf eine Ersparnis, die anderen zur Verfügung gestellt wird. Vor der Tang-Dynastie vergruben die Chinesen ungenutzte Gelder unter der Erde oder versteckten sie in Wandfächern oder deponierten sie bei Freunden und Verwandten, die dieses Geld aber nicht verwenden durften.[169] Deshalb wurden solche Gelder nicht als Depositen bezeichnet und konnten nicht als ein Kreditgeschäft angesehen werden. In der Tang-Dynastie konnten die Menschen ihr Geld in sogenannten ‚Guifang‘ oder ‚Jifu Pu‘ einzahlen, Geschäfte, die einer spezialisierten Einlageninstitution ähnelten.[170] Ob diese jedoch als echte Kreditinstitute betrachtet werden können, bedarf noch weiterer Forschung.[171] Während der Ming- und Qing-Dynastie entstanden nacheinander Geldhäuser, Silberbanken und Wechselbanken, wodurch das Silber- und Kupfermünzengewerbe eine bedeutende Entwicklung erfuhr. Nur Geldhäuser mit großem Kapital und großem Umfang konnten Einlagen- und Kreditgeschäfte betreiben.[172] Das Kreditgeschäft (am Ende der Ming-Dynastie) entstand früher als das Einlagengeschäft (vermutlich erst in der Qing-Dynastie). Aufgrund der langen Stagnation der Feudalgesellschaft konnten diese chinesischen Geldhäuser und Silberbanken jedoch nicht den Sprung zu modernen Banken vollziehen.[173]

#### *2. Moderne Banken in der Neuzeit*

Die Entstehung von modernen Banken in China vollzog sich nach der Invasion des ausländischen Kapitalismus in der Neuzeit. Nach der Niederlage im Opiumkrieg 1842 war China gezwungen, seine Handelshäfen zu öffnen, woraufhin ausländische Banken in großer Zahl ins Land strömten. In den Jahren 1845 und 1848 eröffnete die britische Bank „Oriental Bank“ ihre Filialen in Hongkong und Shanghai, anschließend gründeten zahlreiche Länder wie Großbritannien, die USA, Frankreich, Deutschland, Russland

---

169 彭信威，中国货币史，中国人民大学出版社，2020, S. 379.
170 彭信威，中国货币史，中国人民大学出版社，2020, S. 379-380.
171 彭信威，中国货币史，中国人民大学出版社，2020, S. 379-380.
172 彭信威，中国货币史，中国人民大学出版社，2020, S. 914.
173 黄达、张杰，金融学——货币银行学，第7版，中国人民大学出版社，2020, S. 153.

und Japan Banken in China.[174] Bis zum Ende der Qing-Dynastie gab es mehr als zwanzig ausländische Banken in China. Im Jahr 1897 wurde in Shanghai die Chinese Commercial Bank gegründet, die erste von China selbst betriebene Bank. Dies markierte die Entstehung des modernen Bankwesens in China.[175] Im Jahr 1904 wurde die erste chinesische Zentralbank, die Hubu Bank, in Peking gegründet, diese wurde 1908 in die Große Qing-Bank umbenannt und 1912 in die Bank of China umstrukturiert.[176] Während der Herrschaft der Kuomintang wurde der chinesische Finanzsektor vom bürokratischen Kapitalismus monopolisiert, der „vier Banken, zwei Büros und ein Schatzamt" kontrollierte.[177] Die „vier Banken" waren die Zentralbank, die Bank of China, die Bank of Communications und die Agricultural Bank of China; die „zwei Büros" waren das Postal Savings and Exchange Bureau und das Central Trust Bureau; Das genannte Schatzamt war das zentrale genossenschaftliche Schatzamt. Inmitten des bürokratischen Kapitals wuchsen auch die nationalen Kapitalbanken Chinas beachtlich, und im Jahr 1946 gab es insgesamt 3.489 Banken, von denen 1.043 nationale Kapitalbanken waren.[178] Die bekanntesten von ihnen waren die „South Three Banks", die „North Four Banks" und „Small Four Banks".[179] Zudem gab es auch Nicht-Finanzinstitute, die sich auf Großstädte wie Tianjin, Hankou, Guangzhou und Shanghai konzentrieren.

### 3. *Die Banken nach der Gründung des neuen China*

Vor der Gründung des neuen China hatten die revolutionären Basen und die befreiten Gebiete unter der Führung der Kommunistischen Partei Chinas nacheinander ihre eigenen Banken gegründet und ihre eigenen

174 彭信威，中国货币史，中国人民大学出版社，2020, S. 926-928; 王明国、张卫新主编，货币银行学，第2版，2022, S. 101.

175 易纲/吴有昌，货币银行学，上海人民出版社，1999, S. 109.

176 易纲/吴有昌，货币银行学，上海人民出版社，1999, S. 109.

177 王明国/张卫新主编，货币银行学，第2版，2022, S. 101.

178 王明国/张卫新主编，货币银行学，第2版，2022, S. 101

179 "South Three Banks" beziehen sich auf die Banken von Zhejiang Industrial, Zhejiang Industrial, Shanghai Commercial and Savings; „North Four Banks" umfassen Salt Bank, Jincheng Bank, Zhongnan Bank, Continental Bank; „Small Four Banks" beinhalten China General Merchants Bank, Simei Bank, China Industrial Bank, China National Goods Bank, hierzu siehe 易纲、吴有昌，货币银行学，上海人民出版社，1999, S. 109.

Währungen ausgegeben. Am 01. Dezember 1948 wurde die PBOC gegründet und sie gab den ersten Satz von RMB aus. Nach der Gründung der Volksrepublik China übernahm die neue chinesische Regierung die von der Kuomintang-Regierung gegründeten Staatsbanken und die Banken des bürokratischen Kapitalismus.[180] Gleichzeitig wurden durch die Umwandlung von Privatbanken in öffentlich-private Partnerschaften schrittweise die privaten Finanzinstitutionen reformiert, wodurch ein Finanzinstitutssystem Chinas mit der PBOC als zentraler Institution etabliert wurde.[181] Derzeit besteht das chinesische Finanzinstitutssystem aus einer Führung durch die PBOC, die Versicherungsaufsichtsbehörde sowie die China-Wertpapieraufsichtsbehörde, wobei Geschäftsbanken und politische Banken die Hauptrolle spielen, ergänzt durch Nicht-Banken-Finanzinstitute, Finanzinstitute mit ausländischer Finanzierung, was letztlich zu einer Koexistenz einer Vielzahl von Finanzinstituten und einer Arbeitsteilung führt.[182] In der 70-jährigen Geschichte des neuen China durchläuft die Entwicklung des chinesischen Bankwesens grob drei Perioden: Die Phase der Erforschung und des Aufbaus eines Bankensystems, das den nationalen Gegebenheiten Chinas entspricht (1948–1978). Die Periode des Aufbaus eines sozialistischen Bankensystems mit chinesischer Prägung (1979–2017) und die Periode des Aufbaus des modernen chinesischen Bankensystems (2018-).[183] Nach mehreren Reformen wurde ein Bankenwesen Chinas mit der Zentralbank, den Bankenaufsichtsbehörden, den politischen Banken, den Geschäftsbanken und anderen Finanzinstituten als Hauptorganen geschaffen.[184]

Lange Zeit war die Vorstellung der Chinesen von Währung oder Geld das Bargeld, d. h. der RMB. Nach dieser Vorstellung ist die Bank nur eine Institution der Geldverwaltung, insofern werden Einlagen nicht als eine Form von Geld betrachtet, geschweige denn im Zusammenhang mit Geld untersucht.[185] Nach dem dritten Plenum des 11. Zentralkomitees der Kommunistischen

---

180 王明国/张卫新主编，货币银行学，第2版，2022, S. 102.

181 王明国/张卫新主编，货币银行学，第2版，2022, S. 102.

182 王明国/张卫新主编，货币银行学，第2版，2022, S. 102.

183 王国刚，中国银行业70年：简要历程、主要特点和历史经验，abrufbar unter http://www.imi.ruc.edu.cn/docs/2020-12/88181ac6be994fa396b15f66397934f4.pdf.

184 中国人民银行，银行业概述，abrufbar unter http://www.pbc.gov.cn/jinrongxianggu-an/214057/214059/214192/index.html.

185 曹龙骐主编，货币银行学，高等教育出版社，2000, S. 14.

Partei im Dezember 1978 begann sich das Denken schrittweise zu ändern und traditionelle Vorstellungen wurden durchbrochen. Die Menschen erkannten, dass Einlagen in ihrem Wesen dem Bargeld gleichen, jedoch in einer anderen Form vorliegen.[186] Das Indikatorensystem für die Geldmenge wurde in China erstmals 1994 eingeführt. Nach den „Interim Measures for the Statistics and Publication of the Money Supply of the People's Bank of China“ bezieht sich die Geldmenge auf die Gesamtheit der Zahlungsmittel und Transaktionsmittel eines Landes zu einem bestimmten Zeitpunkt.[187] Dies wird im Allgemeinen durch die Einlagen bei Finanzinstituten, das im Umlauf befindliche Bargeld und andere Verbindlichkeiten dargestellt.[188] Einlagen werden also ebenso wie Bargeld als Tausch- und Zahlungsmittel verwendet und erfüllen die Geldfunktion. Einlagen sind Buchgeld und eine andere Form von Geld als Bargeld.

### II. E-Geld als Zahlungsmittel

In China gibt es keine einheitliche Definition für E-Geld.[189] Dennoch handelt es sich bei E-Geld um einen technischen Begriff. Ein genauerer Blick auf den Fortschritt der Digitalisierung bzw. der Informationstechnologie lässt an dieser Feststellung keinen Zweifel aufkommen. In diesem Sinne ist E-Geld eine Geldform, die mit dem technologischen Fortschritt entsteht.[190] Konkret kann die Legaldefinition von E-Geld in Art. 2 E-der Geld-Richtlinie II im Hinblick auf die Form, die Natur und die Funktion von E-Geld für die Definition in China von Bedeutung sein. Insofern bezieht sich E-Geld auf jeder elektronisch, darunter auch magnetisch, gespeicherte monetäre Wert in Form einer Forderung an den Emittenten, der gegen Zahlung eines Geldbetrags ausgestellt wird, um jede Bereitstellung, Übermittlung oder Abhebung eines Geldbetrags (Zahlungsvorgänge) durchzuführen, und der

186 钟起瑞，货币结构分析，中国金融出版社，1988, S. 3. Unter dem Stichwort „Buchgeld“ werden auf der größten akademischen Website Chinas insgesamt 22 Artikel gefunden, die „Buchgeld“ im Titel tragen. Der früheste Artikel stammt aus dem Jahr 1982. Abgerufen am 07.07.2024. In vielen Lehrbüchern wird „Buchgeld“ als eine Form von Geld betrachtet, dazu etwa 王明国、张卫新主编，货币银行学，第2版，中国金融出版社，2022; S. 14; 黄达、张杰，金融学，第5版，中国人民大学出版社，2020, S. 14.

187 中国人民银行，中国人民银行货币供应量统计和公布暂行办法，1994.10.27, 银发〔1994〕267号。

188 中国人民银行，中国人民银行货币供应量统计和公布暂行办法，1994.10.27, 银发〔1994〕267号。

189 Siehe vierten Teil, § 10 A. II. 3, insbesondere Fußnote 429.

190 Vgl. 张庆麟，武汉大学学报（社会科学版），2001, 544 (544).

auch von anderen natürlichen oder juristischen Personen als dem Emittenten angenommen wird.[191] In China umfasst E-Geld sowohl von Banken als auch von dritten Zahlungsinstituten ausgegebenes E-Geld.[192]

E-Geld als ein technischer Begriff ist hier zu unterscheiden von Buchgeld und e-CNY. In der Ära ohne Bankkarten und elektronischen Zahlungsverkehr beruht der Geldtransfer hauptsächlich auf manueller Bedienung und Sparbuchaufzeichnungen, wobei Bankeinlagen nur als Buchgeld fungieren. Mit dem Aufkommen von Bankkarten und elektronischem Bankverkehr können die Bankeinlagen durch den Austausch elektronischer Informationen realisiert werden, wobei das Buchgeld in ein E-Geld umgewandelt wird. Virtuelle Währungen und der e-CNY transferieren den Wert ebenfalls durch Digitalisierung, nutzen dabei aber neue Technologien wie die Blockchain-Technologie. Diese Transaktionsform ist von Dezentralisierung gezeichnet und unterscheidet sich von den bestehenden zentralisierten Zahlungsvorgängen. Virtuelle Währungen und der e-CNY ermöglichen ebenfalls den Werttransfer durch Digitalisierung. In diesem Prozess nutzen sie jedoch neue Technologien wie Blockchain, um Transaktionen vollständig oder teilweise zu dezentralisieren. Dadurch unterscheiden sie sich grundlegend von dem bestehenden Buchgeld oder e-CNY, die von Geschäftsbanken oder dritten Zahlungsinstituten bereitgestellt werden. Virtuelle Währungen und der e-CNY sind in diesem Zusammenhang nicht als E-Geld zu verstehen.

Im März 1985 gab China die erste chinesische Kreditkarte (die Zhongyin Card) aus und schloss damit die Lücke, die durch das Fehlen einer Bankkarte in China entstanden war.[193] Im Jahr 1993 befürwortete China die Umsetzung des Golden Card-Projekts, um sich an den Betrieb von POS-Automaten und Geldautomaten anzupassen.[194] Das Golden Card-Projekt hat die Popularität von Bankkarten in China stark gefördert, wodurch sie allmählich zu einem der wichtigsten Zahlungsinstrumente für die täglichen Geschäfte der Öffentlichkeit wurden. Bis Ende 2023 waren landesweit 214,465 Milliarden Bankkonten eröffnet worden, und die Banken hatten insgesamt 296,163 Milliarden elektronische Zahlungstransaktionen im Wert von 339,527

---

[191] Art. 2 Zweite E-Geld-RL (EMD2)

[192] Siehe vierten Teil, § 10 A. II. 3.

[193] 宝山/文武，法定数字货币，中国金融出版社，2018, S. 132-133.

[194] 宝山/文武，法定数字货币，中国金融出版社，2018, S. 132-133.

Billionen Yuan abgewickelt.[195] Wenn elektronische Überweisungen über Online-Banking-Systeme oder mobile Banking-Anwendungen getätigt werden, wird Buchgeld tatsächlich elektronisch abgewickelt und übertragen, in diesem Fall kann Buchgeld als Teil des E-Geldes betrachtet werden, aber E-Geld ist nicht auf Buchgeld beschränkt. Neben Debit- und Kredit-E-Geld gibt es auch E-Geld, das von dritten Zahlungsinstituten ausgegeben wird. Bis zum 7. April 2024 gab es 187 Zahlungsinstitute, die für das Zahlungsgeschäft zugelassen waren.[196] Alipay und WeChat Pay stehen beispielhaft für die Drittzahlungsplattformen, die die weit verbreitete Nutzung und Entwicklung von E-Geld vorangetrieben haben. Im Jahr 2003 startete Taobao seinen ersten Alipay-Dienst. Alipay wurde im Jahr 2004 unabhängig betrieben.[197] WeChat startete WeChat Pay im Jahr 2013.[198] Solches e-Geld liegt in der Regel in Form von E-Wallets vor, die von den Nutzern verwendet werden können, indem sie ihre Bankkonten mit Geld aufladen. Ende Dezember 2022 machten Alipay und WeChat Pay 54,5 % bzw. 38,8 % des Transaktionsvolumens auf dem Markt für mobile Zahlungen im Nicht-Banken-Zahlungsverkehr aus, wobei die beiden zusammen 93,3 % des Gesamtvolumens ausmachten.[199] Die Internet-Zahlungen im Nicht-Bankenzahlungsverkehr beliefen sich im Jahr 2020 auf 294,6 Billionen Yuan und lagen damit weltweit an erster Stelle.[200] Dies ist auf die nachsichtige Haltung der Zentralbank bei der frühen Entwicklung der Drittzahlungsbranche und dem von E-Commerce-Plattformen dominierten inländischen Einzelhandelsmarkt zurückzuführen.[201] Im Jahr 2023 wickelten

195 中国人民银行，2023年支付体系运行总体情况，28.03.2024, abrufbar unter abrufbar unter abrufbar unter http://www.pbc.gov.cn/zhifujiesuansi/128525/128545/128643/5314683/2024032815235914509.pdf.

196 已获许可机构（支付机构），政府信息公开，abrufbar unter abrufbar unter abrufbar unter http://www.pbc.gov.cn/zhengwugongkai/4081330/4081344/4081407/4081702/4081749/4081783/index.html.

197 李亚欣，支付宝的发展历程及对国内第三方支付的影响，东方企业文化·百家争鸣 ，2010, 189 (189).

198 蒋银科/肖毅/聂笑一，微信支付的现状分析与信用问题研究，电子商务，2014, 35 (35).

199 我国第三方支付行业竞争：移动支付市场占比最大　　支付宝和微信为双寡头，关研报告网，abrufbar unter://www.chinabaogao.com/detail/681616.html#:~:text.

200 商务部，中央网信办，发展改革委，“十四五”电子商务发展规划，2021, abrufbar unter://www.gov.cn/zhengce/zhengceku/2021-10/27/5645853/files/90b38fda32dd4e27aa6080b0bf35266d.pdf, S. 5.

201 吴志攀，中国银行业和银行业发展40年的本土经验，载洪艳蓉主编：金融法苑，第100辑，中国金融出版社，2019, S.17.

Nicht-Bankzahlungsinstitute 121,23 Billionen Online-Zahlungstransaktionen im Wert von 340,25 Billionen Yuan ab.[202] Derzeit decken mehr als 4.000 Geschäftsbanken und 180 Zahlungsinstitute in China den Zahlungsbedarf von 160 Millionen Unternehmen und Hunderten von Millionen Verbrauchern effektiv ab.[203] Obwohl Gesetze kein e-Geld definieren, wird es in China eindeutig als Zahlungsmittel verwendet. Um die reibungslose Entwicklung des elektronischen Zahlungsverkehrs zu gewährleisten, wird Recht wie z. B. die „Leitlinien für den elektronischen Zahlungsverkehr (Nr. 1)“ (LeZ (Nr. 1)) und die „Verwaltungsmaßnahmen für das Online-Zahlungsverkehrsgeschäft von Nicht-Bank-Zahlungsinstituten“ (VmOZvNBZ) verabschiedet (Einzelheiten siehe den Teil vom Zahlungsdiensterecht).

## III. Virtuelle Währungen nicht als Zahlungsmittel

### *1. Definition virtueller Währungen*

Die früheste digitale Währung geht auf DigiCash zurück, das 1982 von dem amerikanischen Informatiker und Kryptographen David Chaum gegründet wurde.[204] Gleichzeitig führte er ein automatisiertes Zahlungssystem mit Merkmalen wie Dezentralität, Verifizierbarkeit, Rückverfolgbarkeit und Anonymität ein, das die technische Grundlage für die Entwicklung virtueller Währungen bildet.[205] Im Jahr 2008 veröffentlichte Satoshi Nakamoto „Bitcoin: A Peer-to-Peer Electronic Cash System“ , auf der Grundlage dieser Theorie erfand er im Jahr 2009 Bitcoin, das auf der Blockchain-Technologie basiert und Peer-to-Peer-Transaktionen ermöglicht.[206]Blockchain-Technologie ist die Kerntechnologie, die virtuellen Währungen wie Bitcoin zugrunde liegt.

---

202 中国人民银行，2023年支付体系运行总体情况，28.03.2024, abrufbar unter http://www.pbc.gov.cn/zhifujiesuansi/128525/128545/128643/5314683/2024032815235914509.pdf.

203 国新办举行《非银行支付机构监督管理条例》国务院政策例行吹风会，28.12.2023, abrufber unter http://www.pbc.gov.cn/rmyh/3963412/3963426/5184370/index.html.

204 David Chuam, Blind Sigatures for Untraceable Patments, 1983, S 199-201, abrufbar unter https://sceweb.sce.uhcl.edu/yang/teaching/csci5234WebSecurityFall2011/Chaum-blind-signatures.PDF.

205 David Chuam, Blind Sigatures for Untraceable Patments, 1983, S 199-201, abrufbar unter https://sceweb.sce.uhcl.edu/yang/teaching/csci5234WebSecurityFall2011/Chaum-blind-signatures.PDF.

206 Satoshi Nakamoto, Bitcoin: A Peer to Peer Electronic Cash System, abrufbar unter:// bitcoin.org/bitcoin.pdf.

Virtuelle Währungen beziehen sich in China zunächst auf die von den Betreibern von Online-Spielen ausgegebenen Währungen, wie z. B. die Q-Münzen von Tencent, die zum Umtausch für die von den ausgebenden Unternehmen angebotenen Online-Spieldienste verwendet werden.[207] Mit der Entwicklung der Blockchain-Technologie kamen jedoch Bitcoin, Ethereum, Dogecoin usw. auf, die ebenfalls als virtuelle Währung bezeichnet werden.[208] In China gibt es weder ein Gesetz, das virtuelle Währungen definiert, noch einen Konsens in der Literatur über deren Definition. In vielen Fällen werden in der Literatur virtuelle Währungen, Kryptowährungen und digitale Währungen synonym verwendet.[209] Die Begriffe virtuelle Währung und digitale Währung, Kryptowährung usw. werden hier nicht behandelt, um ihre Gemeinsamkeiten und Unterschiede aufzuzeigen. Stattdessen liegt der Fokus auf virtuellen Währungen, die auf der Blockchain-Technologie basieren und von privaten Einrichtungen ausgegeben werden, wie z. B. Bitcoin, Ether und TadCoin. Sie zeichnen sich durch Dezentralisierung, Transparenz, Anonymität und Programmierbarkeit aus, wodurch sie sich von Online-Spiel-Währungen und herkömmlichem E-Geld unterscheiden.[210]

### 2. *Verbot virtueller Währungen*

Ursprünglich zeigte die virtuelle Währung in China ein enormes Entwicklungspotenzial und eine gute Perspektive für die Zukunft: China erzeugte zwischen 60 % und 70 % der Bitcoins.[211] Anfang 2017 machten drei

---

207 文化部，文化部，商务部关于加强网络游戏虚拟货币管理工作的通知，2009, abrufbar unter //whlyj.beijing.gov.cn/zwgk/zcfg/2021sjbmwj/202112/t20211208_2556597.html.

208 Siehe etwa李志宏/王丽萍/吴岚腾/许小颖，中国科学基金，2021, 627f.; 祁明/肖林，中国工业经济，2014, 111f.

209 Beispielsweise unterteilt 赵莹 in „数字货币激励性法律规范的逻辑与路径“ digitale Währungen in gesetzliche und nicht-gesetzliche digitale Zahlungsmittel, wobei zu den nicht-gesetzlichen digitalen Zahlungsmitteln virtuelle Währungen wie Bitcoin und Ether gehören; 盛松成/张璇bezeichnen in „虚拟货币本质上不是货币——以比特币为例“ Bitcoin als eine virtuelle Währung; 谢平/石午光bezeichnen Bitcoin als krypto-digitale Währung in “数字加密货币研究：一个文献综述“; In Bekanntmachung zur weiteren Verhinderung und Behebung der Risiken des Handels mit virtuellen Währungen und der Spekulation werden Bitcoin usw. als virtuelle Währungen angesehen; Im Weißbuch zum e-CNY werden Bitcoin usw. als Kryptowährungen betrachtet.

210 杨延超，论数字货币的法律属性，中国社会科学，2020, 84 (85).

211 比特币有多依赖中国? 2021, Abrufbar unter https://www.dw.com/zh/比特币有多依赖中国/a-57619798.

chinesische Handelsplattformen 98 % des weltweiten Handelsvolumens von Kryptowährungen aus.[212] Das Ausmaß und die Nutzerbeteiligung der ICO zeigten nach 2017 einen beschleunigten Anstieg, bis zum 18. Juli 2017 beliefen sich insgesamt 65 Projekte, die online waren und ICOs auf der ICO-Plattform abgeschlossen haben (darunter 5 Projekte vor 2017 und 60 Projekte in den 7 Monaten des Jahres 2017), auf einen kumulativen Finanzierungsbetrag von 2,616 Milliarden Yuan und eine kumulative Teilnehmerzahl von 105.000 Personen.[213] Aufgrund der regulatorischen und rechtlichen Risiken virtueller Währungen, erließen die chinesischen Behörden von 2013 bis 2021 vier Regeln der Abteilungen zur Regulierung und schließlich zu einem vollständigen Verbot.

Im Dezember 2013 wurde eine „Bekanntmachung zur Prävention von Bitcoin-Risiken" herausgegeben, in der anerkannt wird, dass die Öffentlichkeit Bitcoin-Transaktionen durchführen darf, während die Handelsplattformen Verpflichtungen zur Bekämpfung der Geldwäsche erfüllen müssen, aber Finanz- und Zahlungsinstituten es jedoch untersagt ist, Geschäfte mit Bitcoins zu tätigen.[214] Die PBOC und andere Behörden erließen im September 2017 jedoch die Bekanntmachung zur Prävention von Risiken bei der Ausgabe und Finanzierung von Token. In der Bekanntmachung ist die Rede von einem Verbot von ICOs und davon, dass Plattformen nicht im Bereich virtueller Währungen tätig sein dürfen.[215] Die Handelsplattformen für virtuelle Währungen im Land wurden in der Folge geschlossen. Vor diesem Hintergrund haben zahlreiche Emittenten und Handelsplattformen ihre Standorte ins Ausland verlegt. Sie mieten Offshore-Server, um Websites

---

212 比特币中国将于9月30日停止所有交易业务，第一财经，2017, abrufbar unter https://www.yicai.com/news/5345338.html.

213 National Internet Financial Security Technical Experts Committee, Bericht über die Entwicklung inländischer ICOs aus der ersten Jahreshälfte 2017, abrufbar unter://marketplace.huaweicloud.com/article/1-c2a6b4e1d021b9028c3f11b6a5f42144.

214 PBOC, Ministry of Industry and Information Technology, China Banking and Insurance Regulatory Commission, China Securities Regulatory Commission, Bekanntmachung zur Prävention von Bitcoin-Risiken, 05.12.2013, No. 289 of the PBOC.

215 PBOC, Cyberspace Administration of China, Ministry of Industry and Information Technology, State Administration for Industry and Commerce of China, China Banking and Insurance Regulatory Commission, China Securities Regulatory Commission, Bekanntmachung zur Prävention von Risiken bei der Ausgabe und Finanzierung von Token, 04.09.2017.

zu erstellen, die auf inländische Einwohner ausgerichtet sind und ferngesteuert werden. Dementsprechend wurde im Jahr 2018 die Risikowarnung zur Prävention von illegaler Kapitalbeschaffung im Namen von virtuellen Währungen und Blockchain erlassen, um die Öffentlichkeit vor den Risiken der Beteiligung an Geschäft mit virtuellen Währungen zu warnen.[216] Im Jahr 2021 veröffentlichten die PBOC und andere Behörden eine Bekanntmachung zur weiteren Verhinderung und Behebung der Risiken des Handels mit virtuellen Währungen und der Spekulation. Bislang hat China alle Aktivitäten im Zusammenhang mit virtuellen Währungen vollständig verboten: „allen Institutionen und Unternehmen ist es untersagt, Dienstleistungen für Aktivitäten im Zusammenhang mit virtuellen Währungen zu erbringen. Wenn eine juristische Person, eine Organisation ohne Rechtspersönlichkeit oder eine natürliche Person bei der Investition in virtuelle Währungen oder damit zusammenhängender Derivate gegen die öffentliche Ordnung und die guten Sitten verstößt, sind Zivilrechtsgeschäfte ungültig und die daraus entstehenden Verluste sind von ihnen selbst zu tragen. Außerdem werden Offshore-Transaktionen mit virtuellen Währungen in den chinesischen Zuständigkeitsbereich einbezogen. Auf diese Weise wird die Erbringung von Dienstleistungen durch ausländische virtuelle Währungsbörsen für in China ansässige Personen über das Internet ebenfalls als illegale Finanzaktivität betrachtet.“[217]

## IV. Der e-CNY als gesetzliches Zahlungsmittel

China verbietet privat emittierte virtuelle Währungen, die auf der Blockchain-Technologie basieren, unterstützt aber staatlich ausgegebene digitale Währungen – den e-CNY, der als Pilotprojekt in mehreren Städten eingeführt

---

216 China Banking and Insurance Regulatory Commission, Cyberspace Administration of China, Ministry of Public Security of China, PBOC und State Administration for Market Regulation, Risikowarnung zur Prävention von illegaler Kapitalbeschaffung im Namen von virtuellen Währungen und Blockchain, 24.08.2018.

217 PBOC, the Central Internet Information Office, Supreme People's Court, Supreme People's Procuratorate, Ministry of Industry and Information Technology, Ministry of Public Security, State Administration for Market Regulation, China Banking and Insurance Regulatory Commission, China Securities Regulatory Commission, State Administration of Foreign Exchange, Bekanntmachung zur weiteren Verhinderung und Behebung der Risiken des Handels mit virtuellen Währungen und der Spekulation, 15.09.2021, No. 237 of the PBOC.

wird. Gemäß § 19 GeCZB-E wird der e-CNY ein gesetzliches Zahlungsmittel darstellen und denselben rechtlichen Status wie RMB-Bargeld haben. Er vereint die vorteilhaften Eigenschaften von Bargeld, E-Geld und privater digitaler Währung, kann online und offline in allen Szenarien eingesetzt werden und erfüllt die unterschiedlichsten Bedürfnisse der Nutzer.23 Seine Eigenschaften wie „Zahlung ist Abwicklung", hohe Sicherheit und hoher Schutz der Privatsphäre verschaffen ihm theoretisch einen erheblichen Vorteil bei der Nutzung. Aus Sicht der Nutzer wird die Attraktivität des e-CNY jedoch nicht so hoch eingeschätzt. Vor dem Hintergrund einer hochentwickelten digitalen Zahlungslandschaft sind die Nutzer bereits an bestehende Zahlungsmethoden gewöhnt. Alipay und WeChat Pay haben einen bedeutenden Vorsprung im Markt erlangt. Diese privaten digitalen Zahlungsmethoden ermöglichen nicht nur Echtzeitzahlungen, sondern haben auch langfristige Nutzungsgewohnheiten bei den Nutzern etabliert. Trotz der Zwischenschaltung von Intermediären bei E-Geld-Zahlungsvorgängen, hat dies aber kaum Auswirkungen auf die Zahlungserfahrungen der Nutzer. Darüber hinaus wird es aufgrund der natürlichen Dichotomie zwischen Regierung und Öffentlichkeit schwierig sein, die Bedenken eines Teils der Öffentlichkeit zu zerstreuen, selbst wenn der e-CNY das höchste Maß an Datenschutz im elektronischen Zahlungsverkehr bietet. Einige mögen immer noch der Meinung sein, dass der e-CNY ein Instrument der Regierung zur Überwachung und Kontrolle des Bürgers ist.[218] Die Ausgabe des e-CNY erfordert deshalb eine umfassende Planung und Koordination in technologischer, politischer und rechtlicher Hinsicht und ist eine komplexe und schwierige Aufgabe.

## E. Zusammenfassung

Die Geldgeschichte Chinas hat einen Entwicklungsprozess durchlaufen, der von natürlichen Kaurimuscheln über geprägte Münzen und Papiergeld bis hin zu unkörperlichem Geld reicht und somit von einer Entmaterialisierung geprägt ist. Die ersten geprägten Metallmünzen und Banknoten erschienen in China. E-Geld, das auf einem fortgeschrittenen elektronischen

[218] Siehe etwa 人民币数字化 专家警告：小心政府监控每笔交易, abrufbar unter //www.voachinese.com/a/china-fintech-surveillance-20210204/5765228.html; 中共为何急推“数字人民币”? 专家揭内幕, abrufbar unter //www.ntdtv.com/gb/2020/08/26/a102926628.html.

Handel basieren, ist weit entwickelt. Allerdings ist die Entwicklung virtueller Währungen in China aus Sicherheits- und politischen Gründen verboten. Die Einführung des e-CNY stellt die jüngste Form einer souveränen Währung dar, die jedoch noch mit einer Reihe von technischen und rechtlichen Herausforderungen konfrontiert ist.

## § 5 Merkmale der Geldentwicklung

### A. Parallelumlauf mehrerer gesetzlicher Zahlungsmittel

Im 21. Jahr des Königs Jing von Zhou (524 v. Chr.) befürwortete König Jing die Prägung von Geld mit großem Wert und die Abschaffung des Geldes mit geringem Wert, doch der Beamte Qi Shan war dagegen und plädierte dafür, dass der Staat gleichzeitig die beiden Geldarten prägen sollte und sie gleichzeitig zirkulieren und sich gegenseitig ergänzen lassen sollte, um den unterschiedlichen Bedürfnissen des Austauschs großer und kleiner Warenmengen gerecht zu werden.[219] Diese Geldtheorie von Qi Shan wurde als „Theorie der Zi Mu Xiang Quan Lun" bekannt, die als theoretische Grundlage für die Einführung von pluralistischen Währungssystemen in den meisten Dynastien diente.[220] In der Qin-Dynastie zirkulierten bspw. Gold- und Kupfermünzen nebeneinander, während in der Song-Dynastie Kupfermünzen, Eisenmünzen und Papiergeld gesetzliche Zahlungsmittel waren. Obwohl dieses Geld im selben Zeitraum nebeneinander existieren konnte, erfüllte es oft nicht seine volle Geldfunktion: Gold wurde in der Regel zur Aufbewahrung verwendet und spielte eine begrenzte Rolle als Zahlungsmittel, während Kupfermünzen und Papiergeld in der Praxis die Funktionen eines Wertmaßstabs und eines Tauschmittels erfüllten, aber im Grunde keine Aufbewahrungsfunktion hatten. Die Koexistenz mehrerer Geldarten konnte den Anforderungen unterschiedlicher Ebenen und Arten von Transaktionen gerecht werden und sich an Szenarien anpassen, die von kleinen täglichen Transaktionen bis hin zu großen Wertaufbewahrungen reichten. Händler und Verbraucher konnten je nach Bedarf das passende Geld für ihre Transaktionen wählen, was die Flexibilität und Effizienz der Marktoperationen erhöhte. Darüber hinaus ließen sich durch die lokale Prägung von Geld aus unterschiedlichen

---

219 徐元浩，国语集解，中华书局，2002, S. 105-106.

220 刘玉峰，中国古代货币理论和铸币政策评议，山西大学学报，2008, 39 (39).

Materialien (Eisenmünzen in der Song-Dynastie) auf dem riesigen Gebiet Chinas Produktionskosten sparen. Der parallele Umlauf mehrerer gesetzlicher Zahlungsmittel konnte jedoch Währungschaos, die Verbreitung von Falschgeld, Preisschwankungen und Marktinstabilität zur Folge haben, was die Komplexität und Unsicherheit von Transaktionen erheblich erhöhte. Zudem erschwerte die Existenz mehrerer Fiat-Währungen der Regierung die effektive Umsetzung einer einheitlichen Geldpolitik und steigerte sowohl die Komplexität als auch die Kosten der Überwachung und Regulierung. Nach der Gründung des neuen China wurde mit dem RMB ein einheitliches gesetzliches Zahlungsmittel eingeführt, dessen Einheit der Yuan ist und dessen Teilwährung der Jiao und der Cent sind, wobei 1 Yuan 10 Jiao und 1 Jiao 10 Cents entspricht.[221] Die „Theorie von Zi Mu Xiang Quan Lun" beeinflusst immer noch Chinas gegenwärtiges Währungssystem, aber die Koexistenz mehrerer Nennwerte unter einem einzigen gesetzlichen Zahlungsmittel ist eine bedeutende Abkehr vom alten Mehr-Fiat-Währungssystem. Der e-CNY ist ein digitales gesetzliches Zahlungsmittel, das weiterhin das Dezimalsystem verwendet, aber beliebige Nennwerte haben kann. Mit der Einführung des e-CNY werden die Beschränkungen traditioneller Währungen in Bezug auf Ebene, Nachfrage und geografische Lage bei Transaktionen aufgehoben, und er wird neben den physischen Fiat-Währungen bestehen und mit diesen zusammenarbeiten, um ein flexibleres und effizienteres Währungssystem zu bilden.

## B. Unabhängige Entwicklung der Geldkultur und Mangel an Geldtheorie

Die chinesische Geldkultur hat eine lange Geschichte, die vor mehr als 4.000 Jahren begann und sich bis heute durch die Geschichte der chinesischen Zivilisation zieht. Sie hat eine sehr klare Entwicklungslinie, ist im Wesentlichen frei von Einflüssen fremder Kulturen und bildet eine eigenständige Geldkultur. Geld ist nicht nur Aufzeichnung und Träger von Geschichte, sondern spiegelt auch reiche kulturelle Konnotationen wider. Das Studium des antiken Gelds kann den damaligen Stand des Handwerks, der Schmelztechnologie, der Papierherstellung, der Drucktechnik und der

221 中国货币，中国政府网，abrufbar unter //www.gov.cn/guoqing/2005-06/16/content_2615216.htm#:~:text.

Entwicklung der antiken Schrift aufzeigen. Darüber hinaus kann Geld in einigen Fällen auch die Wahrnehmung und das Weltbild der alten Menschen widerspiegeln, z. B. stehen Lochmünzen mit quadratischem Loch für die Kosmologie von „rundem Himmel und eckiger Erde". Wie bereits erwähnt, konzentrierte sich die alte Geldforschung vor allem auf die Form des Geldes und auf praktische Probleme des Geldsystems, wie etwa die Münzprägung oder das Gewicht der Münzen. Im Gegensatz dazu waren antike Geld- und Wirtschaftstheorien wenig entwickelt und bildeten kein theoretisches System.[222] Dennoch verdienen einige monetäre Lehren Aufmerksamkeit und können als wertvolle Lernquelle dienen. Die Quantitätslehre des Geldes, die nahezu jede Dynastie hatte, entstand im Kampf zwischen Abwertung und Inflation. *Guanzi* (Frühlings- und Herbstperiode) geht davon aus, dass der Staat die Gesamtheitsmenge der im Umlauf befindlichen Währung effizient anbieten und einziehen sollte.[223] *Yuan Xie* aus der Zeit des Kaisers Ningzong der südlichen Song-Dynastie plädierte für eine angemessene Kontrolle der Ausgabemenge von Huizi (ein Name der Banknoten) und war der Ansicht, dass die Kaufkraft der Banknoten von der Menge der umlaufenden Banknoten abhängt.[224] Darüber hinaus kommt Guan Zis „Chartalismus" dem „Chartalismus" von *G. F. Knapp* sehr nahe, der davon ausgeht, dass die Währung selbst wertlos ist und in Umlauf gebracht werden kann, weil sie vom Kaiser oder der Regierung unterstützt und ausgegeben wird.[225] Im alten China konnte sich keine systematische Geldtheorie entwickeln, möglicherweise aufgrund der über zweitausend Jahre lang verfolgten Politik der „Förderung der Landwirtschaft und Unterdrückung des Handels" im Feudalsystem, die den sozialen Status der Kaufleute herabsetzte. Obwohl die Kaufleute über beträchtlichen Reichtum verfügten und ein großes Interesse am Geld hatten, schrieben sie keine Bücher darüber. Die Oberschicht der Gelehrten und Beamten, deren Lebensunterhalt auf Land und nicht auf Geld beruhte, verachteten die Kaufleute und zeigten kein Interesse an Geldfragen.[226] Die Geldentwicklung in China war seit jeher praxisorientierter als die theoretische Auseinandersetzung damit. Dies hilft auch zu verstehen, warum

---

222 彭信威，中国货币史，中国人民大学出版社，2020, S. 19.
223 刘玉峰，中国古代货币理论和铸币政策评议，山西大学学报，2008, 39 (41).
224 梁汇川/王一成，中国古代货币理论初探，中国钱币论文集，1985, 9 (19).
225 柳彤，试论中国古代货币理论发展概况，首都博物馆丛刊，1994, 13 (14).
226 彭信威，中国货币史，中国人民大学出版社，2020, S. 19.

der e-CNY zuerst eingeführt wurde und das rechtliche System erst danach angepasst wird.

## C. Entmaterialisierung

Die Entwicklung des Geldes ging von Kaurimuscheln über die Imitationen der Kaurimuschel zu Metallmünzen über, gefolgt von Papiergeld, Buchgeld, e-Geld und schließlich dem e-CNY. China war nicht nur das erste Land der Welt, das Metallmünzen prägte und Papiergeld verwendete, sondern wird nun voraussichtlich auch die erste Weltmacht sein, die CBDC ausgibt. Die Entwicklung des Geldes wird von den sozialen, wirtschaftlichen, technologischen und politischen Bedingungen stark beeinflusst. Bereits in der Song-Dynastie übernahm China die Führung bei der Ausgabe des ersten Papiergeldes der Welt, angetrieben durch eine fortschrittliche Drucktechnik, eine florierende Warenwirtschaft und eine Politik der Eisenmünzen. Etwa 1.000 Jahre später, mit der Entwicklung der digitalen Wirtschaft und der Blockchain-Technologie sowie der Politik der Ausgabe von CBDC, ist China mit der Einführung des e-CNY seiner Zeit wieder einmal voraus. Diese digitale Währung stellt nicht nur den Höhepunkt der Entwicklung der digitalen Technologie dar, sondern symbolisiert auch die Geburt einer neuen Generation von fortschrittlichen Währungen. Die Entmaterialisierung der Entwicklung des Geldes umfasst jedoch nicht nur die Entwicklung des gesetzlichen Zahlungsmittels (von Bargeld bis e-CNY), sondern auch Formen wie Buchgeld, E-Geld und virtuelle Währungen. Obwohl diese Geldformen keine gesetzlichen Zahlungsmittel sind, spielen sie in der digitalisierten Wirtschaft eine wichtige Rolle und haben – gewollt oder ungewollt – das Zentralbankgeld verdrängt, was der Entwicklung von CBDC weiteren Auftrieb gegeben hat. Obwohl sich die Geldsysteme verschiedener Länder oder Regionen in ihren eigenen, unabhängigen historischen Kontexten entwickelt haben, weisen sie alle einen ähnlichen Entwicklungstrend auf: Entmaterialisierung.

## D. Internationalisierung

Mit der Beschleunigung des Globalisierungsprozesses sind die Wirtschafts-, Finanz- und Handelsbeziehungen zwischen den Ländern der Welt immer enger geworden und haben ein vernetztes und interdependentes Weltwirtschaftssystem geschaffen. Vor diesem Hintergrund hat sich die

Internationalisierung der Währungen nicht nur zu einer wichtigen Kraft bei der Förderung der globalen wirtschaftlichen Integration entwickelt, sondern auch zu einem wichtigen Mittel für die Länder, ihren internationalen Status und Einfluss zu stärken. Als zweitgrößte Volkswirtschaft der Welt verbessert China, wie bereits erwähnt, aktiv den internationalen Status seiner Währung durch die Umsetzung von Pilotprojekten zur Abwicklung des grenzüberschreitenden Handels in RMB und die Entwicklung des Offshore-RMB-Marktes. Der e-CNY wird in erster Linie für den inländischen Einzelhandel verwendet, ist aber auch technisch für den grenzüberschreitenden Einsatz gerüstet. Er verschafft einen neuen Wettbewerbsvorteil durch Finanztechnologie, hilft beim Andocken an internationale Regeln, stärkt die Zusammenarbeit im Bereich der Rechtsstaatlichkeit, erhöht den Anteil des RMB am internationalen Zahlungssystem, ist optimiert für grenzüberschreitende Investitionen und die Währungslandschaft des Handels und fördert aktiv die Internationalisierung des RMB.[227] Das Projekt „Multiple CBDC Bridge“ (mBridge), an dem China teilnimmt, zielt darauf ab, die Einrichtung eines multilateralen Kooperationsmechanismus für grenzüberschreitende Zahlungen auf der Grundlage gesetzlicher Zahlungsmittel und einer neuen Art von grenzüberschreitender Zahlungsinfrastruktur zu erkunden und eine hocheffiziente, kostengünstige und universelle multilaterale Zentralbankplattform für CBDC aufzubauen, die eine grundlegende Plattform für die Internationalisierung des digitalen RMB bieten wird.[228]

## E. Zusammenfassung

Die Geschichte der chinesischen Geldentwicklung zeigt, dass sich das chinesische Geld nicht nur durch seine einzigartigen Merkmale der Lokalisierung auszeichnet, sondern sich auch allmählich entkörperlicht, was dem globalen Trend entspricht. Das Verständnis des Trends zur Entkörperlichung des Geldes hilft zu erklären, warum zahlreiche Zentralbanken die Entwicklung von CBDCs aktiv fördern. Während Buchgeld und E-Geld eine wichtige Rolle im bargeldlosen Zahlungsverkehr spielen, sind Zentralwährungen an den Rand gedrängt worden. Um die zentrale Stellung von Zentralbankgeld in der digitalen Wirtschaft zu gewährleisten und die Stabilität des Finanzsystems

---

227 倪禾/ 张育/刘曦子, 数字人民币的国际合作与发展, 银行家, 2023, 22 (23).

228 倪禾/张育/刘曦子, 数字人民币的国际合作与发展, 银行家, 2023, 22 (23).

zu erhalten, ist die Entwicklung von CBDCs von entscheidender Bedeutung. Dieser Beitrag konzentriert sich auf das Thema „Entmaterialisierung" und erörtert eingehend die rechtlichen Fragen des privaten und öffentlichen Rechts, der Übertragungsregeln, der Geldschuld, der Zahlungsdienstleistungsbeziehung und des Datenschutzes beim e-CNY und dem digitalen Euro im Rahmen des traditionellen und körperlichen Rechtssystems.

# Dritter Teil: Technische und begriffliche Grundlage

## § 6 Einführung von CBDCs

### A. Begriff

Die PBOC ist eine der ersten Zentralbanken weltweit, die mit der Erforschung der CBDC begann.[229] In der Folge haben weitere Länder und internationale Institute, wie das Schweden[230] oder der IWF[231], die Forschung zu den CBDCs in ihre Planungen aufgenommen. In solchen Forschungen wird CBDC unterschiedlich definiert, es besteht also diesbezüglich kein Konsens. Aus der Vielzahl der Konzepte lassen sich jedoch zwei Modelle zur Definition von CBDC zusammenfassen: Zum einen wird sie über den Ausgeber und

---

229 Im Jahr 2014 begann China mit der Gründung der Forschungsgruppe für e-CNY mit der Erforschung des e-CNY.

230 Im Jahr 2017 begann das Schweden mit der Erforschung der CBDC, siehe Riksbank, E-krona project, report 1, abrufbar unter://www.riksbank.se/en-gb/payments--cash/e-krona/e-krona-reports/e-krona-project-report-1/, 13.10.2024.

231 In einer Rede auf dem Singapore Fintech Festival am 14. November 2018 schlug Christine Lagarde, damals geschäftsführende Direktorin des IWF, vor, dass die Zentralbanken die Ausgabe für CBDC in Erwägung ziehen sollten. Dazu Siehe Christine Lagarde, IWF Managing Director, Winds of Change: The Case for New Digital Currency, Singapore Fintech Festival, November 14, 2018, S. 4. Seitdem hat der IWF mehrere Berichte veröffentlicht, die das Potenzial der CBDC, ihre Risiken und ihre Auswirkungen auf die Finanzstabilität und die Geldpolitik untersuchen, wie z. B. Itai Agur/Anil Ari/Giovanni Dell'Ariccia, Designing Central Bank Digital Currencies, 2019; Tanai Khiaonarong/David Humphrey, Cash Use Across Countries and the Demand for Central Bank Digital Currency, 2019. Für weitere Artikel siehe abrufbar unter://www.imf.org/en/Search#q=cbdc&first=30&sort=%40imfdate%20 ascending.

die digitalen Attribute der CBDC definiert. Die BIZ bspw. betrachtet CBDC als „eine digitale Form von Zentralbankgeld, die sich von traditionellen Reserven oder Guthaben auf Verrechnungskonten unterscheidet".[232] Der IWF definiert sie als „eine digitale Darstellung einer staatlichen Währung, die von der Zentralbank oder einer Währungsbehörde eines Landes ausgegeben wird".[233]

Zum anderen wird eine umfassende Definition auf der Grundlage der Merkmale der CBDC abgeleitet. So haben bspw. Morten *Bech und* Rodney *Garratt* die „The money flower" vorgeschlagen, nach der sie die CBDC anhand des Emittenten der Währung, der Erscheinungsform und der Zugänglichkeit der Währung (Zugänglichkeit: universell oder eingeschränkt) sowie des Umlaufmechanismus („zentralisiert oder dezentralisiert, d. h. Peer-to-Peer") definieren.[234] Je nach der Zugänglichkeit der Währung sind die Typen von CBDC, Wholesale CBDC und Retail CBDC vorstellbar. Die BIZ baut auf der Kategorisierung von Morten Bech und Rodney Garratt auf und stützt sich auf die Arbeiten von Richard A.Green (2008) und Yves Mersch (2017a) zu technischen Formaten der Währungen – Kontenbasiertes Modell und tokenbasiertes Modell, um eine vertiefte Analyse von tokenbasierten und kontobasierten Währungen durchzuführen und diese Konzepte auf CBDC anzuwenden.[235] Im Jahr 2020 präsentierte die BIZ in ihrem Bericht ein „Pyramiden"-Modell für CBDC, das auf die Bedürfnisse der Verbraucher ausgerichtet ist, um die Gestaltung von CBDCs zu bestimmen. Dieses Modell umfasst die rechtliche Struktur von CBDC-Verbindlichkeiten, die Rollenverteilung zwischen Zentralbanken und privaten Institutionen, die Wahl zwischen Distributed-Ledger-Technologien und zentralisierten Infrastrukturen, die Entscheidung für ein tokenbasiertes oder kontobasiertes technisches Format sowie die Auswahl zwischen Wholesale- und Retail-CBDC.[236] Trotz der Unterschiede

---

232 Committee on Payments and Market Infrastructure, Central bank digital currencies, 2018. S.4.

233 Kiff/Alwazir/Davidovic usw, A Survey of Research on Retail Central Bank Digital Currency, IWF Working Papier. 2020. S. 9.

234 Bech/Garratt, Central bank cryptocurrencies, BIS Quarterly Review, September 2017, 55 (59).

235 Committee on Payments and Market Infrastructure, Central bank digital currencies, 2018. S.4.

236 Auer/Böhme, The technology of retail central bank digital currency, BIS Quarterly Review, March 2020, 85 (87).

in den Definitionen von CBDC drehen sie sich um die beiden Kernelemente „Ausgabe durch eine Zentralbank“ und „digitale Form“ und werden durch die Typen von CBDC, die technischen Formate, Betriebsmodelle und Infrastruktur näher erläutert, um die Definition des Begriffs der CBDC zu präzisieren und zu verdeutlichen. Die Forschung der verschiedenen Länder zu CBDC konzentriert sich ebenfalls auf diese Bereiche.

## B. Typen

### I. Wholesale CBDC

Wholesale CBDC dient nur dem Interbanken- und Wertpapierhandel, Verbraucher und Nichtbanken sind von CBDC ausgeschlossen.[237] Wholesale-CBDC zielt darauf, die Effizienz der Abwicklungssysteme für Großbetragszahlungen zu steigern, die Geschwindigkeit des Wholesale-Finanzsystems zu erhöhen, die Kosten und das Liquiditätsrisiko zu senken und die Sicherheit zu erhöhen.[238] Laut dem BIZ-Bericht 2020 untersuchen 15 % der 66 Zentralbanken Wholesale-CBDC, während fast die Hälfte der Zentralbanken sowohl Wholesale- als auch Retail-CBDC erforscht.[239] Wie z. B. das Jasper Projekt der Bank of Canada,[240] das Stella-Projekt der EZB und der Bank of Japan.[241]

### II. Retail CBDC

Gegenüber Wholesale-CBDC ist Retail-CBDC eine weit zugänglichere digitale Form von Fiat-Währung (für die Öffentlichkeit verfügbar).[242] Retail-CBDCs sind darauf angelegt, das Angebot an Zentralbankgeld vor dem Hintergrund des rückläufigen Bargeldverbrauchs zu erhöhen, der Öffentlichkeit ein

---

237 Pfister, Issuing a Wholesale Central Bank Digital Currency: Why and How, Intereconomics, 2024, 59, 35 (35).

238 Pfister, Issuing a Wholesale Central Bank Digital Currency: Why and How, Intereconomics, 2024, 59, 35 (36).

239 Boar/Holden/Wadsworth, Impending arrival – a sequel to the survey on central bank digital currency, BIS Papers, 2020. S. 3.

240 Bank of Canada, Digital currencies and fintech: projects, abrufbar unter https://www.bankofcanada.ca/research/digital-currencies-and-fintech/projects/.

241 The Bank of Japan (BOJ) and the European Central Bank (ECB), the second phase of the Stella project, 27. 03.2018.

242 Kiff/Alwazir/Davidovic usw., A Survey of Research on Retail Central Bank Digital Currency, IWF Working Papier. 2020. S. 9.

effizienteres, sichereres, aber kostengünstigeres Zahlungsmittel zur Verfügung zu stellen und damit den allgemeinen Wohlstand der Gesellschaft zu verbessern sowie das Vertrauen der Öffentlichkeit in das Zentralbankgeld zu stärken.[243] Der e-CNY ist ein Retail-CBDC, der den täglichen Zahlungsbedarf der Öffentlichkeit in vollem Umfang befriedigen, die Effektivität des Massenzahlungsverkehrssystems weiter verbessern und die Kosten des Massenzahlungsverkehrs für die gesamte Gesellschaft senken soll.[244] Die dEuroVO-E sieht die Einführung einer Retail-CBDC vor, damit für die breite Öffentlichkeit die Nutzung ermöglicht wird.[245]

## C. Betriebsmodell

Das Betriebsmodell bezieht sich auf die Funktionen der Zentralbanken und Zahlungsinstitute bei der Ausgabe, beim Umlauf sowie der Verwaltung der CBDC. Je nachdem, ob die Zentralbank allein für alle Angelegenheiten der CBDC verantwortlich ist oder mit Geschäftsbanken zusammenarbeitet, kann das Betriebsmodell der CBDC in ein direktes Modell und ein indirektes Modell unterteilt werden.

### I. Direktes Modell

Das direkte Modell bezieht sich auf die Bereitstellung von Dienstleistungen zur Ausgabe, zum Umlauf und zur Verwaltung von CBDC durch die Zentralbank direkt für die Öffentlichkeit.[246] Bei diesem Modell muss die Zentralbank nicht nur die Funktion der Ausgabe von CBDC wahrnehmen, sondern auch die ursprünglich von den Geschäftsbanken erbrachten Dienstleistungen wie die Kontoeröffnung, die Identitätsauthentifizierung, die Verwaltung von Wallets und den Umtausch von CBDCs usw., was zu einer Überlastung der Zentralbank führen würde. Wenn die Öffentlichkeit ihr Geld bei der Zentralbank deponiert, wird die Rolle der Geschäftsbanken zudem geschwächt, was zu finanzieller Disintermediation führt und

---

243 Begründung des dEuroVO-E, S. 1; Das Weißbuch des e-CNY, S. 6.

244 Working Group on E-CNY Research and Development of PBOC, Das Weißbuch zum e-CNY, 2021, S. 5-6.

245 Begründung des dEuroVO-E, S. 1.

246 Working Group on E-CNY Research and Development of PBOC, Das Weißbuch zum e-CNY, 2021, S. 11.

die Finanzstabilität beeinträchtigt, insoweit wird dieses Modell nicht begrüßt.[247]

## II. Indirektes Modell

Unter indirektem Modell (zweistufigem Betriebsmodell) versteht man die Ausgabe von CBDC durch die Zentralbank und die Abwicklung der Umtausch- und Umlaufgeschäfte von CBDC durch Zahlungsdienstleister.[248] Die Nutzer haben dabei eine direkte Forderung gegenüber der Zentralbank. Es können ebenfalls zwei Untertypen unterschieden werden: das zwischengeschaltete und das hybride Modell. Beim zwischengeschalteten Modell erfasst die Zentralbank lediglich die Großhandelsbilanzen der einzelnen Zahlungsdienstleister, während die Dienstleistungen und Transaktionsaufzeichnungen im Einzelhandel vollständig von den Zwischengeschalteten übernommen werden.[249] Das System funktioniert ähnlich wie aktuelle Zahlungssysteme, bei denen die Zentralbank keine Einzelhandelsdaten aufzeichnet. Festzuhalten ist jedoch demzufolge, dass die Zentralbank Forderungen, die von ihr nicht direkt erfasst sind, einlösen muss. Es ist hierbei notwendig, die Zahlungsdienstleister genau zu überwachen, um sicherzustellen, dass die von ihnen gemeldeten Großhandelsbestände jederzeit mit der Summe aller Einzelhandelskonten übereinstimmen.[250] Im hybriden Modell erbringt der Privatsektor alle Massenzahlungsdienstleistungen, allerdings betreibt die Zentralbank die Backup-Infrastruktur und erfasst periodisch die Massentransaktionen.[251] Wenn ein Zahlungsdienstleister ausfällt, muss die Zentralbank sofort Ansprüche eindeutig erfüllen.[252]

---

247 Auer/Frost/Gambacorta usw., Central bank digital currencies: motives, economic implications and the research frontier, BIS Working Papers, 2021. S. 11.

248 Working Group on E-CNY Research and Development of PBOC, Das Weißbuch zum e-CNY, 2021, S. 11.

249 Auer/Frost/Gambacorta usw., Central bank digital currencies: motives, economic implications and the research frontier, BIS Working Papers, 2021, S. 11-12.

250 Auer/Frost, Gambacorta usw., Central bank digital currencies: motives, economic implications and the re-search frontier, BIS Working Papers, 2021, S. 11-12.

251 Auer/Frost, Gambacorta usw., Central bank digital currencies: motives, economic implications and the research frontier, BIS Working Papers, 2021, S. 11.

252 Auer/Frost, Gambacorta usw., Central bank digital currencies: motives, economic implications and the research frontier, BIS Working Papers, 2021, S. 11.

Der e-CNY funktioniert auf die gleiche Weise wie unser bestehendes Zahlungssystem, wobei die Öffentlichkeit eine direkte Forderung gegenüber der Zentralbank hat und Zahlungsdienste bei einem Zahlungsdienstleister bekommen.[253] Der digitale Euro unterscheidet sich nicht insofern, als die EZB oder die NZBen für die Ausgabe des digitalen Euro zuständig sind, der Zahlungsdienstleister den digitalen Euro-Dienst anbietet und die Bürger eine direkte Forderung gegenüber der Zentralbank haben (Art. 4 und 13 dEuroVO-E).

## D. Technische Formate

Die Zugangsweise der Nutzer zu einer CBDC steht in Zusammenhang mit der Wahl der technischen Formate, die entweder konten- oder tokenbasiert sein kann. Bei den Verwendungen und Bedeutungen des Begriffs von „Token" kommt es auf die jeweiligen Bereiche an: Technisch wird die elektronische Werteinheit durch einen Token abgebildet, d. h. durch einen (nicht physischen) Datensatz, einen eindeutigen numerischen Code und ist deshalb nicht kopierbar.[254] Im Bereich der Kryptowerte repräsentiert der Begriff des Tokens bestehende Vermögenswerte und wird allgemein im Zusammenhang mit der DLT verwendet (Art. 3 Abs. 1 Nr. 5, 6, 7, 9 MICAR). „ ‚Token' wird in der Wirtschaftsliteratur manchmal als Abkürzung für Konstruktionen verwendet, bei denen das CBDC eine oder mehrere bargeldähnliche Eigenschaften aufweist (z. B. ein Inhaberinstrument darstellt und Offline- oder anonyme Zahlungen unterstützt). „[255] Token ist also nicht unbedingt mit DLT verbunden.[256] Um Verwirrung zu vermeiden, gibt die Zentralbank eine zusätzliche Erläuterung zu konto- und tokenbasiertem CBDC: „‚Kontobasiert' könnte sich auf ein CBDC-System beziehen, bei dem die Zahlung die Aktualisierung der Salden von Zahler und Zahlungsempfänger beinhaltet, während ‚Tokenbasiert' sich auf ein System beziehen könnte, bei dem der Datensatz dazu

---

[253] Working Group on E-CNY Research and Development of PBOC, Das Weißbuch zum e-CNY, 2021, S. 11.

[254] Eckhold/F. Schäfer, in: Assmann/Schütze/Buck-Heeb, Handbuch des Kapitalanlagerechts, 6. Aufl. 2024, § 17 Kryptowerte, Kryptowährungen und Kryptowertpapiere, Rn. 2.

[255] Bank for International Settlements (BIS), Central bank digital currencies: system design and interoperability, 2021, S. 4.

[256] Birne, Das Allgemeine Privatrecht der Blockchain-Token, Mohr Siebeck, 2023, S. 221.

aktualisiert wird, wer eine bestimmte CBDC-Darstellung besitzt."[257] Der größte Unterschied zwischen kontobasierten und tokenbasierten CBDCs besteht in der Art der Validierung zum Zeitpunkt der Transaktion: tokenbasierte CBDCs müssen die Authentizität von Token sowie doppelte Zahlungen validieren, während es bei kontobasierten CBDC im Wesentlichen um die Überprüfung der Identität des Kontoinhabers geht, d. h. ob es ein Problem mit Identitätsdiebstahl gibt.[258] Der bestehende bargeldlose Zahlungsverkehr beruht grundsätzlich auf der Identifikation der Kontoinhaber, da die Zahlungskonten auf Namen des Kontoinhabers lauten.[259] Token-basierte (wertbasierte) und kontobasierte Zahlungssysteme gibt es jedoch bereits in traditionellen Zahlungssystemen. Zahlungssysteme, die auf der Übertragung physischer Wertträger (Banknoten und Münzen) basieren, können auch auf elektronische Speicherung angewendet werden, was die Diskussion über technische Formate von CBDCs (tokenbasiert oder kontobasiert) weniger relevant macht.[260]

Laut dem Weißbuch zum e-CNY ist der e-CNY kompatibel mit kontobasierten, quasi-kontobasierten und wertbasierten Formaten.[261] Art. 23 Nr. 1 dEuroVo-E stellt klar, dass der digitale Euro sowohl online als auch offline verwendbar ist. Da der digitale Euro auf einem Zahlungskonto und einer Endgeräte-Abwicklung basiert, lässt sich zumindest vermuten, dass der digitale Euro sowohl auf einem kontobasierten als auch auf einem Token-basierten Modell beruht.[262]

## E. Technologieoptionen für die Infrastruktur

Die oben genannten Typen, Betriebsmodelle und technischen Formate von CBDC spiegeln bereits bestehende Geld- oder Währungssysteme wider und sind an sich nicht besonders innovativ. Jedoch stellt sich die Frage, ob die

[257] BIS, Central bank digital currencies: system design and interoperability, 2021. S. 4.

[258] Committee on Payments and Market Infrastructure, Central bank digital currencies, Basel: BIS, 2018. S.4.

[259] Birne, Das Allgemeine Privatrecht der Blockchain-Token, Mohr Siebeck, 2023, S.217.

[260] Ausführlich. Birne, Das Allgemeine Privatrecht der Blockchain-Token, Mohr Siebeck, 2023, S.217-218.

[261] Working Group on E-CNY Research and Development of PBOC, Das Weißbuch zum e-CNY, 2021. S. 9.

[262] Art. 13 dEuroVO-E; ECB, A stocktake on the digital euro—Summary report on the investigation phase and outlook on the next phase, 18.10.2023, S.13.

Infrastruktur von CBDC auf der Distributed-Ledger-Technologie (DLT) basiert, eine neue und tiefgehend diskussionswürdige Perspektive dar. Eine DLT-basierte Infrastruktur, bei der das Hauptbuch von verschiedenen Stellen gemeinsam und dezentral geführt wird, unterscheidet sich von traditionellen Infrastrukturen, bei denen das Hauptbuch in der Regel von einem obersten Knotenpunkt (einer maßgeblichen Stelle) in einer hierarchischen Struktur kontrolliert wird.[263] Obwohl das e-CNY-Weißbuch nicht erwähnt, ob der e-CNY DLT verwendet, hat der Direktor des e-CNY Research Institute in einem Medienbriefing zum e-CNY-Weißbuch bestätigt, dass der e-CNY teilweise Blockchain-Technologie verwendet.[264] Im Rahmen der Entwicklung des digitalen Euro testet das Eurosystem derzeit verschiedene zentrale und dezentrale Technologien, darunter auch die Distributed-Ledger-Technologie, jedoch ist eine Entscheidung über die zukünftig verwendete Technologie noch nicht getroffen.[265] Jedenfalls sollte die Abwicklungsinfrastruktur für den digitalen Euro die Anpassung an neue Technologien, einschließlich der DLT, ermöglichen.[266]

## I. DLT

DLT ist eine Technologie, die den Betrieb und die Nutzung von verteilten Hauptbüchern ermöglicht.[267] Alle vier grundlegenden Datenbankoperationen können in einer DLT durchgeführt werden: Anlegen eines Datensatzes, Lesen eines Datensatzes, Verändern eines Datensatzes und Löschen eines Datensatzes.[268] Die DLT kann in den folgenden drei Fällen eingesetzt wer-

---

263 Auer/Böhme, The technology of retail central bank digital currency, BIS Quarterly Review, March 2020, 85 (92).

264 PBOC, Transkripten des Medienbriefings zum e-CNY-Weißbuch, abrufbar unter http://www.pbc.gov.cn/rmyh/3963412/3963426/4294165/index.html.

265 Häufig gestellte Fragen zum digitalen Euro, 18.10.2023, Abrufbar unter //www.ecb.europa.eu/paym/digital_euro/faqs/html/ecb.faq_digital_euro.de.html.

266 ErwG. 64 dEuroVO-E.

267 BaFin, Erläuterung wichtiger Begriffe zu innovativen Technologien und Geschäftsmodellen, abrufbar unter //www.bafin.de/DE/Aufsicht/FinTech/InnovativeFinanztechnologien/DLT_Blockchain/Glossar/glossar_node.html;jsessionid=00BA29418609B84AD6BC5C0FF67F52C5.internet971, 28.08.2024; 张亮/刘百祥/张如意/江斌鑫/刘一江，区块链技术综述，计算机工程，2019, 1 (3).

268 Siegel, in: Omlor/Link, Kryptowährungen und Token, 2. Auflage 2023, Kap. 3 Rn. 106.

den: Erstens werden auf der Blockchain-Technologie basierende Distributed-Ledger-Systeme hauptsächlich zum Aufbau dezentraler, polyzentrischer Anwendungen oder Geschäftslogiken verwendet, die bekannten Beispiele für diese Systeme sind Bitcoin, Ether, Hyperledger Fabric usw. Zweitens werden auf der gerichteten azyklischen Graphen-Technologie (Directed Acyclic Graph, DAG) basierende Distributed-Ledger-Systeme hauptsächlich für das Internet der Dinge (Internet of Things, IoT) oder die Verwaltung digitaler Vermögenswerte usw. verwendet, zu den repräsentativen Systemen gehören IOTA, Byteball usw. Drittens sind Distributed-Ledger-Systeme, die auf dem Notar-Mechanismus basieren, hauptsächlich im Finanzsystem anwendbar, z. B. Ripple, R3Corda.[269] Auf der Grundlage der drei oben genannten Fälle können die Kerndatenstrukturen der DLT in Kette, gerichtete DAG und verteilte Ledger unterteilt werden.[270] Eine Blockchain-Technologie stellt einen speziellen Anwendungsfall der DLT dar.[271]

## II. Blockchain-Technologie

Blockchain bezeichnet ein verteiltes Ledger mit bestätigten Blöcken, die in einer nur anhängenden, sequentiellen Kette mit kryptografischen Verknüpfungen organisiert sind.[272] Die Blockchain-Technologie wird in Blockchains verwendet, deren Struktur aus chronologisch verknüpften Datenblöcken besteht, die unveränderlich sind, aus diesem Grund können in einer Blockchain-Technologie nur Anlegen eines Datensatzes und Lesen eines Datensatzes verfügbar sein, wodurch sie sich von der DLT unterscheidet.[273] Die Blockchain-Technologie ermöglicht durch den Einsatz von Datenverschlüsselung, Zeitstempeln, dezentralem Konsens und wirtschaftlichen Anreizen Peer-to-Peer-Transaktionen, Koordination und Zusammenarbeit in einem dezentralen System, in dem die Knoten einander nicht vertrauen müssen. Sie zeichnet sich

---

[269] 姚前，分布式账本技术研究进展综述，武汉金融，2008, 4 (4).

[270] 姚前，数字货币初探，中国金融出版社，2018, S. 112.

[271] Siegel, in: Omlor/Link, Kryptowährungen und Token, 2. Auflage 2023, Kap. 3 Rn. 105.

[272] BaFin, Erläuterung wichtiger Begriffe zu innovativen Technologien und Geschäftsmodellen, abrufbar unter //www.bafin.de/DE/Aufsicht/FinTech/InnovativeFinanztechnologien/DLT_Blockchain/Glossar/glossar_node.html;jsessionid=00BA29418609B84AD6BC5C0FF67F52C5.internet971, 28.08.2024; 姚前，数字货币初探，中国金融出版社，2018, S. 105.

[273] Siegel, in: Omlor/Link, Kryptowährungen und Token, 2. Auflage 2023, Kap. 3 Rn. 106.

durch Dezentralisierung, Unveränderlichkeit, Rückverfolgbarkeit, gemeinsame Wartung und Transparenz aus.[274] Je nach der Art des Vertrauensaufbaus in verschiedenen Szenarien oder je nach dem Zugangsmechanismus, kann die Blockchain in zwei Kategorien unterteilt werden: Permissionless Blockchain und die permissioned Blockchain. Permissionless Blockchain wird auch als public Blockchain bezeichnet und ist eine völlig offene Blockchain, d. h. jeder kann dem Netzwerk beitreten und daran teilnehmen, ohne sich gegenseitig zu vertrauen, mit vollständig dezentralisierten Merkmalen;[275] Permissioned Blockchain ist eine halboffene Blockchain mit teilweise dezentralisierten Merkmalen, bei der häufig im Voraus durch die Ausstellung eines Identitätszertifikats eine Vertrauensbeziehung hergestellt wird.[276] Nur die designierten Mitglieder können dem Netzwerk hinzugefügt werden, und die Teilnahmerechte jedes Mitglieds sind unterschiedlich.[277] Permissioned Blockchain umfasst die Konsortiumskette und Single Entity. In einer Konsortiumskette verfügt jeder Knoten in der Regel über eine ihm entsprechende Entitätseinheit und kann dem Netz nur durch Autorisierung beitreten und es verlassen.[278] Außerdem kann jeder Knoten eine relativ unabhängige Datenbank in sich selbst aufbauen, insofern ist die Konsortiumskette polyzentrisch und weist teilweise dezentralisierte Merkmale auf.[279] Eine Single Entity bedeutet, dass die Erstellung des Ledgers, der Konsens und die Wartungsprozesse vollständig von einer einzigen Organisation kontrolliert werden, die von dieser Organisation bestimmten Mitglieder haben nur Lesezugriff auf das Ledger.[280]

Die Blockchain-Technologie besitzt Vorteile wie Unveränderlichkeit, Fälschungssicherheit und Rückverfolgbarkeit von Daten. Außerdem bietet sie Vorteile für den Einsatz in Szenarien mit hoher Gleichzeitigkeit und geringer Sensibilität, z. B. bei der Authentifizierung von Vermögenswerten,

---

274 袁勇，王飞跃，区块链技术发展现状与展望，自动化学报，2016, 481 (481).

275 曾诗钦/霍如/黄韬/刘江/汪硕/冯伟，区块链技术研究综述：原理、进展与应用，通信学报，2020, 134(136).

276 曾诗钦/霍如/黄韬/刘江/汪硕/冯伟，区块链技术研究综述：原理、进展与应用，通信学报，2020, 134(136).

277 曾诗钦/霍如/黄韬/刘江/汪硕/冯伟，区块链技术研究综述：原理、进展与应用，通信学报，2020, 134(136).

278 赵磊，区块链类型化的法理解读与规制思路，法商研究，2020, 46 (52).

279 赵磊，区块链类型化的法理解读与规制思路，法商研究，2020, 46 (52).

280 姚前，数字货币初探，中国金融出版社，2018, S. 111.

der Übertragung von Transaktionen und dem Abgleich des Hauptbuchs.[281] Auf der Grundlage der technischen Merkmale und des Anwendungsbereichs von Blockchain hat die PBOC die innovative Anwendung von Blockchain in den Bereichen Handelsfinanzierung, Bestätigungstransaktionen und Transaktionsabgleich erforscht und in der Transaktionsebene des e-CNY-Zahlungssystems die Blockchain-Technologie verwendet.[282]

### F. Zusammenfassung

Obwohl es an einer einheitlichen Definition fehlt, sind „von einer Zentralbank ausgegeben" und „in digitaler Form" die Kernmerkmale des Begriffs der CBDC, die eine treffende Auffassung von CBDCs ermöglichen. Zwischen Wholesale CBDCs und Retail CBDCs besteht kein Konflikt, die Wahl hängt vom Zweck der Ausgabe ab. Angesichts der ungleichen Arbeitsteilung sowie der finanziellen Disintermediation, die sich aus einem einstufigen Betriebsmodell ergeben könnte, empfiehlt sich für CBDCs ein zweistufiges Betriebsmodell. CBDCs verfügen über Eigenschaften von Bargeld und E-Geld, was darauf hinweist, dass CBDCs sowohl auf kontobasierten als auch auf wertbasierten Modellen beruhen. DLT ist zwar eine neue Technologie mit zahlreichen Vorteilen, stellt jedoch keine zwingende Voraussetzung für CBDCs dar. Auf dieser Grundlage werden der e-CNY und der digitale Euro im Folgenden näher beschrieben.

## § 7 Der e-CNY

### A. Begriff des e-CNY

Nach der Arbeitsgruppe für die e-CNY-Forschung und -Entwicklung ist der e-CNY die digitale Version der Fiat-Währung, die von der PBOC ausgegeben und von zugelassenen Betreibern betrieben wird. Es handelt sich um ein wertbasiertes, quasi-kontobasiertes und kontobasiertes hybrides Zahlungsinstrument mit dem Status eines gesetzlichen Zahlungsmittels.[283]

---

281 PBOC, Transkripten des Medienbriefings zum e-CNY-Weißbuch, abrufbar unter http://www.pbc.gov.cn/rmyh/3963412/3963426/4294165/index.html.

282 PBOC, Transkripten des Medienbriefings zum e-CNY-Weißbuch, abrufbar unter http://www.pbc.gov.cn/rmyh/3963412/3963426/4294165/index.html.

283 Working Group on E-CNY Research and Development of PBOC, Das Weißbuch zum e-CNY, 2021, S. 4.

Das e-CNY wird gemäß § 19 GeCZB-E als gesetzliches Zahlungsmittel anerkannt. Aus technischer Sicht ist der e-CNY eine Reihe verschlüsselter Zeichenfolgen, diese sind die e-CNY Token, die den Wertnachweis des e-CNY darstellen.[284] Die verschlüsselte Zeichenfolge besteht aus einer Reihe von Feldern, zu denen grundlegende Elemente wie das Guthaben und die Identität des Besitzers gehören.[285] Die verschlüsselte Zeichenfolge beruht auf dem Mechanismus „eine Änderung ist eine Verschlüsselung", bei dem für jede Änderung des e-CNY-Betrags eine neue Verschlüsslungs-Zeichenkette generiert wird, wodurch die Merkmale Sicherheit, Schutz vor Doppelausgaben und Fälschungssicherheit erhalten bleiben.[286]

## B. Indirektes Betriebsmodell des e-CNY

Die Ausgabe und der Umlauf des e-CNY beruhen auf einem zweistufigen Betriebsmodell: Zentralbank – Geschäftsbanken – Öffentlichkeit. Bei der Ausgabe der Währung gibt die Zentralbank die digitale Währung an die Digitalwährungs-Bankpools der zugelassenen Geschäftsbanken aus, die ihre Reserven zu 100 % an die Zentralbank als Digitalwährungs-Ausgabefonds einzahlen. Zugelassene Geschäftsbanken und andere Zahlungsdienstleister bieten der Öffentlichkeit Umlaufdienste des e-CNY an.

### I. Rolle der PBOC

Die Ausgabe- und Verwaltungsebene des e-CNY liegt in der PBOC. Sie ist für die Ausgabe und Vernichtung von e-CNY, die Verbindung zwischen den Institutionen, die Verwaltung des Ökosystems der Wallets sowie die Auswahl von Geschäftsbanken mit bestimmten Stärken in den Bereichen Kapital und Technologie als zugelassene Betreiber zur Führung der e-CNY-Umtauschdienste zuständig.[287] Außerdem realisiert die PBOC die zentralisierte Verwaltung durch die Verarbeitung der Daten aus „drei Zentren". Die „drei Zentren" umfassen das Authentifizierungszentrum, das Registrierungszentrum und das Big-Data-Analysezentrum, die von der PBOC eingerichtet und betrieben

---

[284] Hierzu Siehe die e-CNY-App.

[285] 柯达，数字人民币离线支付的法律规制，上海财经大学学报，2023, 49 (51).

[286] Working Group on E-CNY Research and Development of PBOC, Das Weißbuch zum e-CNY, 2021, S. 4-6.

[287] Working Group on E-CNY Research and Development of PBOC, Das Weißbuch zum e-CNY, 2021, S. 11.

werden.[288] Das Authentifizierungszentrum führt die zentrale Verwaltung des e-CNY-Instituts und der Benutzeridentitätsinformationen durch. Das Registrierungszentrum erfasst die Eigentumsverhältnisse und den Geldfluss, einschließlich der Schöpfung, des Umlaufs sowie der Vernichtung von e-CNY. Das Big-Data-Analysezentrum ist für die Bekämpfung von Geldwäsche, die Analyse des Zahlungsverhaltens und die Regulierung der Kontrollindexanalyse zuständig.[289] Zwischen dem Registrierungszentrum und dem Zertifizierungszentrum wird eine „Firewall" eingerichtet, um die Datentrennung zu gewährleisten. Eine Firewall sorgt für die strikte Anwendung von Protokollen zur Informationssicherheit und zum Schutz der Privatsphäre, z. B. durch die Benennung spezieller Mitarbeiter für die Verwaltung von Informationen, die Trennung von e-CNY von anderen Geschäften, die Anwendung eines abgestuften Genehmigungssystems, die Einrichtung von Kontrollmechanismen und die Durchführung interner Audits.[290]

## II. Rolle der Zahlungsdienstleister

In der Betriebsebene des e-CNY spielen Geschäftsbanken eine entscheidende Rolle, die die zugelassenen Betreibe des e-CNY darstellen. Bis hin zum Juni 2024 gibt es zehn zugelassene Betreiber des e-CNY[291]: Hierzu gehören die sechs staatlichen Geschäftsbanken, darunter die Bank of China, die China Construction Bank und die Industrial and Commercial Bank of China. Zusätzlich nehmen zwei Online-Banken teil – die von Tencent Holdings unterstützte WeBank und die von der Ant Group betriebene MYbank. Die China Merchants Bank und die China Industrial Bank sind ebenfalls in diesem System integriert. Im Rahmen der Quotenverwaltung der PBOC eröffnen Geschäftsbanken digitale Wallets für Kunden und bieten e-CNY-Umtauschdienste an.[292] Gleichzeitig werden die zugelassenen Betreiber zusammen mit den entsprechenden Geschäftseinrichtungen die

288 姚前，中央银行数字货币原型系统实验研究，软件学报，2018, 2716 (2738).

289 姚前，中国法定数字货币原型构想， 中国金融， 2016, 13 (14).

290 Working Group on E-CNY Research and Development of PBOC, Das Weißbuch zum e-CNY, 2021, S.10.

291 Hierzu siehe e-CNY-App.

292 Working Group on E-CNY Research and Development of PBOC, Das Weißbuch zum e-CNY, 2021, S. 11.

Umtauschdienste für den e-CNY übernehmen und für die Verwaltung der Einzelhandelsverbindungen verantwortlich sein, um den sicheren und effizienten Betrieb des e-CNY, einschließlich Dienstleistungen wie Design und Innovation von Zahlungsprodukten, Systementwicklung, Ausweitung der Szene, Marketing, Geschäftsabwicklung sowie Betrieb und Wartung zu gewährleisten.[293]Die entsprechenden Geschäftseinrichtungen umfassen kleine und mittelgroße Banken sowie andere Finanzinstitute und Nicht-Finanzinstitute, die nicht als e-CNY-Betreiber qualifiziert sind, aber durch die Zusammenarbeit mit zugelassenen Betreibern e-CNY-Dienstleistungen für Nutzer anbieten.[294] Alipay und WeChat Pay fungieren bspw. als akzeptierende Organisationen und Organisationen der technischen Zusammenarbeit und bieten über die Alipay-App bzw. die WeChat-App die Dienste „Quick-Wallet“[295].

## C. Technische Formate des e-CNY

### I. Kontobasiertes Modell

Der e-CNY basiert auf einem Kontensystem im weiteren Sinne, das sich auf alle Konten bezieht, die einen eindeutigen Identifikator für eine Person darstellen können, z. B. Autokennzeichen.[296] Je nach Grad der Anonymität von e-CNY können Nutzer außerdem ein Bankkonto des e-CNY-Kontos unter Verwendung von Telefonnummern, E-Mail-Adressen und Personalausweisen einrichten. Das kontobasierte Modell des e-CNY kommt derzeit in

---

[293] Working Group on E-CNY Research and Development of PBOC, Das Weißbuch zum e-CNY, 2021, S. 11.

[294] 余云峰，数字人民币发展研究报告2022, S.55.

[295] Quick-Wallet“ bezeichnet den Wallet-Zahlungsdienst, der vom zugelassenen Betreiber bereitgestellt wird, um die Bedürfnisse des Nutzers bei Einkäufen oder anderen Zahlungen zu erfüllen. Wenn ein Nutzer eine Zahlung über eine Drittplattform vornimmt, ermächtigt der Nutzer die Drittplattform, einen Zahlungsauftrag an den zugelassenen Betreiber zu senden. Auf der Grundlage dieser Vereinbarung kann der Betreiber, ohne das Zahlungspasswort, den dynamischen SMS-Code oder andere Informationen des Nutzers zu überprüfen, den angegebenen Betrag von der e-CNY-Wallet des Nutzers auf die von der Drittplattform bezeichnete Wallet gemäß dem Zahlungsauftrag abbuchen. Hierzu siehe 中国农业银行股份有限公司数字人民币钱包快付服务协议ABC (2023) 4098, abrufbar unter //www.abchina.com/cn/PersonalServices/zcxy221101/szrmb221101/202301/t20230111_2228277.htm.

[296] 穆长春，DCEP以广义账户体系为基础，不会冲击现有移动支付格局，12.06.2020，中国电子银行网， abrufbar unter //www.cebnet.com.cn/20200612/102668303.html.

e-CNY-Wallets zum Ausdruck, die von Betreibern eröffnet werden.[297] Der Betreiber erfasst den Wert des e-CNY in Form eines Kontos und stellt eine Korrelation zwischen der Identität des Inhabers und dem Wert des e-CNY auf dem Konto her, wodurch das Eigentum des Inhabers an dem entsprechenden Wert des e-CNY festgestellt wird.[298] Jedes über die e-CNY-App eröffnete e-CNY-Wallet generiert eine eindeutige Wallet-Nummer, die mit der Identität des Kontoinhabers verknüpft ist. Daraus geht hervor, dass alle e-CNY Software Wallets kontenbasiert sind.

## II. Quasi-kontobasiertes Modell

Die Quasi-kontobasierte Wallet ist im Prinzip eine Erweiterung der e-CNY Hardware-basierten Wallet zu einer kontobasierten Wallet, die zum Zeitpunkt der Ausgabe nicht namentlich ist und nicht gesperrt werden kann, aber der Benutzer kann die Hardware-Wallet mit der Software-Wallet verbinden, die dann zu einer Hardware-Wallet des kontobasierten Modells wird.[299] Die Hardware-Wallet des kontobasierten Modells hat auch eine eindeutige Hardware-Wallet-Nummer. Der e-CNY-Token-String in der Hardware-Wallet wird im Back-End-Server-System des Betreibers gespeichert und kann nach der Verbindung mit der Software-Wallet mit den Informationen des Back-End-Systems synchronisiert werden, insofern erfasst der e-CNY des Quasi-kontobasierten Modells auch den Wert des e-CNY in Form eines Kontos.[300] Quasi-kontobasierte Hardware-Wallets sind in Form von Standard-IC-Karten, tragbaren Karten, SIM-Karten usw. erhältlich, die nur eine Einzel-Offline-Zahlung unterstützen.[301]

## III. Wertbasiertes Modell

Die wertbasierte Modell-Wallet bezieht sich auf eine Hardware-Wallet, die den Benutzern die Verwendung von „Doppeloffline-Zahlungen" ermöglicht. Der e-CNY- Token-String wird in dieser Hardware-Wallet gespeichert und der Austausch des Token-Strings zwischen den Hardware-Wallets erfolgt durch die Verwendung von Chips und Algorithmen. Solche Hardware-Wallets

---

297 余云峰，数字人民币发展研究报告2022, S.18.
298 余云峰，数字人民币发展研究报告2022, S.18.
299 余云峰，数字人民币发展研究报告2022, S.18-19.
300 余云峰，数字人民币发展研究报告2022, S.19.
301 余云峰，数字人民币发展研究报告2022, S.19.

können die Form von IC-Karten, Mobiltelefonen, Wearables, SIM-Karten, IoT-Geräten usw. annehmen.[302] Die wertbasierte Modell-Hardware-Wallet kann sowohl der Empfänger als auch der Zahler bei Zahlungen per Peer-to-Peer-Wertübertragungen ohne Netzwerk durchführen (doppeloffline-Zahlungen). Der Unterschied zwischen dem wertbasierten Modell und dem quasi-kontobasierten Modell, das ebenfalls auf der Form von Hardware-Wallets basiert, besteht darin, dass sich der Token-String der Hardware-Wallet des wertbasierten Modells in lokalen Wallets befindet und die Verwendung dieser Hardware-Wallets eine Vorabaufladung vor der Zahlung erfordert, wobei „doppeloffline Zahlungen" unterstützt werden.[303] Im Gegensatz dazu befindet sich der Token-String der Hardware-Wallet des quasi-kontobasierten Modells im Back-End-Server-System, wo eine Verbindung mit der kontobasierten Wallet notwendig ist, aber nicht im Voraus aufgeladen werden muss.[304]

## D. Der e-CNY mit Blockchain-Technologie

### I. Die Nutzung der Konsortium-Blockchain

Das Whitepaper zum e-CNY weist nicht darauf hin, ob der e-CNY von Blockchain-Technologie Gebrauch macht, aber laut Angaben auf der Website des Chinesischen Patentamts wurden beim Institut für den e-CNY im Zeitraum von 2021 bis Ende April 2022 insgesamt 80 Patente angemeldet, davon 19 für Blockchain-Technologie.[305] Darüber hinaus erklärte Mu Changchun, der Direktor des Institutes für den e-CNY, während eines Medienbriefings zum e-CNY-Weißbuch im Jahr 2021, dass der e-CNY teilweise die Blockchain-Technologie nutzt:

„Auf der Ausgabeebene des e-CNY-Zahlungssystems wird ein einheitliches verteiltes Hauptbuch (Distributed Ledger) auf der Grundlage der Konsortium-Blockchain erstellt, in der die Zentralbank als vertrauenswürdige Institution die Transaktionsdaten über die Anwendungsprogrammierschnittstelle in die Kette hochladen, um sicherzustellen, dass die Daten wahrheitsgetreu und genau sind. Die Betreiber können einen institutionenübergreifenden Abgleich, eine kollektive Pflege des Hauptbuchs und ein Mehrpunkt-Backup

302 余云峰，数字人民币发展研究报告2022, S.19.
303 余云峰，数字人民币发展研究报告2022, S.19.
304 余云峰，数字人民币发展研究报告2022, S.19.
305 余云峰，数字人民币发展研究报告2022, S. 48-49.

durchführen. Um den Vorteil ‚Zahlung ist Verrechnung' des e-CNY zu erreichen, kombiniert das e-CNY-System den Konsensmechanismus der Blockchain mit den Funktionen programmierbarer Smart Contracts, um einen automatischen Abgleich und eine automatische Fehlerbehebung zu erreichen. Dank der Unumkehrbarkeit des Hash-Algorithmus verwendet das Blockchain-Ledger zudem Digest, um die sensiblen Informationen der Transaktion zu ersetzen und verwirklicht die Datenisolierung zwischen verschiedenen Betreibern, was nicht nur die Sicherheit der persönlichen Daten schützt, sondern auch die Sicherheitsrisiken für Finanzdaten vermeidet, die durch das verteilte Ledger verursacht werden."(meine Übersetzung)[306]

## II. Multiple CBDC Bridge

Der e-CNY dient in erster Linie dem inländischen Massenzahlungsverkehr, jedoch verfügt er über technische Voraussetzungen für die grenzüberschreitende Zahlung. Um die Verbesserung der grenzüberschreitenden Zahlungen zu untersuchen, wird die PBOC, unter der Voraussetzung der gegenseitigen Achtung der geldpolitischen Souveränität und der Einhaltung der Vorschriften, grenzüberschreitende Pilotzahlung prüfen und mit den zuständigen Zentralbanken und Währungsbehörden zusammenarbeiten, um Austauschvereinbarungen und Mechanismen für die regulatorische Zusammenarbeit in Bezug auf CBDC im Einklang mit den Grundsätzen „keine Beeinträchtigung", „Einhaltung" und „Interkonnektivität" zu schaffen.[307]

Im September 2019 beschlossen die Bank von Thailand und die Hong Kong Monetary Authority (HKMA), das Inthanon-LionRock-Projekt in Angriff zu nehmen. Ziel dieses Projekts ist es, ein Proof-of-Concept-Modell zu entwickeln, das einen regionalen Thai-Baht- und Hongkong-Dollar-Zahlungskorridor umfasst, um die Inthanon- und LionRock-Netzwerke zu verbinden, welche die lokalen Zahlungsnetzwerke Hongkongs und Thailands sind und jeweils auf der DLT basieren.[308] Das Corridor-Netzwerk basiert auf

---

306 PBOC, Transkripten des Medienbriefings zum e-CNY-Weißbuch, 16.07.2021, abrufbar unter http://www.pbc.gov.cn/rmyh/3963412/3963426/4294165/index.html, übersetzt durch die Verf..

307 Working Group on E-CNY Research and Development of PBOC, Das Weißbuch zum e-CNY, 2021, S.8.

308 Bank of Thailand, Hong Kong Monetary Authority, Inthanon-LionRock – Leveraging Distributed Ledger Technology to Increase Efficiency in Cross-Border Payments, S. 7.

der Blockchain-Plattform Corda von R3 und ermöglicht den Inthanon- und LionRock-Netzwerk-Teilnehmern, Geldtransfers und Devisengeschäfte auf Peer-to-Peer-Basis durchzuführen, was dazu beiträgt, die Abwicklungsebenen zu reduzieren.[309] In der zweiten Phase des Projekts wurde die Verbesserung des Prototyps untersucht, um die CBDCs anderer Länder zu unterstützen.[310] Bis November 2021, als das BIS Innovation Hub Hong Kong Centre, das PBOC‘s Digital Currency Institute, und die Zentralbank der Vereinigten Arabischen Emirate hinzukamen, war das Projekt bereits in die dritte Phase eingetreten, dieses Projekt wurde daraufhin in mBridge umbenannt.[311] Das Hauptziel des mBridge-Projekts ist die Schaffung eines mBridge-Ledgers, das die Nutzung von Wholesale-CBDCs für sofortige Peer-to-Peer- und atomare grenzüberschreitende Zahlungen sowie für Devisentransaktionen unterstützt.[312]

## E. Arten von Wallets

Für jede Form von Währung gibt es ein entsprechendes Portemonnaie oder Trägermedium: Münzschnur für Lochmünzen mit quadratischen Löchern, ein Portemonnaie für Papiergeld, ein Bankkonto für Buchgeld, ein e-Wallet für E-Geld und eine digitale Wallet für den e-CNY.[313] Digitale Wallets sind das Medium von e-CNY, über das der e-CNY den Nutzer erreicht. Nach den von der PBOC festgelegten Regeln entwickeln die zugelassenen Betreiber gemeinsam die e-CNY-App, indem sie digitale Wallets verwaltet und die Authentizität des e-CNY überprüft.[314] Die zugelassenen Betreiber entwickeln Wallet-ökologische Plattformen, um bedienerspezifische visuelle Systeme und spezielle Funktionen sowie Online- und Offline-Anwendungen

---

309 Bank of Thailand, Hong Kong Monetary Authority, Inthanon-LionRock – Leveraging Distributed Ledger Technology to Increase Efficiency in Cross-Border Payments, S. 7.

310 BIS Innovation Hub Hong Kong SAR Centre, Inthanon-LionRock to mBridge – Building a multi CBDC platform for international payments, 09.2021, S. 29.

311 BIS Innovation Hub Hong Kong SAR Centre, Inthanon-LionRock to mBridge – Building a multi CBDC platform for international payments, 09.2021, S. 52

312 BIS Innovation Hub, Project mBridge Update – Experimenting with a multi-CBDC platform for cross-border payments, October 2023, S. 4

313 穆长春，数字化驱动的中央货币与钱包变革, Transkripten des Internationalen Finanzforums China 2023, abrufbar unter //www.sohu.com/a/721910428_674079.

314 Working Group on E-CNY Research and Development of PBOC, Das Weißbuch zum e-CNY, 2021, S.12

in allen Szenarien zu ermöglichen.[315] Damit sollen sie den unterschiedlichen Anforderungen der verschiedenen Nutzer auf verschiedenen Ebenen gerecht werden. Digitale Wallets müssen inklusiv und zugänglich für alle sein, um Hindernisse für ihre Nutzung aufgrund der „digitalen Kluft" zu vermeiden.[316] Da der e-CNY wie Banknoten ein gesetzliches Zahlungsmittel ist, zahlen die Nutzer für den e-CNY keine Verwaltungsgebühren an die zugelassenen Betreiber. Zusammengefasst lässt sich sagen, dass eine e-CNY-Wallet ein Instrument zur Speicherung, Aufbewahrung und Zahlung von e-CNY ist und anhand verschiedener Kriterien in die folgenden vier Typen eingeteilt werden kann:

### I. Anonyme und realname-Wallets

Es gibt verschiedene Arten von Wallets, die sich nach der Stärke der Identifizierung der personenbezogenen Daten des Kunden richten. Zugelassene Betreiber weisen den Kunden je nach Stärke der Identifizierung ihrer personenbezogenen Daten verschiedene Arten von digitalen Wallets zu und legen je nach Stärke der Echtnamen-Informationen den Verfügungsrahmen und Transaktionslimits für das Guthaben fest.[317] Eine Wallet mit minimalen Berechtigungen erfordert keine Identitätsangaben, um das Prinzip des anonymen Designs zu gewährleisten. Standardmäßig wird eine anonyme Wallet mit minimalen Berechtigungen eröffnet, die bei Bedarf eigenständig zu einer Wallet mit höheren Berechtigungen und echter Namensverifizierung aufgewertet werden kann.[318] Die Wallet-Klassen und ihre jeweiligen Beschränkungen gestalten sich wie folgt: Erste Klasse: Keine Begrenzungen bei Guthaben oder Transaktionen; zweite Klasse: Guthabenlimit 500.000 Yuan, Einzelzahlungslimit 50.000 Yuan, Tageslimit 100.000 Yuan; dritte Klasse: Guthabenlimit 20.000 Yuan, Einzelzahlungslimit 5.000 Yuan, Tageslimit 10.000 Yuan; vierte Klasse: Guthabenlimit 10.000

[315] Working Group on E-CNY Research and Development of PBOC, Das Weißbuch zum e-CNY, 2021, S.12

[316] Working Group on E-CNY Research and Development of PBOC, Das Weißbuch zum e-CNY, 2021, S.12.

[317] Working Group on E-CNY Research and Development of PBOC, Das Weißbuch zum e-CNY, 2021, S.12.

[318] Working Group on E-CNY Research and Development of PBOC, Das Weißbuch zum e-CNY, 2021, S.12.

Yuan, Einzelzahlungslimit 2.000 Yuan, Tageslimit 5.000 Yuan, Jahreslimit 50.000 Yuan.[319] Darüber hinaus gibt es eine fünfte Klasse-Wallet, die von Ausländern genutzt wird, die sich vorübergehend in China aufhalten: Das Guthabenlimit dieser Wallet beträgt 1.000 Yuan, das Einzelzahlungslimit beträgt 500 Yuan, das tägliche Transaktionslimit 1.000 Yuan und das jährliche Transaktionslimit 10.000 Yuan.[320] Die Betreiber können die einzelnen Limits innerhalb der Obergrenzen flexibel an den tatsächlichen Betrieb anpassen.

## II. Persönliche und geschäftliche Wallets

Je nach Art des Inhabers gibt es persönliche und geschäftliche Wallets. Natürliche Personen und Selbstständige können persönliche Wallets eröffnen, deren Transaktions- und Saldolimits sich nach der Stärke der Identifizierung der persönlichen Daten des Kunden richten; juristische Personen und Institutionen ohne eigene Rechtspersönlichkeit können geschäftliche Wallets eröffnen. Die Limits für Transaktionen und Guthaben werden in Abhängigkeit davon festgelegt, ob die Wallets am Schalter oder aus der Ferne eröffnet werden. Die Funktionen der Wallets können an die Bedürfnisse der Nutzer angepasst werden.[321]

## III. Software- und Hardware-Wallets

Je nach Medium gibt es Software- und Hardware-Wallets. Eine Software-Wallet bietet Dienste über mobile Zahlungs-Apps, Software Development Kit (SDK) und Application Programming Interface (API).[322] Eine Hardware-Wallet verwendet Sicherheitschips und andere Technologien, um die Funktionen von e-CNY zu ermöglichen. Sie wird von IC-Karten, Mobiltelefonen, tragbaren Gegenständen und Geräten aus dem Internet der Dinge unterstützt.[323]

---

[319] 余云峰，数字人民币的钱包形态和能力解析，移动支付网，25.12.2023. abrufbar unter //m.mpaypass.com.cn/news/202312/25095456.html.

[320] 余云峰，数字人民币的钱包形态和能力解析，移动支付网，25.12.2023. abrufbar unter //m.mpaypass.com.cn/news/202312/25095456.html.

[321] Working Group on E-CNY Research and Development of PBOC, Das Weißbuch zum e-CNY, 2021, S.12.

[322] Working Group on E-CNY Research and Development of PBOC, Das Weißbuch zum e-CNY, 2021, S.12-13.

[323] Working Group on E-CNY Research and Development of PBOC, Das Weißbuch zum e-CNY, 2021, S.12-13.

Gegenwärtig erfolgt der Zugriff auf Software-Wallets über die e-CNY-App und über andere Zugänge (z. B. Alipay) als Ergänzung. Die Nutzer können die e-CNY-Wallets der entsprechenden Bank ihrer Wahl bzw. die e-CNY-Wallets von zehn zugelassenen Betreibern gleichzeitig öffnen. Die Hintergrundfarben des e-CNY der verschiedenen Banken sind unterschiedlich, z. B. blau für China Construction Bank, grün für Agricultural Bank of China und rot für Industrial and Commercial Bank of China und Bank of China, um das visuelle System des e-CNY zu realisieren. Die Kombination von Software- und Hardware-Wallets kann das Ökosystem der Wallets bereichern und die Bedürfnisse verschiedener Personengruppen erfüllen.

### IV. Übergeordnete und untergeordnete Wallets

Je nach Berechtigung gibt es übergeordnete und untergeordnete Wallets. Der Wallet-Inhaber kann die Hauptwallets als übergeordnete Wallets festlegen und darunter mehrere untergeordnete Wallets eröffnen.[324] Privatpersonen können über untergeordnete Wallets Zahlungsobergrenzen, Zahlungsbedingungen, den Schutz der Privatsphäre und andere Funktionen festlegen, während Unternehmen und Institutionen über untergeordnete Wallets Gelder bündeln und verteilen und Finanzen verwalten können.[325] Z. B. wenn die Hardware-Wallets im Quasi-kontobasierten-Modell mit den Software-Wallets verbunden werden, bilden sie eine übergeordnete und untergeordnete-Beziehung. Die Hardware-Wallet kann separat für die Verwaltung von Limits, die Zahlung ohne Passwort usw. verwendet werden.

## F. Die Merkmale des e-CNY

### I. Sofortige Abwicklung

Abweichend von herkömmlichen Zahlungssystemen sind beim e-CNY-Zahlungssystem die Intermediäre nicht in den Abwicklungsprozess zwischen den e-CNY-Nutzern involviert, folglich erfolgt die Zahlung innerhalb von Sekunden, wenn die Nutzer Geldbeträge über e-CNY-Wallets überweisen.[326]

---

[324] Working Group on E-CNY Research and Development of PBOC, Das Weißbuch zum e-CNY, 2021, S. 13.

[325] Working Group on E-CNY Research and Development of PBOC, Das Weißbuch zum e-CNY, 2021, S. 13.

[326] Working Group on E-CNY Research and Development of PBOC, Das Weißbuch zum e-CNY, 2021, S. 10.

**Tabelle 1.** Wallet-Matrixsystem des e-CNY

| **Kategorisierungskriterien** | **Kategorisierungen** | | | | | |
|---|---|---|---|---|---|---|
| Anonymitätsgrad | Wallet-Klasse | Registierungsvoraussetzung | Guthaben (in Yuan) | Eizeltransaktionslimit | Tägliches Limit | Jährliches Limit |
| | Erste Klasse | Persönliches Erscheinen, gültige ID, Handynummer und Bankkonto überprüfen | - | - | - | - |
| | Zweite Klasse | gültige ID, Handynummer und Bankkonto überprüfen | 5000000 | 50000 | 100000 | - |
| | Dritte Klasse | gültige ID und Handynummer überprüfen | 20000 | 5000 | 10000 | - |
| | Vierte Klasse | Handynummer oder E-Mail überprüfen | 10000 | 2000 | 5000 | 50000 |
| | Fünfte Klasse | Handynummer (Einschließlich ausländische Handynummer) oder E-Mail überprüfen | 1000 | 500 | 500 | 10000 |
| Art des Inhabers | Persönliche Wallet | | Geschäftliche Wallet | | | |
| | Natürliche Personen, Selbstständige | | juristische Personen und Institutionen ohne eigene Rechtspersönlichkeit | | | |
| Medium der Wallets | Software-Wallet | | Hardware-Wallet | | | |
| | SDK, API | | IC-Karten, Mobiltelefonen, tragbaren Gegenständen | | | |
| Art der Berechtigung | Übergeordnete Wallets | | Untergeordnete Wallets | | | |
| | Haupt-Wallet | | Sub-Wallets | | | |

Um den Vorteil „Zahlung ist Abwicklung“ des e-CNY zu erreichen, kombiniert das e-CNY-System den Konsensmechanismus der Blockchain mit den Funktionen programmierbarer Smart Contracts, um einen automatischen

Abgleich und eine automatische Fehlerbehebung zu erreichen.[327] Dies verbessert die Geschwindigkeit der Transaktionen (Echtzeit-Zahlungen) erheblich und trägt somit dazu bei, die Transaktionsrisiken zu minimieren, die sich aus dem Zeitunterschied zwischen der Überweisung und dem Eingang des Geldes ergeben.[328]

## II. Kontrollierte Anonymität

E-CNY folgt dem Prinzip „Anonymität für kleine Beträge und Rückverfolgbarkeit für hohe Beträge" und legt großen Wert auf den Schutz personenbezogener Daten und der Privatsphäre.[329] Es zielt darauf ab, die öffentliche Nachfrage nach anonymen Kleinbetragszahlungen zu befriedigen, basierend auf den Risikomerkmalen und der Informationsverarbeitungslogik des derzeitigen elektronischen Zahlungssystems.[330] Gleichzeitig muss der Missbrauch von e-CNY für illegale und kriminelle Aktivitäten wie Telefonbetrug, Internet-Glücksspiel, Geldwäsche und Steuerhinterziehung verhindert werden, indem sichergestellt wird, dass die Transaktionen den Anforderungen zur Verhinderung von Geldwäsche und zur Bekämpfung der Terrorismusfinanzierung (Anti-Money Laundering/Countering the Financing of Terrorism, AML/CFT) entsprechen.[331] Die Wallet der fünften Klasse des e-CNY ist die anonyme Wallet, die den Bedarf der Nutzer an kleinen anonymen Zahlungen decken kann. Die Zahlungsdienstleister sind an die Verpflichtung zur Bekämpfung der Geldwäsche gehalten. Auf der Ebene der Zentralbank spielen die „Drei Zentren" eine wichtige Rolle im Bereich der „e-CNY-Kontrolle". Die Firewalls des Authentifizierungszentrums und des Registrierungszentrums werden im Falle von Geldwäsche und anderen illegalen und kriminellen Handlungen geöffnet, um die Geldflüsse zu verfolgen und die Identität des Nutzers zu identifizieren, um illegale und kriminelle Aktivitäten zu bekämpfen.

---

327 PBOC, Transkripten des Medienbriefings zum e-CNY-Weißbuch, 16.07.2021, abrufbar unter http://www.pbc.gov.cn/rmyh/3963412/3963426/4294165/index.html.

328 Vgl. 余云峰，数字人民币发展研究报告2022, S.24.

329 Working Group on E-CNY Research and Development of PBOC, Das Weißbuch zum e-CNY, 2021. S. 10.

330 Working Group on E-CNY Research and Development of PBOC, Das Weißbuch zum e-CNY, 2021. S. 10.

331 Working Group on E-CNY Research and Development of PBOC, Das Weißbuch zum e-CNY, 2021. S. 10.

## III. Programmierbares Geld

### *1. Programmierbarer e-CNY*

Nach dem Weißbuch zum e-CNY stellt der e-CNY ein programmierbares Geld dar. Die offizielle Erklärung zur Programmierbarkeit des e-CNY lautet wie folgt: „Der e-CNY realisiert seine Programmierbarkeit durch den Einsatz von Smart Contracts, die seine Geldfunktionen nicht beeinträchtigen. Unter der Prämisse von Sicherheit und Compliance ermöglicht diese Funktion die automatische Ausführung von Zahlungen gemäß vereinbarten Bedingungen und Konditionen der Parteien, um die Innovation von Geschäftsmodellen zu erleichtern".[332] Daraus folgt, dass der e-CNY unter der Verwendung von Smart Contracts ein programmierbares Geld ist. Eine Währung hat drei grundlegende Funktionen: Wertmaßstab, Tauschmittel und Wertaufbewahrung. Das Aufladen von Smart Contracts auf e-CNY hat keine Auswirkungen auf den Wertmaßstab und die Wertaufbewahrung der Währung, wohl aber auf die Funktion des Tauschmittels der Währung.[333] Denn programmierbarer e-CNY kann nur in Umlauf gebracht werden, wenn er bestimmte Bedingungen erfüllt, aber auch die Zweckbindung von Papiergeld wird den Umlauf von Papiergeld einschränken.

Der Zweck des programmierbaren e-CNY besteht darin, unter Zuhilfenahme von Smart Contracts den e-CNY exakt für einen bestimmten Zweck, ein bestimmtes Szenario oder zur Kontrolle von Transaktionsrisiken und zum Schutz der Interessen der Nutzer zu verwenden.[334] So kann der mit Smart Contracts ausgestattet e-CNY bspw. zur Verteilung von Katastrophenhilfe und Rentenzuschüssen verwendet werden, um das Problem der Korruption und des Missbrauchs im Umfeld der Verwendung von Papiergeld zu lösen. Und der programmierbare e-CNY kann für den Prepaid-Konsum verwendet werden, um zu verhindern, dass sich die Betreiber auf dem Prepaid-Konsum-Markt mit den erhaltenen Geldern flüchten, illegale Kapitalbeschaffung betreiben oder andere illegale Handlungen begehen. Solange der e-CNY

---

[332] Working Group on E-CNY Research and Development of PBOC, Das Weißbuch zum e-CNY, 2021. S. 10.

[333] 邹传伟，关于数字货币可编程性的思考，第一财经，19.09.2022. Abrufbar unter //m.yicai.com/news/101540788.html.

[334] 对公数字人民币钱包功能可依据用户需求定制，澎湃新闻，11.06.2021, abrufbar unter://www.thepaper.cn/newsDetail_forward_13099761.

mit Smart Contracts den Zweck seiner Verwendung erfüllt, wird die grundlegende Funktion des digitalen RMB nicht beeinträchtigt.

### 2. *Unterschiede von zum bedingten Zahlungsvorgang*

Eine solche offizielle Erklärung zum programmierbaren Geld klärt jedoch weder, was es ist, und darüber hinaus kann sie möglicherweise den Leser verwirren, indem sie programmierbare Währung mit dem bedingten Zahlungsvorgang vermischt. In diesem Punkt muss ein Überblick über das programmierbare Geld und den bedingten Zahlungsvorgang verschafft werden. Das programmierbare Geld ist die Möglichkeit, DLT-basiertes Geld mit einer inhärenten Logik auszustatten.[335] Als Anwendungsfälle hierfür können automatisierte Zahlungen und zweckgebundene Verwendungen, einschließlich automatisierter Zahlungen durch Smart Contracts, bei Erfüllung der Bedingungen sowie der rechtzeitigen und ausschließlichen für vordefinierte landwirtschaftliche Entwicklungsprojekte vorgesehenen Ausgaben von Subventionen angesehen werden.[336] Der Entwickler oder Emittent programmiert die Währung, während der Nutzer vom Programmierungsprozess ausgeschlossen ist. Der bedingte Zahlungsvorgang ist auf die Programmierung des Zahlungsvorgangs zugeschnitten, der automatisch angewiesen wird, wenn die im Voraus vereinbarten Bedingungen erfüllt sind, z. B. Daueraufträge, mit denen automatische Zahlungen eines bestimmten Betrags zu einem bestimmten Datum ausgelöst werden.[337] Daraus wird ersichtlich, dass sowohl programmierbares Geld als auch bedingte Zahlungsvorgänge automatische Zahlungen ermöglichen. Automatisierte Zahlungen in programmierbarem Geld sind jedoch das Ergebnis einer inhärenten Logik, während automatisierte Zahlungen in bedingten Zahlungsvorgängen die automatische Ausführung von Zahlungsvorgängen darstellen, wenn die vereinbarten Bedingungen erfüllt sind.

### 3. *Die Anwendungsfälle*

Beispiele für programmierbare e-CNY können die Ausgabe von e-CNY-Rotpaketen, die Ausgabe von zweckgebundenen Mitteln und die Verwaltung

---

335 Bechtel, Groß, Sandner, Programmierbares Geld versus programmierbare Zahlungen- Ein Aufklärungsversuch zu Blockchain-basierten digitalen Währungen, abrufbar unter //www.der-bank-blog.de/programmierbares-geld-zahlungen/technologie/37671510/.

336 Siegel, in Omlor/Link, Kryptowährungen und Token, 2 Aufl. 2023, Kap.3 Rn. 195.

337 ErwG. 55 dEuroVO-E.

von vorausbezahlten Geldern sein. Gemäß den Angaben in der e-CNY-App kommt bei den e-CNY-Rotpaketen ein digitaler „Smart Contract" zum Einsatz. Dieser ermöglicht es, die Rotpakete an bestimmte Händler zu binden und eine Gültigkeitsdauer festzulegen. Nach Ablauf der Frist werden nicht genutzte Beträge automatisch eingezogen. Am 27. Februar 2022 erhielten Herr Chen und sechs weitere Dorfbewohner in Chongzhou, Chengdu City, e-CNY mit einem Smart Contract von der Huachuan Group, was die erfolgreiche Ausgabe des landesweit ersten „e-CNY-Farmers zweckgebundene Mittel" für die ländliche Revitalisierung mit Smart Contracts darstellt.[338] Am 8. September 2022 wurde in der e-CNY-App der Dienst „Yuan Manager" eingeführt, bei dem es sich um einen im Voraus bezahlten Verbrauchsfonds handelt, der auf e-CNY-Smart Contracts basiert. Prepaid-Konsum bezieht sich auf das Konsumverhalten eines Nutzers, der Prepaid-Konsumdienstleistungen von einem kartenausgebenden Händler erwirbt und die Mittel im Voraus bei dem Betreiber zur ausschließlichen Verwendung durch den Händler hinterlegt.[339] Die vorausbezahlten Gelder werden von dem Betreiber in Form von e-CNY verwaltet und an den Händler überwiesen, nachdem der Kunde den Konsum tatsächlich abgeschlossen hat. Die Houhai Training School im Chaoyang-Distrikt in Peking ist einer der ersten Händler, die am Programm für den Verbrauch von Prepaid-Geldern mit programmierbaren e-CNY teilnehmen.[340] Die Funktionsweise besteht darin, dass der auf die e-CNY-Wallet geladene Smart Contract die Ausbildungseinrichtung automatisch einmal für jede vom Kind besuchte Unterrichtsstunde bezahlt.[341]

Prepaid-Konsum auf der Grundlage e-CNY mit Smart Contracts wird einen großen Einfluss auf die Verbraucher haben. Laut dem China Payment Industry Annual Report 2022 wurden im Jahr 2021 in China 289 Millionen Prepaid-Karten ausgegeben, und der Wert der ausgegebenen Karten überstieg

---

338 全国首笔“数字人民币农户专项资金智能合约”落地成都，四川新闻，2022, abrufbar unter // sichuan.scol.com.cn/ggxw/202203/58433049.html.

339 Hierzu siehe die e-CNY-App.

340 担心预付资金打水漂？数字人民币智能合约了解一下！新华社，abrufbar unter http://www.news.cn/2022-09/10/c_1128992289.htm .

341 担心预付资金打水漂？数字人民币智能合约了解一下！新华社， abrufbar unter http://www.news.cn/2022-09/10/c_1128992289.htm .

68,018 Milliarden Yuan.[342] Die rasante Entwicklung des Geschäfts hat jedoch auch zu endlosem Chaos und Problemen geführt. Auf dem Markt für Prepaid-Konsum kommt es häufig vor, dass Betreiber mit ihren Geldern verschwinden, sich illegal Kapital beschaffen oder Verbrauchern durch unfaire Klauseln schaden und ihre Dienstleistungsqualität senken.[343] Darüber hinaus gibt es bei der Aufsicht über den Konsum mit Prepaid-Karten bestehende Probleme wie eine niedrige Registrierungsrate von kartenausgebenden Unternehmen, eine unzureichende Bindungskraft des Treuhandsystems und eine mangelnde Transparenz in Bezug auf die Verwendung der Vorauszahlungsbeträge.[344] Das Modell der vorausbezahlten Gelder, die von e-CNY-Smart Contracts verwaltet werden, hat die positiven Auswirkungen der Risikokontrolle, des Schutzes von Rechten und Interessen, der Stärkung des gegenseitigen Vertrauens, der Kostensenkung und der Effizienzsteigerung, da die vorausbezahlten Gelder bis zum tatsächlichen Verbrauch in der e-CNY-Wallet gespeichert werden. Für Händler hingegen dient das Geschäftsmodell der Prepaid-Karten dazu, im Voraus Kapital einzuziehen, die Kapitalumschlagsrate und die Betriebseffizienz zu erhöhen sowie Kunden frühzeitig zu binden, um den Umsatz und die Wettbewerbsfähigkeit auf dem Markt zu steigern.[345] Wenn Händler jedoch den e-CNY für das Prepaid-Geschäftsmodell verwenden, können sie damit keine Mittel beschaffen oder ihre finanziellen Schwierigkeiten lindern. In diesem Zusammenhang können Geschäftsbanken Händlern auf Grundlage von bestimmten Informationen, wie der Anzahl der von ihnen ausgegebenen Karten, der Beträge der Aufladungen, um den tatsächlichen Geschäftszustand des Unternehmens zu ermitteln, mithelfen, von Big Data zu profitieren und dem Händler gegebenenfalls Kredite zu gewähren.[346] Auf diese Weise kann ein Prepaid-Geschäftsmodell, das auf der Entwicklung des digitalen Yuan basiert, eine Win-Win-Situation für Händler und Verbraucher schaffen.

---

342 中国支付清算协会，中国产业支付年报2022，abrufbar unter://www.kuajinzhifu.com/book/1278.html.

343 刘晓露，数字人民币智能合约在预付卡领域的应用研究，金融言行：杭州金融研修学院学报，2021, 25 (26).

344 刘晓露，数字人民币智能合约在预付卡领域的应用研究，金融言行：杭州金融研修学院学报，2021, 25 (26).

345 叶林，预付式消费合同的法律管制，哈尔滨工业大学学报（社会科学版），2011, 32 (35); 赵祯祺，预付式消费：如何实现理性健康发展？中国人大，2020, 50 (50).

346 刘晓露，数字人民币智能合约在预付卡领域的应用研究，金融言行：杭州金融研修学院学报，2021, 25 (27-28).

## IV. Doppeloffline-Zahlungen

Die Doppeloffline-Zahlung des e-CNY bezieht sich darauf, dass eine Zahlung auch dann abgeschlossen werden kann, wenn die Terminals sowohl des Empfängers als auch des Zahlers während der Transaktion offline sind.[347] Sie kann den Zahlungsbedarf in besonderen Umgebungen wie Kellern, Parkhäusern, Gebirgsregionen und sogar bei geografischen Katastrophen decken. Jedoch gehört die Doppeloffline-Zahlung nicht zu den regulären Nutzungsformen des e-CNY.[348] Die Doppeloffline-Zahlung wird durch den Einsatz der Near Field Communication-Technologie (NFC-Technologie) realisiert, was voraussetzt, dass die Geräte beider Parteien mit einer Hardware-Wallet mit eingebauten Sicherheitschips ausgestattet sind, und solche Wallets müssen vom wertbasierten Modell sein, während Hardware-Wallets, die auf dem quasi-kontobasierten Modell basieren, keine doppelten Offline-Zahlungen unterstützen können.

Hardware-Wallets mit eingebauten Sicherheitschips können in drei Kategorien eingeteilt werden: erstens gibt es kartenbasierte oder tragbare Hardware-Wallets, wie die von Banken ausgegebenen visuellen Karten, Bluetooth-Karten und tragbaren Geräte, deren SE-Sicherheitschips in die Karten oder tragbaren Geräte eingebaut sind.[349] Zweitens werden Mobiltelefone verwendet, die auf einem SE-Sicherheitschip basieren. Der SE-Sicherheitschip ist in das Mobiltelefon eingebaut, und seine SE-Dominanz liegt in den Händen der Mobiltelefonhersteller. Unter Berücksichtigung dessen müssen die Betreiber des e-CNY sich mit den Mobiltelefonherstellern zusammenschließen, um den e-CNY zu vermarkten.[350] Bei der dritten Kategorie handelt es sich um Mobiltelefon-Hardware-Wallets, die auf der Form von NFC-SIM-Karten basieren. Der SE-Sicherheitschip ist in die SIM-Karte integriert und die Kontrolle über den SE liegt bei den Telekom-Betreibern. Aus diesem Grund müssen die Betreiber von e-CNY mit den Telekom-Betreibern zusammenarbeiten, um die Einführung des Produkts gemeinsam voranzutreiben.[351]

---

347 余云峰，从“北极星项目”看数字人民币的“双离线支付”， abrufbar unter //m.mpaypass.com.cn/news/202308/09101518.html.

348 余云峰，从“北极星项目”看数字人民币的“双离线支付”， abrufbar unter //m.mpaypass.com.cn/news/202308/09101518.html.

349 余云峰，数字人民币发展研究报告2022，S. 23.

350 余云峰，数字人民币发展研究报告2022，S. 23.

351 余云峰，数字人民币发展研究报告2022，S. 23.

Es ist denkbar, dass Offline-Zahlungen vollständig offline, intermittierend offline und gestaffelt offline sein könnten.[352] Aus Sicherheitsgründen sollten für doppeloffline-Zahlungen bestimmte Zahlungsbedingungen festgelegt werden, wie z. B. die Anzahl der Transaktionen, das Transaktionslimit, die Transaktionszeit usw.[353] Nach Erreichen einer bestimmten Transaktionsanzahl muss das digitale Offline-Euro-Gerät online synchronisiert werden, um weiterhin verwendet werden zu können (intermittierend offline).[354]

## G. Bereitstellung des e-CNY

Die Nutzer können den e-CNY online und offline, anonym oder unter echtem Namen und in kleinen oder großen Beträgen über die e-CNY-Wallet übermitteln, wodurch die differenzierten Bedürfnisse von Nutzern verschiedener Fachrichtungen, Ebenen, Kategorien und Formen erfüllt sind.[355] Auch werden Nutzungsbarrieren aufgrund der „digitalen Kluft" vermeiden. Darüber hinaus enthalten die allgemeinen Einstellungen der e-CNY-App barrierefreie Serviceoptionen, einschließlich der Auswahl der Schriftgröße und des Bildschirmlesens, was für ältere und sehbehinderte Menschen sehr vorteilhaft ist.[356] Der e-CNY stellt Anforderungen an die Interoperabilität: Das e-CNY-System unterstützt die Interoperabilität mit herkömmlichen elektronischen Zahlungssystemen; es nutzt die bestehenden Finanzinfrastrukturen in vollem Umfang, um digitale Wallets verschiedener Betreiber miteinander zu verbinden und die e-CNY-Wallet mit Bankkonten zu verknüpfen und so die Interoperabilität der Zahlungsinstrumente zu verbessern.[357]

---

[352] BIS Innovation Hub, Project Polaris: Part 1: A handbook for offline payments with CBDC, May 2023, S. 22, abrufbar unter https://www.bis.org/publ/othp64.pdf.

[353] 余云峰，从“北极星项目”看数字人民币的“双离线支付”，abrufbar unter://m.mpaypass.com.cn/news/202308/09101518.html.

[354] BIS Innovation Hub, Project Polaris Part 1: A handbook for offline payments with CBDC May 2023, S. 22; 余云峰，从“北极星项目”看数字人民币的“双离线支付”，abrufbar unter //m.mpaypass.com.cn/news/202308/09101518.html.

[355] Working Group on E-CNY Research and Development of PBOC, Das Weißbuch zum e-CNY, 2021, S. 12.

[356] Hierzu siehe die e-CNY-App.

[357] Working Group on E-CNY Research and Development of PBOC, Das Weißbuch zum e-CNY, 2021, S. 9.

Die e-CNY-App wird mit einer einfachen Benutzeroberfläche entwickelt, die nur die Zahlungs- und Empfangsfunktionen und damit verbundene Funktionen enthält.[358] Diese App ist in drei Bereiche unterteilt: „Startseite", „Dienstleistung" und „Mein". Im Bereich „Startseite" werden die Wallets der einzelnen Betreiber angezeigt, die der Benutzer geöffnet hat. Der Benutzer kann die Reihenfolge der Anzeige der Wallets festlegen, indem er nach links und rechts wischt, um zwischen den Wallets zu wechseln. Auf der Oberfläche jeder Wallet wischt der Nutzer nach oben, um zu bezahlen und nach unten, um Geld zu erhalten. Oben rechts in jeder Wallet befinden sich die Funktionen „Tippen" und „Scannen". In der Benutzeroberfläche jeder Wallet auf der „Startseite" gibt es nur vier Funktionen auf der Vorderseite: Guthaben, Wallet aufladen, Geld überweisen, empfangen und bezahlen. Wenn der Nutzer auf ein beliebiges freies Feld klickt, schaltet er auf die Rückseite um, wo er weitere Funktionen wie Wallet-Verwaltung, Transaktionsaufzeichnungen, Geldabhebung und e-CNY-Token-Information sehen kann. Unter „Dienstleistungen" gibt es drei Hauptbereiche. Der erste ist das rote Paket, das die Möglichkeit bietet, rote Pakete zu senden und zu empfangen. Der zweite Bereich sind Life-Services, einschließlich Life-Payment, Handy-Aufladung, Ride Code und Yuan Butler. Der dritte ist die untergeordnete Wallet. Im Bereich „Mein" gibt es oben eine „Wallet-Verwaltung", die es ermöglicht, das Gesamtguthaben mehrerer Wallets und das Guthaben einer einzelnen Wallets zu sehen, und auch die direkte Verwaltung von Hardware-Wallets unterstützt, die an eine e-CNY-Wallet gebunden ist. Der Rest des Bereichs enthält Informationen oder Einstellungen zu dem persönlichen Konto, z. B. Wallet Eröffnung und Zahlungseinstellung.

## H. Zusammenfassung

Der e-CNY ist eine digitale Währung, die von der PBOC ausgegeben wird und der Öffentlichkeit zugänglich ist. Er verfolgt ein zweistufiges Betriebsmodell und kombiniert mehrere technische Formate auf der Grundlage eines kontobasierten Modells, eines quasi-kontobasierten Modells und eines wertbasierten Modells. Sowohl in den nationalen als auch in den internationalen Zahlungssystemen des e-CNY kommt die Blockchain-Technologie zum Einsatz. Die nach Kategorien und Stufen gegliederten e-CNY-Wallets

[358] Die Inhalte dieses Absatzes kommen stammen aus der e-CNY-App.

ermöglichen nicht nur den Schutz der Privatsphäre, sondern auch diversifizierte Zahlungsanforderungen. Die Gestaltung der e-CNY-Wallets und die Blockchain-Technologie sowie die technische Formate verleihen dem e-CNY die Kerneigenschaften der sofortigen Zahlung, der kontrollierten Anonymität, der Programmierbarkeit und der Doppeloffline-Zahlung.

## § 8 Der digitale Euro

### A. Begriff des digitalen Euro

Gemäß Art. 2 Nr. 1 dEuroVo-E ist der Digitale Euro die digitale Form der einheitlichen Währung, die natürlichen und juristischen Personen zur Verfügung steht. Dem digitalen Euro wird der Status als gesetzliches Zahlungsmittel zuerkannt (Art. 7 Abs. 1 dEuroVo-E). Als gesetzliches Zahlungsmittel bedeutet der digitale Euro eine Annahmepflicht zum vollen Nennwert und die damit verbundene Befreiung von der Zahlungsverpflichtung (Art. 7 Abs. 2 dEuroVO-E). Als digitales Zentralbankgeld entspricht der digitale Euro potenziell erheblichen Merkmalen von physischem und digitalem Geld: weite Akzeptanz und einfache Verwendung, kostenlos für die grundlegenden Zahlungsdienste, verwendbar für alle digitalen Zahlungen im Euroraum, Online- und Offline-Verwendung, höchstmöglicher Schutz der Privatsphäre, inklusiv und zugänglich für alle, sofortige Zahlung, Sicherheit, kein Insolvenzrisiko.[359]

### B. Retail-Variante des digitalen Euro

Die dEuroVO-E sieht die Einführung einer Retail-CBDC vor, damit für die breite Öffentlichkeit eine Nutzung ermöglicht wird.[360] Nach Art. 2 Nr. 1 dEuroVO-E ist der digitale Euro so gestaltet, dass er der breiten Öffentlichkeit unmittelbar zugänglich ist. Die Rolle des ZentralbankGelds, die Finanzstabilität und die Währungshoheit in der EU sollten nicht durch das Fehlen einer vertrauten und sicheren digitalen Währung geschwächt werden.[361] Beim digitalen Euro handelt es sich um eine weitere Form von Zentralbankgeld, das das Bargeld ergänzt. Obwohl der digitale Euro für den

---

[359] ECB, A stocktake on the digital euro—Summary report on the investigation phase and outlook on the next phase, 18.10.2023, S. 3-4

[360] Begründung dEuro-E, S. 1.

[361] Begründung dEuro-E, S. 2.

Massenzahlungsverkehr eingeführt wird, dient er dazu, die Bedürfnisse der digitalen Wirtschaft zu erfüllen und die Mängel des Bargeldes auszugleichen, ohne jedoch Einfluss auf das bestehende Geldsystem zu nehmen.

## C. Indirektes Betriebsmodell des digitalen Euro

Der digitale Euro hat einen hybriden Zugang, wobei der Zugang der Endnutzer auf Zahlungsdienstleister im Sinne der Zweiten Zahlungsdiensterichtlinie (PSD2) angewiesen ist. Dieses Betriebsmodell des digitalen Euro steht im Einklang mit den bestehenden Strukturen des Geldsystems. Es steht außer Frage, dass die EZB und die NZBen in erster Linie für die Ausgabe des digitalen Euro verantwortlich sind (Art. 4 Abs. 1 dEuroVO-E). In zweiter Linie bietet das Eurosystem die grundlegenden Dienste bzw. Unterstützungsdienste, um das reibungslose Funktionieren des digitalen Euro zu unterschützen, von der Abwicklungsinfrastruktur für den digitalen Euro (Art. 30 Abs. 2 dEuroVO-E) über die Gewährleistung der Interoperabilität des digitalen Euro mit privaten Zahlungsinstrumenten im Hinblick auf Zahlungsdienststandards, geltende Rechtsvorschriften, Standard und Verfahren (Art. 26 dEuroVO-E) bis hin zur Unterstützung des Informationsaustauschs zwischen Zahlungsdienstleistern (Art. 27 Abs. 2 dEuroVO-E). Die Zahlungsdienstleister stehen bei der Bereitstellung des digitalen Euro im Vordergrund, da sie alle Zahlungsdienste im Zusammenhang mit dem digitalen Euro bereitstellen und die vom Eurosystem angebotenen Dienste ebenfalls von Zahlungsdienstleistern erbracht werden (in Einzelheiten siehe Zahlungsdiensterecht). Obwohl es die Zahlungsdienstleister sind, die als Intermediäre den digitalen Euro der Öffentlichkeit unmittelbar zur Verfügung stellen, begründet der digitale Euro eine unmittelbare Verpflichtung der EZB oder der NZBen gegenüber den Nutzern (Art. 4 Abs. 2 dEuroVO-E).

## D. Technische Formate des digitalen Euro

### I. Kontenbasiertes Modell

Zahlungskonten für den digitalen Euro sind eine Kategorie von auf Euro laufenden Zahlungskonten, über die die Nutzer den Zugang zum digitalen Euro erhalten und die Transaktionen im Zusammenhang mit dem digitalen Euro tätigen können, unabhängig davon, ob dies offline oder online geschieht und unabhängig von der Technologie und der Datenstruktur

(Art. 2 Nr. 7 dEuroVO-E). Das Zahlungskonto für den digitalen Euro könnte ein Unterkonto (TARGET Dedicated Cash Account-DCA) unter dem Hauptzentralbankkonto (Main Cash Account-MCA) sein, das von Zahlungsdienstleistern speziell für den digitalen Euro eingerichtet wird.[362] Bei der Eröffnung eines Zahlungskontos für den digitalen Euro sollten mindestens Telefonnummer, offizieller Ausweis, nationales Register, Führerschein und Reisepass bereitgestellt werden.[363] Deshalb wird das Zahlungskonto für den digitalen Euro auf den Namen des Kontoinhabers eröffnet und die Online-Zahlungsvorgänge in digitalen Euro werden unter der Überprüfung der Identität des Kontoinhabers durchgeführt.

## II. Wertbasiertes Modell

Der Barzahlungsverkehr bezieht sich auf ein Peer-to-Peer-Validierungsmodell (wertbasiertes Modell), bei dem kein Eingreifen Dritter zur Validierung oder Erfassung erforderlich ist.[364] Die Zahlungsvorgänge in digitalen Offline-Euro können durch zwei Geräte ohne Internet durchgeführt werden, allerdings wird die Offline-Funktionalität eine Vorfinanzierung erfordern, wofür eine Online-Verbindung unerlässlich ist.[365] Darüber hinaus muss das Gerät, das für Offline-Zahlungsvorgänge in digitalen Euro verwendet wird, zur regelmäßigen Überprüfung der Sicherheitsmerkmale weiterhin online gehen. Für Zwecke der Geldwäschebekämpfung bewahren die Zahlungsdienstleister die Daten zur Aufladung und Auszahlung für die Speicherung digitaler Euro auf Zahlungsinstrumenten auf, aber die Transaktionsdaten werden weder von den Zahlungsdienstleistern noch von der EZB bzw. den NZBen aufbewahrt (Art. 37 dEuroVO-E).

---

[362] ECB, Annex 1, Functional and non-functional requirements linked to the market research for a potential digital euro implementation, 13.01.2023, S.7.

[363] Digital Euro Association/Public Digital Euro Working Group, Privacy and CBDCs, 01.2023. abrufbar unter https://www.researchgate.net/publication/367361120_Privacy_and_CBDCs.

[364] ECB, A stocktake on the digital euro—Summary report on the investigation phase and outlook on the next phase, 18.10.2023, S. 13.

[365] ECB, A stocktake on the digital euro—Summary report on the investigation phase and outlook on the next phase, 18.10.2023, S.14.

## E. Merkmale des digitalen Euro

### I. Sofortige Zahlungen

Online- und Offline-Zahlungsvorgänge in digitalen Euro werden sofort, d. h. in nur wenigen Sekunden, abgewickelt (Art. 30 Abs. 1 dEuroVO-E). Um die sofortige Abwicklung möglich zu machen, sollten alle Funktionen im Zusammenhang mit dem Zahlungsvorgang innerhalb weniger Sekunden abgewickelt werden, darunter die Aufladung und Auszahlung, die Waterfall- und Reverse-Waterfall-Funktionen.[366] Für den digitalen Euro sind wegen dieses Zahlungsmerkmals keine Netto-Optionen denkbar.[367] Wichtig ist ferner, dass die Zahlungsvorgänge in digitalen Euro direkt zwischen den Nutzern stattfinden, ohne dass ein Zahlungsdienstleister als Intermediär zwischengeschaltet ist, dadurch geht von digitalen Euro-Zahlungstransaktionen kein systemisches Risiko aus. Die endgültige Abwicklung eines Online-Zahlungsvorgangs in digitalen Euro erfolgt, wenn der betreffende Betrag vom Zahler an den Zahlungsempfänger in der vom Eurosystem zugelassenen Abwicklungsinfrastruktur für den digitalen Euro erfasst wird (Art. 30 Abs. 2 dEuroVO-E). Die Offline-Zahlungsvorgänge gelten ab dem Zeitpunkt als abgewickelt, an dem die jeweiligen Bestände an digitalen Euro im lokalen Speichergerät des Zahlers und des Zahlungsempfängers aktualisiert werden (Art. 30 Abs. 3 dEuroVO-E).

### II. Kein programmierbares Geld

Art. 24 Abs. 2 dEuroVO-E sieht deutlich vor, dass der digitale Euro kein programmierbares Geld ist. Unter programmierbarem Geld versteht der Entwurf nach Art. 2 Nr.18 dEuroVO-E digitale Geldeinheiten mit einer inhärenten Logik, durch die die volle Fungibilität jeder Einheit beschränkt wird. Programmierbares Geld kann aufgrund spezifischer Ausgabebedingungen nur für bestimmte Arten von Waren oder Dienstleistungen verwendet werden oder in seiner Verwendung zeitlich begrenzt sein.[368] Jedoch sollte der digitale Euro als digitale Form der einheitlichen Währung vollständig fungibel sein, jedwede Ausgabebedingung oder Nutzungsbeschränkung treffen auf den digitalen Euro nicht zu.[369]

---

[366] ErwG. 64 dEuroVO-E.
[367] ErwG. 66 dEuroVO-E.
[368] ErwG. 55 dEuroVO-E.
[369] ErwG. 55 dEuroVO-E.

Der digitale Euro ist zwar nicht programmiert, soll aber den bedingten Zahlungsvorgang ermöglichen (Art. 24 Abs.1 dEuroVO-E). Der bedingte Zahlungsvorgang in digitalen Euro bezieht sich auf einen Zahlungsvorgang, der automatisch ausgelöst wird, wenn die vom Zahler und vom Zahlungsempfänger im Voraus vereinbarten Bedingungen erfüllt sind (Art. 2 Nr. 17 dEuroVO-E). Bedingte Zahlungsvorgänge programmieren die Zahlungsbedingungen im Zahlungsvorgang und nicht die Währung selbst, in diesem Zusammenhang sollten sie nicht bezwecken oder bewirken, dass der digitale Euro als programmierbares Geld verwendet wird.[370] Zahlungsdienstleister würden verschiedene bedingte Zahlungsvorgänge in digitalen Euro entwickeln, die es den Nutzern ermöglichen, eine Reihe automatischer Zahlungen durchzuführen, darunter automatisierte Zahlungsvorgänge für die Einzahlung oder Abhebung von digitalen Euro sowie Daueraufträge, mit denen automatische Zahlungen eines bestimmten Betrags zu einem bestimmten Datum ausgelöst werden. [371]

### III. Beschränkungen für digitale Euro-Bestände

Die Nutzung des digitalen Euro als Wertaufbewahrungsmittel kann beschränkt werden, um natürlichen und juristischen Personen den Zugang zum und die Nutzung des digitalen Euro zu ermöglichen, die Geldpolitik festzulegen und durchzuführen und zur Stabilität des Finanzsystems beizutragen (Art. 15 Abs. 1 dEuroVO-E). Der Verfügungsrahmen des digitalen Euro kommt bei der Beschränkung der Nutzung des digitalen Euro als Wertaufbewahrungsmittel zum Tragen, wie z. B. quantitative Beschränkungen für einzelne Bestände an digitalen Euro und Beschränkungen für den Umtausch anderer Arten von Geldbeträgen in digitalen Euro innerhalb eines bestimmten Zeitraums.[372] Sowohl für gewerbliche Nutzer als auch für staatliche oder öffentliche Stellen gäbe es eine Nullgrenze für den Bestand an digitalen Euro, während für private Nutzer eine Obergrenze für den Bestand an digitalen Euro gelten würde.[373] Diese Obergrenze würde in der Nähe des möglichen Ausgabedatums

---

[370] ErwG. 55 dEuroVO-E.

[371] ErwG. 55 dEuroVO-E.

[372] ErwG. 32 dEuroVO-E.

[373] ECB, A stocktake on the digital euro—Summary report on the investigation phase and outlook on the next phase, 18.10.2023, S.12-13.

festgelegt werden, um die zu diesem Zeitpunkt herrschenden wirtschaftlichen Bedingungen zu berücksichtigen.[374] Eine Obergrenze von 3.000 Euro für den digitalen Euro könnte jedoch in Betracht gezogen werden, um mögliche Risiken zu begrenzen.[375]

## IV. Nahtlose Zahlungserfahrung

Die Beschränkungen der Nutzung des digitalen Euro als Wertbewahrungsmittel sollten die Nutzung des digitalen Euro als Zahlungsmittel unberührt lassen. Um die uneingeschränkte Rolle des digitalen Euro als Zahlungsmittel zu erfüllen, ist das Zahlungskonto für den digitalen Euro so zu gestalten, dass es mit einem Zahlungskonto oder mehreren Zahlungskonten für den nicht-digitalen Euro verknüpft ist (Art. 22 Abs. 4 S. 1 dEuroVO-E). Wenn die Nutzer einen Online-Zahlungsvorgang in digitalen Euro in Anspruch nehmen, auch wenn der Transaktionsbetrag über ihren Bestand an digitalen Euro hinausgeht, wird der überschüssige Betrag automatisch auf einem Zahlungskonto für den nicht-digitalen Euro abzogen (Art. 13 Abs. 4 Nr. b dEuroVO-E). Das ist die sog. Reverse-Waterfall-Funktion. Im Gegensatz dazu ist die Waterfall–Funktion gegeben, wenn die Nutzer digitalen Euro empfangen und der angenommene Betrag die festgelegten Verfügungsrahmen überschreitet, nach der deutlichen Genehmigung der Nutzer, der überschüssige Betrag automatisch auf ein Zahlungskonto für den nicht-digitalen Euro übertragen wird (Art. 13 Abs. 4 Nr. a dEuroVO-E).[376] Die automatische Umbuchung bzw. das automatische Abziehen der Geldbeträge zwischen den Zahlungskonten für den digitalen Euro und den nicht-digitalen Euro ermöglicht einen reibungslosen Zahlungsvorgang in digitalen Euro. Obwohl das Zahlungskonto für den digitalen Euro mit mehreren Zahlungskonten für den nicht-digitale Euro verbunden werden kann, darf jedes Zahlungskonto für den digitalen Euro für die Nutzung von Waterfall–Funktion und Reserve-Waterfall–Funktion nur mit einem Zahlungskoto für den nicht-digitalen Euro verknüpft werden (Art. 22 Abs. 4 S.2 dEuroVO-E).

---

[374] ECB, A stocktake on the digital euro—Summary report on the investigation phase and outlook on the next phase, 18.10.2023, S.12.

[375] Interview with Les Echos, 24,05,2023, abrufbar unter //www.ecb.europa.eu/press/inter/date/2023/html/ecb.in230524~c2d729b46a.en.html.

[376] ErwG. 36 dEuroVO-E.

## F. Bereitstellung des digitalen Euro

### I. Inklusive Gestaltung

Sollte der Digitale Euro sowohl als einheitliche Währung in der Eurozone als auch als gesetzliches Zahlungsmittel ausgestaltet sein, wäre es für seine breite Nutzung erforderlich, dass die Öffentlichkeit einen leichten, einfachen und nutzbaren Zugang zum digitalen Euro erhält. Art. 22 Abs. 1a dEuroVO-E stellt klar, dass der digitale Euro über einfache und leicht zu handhabende Funktionen verfügt, um den Bedürfnissen verschiedener Bevölkerungsgruppen gerecht zu werden, insbesondere von Menschen mit Behinderungen, funktionalen Einschränkungen oder begrenzten digitalen Fähigkeiten sowie älteren Menschen. Für Menschen mit Behinderungen muss der digitale Euro ferner den Barrierefreiheitsanforderungen in Sinne von (i. S. v.) des Anhangs I der Richtlinie 2019/882 entsprechen (Art. 22 Abs. 1b dEuroVO-E), die sich auf die Bereitstellung von Informationen, die Gestaltung der Benutzerschnittstelle und die Funktionalität sowie Unterstützungsdienste[377] erstreckt.

### II. Interoperabilitätsanforderung

#### *1. Interoperabilität mit privaten digitalen Zahlungsmitteln*

Die Zahlungsdienstleister und Front-End-Dienste, die für die Verwendung des digitalen Euro genutzt werden, unterscheiden sich in den einzelnen Ländern des Euroraums. Diese Unterschiede dürfen die harmonisierte Nutzererfahrung mit dem digitalen Euro jedoch nicht beeinträchtigen. Die EZB sollte im Rahmen ihrer Zuständigkeit Vorschriften, Standards und Verfahren erlassen, um sicherzustellen, dass die Nutzer Zahlungsvorgänge mit dem digitalen Euro innerhalb des Euro-Währungsgebiets reibungslos ausführen können.[378] Online-Zahlungsvorgänge mit dem digitalen Euro sind im Wesentlichen digitale Zahlungsvorgänge. Durch die Nutzung offener Standards, gemeinsamer Vorschriften und Verfahren und möglicherweise gemeinsamer Infrastrukturen könnte der digitale Euro mit privaten digitalen Zahlungslösungen kompatibel sein (Art. 26 dEuroVO-E) und

---

[377] Ausführlich siehe den Anhang I der Richtlinie 2019/882des Europäischen Parlaments und des Rates über die Barrierefreiheitsanforderungen für Produkte und Dienstleistungen, 17.04.2021.

[378] ErwG. 59 dEuroVO-E.

auf funktionalen und technischen Synergien aufbauen. Dies würde nicht nur die Kosten für die Anpassung des digitalen Euro minimieren, sondern auch die Fragmentierung des europäischen Massenzahlungsverkehrsmarkts verhindern.[379] Es ist jedoch darauf hinzuweisen, dass die Maßnahmen zur Gewährleistung der Interoperabilität mit privaten digitalen Zahlungsmitteln die Anpassung des digitalen Euro an neue Technologien nicht verhindern dürfen, zudem müssen sie mit den Merkmalen des digitalen Euro vereinbar sein.[380]

### 2. *Interoperabilität zwischen den Anbietern und den Hardware- und Software-Funktionen*

Der digitale Euro kann nicht ohne Unterstützung durch Hardware- und Software-Geräte verwendet werden. Es ist nötig, dass die Originalhersteller von mobilen Geräten und die Anbieter elektronischer Kommunikationsdienste[381] den Anbietern von Front-End-Diensten und von EUid-Brieftaschen eine funktionale Interoperabilität mit den Hardware- und Softwarefunktionen, die für die Speicherung und Übertragung von Daten zur Abwicklung von Online- oder Offline-Transaktionen in digitalen Euro erforderlich sind, zu fairen, angemessen und diskriminierungsfreien Bedingungen gewährleisten (Art. 33 Abs. 1 dEuroVO-E). Außerdem sollen die Originalhersteller von mobilen Geräten und die Anbieter elektronischer Kommunikationsdienste die erforderlichen und angemessenen Maßnahmen treffen, um ordnungsgemäß sicherzustellen, dass die Interoperabilität die Integrität der von der Interoperabilitätsverpflichtung betroffenen Hardware- und Softwarefunktionen nicht beeinträchtigt (Art. 33 Abs. 2 dEuroVO-E). Darüber hinaus sollten die Originalhersteller von mobilen Geräten und die Anbieter elektronischer Kommunikationsdienste allgemeine Bedingungen für eine funktionale Interoperabilität und für einen wirksamen Zugang veröffentlichen, um faire, angemessene und diskriminierungsfreie Bedingungen zur Verfügung zu stellen (Art. 33 Abs. 3 dEuroVO-E).

---

[379] ErwG. 59 dEuroVO-E.

[380] ErwG. 59 dEuroVO-E.

[381] Die Anbieter elektronischer Kommunikationsdienste i. S. v. Artikel 2 Nummer 1 der Richtlinie (EU) 2018/1972, Richtlinie (EU) 2018/1972 des Europäischen Parlaments und des Rates vom 11. Dezember 2018 über den europäischen Kodex für die elektronische Kommunikation (ABl. L 321 vom 17.12.2018, S. 36).

## III. Front-End-Dienste für den Zugang zum und die Nutzung des digitalen Euro

Front-End-Dienste im Bereich des Zahlungsverkehrs beziehen sich auf die grafische Benutzeroberfläche (Graphical User Interface, GUI), die direkt mit dem Kunden interagiert und darauf ausgelegt ist, den Zahlungsvorgang zu vereinfachen und ein gutes Nutzererlebnis zu gewährleisten. Front-End-Dienste des digitalen Euro werden von Zahlungsdienstleistern bzw. der EZB entwickelt (Art. 28 Abs. 1 S.1 dEuroVO-E). Es bleibt dem Nutzer jedoch unbenommen, welche Front-End-Dienste er benutzen möchte. Wenn ein Zahlungsdienstleister keine Front-End-Dienste des digitalen Euro anbietet, kann der Nutzer nur die Dienste der EZB verwenden (Art. 28 Abs. 1 S. 2 dEuroVO-E). In jedem Fall besteht keine vertragliche Beziehung zwischen der EZB und dem Nutzer des digitalen Euro. Aus diesem Grund sollte, auch wenn die EZB die Front-End-Dienste des digitalen Euro für Nutzer bereitstellt, die Front-End-Lösung der EZB sich auf die Bereitstellung einer Schnittstelle zwischen den Nutzern des digitalen Euro und den Zahlungsinfrastrukturen der Zahlungsdienstleister beschränken.[382] Die Front-End-Lösung der EZB sollte sich auf die Bereitstellung einer Schnittstelle zwischen den Nutzern des digitalen Euro und den Zahlungsinfrastrukturen der Zahlungsdienstleister beschränken. Die Benutzeroberfläche des digitalen Euro sollte so gestaltet sein, dass die Nutzer schnell und einfach auf ihre Zahlungskonten für den digitalen Euro zugreifen und diese schnell und einfach nutzen können (Art. 28 Abs. 3b dEuroVO-E). Ein offizielles Logo für den digitalen Euro ist zudem bei der Verwendung von Front-End-Diensten unverzichtbar, um die Zuordnung der Zahlungsvorgänge in digitalen Euro schnell anzuzeigen (Art. 28 Abs. 3a dEuroVO-E).

# G. Zusammenfassung

Nach dEuroVO-E ist der digitale Euro als digitale Zentralbankwährung für den Massenzahlungsverkehr mit einem zweistufigen Betriebsmodell konzipiert, das sowohl ein konten- als auch ein wertbasiertes Modell umfasst. Die Zahlung mit dem digitalen Euro erfolgt in Sekundenschnelle und er ist kein programmierbares Geld. Es wird eine Obergrenze für den Bestand an digitalen Euro geben, aber die Nutzer werden weiterhin in der Lage sein, nahtlose

---

[382] ErwG. 62 dEuroVO-E.

Zahlungen mit digitalen Euro durchzuführen, da das Zahlungskonto für den digitalen Euro mit dem Zahlungskonto für den nicht digitalen Euro verknüpft werden kann (Waterfall- und Reverse-Waterfall-Funktion).

## § 9 Zusammenfassender Rechtsvergleich zum dritten Teil

Der e-CNY und der digitale Euro weisen große Ähnlichkeiten hinsichtlich ihrer Typen, Betriebsmodelle und technischen Formate auf. Beide sind darauf ausgelegt, den alltäglichen Zahlungsbedürfnissen der Öffentlichkeit im digitalen Zeitalter besser gerecht zu werden. Darüber hinaus wird auf die Ressourcen und die technologischen Vorteile bestehender Zahlungsdienstleister mit möglichst geringen Auswirkungen auf das Finanzsystem zurückgegriffen, um alle Akteure aktiv einzubinden und die Innovationsfähigkeit zu fördern. Trotz der Unterschiede in den spezifischen Details, werden sowohl das Design des e-CNY als auch das des digitalen Euro durch wiederholte Prüfungen und Optimierungen verfeinert, mit dem Ziel, ein offenes, inklusives, stabiles und zuverlässiges digitales Zentralbankwährungssystem zu schaffen, das für China und die EU geeignet ist.

Als gesetzliches Zahlungsmittel in digitaler Form haben der digitale Euro und der e-CNY Gemeinsamkeiten in der Gestaltung, sie bleiben aber beide einzigartig:

**1. Programmierbarkeit:** Die Programmierbarkeit des e-CNY wird als der größte Vorteil des e-CNY angesehen, da sie sicherstellt, dass die Mittel für die angegebenen Zwecke, zu den angegebenen Zeiten und unter den angegebenen Bedingungen verwendet werden können, und somit eine genaue Kontrolle über den Geldfluss und die Verwendung der Mittel ermöglicht wird.[383] Im Gegensatz dazu ist der digitale Euro nicht programmierbar, da die volle Funktionsfähigkeit der Währung gewährleistet werden muss.

**2. Beschränkung für die Bestände:** Der e-CNY nutzt ein System abgestufter und kategorisierter digitaler Wallets, bei denen jeweils Obergrenzen für Transaktionsbeträge und Wallet-Guthaben festgelegt sind. Die Nutzer

[383] 余云峰，数字人民币发展研究报告2022, S.33.

können jedoch unabhängig voneinander die Art der Wallet und den zu haltenden Betrag wählen. Diese Gestaltung wird nicht nur den unterschiedlichen Zahlungsbedürfnissen der Nutzer gerecht, sondern schützt auch die Privatsphäre und verhindert teilweise die finanzielle Disintermediation. Der digitale Euro, der als Wertaufbewahrungsmittel verwendet wird, sieht aus Gründen der Finanzstabilität und der Geldpolitik ausdrücklich einen Verfügungsrahmen vor. Das e-CNY hingegen bietet den Nutzern insofern mehr Wahlfreiheit und Flexibilität. Sowohl der digitale Euro als auch der e-CNY dienen als Ergänzung zum Bargeld, aber der e-CNY, der keinen beschränkten Verfügungsrahmen hat, dient auch als Ersatz für Bargeld.

**3. Zahlungserfahrung**: Der e-CNY ist mit „Reserve-Wasserfall-Funktion" ausgestattet, aber ohne „Wasserfall-Funktion". Nutzer können nur durch eine Upgrade ihrer Wallet mehr Verfügungsrahmen erhalten. Ist das Guthaben nicht ausreichend, muss es zunächst aufgeladen werden, bevor die Transaktion abgeschlossen werden kann. Im Gegensatz dazu verfügt der digitale Euro zwar über Nutzungsbeschränkungen, ist jedoch mit einer „Wasserfall-Funktion" und einer „Reserve-Wasserfall-Funktion" ausgestattet, die den Nutzern ein nahtloses Zahlungserlebnis ermöglichen.

CBDC ist ein gesetzliches Zahlungsmittel in digitaler Form. In Anbetracht des Geldsystems, der Geldpolitik, des Finanzmarktes und der Finanzstabilität übernimmt CBDC im Grunde den gleichen Ausgabemodus, das gleiche Betriebsmodell und die gleichen technischen Formate wie Bargeld. Ob die DLT-Technologie eingesetzt wird oder nicht, ist entscheidend für die Innovation der CBDC. Der e-CNY benutzt teilweise Blockchain-Technologie, eine solche steht für den digitalen Euro noch aus. Im Vergleich mit dem Bargeld stehen CBDCs vor neuen Herausforderungen, die die Digitalisierung in Bezug auf den Zahlungsverkehr, den Schutz der Privatsphäre und die Datensicherheit mit sich bringt. Nach dem Verständnis der Grundlagen des e-CNY und des digitalen Euro wird im Folgenden näher auf die rechtlichen Reaktionsstrategien eingegangen, die in Bezug auf diese Probleme entwickelt wurden.

# Vierter Teil: Die rechtliche Einordnung von CBDCs

## § 10 Rechtliche Einordnung des e-CNY

### A. Rechtsbegriff des Geldes

Der Rechtsbegriff bezieht sich auf die grundlegenden Bestandteile des Rechts und stellt ein rechtliches Grundelement dar, das parallel zu den Rechtsnormen und Rechtsgrundsätzen existiert.[384] Rechtsbegriffe sind juristische Begriffe, die durch die Verallgemeinerung verschiedener Sachen, Zustände und Verhaltensweisen in Rechtszusammenhängen gebildet werden.[385] Rechtsbegriffe werden zum einen aus dem Alltagsleben abgeleitet und von Juristen in die Rechtssprache übernommen, zum anderen werden Rechtsbegriffe von Juristen geschaffen, sodass Rechtsbegriffe alle Begriffe mit rechtlicher Bedeutung sind, die im juristischen und rechtswissenschaftlichen Tätigkeitsfeld verwendet werden.[386] Rechtsbegriffe bilden die Grundlage für das Erkennen und Verstehen von Rechtsnormen und sind grundlegender Bestandteil juristischen Denkens und juristischer Argumentation.[387] Eindeutige Rechtsbegriffe sind für die juristische Arbeit und Forschung unerlässlich. Begriffe aus anderen Bereichen (z. B. Ökonomie, Philosophie) sind nützlich, um für das Verständnis juristischer Konzepte studiert zu

---

384 张文显主编，法理学，第5版，高等教育出版社，2018, S. 112-113; 周永坤，法理学——全球视野，第4版，法律出版社，2016, S. 163, 172; 法理学编写组编，法理学，第2版，人民出版社，2020, S. 44-45.

385 张文显主编，法理学，第5版，高等教育出版社，2018, S. 113.

386 周永坤，法理学——全球视野，第4版，法律出版社，2016, S. 172; 雷磊，法学概念是重要的吗，法学研究，2017, 74 (75).

387 雷磊，法学概念是重要的吗，法学研究，2017, 74 (74).

werden, lassen sich aber nicht direkt auf den juristischen Bereich übertragen. Gegenwärtig gibt es in China noch keinen einheitlichen Geld- und Währungsbegriff. Auch die Rechtswissenschaft befasst sich nur selten mit dieser Materie.[388]

## I. Untersuchung des Geldbegriffs

### 1. *Rechtsbegriff des Bargeldes*

In den frühen 2000er Jahren wurde der Geldbegriff i. S. v. Bargeld untersucht. *Ying Liu* geht davon aus, dass Geld eine von Gesetzen vorgeschriebene oder anerkannte besondere Sache ist, die unmittelbar als Tauschmittel oder Zahlungsmittel verwendet werden kann.[389] Geld als eine Sache unterscheidet sich somit von Wertpapieren und Buchgeld, da der Inhaber Wertpapiere und Buchgeld für Zahlungen verwendet, indem er die darauf eingetragenen Rechte nutzt, anstatt das Eigentum an der physischen Urkunde selbst für den Austausch und die Zahlung einzusetzen.[390] Geld ist eine besondere Sache, was sich zeigt in: 1) Geld ist eine besondere Gattungssache, die bei Transaktionen miteinander ausgetauscht werden kann; 2) Geld ist ein typisches Verbrauchsgut. Beim Gebrauch verliert Geld nicht seine Form, sondern es ändert lediglich seinen Eigentümer; 3) Die Übertragung des Geldes unterliegt der Regel „der Geldbesitzer ist der Rechtsinhaber“, d. h. seine Übertragung ist eine tatsächliche Übertragung, unabhängig von der Geschäftsfähigkeit des Subjekts.[391]

*Qinglin Zhang* analysierte die spezifischen Bestandteile des Geldbegriffs: 1) Geld ist eine bewegliche Sache, die sowohl körperlich existieren als auch umlauffähig sein muss, um seine Funktion als Tauschmittel erfüllen zu können; 2) Als Geld gelten nur bewegliche Sachen, die vom Staat oder von Behörden in Übereinstimmung mit den Gesetzen als Währung ausgegeben werden; 3) Eine Geldeinheit muss anhand eines feststehenden Maßstabs bewertet werden.

[388] Die in China National Knowledge Infrastructure (CNKI) unter dem Stichwort „Rechtsbegriff des Geldes“ 22 Aufsätze gefunden, von denen lediglich 3 Aufsätze von Referenzwert sind. Der Rechtsbegriff des Geldes wird in Rechtslehrbüchern kaum systematisch erläutert.

[389] 刘颖，货币发展形态的法律分析——兼论电子货币对法律制度的影响，中国法学，2002, 81 (82).

[390] 刘颖，货币发展形态的法律分析——兼论电子货币对法律制度的影响，中国法学，2002, 81 (82-83).

[391] 刘颖，货币发展形态的法律分析——兼论电子货币对法律制度的影响，中国法学，2002, 81 (83).

Geld muss einen bestimmten Betrag angeben, der seinen Wert ausdrückt, um rechtlich zur Begleichung von Schulden verwendet werden zu können. 4) Das Geld ist ein universelles Tauschmittel. Die Währung muss innerhalb des Landes, in dem sie ausgegeben wurde, oder innerhalb eines bestimmten Währungsgebiets ein allgemein akzeptiertes Tauschmittel sein.[392] *Qinglin Zhang* analysiert den Rechtsbegriff präziser und detaillierter als *Ying Liu*. Zudem gelingt es ihm, die rechtlichen Merkmale des Geldes klarer herauszuarbeiten. Aber die Meinung von *Ying Liu* ist in Bezug auf Bargeld als besondere Sache, mit der Lehre vom „Besitz ist Eigentum", Buchgeld als eine Forderung, immer noch die vorherrschende Meinung in der Literatur. Nach solche Rechtsbegriffe stellt RMB-Bargeld das einzige Geld im rechtlichen Sinne dar.

### *2. Geldbegriff im Rahmen der Geldhierarche*

Im Jahr 2023 veröffentlichte *Da Ke* einen Betrag mit dem Thema „*The definition of the legal concept of money: From the perspective of digital assets*", in dem er der Frage nachging, ob digitale Vermögenswerte wie Bitcoin Geld sind.[393] Er wollte darin feststellen, ob digitale Vermögenswerte das Zahlungsdiensterecht unterworfen sind.[394] Um diese Frage zu klären, stützt sich *Da Ke* auf die „Geldhierarchietheorie" von Perry Mehrling (die verwendet wird, um die jeweilige Rolle der verschiedenen Zahlungsmittel in Wirtschaft und Gesellschaft zu erklären), um einen neuen Ansatz für die Definition des rechtlichen Geldbegriffs einzuführen: den Geldbegriff im Rahmen der Geldhierarchie.[395] Demnach bezieht sich der rechtliche Geldbegriff auf „das Element des Zahlungssystems", das zur Begleichung von Schulden verwendet werden kann und allgemein akzeptiert wird.[396] Zu den „Elementen des Zahlungssystems" gehören sowohl Geld als auch andere Elemente, die sich auf das Funktionieren des Zahlungssystems auswirken, wie z. B. das operative Verhalten der Systemteilnehmer, wobei der Schwerpunkt auf der Betrachtung des Geldes im Rahmen des gesamten Zahlungssystems liegt.[397] Geld umfasst sowohl gesetzliche Zahlungsmittel mit gesetzlicher Befreiung

---

392 张庆麟，论货币的法律概念及其法律性质，经济法论丛，2003, 164 (166-174).

393 柯达，数字资产视角下货币法律概念的界定，重庆大学学报（社会科学版），2023, 226ff.

394 柯达，数字资产视角下货币法律概念的界定，重庆大学学报（社会科学版），2023, 226ff.

395 柯达，数字资产视角下货币法律概念的界定，重庆大学学报（社会科学版），2023, 226 (231-232).

396 柯达，数字资产视角下货币法律概念的界定，重庆大学学报（社会科学版），2023, 226 (232-235).

397 柯达，数字资产视角下货币法律概念的界定，重庆大学学报（社会科学版），2023, 226 (233).

von der Zahlungsverpflichtung gemäß Verfassung und Zentralbankgesetz als auch andere Zahlungsmittel (Buchgeld, E-Geld und Stablecoin, virtuelle Währungen und andere digitale Vermögenswerte), die spezifische rechtliche Funktionen erfüllen: etwa die Zahlungsregulierungsfunktion im Zahlungsdiensterecht und im Geldwäscherecht oder solche mit Geldvermögensfunktionen im BGB, Steuerrecht, Verwaltungsstrafrecht usw.[398] *Da Ke* ist der erste in China, der in den letzten Jahren den Rechtsbegriff von Geld systematisch untersucht hat und dabei neben Bargeld in RMB auch andere Geldformen in diesen Geldbegriff einbezogen hat. Der Schwerpunkt des Geldbegriffs liegt jedoch auf den systemischen Merkmalen von Geld (Element des Zahlungssystems), was zu einer Unklarheit darüber führt, was Geld eigentlich ist.

### *3. Zusammenfassung*

Wie bereits erwähnt, ist die Forschung zum rechtlichen Geldbegriff in China noch sehr begrenzt und ein einheitliches System von Geldbegriffen wurde noch nicht entwickelt. Die verfügbare Literatur lässt jedoch die Herausforderungen erkennen, die sich aus der Dematerialisierung der Geldentwicklung für die Definition eines einheitlichen Geldbegriffs ergeben. Im heutigen vielfältigen monetären Zahlungssystem erfüllen RMB-Bargeld, Buchgeld, E-Geld und e-CNY alle die gleiche Funktion als Zahlungsmittel. Diese Geldformen sollten gemeinsam in das monetäre Rechtssystem integriert werden, um ihre Rechtmäßigkeit und Sicherheit bei der Verwendung zu gewährleisten. Der Geldbegriff bildet die Grundlage für das Verständnis und die Anwendung von Geldrechtsnormen. Obwohl die derzeitige Forschung zum Rechtsbegriff des Geldes in China noch unzureichend ist, bieten die erzielten Ergebnisse dennoch wertvolle Erkenntnisse. Ein rechtlicher Geldbegriff sollte auf der bestehenden Forschung sowie dem bereits entwickelten Geld- und Währungsrecht aufbauen.

## II. Geld i. S. v. Währungs- und Geldbegriff

### *1. Der CNY und der e-CNY*

China erließ 1995 das Gesetz der Volksrepublik China über die PBOC (GeCZB), das 2003 erstmals geändert wurde. Die sieben Vorschriften von

---

398 柯达，数字资产视角下货币法律概念的界定，重庆大学学报（社会科学版），2023, 226 (235-237).

Kapitel III des GeCZB regeln den RMB, das gesetzliche Zahlungsmittel Chinas. Um die Verwaltung des RMB zu stärken, seine Glaubwürdigkeit aufrecht zu erhalten sowie die Finanzordnung zu stabilisieren, wurde die Verordnung der Volksrepublik China über die Verwaltung des RMB (VVR) im Einklang mit dem GeCZB formuliert. Die VVR enthält detaillierte Ausführungsregeln für den RMB und führt die Maßnahmen für die Verwaltung des RMB im Einzelnen auf. Die Überarbeitung des GeCZB wurde in den Gesetzgebungsplan des Ständigen Ausschusses des 13. NVK und in das Gesetzgebungsprogramm 2020 aufgenommen.[399] Unmittelbar danach organisierte die PBOC die Ausarbeitung des GeCZB-E (Revisionsentwurf für Kommentare), das am 23. Oktober 2020 der Öffentlichkeit zur Stellungnahme vorgelegt wurde.[400]

Ein gesetzliches Zahlungsmittel ist eine Zwangsumlaufwährung, die vom Staat in Form eines Gesetzes festgelegt wird.[401] Nach § 16 S. 1 GeCZB ist das gesetzliche Zahlungsmittel der Volksrepublik China der RMB. Der RMB ist für die Rückzahlung aller öffentlichen oder privaten Schulden entsprechend seinem Nennwert auf dem Gebiet der PBC zu verwenden, und keine Einheit oder Einzelperson darf die Annahme verweigern (§ 16 S. 2 GeCZB). Die PBOC ist die Zentralbank Chinas und eine der Abteilungen des Staatsrats. Der RMB wird gemäß § 18 GeGZB einheitlich von der PBOC gedruckt und ausgegeben. Der RMB umfasst Banknoten und Münzen (§ 2 VVR). Allerdings sieht § 19 Abs. 2 GeCZB-E vor, dass der RMB sowohl in physischer als auch in digitaler Form existiert, was eine Rechtsgrundlage für die Ausgabe des e-CNY bietet. Deshalb sind sowohl RMB-Bargeld als auch der e-CNY gesetzliche Zahlungsmittel, unabhängig von der physischen und digitalen Form des Geldes. Insofern ist es nicht erforderlich, dass ein gesetzliches Zahlungsmittel in körperlicher Form vorliegt.

---

[399] 中国人民银行，关于《中华人民共和国中国人民银行法（修订草案征求意见稿）》的说明，23.10.2020, abrufbar unter https://www.gov.cn/zhengce/zhengceku/2020-10/24/content_5553847.htm.

[400] 中国人民银行关于《中华人民共和国中国人民银行法（修订草案征求意见稿）》公开征求意见的通知，中国政府网，23.10.2024, abrufbar unter //www.gov.cn/zhengce/zhengceku/2020-10/24/content_5553847.htm.

[401] 王胜明主编，中华人民共和国中国人民银行法释义，法律出版社，2004, S. 31.

## 2. *Buchgeld*

### A) DEFINITION

### aa) Buchgeld als Zahlungsmittel

Nach § 3 Abs. 1 Verordnung über die Verwaltung von Spareinlagen (VVE) sind Spareinlagen RMB- oder Fremdwährungseinlagen von Privatpersonen, die bei Sparkassen in China angelegt sind. RMB- oder Fremdwährungseinlagen sind Buchgeld, bei denen es sich um freie Mittel handelt, die in China in der Regel als Spareinlagen bezeichnet werden.[402] Die Übertragung des Buchgeldes ist die tatsächliche Veränderung der digitalen Aufzeichnung des Einlagensaldos, wodurch das Buchgeld auf dem Markt in Umlauf gebracht wird, die Funktionen eines Tausch- und Zahlungsmittels erfüllt und somit die Rolle von Geld spielt.[403] Bis zum Dezember 2023 besaßen mehr als 95 % der Chinesen ein persönliches Bankkonto, was über dem Durchschnitt der Länder mit mittlerem und höherem Einkommen lag.[404] Zudem liegt die durchschnittliche Verwendung von mobilen Zahlungsmitteln mit 86 % weltweit an erster Stelle.[405] Im Jahr 2023 wickelten die Banken insgesamt 296,163 Milliarden elektronische Zahlungen im Wert von 3.395,27 Billionen Yuan ab.[406] Im Jahr 2023 lag der Bestand der Geldmenge M2 in China bei 292,27 Billionen Yuan, der Bestand der Geldmenge M1 bei 68,05 Billionen Yuan und der Bestand der im Umlauf befindlichen Geldmenge M0 bei 11,34 Billionen Yuan, wobei der Anteil des Bargelds etwa 3,95 % betrug.[407] Die Rolle von Bargeld im Umlauf ist bereits durch Buchgeld ersetzt worden. Im allgemeinen gesellschaftlichen Verständnis von Transaktionen wird Buchgeld weitgehend als Zahlungsmittel betrachtet, das Bargeld ersetzen kann, und diese Zahlungsform wird im täglichen Geschäftsverkehr allgemein akzeptiert

---

402 胡洪春，我国存贷款犯罪研究，上海社会科学院出版社，2013, S. 13.

403 王明国，张卫新，货币银行学，第2版，中国金融出版社，2022, S. 14.

404 国新办举行《非银行支付机构监督管理条例》国务院政策例行吹风会，28.12.2023, abrufbar unter http://www.pbc.gov.cn/rmyh/3963412/3963426/5184370/index.html.

405 国新办举行《非银行支付机构监督管理条例》国务院政策例行吹风会，28.12.2023, abrufbar unter http://www.pbc.gov.cn/rmyh/3963412/3963426/5184370/index.html.

406 中国人民银行，2023年支付体系运行总体情况，28.03.2024, abrufbar unter http://www.pbc.gov.cn/zhifujiesuansi/128525/128545/128643/5314683/2024032815235914509.pdf, 25.06.2024.

407 2023年金融统计数据报告，abrufbar unter //www.gov.cn/lianbo/bumen/202401/content_6925677.htm, 25.06.2024.

und ist weit verbreitet.[408] Im modernen Kreditgeldsystem sind sowohl Bargeld als auch Buchgeld auf Vertrauen angewiesen.[409] Obwohl Buchgeld durch das Vertrauen in Geschäftsbanken und nicht durch das Vertrauen in den Staat gestützt wird, ermöglicht die Liquiditätsunterstützung der Zentralbank für Geschäftsbanken (die Zentralbank erlaubt es den Banken, ihre Einlagenverbindlichkeiten in Zentralbankeinlagenverbindlichkeiten – Bargeld – umzuwandeln), dass Buchgeld die Eigenschaft einer unbegrenzt vorhandenen Ressource erhält.[410] Es kann als eine allgemeine Verbindlichkeit mit einem unbegrenzten intertemporalen Wertmaßstab für die Tilgung anderer Verpflichtungen in einem beliebigen zukünftigen Zeitraum verwendet werden.[411] Auf der Grundlage des Bankenkredits ist das digitale Symbol auf dem Depositenschein, der die Forderung des Einlegers gegenüber der Bank kennzeichnet, zu einem Wertsymbol geworden und damit ein Mitglied der Geldfamilie. [412] Dies gewährleistet die Sicherheit des Buchgeldes.

### bb) „Annahmepflicht“ von Buchgeld

Die Annahmepflicht ist ein charakteristisches Merkmal des gesetzlichen Zahlungsmittels. Mit den Veränderungen im Zahlungsumfeld erstreckt sie sich jedoch in bestimmten Fällen auch auf Buchgeld. Nach § 3 vorläufige Verordnung über die Verwaltung des Bargelds (VVB) gilt, dass die kontoführenden Institutionen den Zahlungsverkehr über die kontoführenden Banken für Geschäftstransaktionen abwickeln sollen, es sei denn, die Verwendung von Bargeld fällt in den Anwendungsbereich der Verordnungen. Gleichzeitig dürfen die kontoführenden Institutionen im Verkaufsverkehr keine bevorzugte Behandlung für Barzahlungen gegenüber Überweisungszahlungen gewähren und dürfen Schecks, Bankschecks und Bankanweisungen nicht ablehnen (§ 7 VVB). Bei der Überweisungsabwicklung handelt es sich um die Zahlung und den Umlauf von Buchgeld, das nach § 7 VVB dem Annahmezwang

[408] 马强，货币返还请求权规章的重构，法学研究，2024, 73 (81).
[409] 张庆麟，电子货币的法律性质初探，武汉大学学报（社会科学版），2001, 544 (548).
[410] 孙国峰，货币创造的逻辑形成和历史演进——对传统货币理论的批判，经济研究，2019, 182 (192-193).
[411] 孙国峰，货币创造的逻辑形成和历史演进——对传统货币理论的批判，经济研究，2019, 182 (192-193).
[412] 夏尊文，存款货币财产所有权研究，北方法学，2011, 41 (47); 马强，货币返还请求权规章的重构，法学研究，2024, 73 (81).

im Bereich des Verkaufsverkehrs von Institutionen unterliegt.[413] Dies gilt ebenso für den Fall einer Abwicklung mit einer Dienstkarte: Der von zentralen Haushaltsstellen autorisierte Zahlungsverkehr für die öffentlichen Ausgaben der zentralen Haushaltsstellen, die ursprünglich in bar beglichen wurden, einschließlich Reisekosten, Tagungsgebühren, Bewirtungskosten und kleineren Ausgaben für Einkäufe unter 50.000 Yuan, sollte in der Regel mit einer Dienstkarte beglichen werden (§ 3 Vorläufige Maßnahmen für die Verwaltung der offiziellen Karten der zentralen Haushaltsstellen).

#### B) RECHTSNATUR DES BUCHGELDES

Die Rechtsnatur des Buchgeldes ist in China umstritten, wobei zwei Theorien in der Zivilrechtstheorie vorherrschen: 1) Buchgeld ist eine Forderung des Einlegers und 2) Buchgeld ist Eigentum des Einlegers. Es gibt darüber hinaus aber auch die Dichotomie-Theorie der Rechtsnatur des Buchgeldes, die die Natur des Buchgeldes in das Eigentumsverhältnis zwischen dem Einleger und dem Buchgeld sowie in das Schuldverhältnis zwischen dem Einleger und der Bank unterteilt. Die Dichotomie-Theorie ist zwar nur eine Minderheitsmeinung, eröffnet jedoch neue Perspektiven für das Verständnis des Buchgeldes und wird deshalb hier vorgestellt.

#### aa) Buchgeld ist eine Forderung des Einlegers

Nach herrschender Meinung (h. M.) verliert ein Einleger, der Bargeld bei einer Bank hinterlegt, das Eigentum an dem Geld und hat nur noch einen Anspruch gegen die Bank auf Abhebung des Buchgeldes.[414] Die Spareinlagehandlung ist eine Verwahrungshandlung und der Spareinlagenvertrag stellt ein unregelmäßiger Verwaltungsvertrag dar.[415] Verwahrt der Verwahrer Geld, kann er Geld gleicher Art und Menge zurückgeben (§ 901 Alt. 1 ZGB). Der Gegenstand eines unregelmäßigen Verwaltungsvertrags ist, dass das Eigentum an dem Gegenstand auf den Verwahrer übergeht, der nur zur Rückgabe in gleicher Art

---

413 闵海峰，存款货币财产权研究，中国政法大学硕士毕业论文，2006, S. 10.

414 朱晓喆，存款货币的权利归属与返还请求权——反思民法上货币“占有即所有”法则的私法运用，法学研究，2018, 116 (119); 汪鑫, 金融法学, 中国政法大学出版社，1999, S. 200.

415 李健男，存款行为法律性质新论，暨南学报（哲学社会科学版），2006, 39 (43); 陈承堂, 存款所有权归属的债法重述，法学， 2016, 96 (98); 史尚宽，债法各论， 中国政法大学出版社, 2000, S. 538; 刘丹冰，银行存款所有权的归属与行使——兼论存款合同的性质，法学评论，2003, 117 (120).

und Menge verpflichtet ist.[416] Aus diesem Grund geht das Eigentum an dem Geld auf die Bank über, wenn der Einleger Bargeld bei einer Bank einzahlt. Die Bank ist nur verpflichtet, die gleiche Art und Höhe des Geldes zurückzugeben. Wenn der Einleger das Eigentum am Buchgeld hätte, könnte er im Falle einer Zwangsvollstreckung gegen die Bank eine Drittwiderspruchsklage erheben und im Falle eines Bankrotts der Bank ein Herausgaberecht geltend machen. Dies steht jedoch im Widerspruch zur Realität der Bankenbranche und könnte sogar die Grundlage des Bankgeschäfts, nämlich die Annahme von Einlagen und die Vergabe von Krediten, gefährden.[417]

### bb) Buchgeld ist Eigentum des Einlegers

Nach dieser Meinung überträgt der Einleger mit der Einlage bei einer Bank lediglich das Recht zur Nutzung des Geldes auf die Bank, während der Einleger das Eigentum an dem Geld behält.[418] Der Einlagenvertrag ist ein gemischter Vertrag über die Verwahrung von Geldern und die Übertragung des Rechts zur Nutzung der Gelder, sodass der Einleger weder das Eigentum an die Bank überträgt noch der Bank eine Gebühr für die Verwahrung zahlt und im Gegenzug bekommt der Einleger von der Bank Zinsen.[419] Nach Art. 13 Verfassung ist das rechtmäßige Privateigentum der Bürger unverletzlich und schützt der Staat das Recht der Bürger auf Privateigentum und Erbschaft nach den Gesetzen. Auf der Ebene des Privatrechts ist der Schutz des rechtmäßigen Privateigentums der Bürger in § 266 ZGB verankert, wonach Privatpersonen das Eigentum an ihrem rechtmäßigen Einkommen, an Häusern, Gebrauchsgegenständen, Produktionsmitteln, Rohstoffen und anderen beweglichen und unbeweglichen Sachen zusteht. Unter „Einkommen" versteht man Geld oder etwas Wertvolles, das Menschen durch die Verrichtung verschiedener Arten von Arbeit innerhalb der gesetzlich zulässigen Grenzen erhalten und das in Form von Geld ausgedrückt

---

416 徐涤宇/张家勇，中华人民共和国民法典评注（精要版），中国人民大学出版社，2022, S. 933-934.

417 曹新友，论存款所有权的归属，现代法学，2000, 63 (65-66).

418 孟勤国， 物权法的现代意义，湖北大学学报(哲学社会科学版), 2007, 1 (2); 张里安/李前伦，论银行账户资金的权利属性——横向公司诉冶金公司、汉口支行案之理论评析，法学评论，2007, 83 (89); 夏尊文，存款货币财产所有权研究，北方法学，2011, 41 (41-42).

419 张里安/李前伦，论银行账户资金的权利属性——横向公司诉冶金公司、汉口支行案之理论评析，法学评论，2007, 83 (89).

wird.[420] Da Buchgeld die Verwendung von Bargeld weitgehend verdrängt hat, sollte Geld auch Buchgeld umfassen. Darüber hinaus bestimmt § 5 VVE, dass der Staat das Eigentum und andere berechtigte Rechte und Interessen an den rechtmäßigen Spareinlagen des Einzelnen schützt.

### cc) Dichotomie-Theorie

Ein Einlagenvertrag umfasst mehrere Rechtsbeziehungen: die Beziehung zwischen dem Einleger und der Bank, die Beziehung zwischen dem Einleger und dem Buchgeld sowie die Beziehung zwischen der Bank und dem Buchgeld. Die beiden oben genannten Theorien erklären entweder die Beziehung zwischen dem Einleger und der Bank oder die Beziehung zwischen dem Einleger und dem Buchgeld, aber sie erklären nicht gleichzeitig die mehrfachen rechtlichen Beziehungen innerhalb des Einlagenvertrags. Der durch multiple Beziehungen gebildete Einlagenvertrag, der Bestandteile wie Transaktionen, Dienstleistungen und Interessensteilung umfasst, hat als Vertragsgegenstand nicht nur Bargeld, sondern auch Buchgeld, weshalb er typischerweise nicht durch andere Verträge ersetzt werden kann.[421] Die Dichotomie-Theorie geht auf der einen Seite davon aus, dass zwischen den Einlegern und der Bank ein rein schuldrechtliches Verhältnis besteht. Im Falle der Insolvenz der Bank können alle Einleger nur gleichberechtigt entschädigt werden, und im Falle der Zwangsvollstreckung gegen die Bank können die Einleger keine Einwendungen gegen die Vollstreckung erheben; auf der anderen Seite, wenn der Einleger das Buchgeld zur Erfüllung der Geldfunktion verwendet, erfordert die Übertragung des Buchgeldes eine Einigung und die Buchung im Banksystem, ähnlich dem Vorgang „Einigung + Übergabe" bei Bargeld.[422] Aus dieser Begründung geht somit hervor, dass Buchgeld und Bargeld im Geschäftsverkehr rechtlich gleich bewertet werden sollten und Buchgeld als eine hochgradig „vertretbare Sache" betrachtet werden sollte.[423] Daraus ergibt sich, wenn Einleger verschiedene Transaktionen und Abbuchungen durch Überweisung von Buchgeld durchführen, üben sie de facto ihr Eigentum an dem Buchgeld aus. Und wenn Einleger Bargeld von der Bank abheben, üben

---

420 孙宪忠/朱广新，民法典评注——物权编（上），中国法制出版社，2020, S. 484.
421 夏尊文，存款货币财产所有权研究，北方法学，2011, 41 (48).
422 马强，货币返还请求权规则的重构， 法学研究，2024, 73 (81).
423 马强，货币返还请求权规则的重构， 法学研究，2024, 73 (81).

sie ihre Ansprüche gegenüber der Bank aus und erwerben gleichzeitig das Eigentum an dem abgehobenen Bargeld.[424] Die Doppelnatur von Buchgeld ist nicht überraschend, ähnlich wie bei Bargeld, das zwar im Wesentlichen eine Forderung an den Staat darstellt, aber bei Transaktionen als Sache behandelt wird.[425] Die Verfassung, das ZGB und die VVE bestätigen somit das Eigentum der Einleger am Buchgeld, ohne dessen Forderungscharakter in Frage zu stellen.[426] Die Vertreter der Doppeltheorie zur Natur des Buchgeldes sind sich jedoch bewusst, dass Buchgeld bei der Erfüllung seiner Geldfunktion als Sache betrachtet wird, was im Widerspruch zur geltenden Rechtsgrundlage steht, wonach eine Sache körperlich sein muss.[427]

Buchgeld als Zahlungsmittel zeichnet sich nach obiger Analyse durch folgende Merkmale aus: erstens die Verwendung als universelles Tauschmittel; zweitens unterliegt es dem Annahmezwang, wenn die Rechtsordnung die Verwendung von Buchgeld vorsieht.

### 3. *E-Geld*

#### A) DEFINITION

Es gibt keine einheitliche Definition von E-Geld. Gemäß dem zweiten Teil § 4 F. II wird E-Geld zusammen mit Bargeld und Buchgeld als Zahlungsmittel tatsächlich als eine Form von Geld anerkannt. Ausgehend von der strikten Benennung des Geldes und der Verwendung einer standardisierten Terminologie ist E-Geld die elektronische Form von Geld, die von Banken und anderen Finanzinstituten anstelle des Umlaufs von Banknoten ausgegeben wird und die Funktion eines gesetzlichen Zahlungsmittels hat.[428]

---

424 夏尊文，存款货币财产所有权研究，北方法学，2011, 41 (48).

425 马强，货币返还请求权规则的重构， 法学研究，2024, 73 (81).

426 夏尊文，存款货币财产所有权研究，北方法学，2011, 41 (50).

427 马强，货币返还请求权规则的重构， 法学研究，2024, 73 (81); 夏尊文，存款货币财产所有权研究，北方法学，2011, 41 (50).

428 孙宝文/王智慧/赵胤钘，电子货币与虚拟货币比较研究，金融证券，2008, 28 (30). aA. Einige übernehmen direkt die Definition von E-Geld des Basler Ausschusses für Bankenaufsicht der BIZ aus dem Jahr 1998: „Elektronisches Geld bezieht sich auf ‚gespeicherte Werte' oder vorausbezahlte Zahlungsmechanismen für die Ausführung von Zahlungen über Verkaufsterminals, direkte Überweisungen zwischen zwei Geräten oder über offene Computernetze wie das Internet." Sie betrachten „gespeicherte Werte" wie die Stadtverkehrskarte oder die Campus-Karte als E-Geld, Hierzu siehe etwa尹龙，电子货币对中央银行的影响，金融研究，2000, 34 (34-35); 陈雨露/边卫红，电子货币发展

Es basiert auf dem bereits vorhandenen Wert von Bargeld und Buchgeld und wird durch elektronische Ausgabe als Zahlungsmittel universal akzeptiert.[429] Dementsprechend sollte E-Geld sowohl debit- und kreditartiges E-Geld als auch in Drittanbieter-Zahlungskonten gespeichertes E-Geld umfassen. Der Inhaber von E-Geld kann vom Emittenten des E-Geldes jederzeit den Umtausch in Bargeld oder Buchgeld verlangen. Zwischen Banken kann E-Geld jederzeit umgetauscht werden, jedoch ist ein Umtausch zwischen E-Geld von Nichtbank-Zahlungsinstituten nicht möglich. Beispielsweise sind das E-Geld in Alipay und das in WeChat Pay voneinander unabhängig und können nicht gegeneinander eingetauscht werden. Obwohl E-Geld im chinesischen Recht nicht definiert ist, wird der elektronische Zahlungsverkehr durch Recht wie LeZ (Nr. 1)) und das Gesetz über den E-Commerce (GEC) geregelt, indem die rechtlichen Statuten des E-Geldes indirekt anerkannt werden (in Einzelheiten siehe Zahlungsdiensterecht).

### B) RECHTSNATUR

E-Geld ist eine Folge technologischer Entwicklung und finanzieller Innovation, die den Bargeldumlauf ersetzen kann, jedoch kein gesetzliches Zahlungsmittel ist.[430] Gemäß der Analyse in Kapitel 2 F (II) spielt E-Geld in China tatsächlich eine Rolle als Zahlungsmittel im Zahlungsverkehr. E-Geld umfasst, ist aber nicht beschränkt auf Buchgeld, und beide sind sich in Bezug auf Emittenten, Erscheinungsformen und Funktionen sehr

---

与中央银行面临的风险分析，国际金融研究，2002, 53 (53). Einige sind der Ansicht, dass E-Geld ein elektronisches Zahlungsmittel darstellt und ein Zahlungsinstrument ist, das der Begleichung von Schulden durch den Austausch elektronischer Informationen dient, mit Ausnahme von elektronisch gespeicherten Werten. Hierzu siehe 张庆麟，电子货币的法律性质初探，武汉大学学报（社会科学版）, 2001, 544 (545). Darüber hinaus gibt es auch Wissenschaftler, die auf der Grundlage der tatsächlichen Rolle des E-Geldes der Meinung sind, dass E-Geld auf der Grundlage des bestehen-den gesetzlichen Zahlungsmittels ein sekundäres Geld ist, das über die grundlegen-den Geldfunktionen verfügt. In E-Commerce-Aktivitäten kann E-Geld als der Wertmaßstab, als Tauschmittel und Wertbewahrungsmittel fungieren und unterscheidet sich damit nicht wesentlich von Bargeld. Hierzu siehe 袁翔珠，论电子货币的法律性质，经济与法， 2002, 129 (130).

[429] 朱伯玉，关于电子货币的法律问题，法学杂志，2002, 19 (19).

[430] 张 庆 麟，电子货币的法律性质初探，武汉大学学报（社会科学版）, 2001, 544 (548); 徐冬根，论法偿货币——兼论电子货币非法律意义上的货币，江西社会科学，2013, 152ff.

ähnlich. Deshalb hat E-Geld dieselbe Rechtsnatur wie Buchgeld. Wenn die Rechtsnatur des E-Geldes nach der Dichotomie-Theorie von Buchgeld zu verstehen ist, muss E-Geld über eine ausreichende Kreditgarantie und eine solide materielle Grundlage verfügen. Die Emittenten von E-Geld, insbesondere Nicht-Bank-Zahlungsdienstleister, verfügen jedoch nicht über die Sicherheit von Geschäftsbanken. Die am 1. März 2021 in Kraft getretenen Maßnahmen für die Hinterlegung ausstehender Zahlungen von Kunden von Nicht-Bank-Zahlungsinstituten regelt ausstehende Zahlungen von Kunden von Nicht-Bank-Zahlungsinstituten. Die am 1. Mai 2024 in Kraft getretene Verordnung über die Beaufsichtigung und Verwaltung von Nicht-Bank-Zahlungsinstituten zielt auf die Beaufsichtigung und Regulierung von Nicht-Bank-Zahlungsinstituten ab. Solche Regelungen zielen darauf ab, eine gesunde Entwicklung des Zahlungsdienstmarktes zu gewährleisten und die Sicherheit sowie Stabilität des Zahlungssystems zu erhöhen sowie die Rechte und Interessen der Nutzer zu schützen. Aufgrund der strengen Regulierung und Verwaltung durch die Behörden, spiegelt E-Geld indirekt den Kredit des Staates wider, obwohl es direkt vom Kredit des Emittenten abhängt. Dennoch sind Zahlungsinstitute, die keine Banken sind, größeren Betriebs- und Ausfallrisiken ausgesetzt als das Bankwesen. Von Januar bis Dezember 2024 hat die PBOC insgesamt acht Lizenzen für den Zahlungsverkehr entzogen und die Gesamtzahl der entzogenen Lizenzen in der gesamten Branche beläuft sich bisher auf 94.[431] Dies zeigt zugleich die Grenzen der Dichotomie-Theorie der Rechtsnatur des Buchgeldes auf.

Nach der Analyse weist E-Geld als Zahlungsmittel folgende Merkmale auf: erstens die Verwendung als Universaltauschmittel; zweitens ist E-Geld indirekt in der Rechtsordnung anerkannt.

### 4. *Stellungnahme*

Mit der fortschreitenden Entmaterialisierung des Geldes erfordert das gesetzliche Zahlungsmittel nicht zwangsläufig eine körperliche Form. Buchgeld und E-Geld sind in der Tat universell akzeptierte Tauschmittel und werden direkt oder indirekt in Rechtsnormen anerkannt. Gemäß dem dualen Geldsystem mit gesetzlichen und nicht gesetzlichen Zahlungsmitteln kann in China ein

[431] 年内八家机构被摘牌 第三方支付行业持续出清, abrufbar unter //finance.sina.com.cn/jjxw/2024-11-22/doc-incwwrnw0897822.shtml.

dichotomes Geldbegriffssystem aufgestellt werden: Geldbegriff im engeren Sinne und Geldbegriff im weiteren Sinne. Die Einordnung als Geld im engeren Sinne setzt gesetzliche Zahlungsmittel und Universaltauschmittel voraus. Geld im weiteren Sinne bedarf einer zumindest normativen Anerkennung in der Rechtsordnung, sowie der Verwendung als Universaltauschmittel. Der e-CNY unterliegt wie das RMB-Bargeld dem Geldbegriff im engeren Sinne. Der Geldbegriff im weiteren Sinne deckt alle Anforderungen des Geldbegriffs im engeren Sinne ab, so dass sich aus dieser Begründung ergibt, dass das Zahlungsdiensterecht sowie das Regulierungsrecht für Buchgeld und E-Geld auch auf den e-CNY anwendbar sind.

## B. Rechtsnatur des e-CNY

### I. Der e-CNY im Währungsrecht

#### *1. Gesetzliches Zahlungsmittel*

Nach § 16 GZB und § 3 VVR ist das gesetzliche Zahlungsmittel der Volksrepublik China der RMB; der RMB ist für die Rückzahlung aller öffentlichen oder privaten Schulden entsprechend seinem Nennwert auf dem Gebiet der PBC zu verwenden, und keine Einheit oder Einzelperson darf die Annahme verweigern.[432] Als gesetzliches Zahlungsmittel wird der RMB von der PBOC ausgegeben und vom Staat in Form von Gesetzen als alleinige Währungseinheit für die Bewertung und Abrechnung im Land anerkannt, und niemand darf seine Annahme bei der Entlastung von inländischen Schulden verweigern.[433]

##### A) ANNAHMEZWANG

Der Annahmezwang entstand nach der Ausgabe von staatlichen Souveränitätswährungen, um auf den Wettbewerb der Währungen im Zuge des Wandels der Geldformen und des Machtwechsels zu reagieren, und dabei die Währungsvertrauenswürdigkeit zu gewährleisten, die Kreditwirtschaft aufrechtzuerhalten, Transaktionskosten zu senken und die gesamtwirtschaftliche Effizienz zu steigern.[434] Selbst heutzutage spielt der Annahmezwang

---

432 刘少军，货币法学研究，中国政法大学出版社，2022, S. 23.

433 张庆麟，论货币的法律概念及其法律性质，经济法论丛，2003, 164 (180).

434 郭泽鹏，我国法定数字货币法偿性问题探析，经济问题，2021, 16 (16); 张庆麟，论货币的法律概念及法律属性，经济法论丛，2003, 164 (180-181). 柯达，货币法偿性的法理逻辑与制度反思-兼论我国法定数字货币的法偿性认定，2020, 123 (127).

eine wichtige Rolle bei der Wahrung des rechtlichen Status von gesetzlichen Zahlungsmittel angesichts eines vielschichtigen monetären Zahlungssystems. Durch die fortschreitende Entwicklung von Wissenschaft und Technologie sowie den schnellen gesellschaftlichen Wandel hat sich das Geldsystem zunehmend diversifiziert und umfasst heute nicht nur Bargeld, sondern auch Buchgeld, E-Geld und virtuelles Geld, was zu einer Koexistenz von Barzahlungen und bargeldlosen Zahlungen geführt hat. Im Jahr 2023 wickelten die Banken landesweit insgesamt 5425,89 Millionen bargeldlose Zahlungstransaktionen im Wert von 5251,30 Billionen RMB ab.[435] Der bargeldlose Zahlungsverkehr hat sich in China zur wichtigsten Zahlungsmethode entwickelt.

In Gebieten mit einer unzureichenden Versorgung mit Finanzdienstleistungen und bei älteren Menschen ist die Abhängigkeit von Bargeld in der Bevölkerung jedoch weiterhin hoch. Laut einer Statistik, die von Ende 2016 bis Ende 2020 jeweils am Jahresende erhoben wurde, betrug der Bargeldumlauf in China im Jahr 2016 6,83 Billionen RMB, im Jahr 2017 7,06 Billionen RMB, im Jahr 2018 7,32 Billionen RMB, im Jahr 2019 7,72 Billionen RMB und im Jahr 2020 8,43 Billionen RMB, was immer noch ein gewisses Wachstum darstellt.[436] Die boomende Entwicklung des bargeldlosen Zahlungsverkehrs und die weiterhin bestehende natürliche Nachfrage nach Bargeldzahlungen haben zu einem Konflikt zwischen den Zahlungsmitteln geführt. In der Praxis kommt es häufig zur Ablehnung von Bargeld, jedoch ist diese Verweigerung aufgrund der Annahmepflicht rechtswidrig und strafbar. Laut dem Informationsblatt der PBOC über Strafen für die Verweigerung der Annahme von RMB-Bargeld für das 3. Quartal 2021 verhängte die PBOC Verwaltungsstrafen gegen 13 Verwaltungspartner wegen der Verweigerung der Annahme von Bargeld unter Berufung auf den kompensatorischen Charakter des Bargelds.[437] Beispielsweise verhängte die Beijing Urban Railway Investment and Development Co. Ltd. Höchststrafen von 500.000 RMB gegen dieses Unternehmen und 50.000 RMB gegen die verantwortliche Person des Unternehmens, weil

---

[435] 2023年支付体系运行总体情况， abrufbar unter http://www.pbc.gov.cn/zhifujiesuansi/128525/128545/128643/5314683/2024032815235914509.pdf.

[436] Working Group on E-CNY Research and Development of PBOC, Das Weißbuch zum e-CNY, 2021, S. 3.

[437] 中国人民银行2021年三季度拒收人民币现金处罚信息表, 银管罚〔2021〕22号, abrufbar unter http://www.pbc.gov.cn/goutongjiaoliu/113456/113469/4366099/2021102217512579466.pdf.

sie sich geweigert hatte, an einer öffentlichen Verkaufsstelle den Erwerb von Fahrkarten für Fahrten an einer Vorortbahnstation in bar zu gestatten.[438]

### aa) Annahmezwang der Münzen

Gemäß der Erklärung des Ständigen Ausschusses des NVK darf keine Organisation oder Einzelperson die Annahme des RMB verweigern, was nicht nur die Ablehnung des RMB als Geldform, sondern auch die Ablehnung seiner Menge umfasst.[439] Der RMB besteht aus Banknoten und Münzen (§ 2 VVR). Das aktuelle System des Währungsumlaufs in China umfasst 1-, 2- und 5-Cent-Münzen (die jedoch äußerst selten sind) sowie 10-, und 50-Cent-Münzen und 1 Yuan-Münzen.[440] Münzen nehmen die Position von Primärmünzen mit kleinem Nennwert ein und gelten als Teilwährung. Sie werden hauptsächlich zur Ergänzung des Umlaufs von Währungen mit großem Nennwert und zur Verwendung für tägliche Kleintransaktionen oder als Wechselgeld genutzt.[441] Obwohl in China, wo das elektronische Zahlungssystem sehr fortgeschritten ist, nur wenige Menschen im täglichen Leben Münzen verwenden, spielen Münzen als gesetzliches Zahlungsmittel in bestimmten Branchen (wie dem öffentlichen Nahverkehr) sowie für bestimmte Bevölkerungsgruppen in bestimmten Regionen weiterhin eine wichtige Rolle. Das chinesische Recht sieht keine Einschränkungen für die Annahmeverpflichtung von Münzen vor, was einige rechtliche Fragen aufwirft.

#### *(1) Fälle der Verwendung einer großen Anzahl an Münzen*

Zu den Fällen, in denen eine große Anzahl von Münzen für Zahlungen verwendet wird, gehören sowohl normale Transaktionszahlungen als auch sogenannte „böswillige Zahlungen". Gemeint sind Zahlungen, bei welchen bewusst unhandliche Eigenschaften von Münzen ausgenutzt werden, wie etwa ihr Gewicht, um dem Zahlungsempfänger dadurch unnötige Umstände

---

[438] 中国人民银行2021年三季度拒收人民币现金处罚信息表, 银管罚〔2021〕22号, abrufbar unter http://www.pbc.gov.cn/goutongjiaoliu/113456/113469/4366099/2021102217512579466.pdf.

[439] 王胜明, 中华人民共和国中国人民银行法释义, 法律出版社, 2004, P.33.

[440] 1 Yuan entspricht 10 Cents und 1 Cent entspricht 10 Cents, hierzu siehe中国货币, 中国政府网, abrufbar unter //www.gov.cn/guoqing/2005-06/16/content_2615216.htm, 01.06.2024.

[441] 王丹, 货币如何塑造我们得世界：一部全新得世界经济史, 天地出版社, 2022, S. 23.

zu bereiten. Im Jahr 2021 brachte ein Mann bspw. 120.000 Yuan in Münzen, die sich über viele Jahre hinweg in einem Supermarkt angesammelt hatten, um ein Auto zu kaufen, und das Personal zählte und wog die Münzen nacheinander, was mehr als fünf Stunden dauerte.[442] Ein weiteres Beispiel ist die Geschäftsbeziehung zwischen *Herrn Ching* und einer Bekleidungsfabrik. Als Herr Ching die Bekleidungsfabrik aufforderte, die Abschlusszahlung in Höhe von 50.000 RMB zu leisten, bereitete die Fabrik 8 Eimer mit Münzen für die Zahlung vor, da sie mit der verspäteten Lieferung der Waren von Herrn Ching unzufrieden war, was auf deren Seite zu einem Verlust führte.[443] Darüber hinaus wurden in den letzten Jahren mehrfach böswillig große Mengen an Münzen zur Zahlung von rechtskräftigen Gerichtsurteilen, Arbeitsentgeltentschädigungen und Verwaltungsgeldbußen verwendet.[444] Wie in der zweiten Hälfte des Jahres 2020 als ein Auto-Service-Unternehmen sich weigerte, ein Urteil zu erfüllen. In der Folge beschlagnahmte das Amtsgericht zur Vollstreckung ein Auto des Unternehmens, der gesetzliche Vertreter des Unternehmens brachte dann vier Säcke voll 20.000 Münzen als Zahlung an das Gericht, um das Auto auszulösen.[445] Ferner verließ im Jahr 2020 eine Frau ihren Arbeitsplatz und verklagte ihr ehemaliges Unternehmen, sie erhielt eine Entschädigung von mehr als 28.000 Yuan. Ihr ehemaliger Arbeitgeber gab ihr böswillig die Summe in 1 Yuan-, 50 Cent- und 10 Cent-Münzen.[446] Im Jahr 2016 ist ein Mann, der mit dem Fahrrad eine rote Ampel überfuhr und daraufhin rechtmäßig von der Polizei angehalten wurde, absichtlich zur Bank gegangen, um 500 Münzen im Wert von jeweils 10 Cent zu holen. Danach warf er die Münzen den Polizisten vor die Füße.[447]

---

442 拿12万硬币买车，客户是否违法？商家能否拒收？新浪四川，2021, abrufbar unter //sc.sina.com.cn/news/m/2021-12-30/detail-ikyamrmz1997203.shtml.

443 大量硬币恶意支付"麻烦制造者"涉嫌违法，新浪网，2021, abrufbar unter //k.sina.cn/article_7517400647_1c0126e4705901st0w.html.

444 徐虎成/朱体正，恶意支付大量小面额货币的法律规制，北京科技大学学报（社会科学版），2022, 439ff.

445 大量硬币恶意支付 "麻烦制造者"涉违法，光明网，2021, abrufbar unter https://news.qq.com/rain/a/20210409A02YEP00.

446 女子告赢单位获赔2.8万，单位却给她两筐硬币，2021, abrufbar unter //www-sohu-com.translate.goog/a/481018081_121123763?_x_tr_sl=zh-CN&_x_tr_tl=de&_x_tr_hl=de&_x_tr_pto=sc.

447 上海一男子兑换500个一角硬币当罚款 被拘留5日，东方网，2016, abrufbar unter //www.chinanews.com.cn/sh/2016/05-28/7886671.shtml.

*(2) Unangemessenheit der Verwendung einer großen Anzahl an Münzen*

Obwohl der Zahler seinen Zahlungsverpflichtungen durch eine große Anzahl von Münzen auch ohne böswillige Absicht nachkommen kann, wird dadurch nicht nur der ursprüngliche Zweck der Verwendung von Münzen, der hauptsächlich für Kleinstzahlungen vorgesehen ist, verfehlt. Es entstehen auch zusätzliche Verwaltungskosten für den Empfänger in Bezug auf die Abwicklung, den Transport und die Sicherheit aufgrund des hohen Gewichts und Volumens der Münzen.[448] Die Verwendung einer großen Anzahl von Münzen für Transaktionen ist deshalb weder für die Verkehrssitte noch für die Einfachheit und Schnelligkeit von Transaktionen förderlich. Der allgemeine Teil des ZGB sieht nicht vor, dass Zivilgeschäfte nach der Verkehrssitte vorgenommen werden, sodass die Verwendung einer großen Anzahl von Münzen nicht als rechtswidrig angesehen wird.

Die Parteien müssen nach dem Grundsatz der vollständigen Erfüllung (§ 509 Abs. 1 ZGB) und dem Grundsatz von Treu und Glauben (§ 509 Abs. 2 ZGB) ihre Pflichten erfüllen. Eine Vertragspartei hat nach dem Grundsatz von Treu und Glauben auf die Interessen des anderen Teils Rücksicht zu nehmen, insbesondere durch die rechtzeitige Erteilung von relevanten Auskünften, durch die erforderliche Mitwirkung zur ordnungsgemäßen Vertragsabwicklung und durch die Geheimhaltung (509 Abs. 2 ZGB). Aus dem Grundsatz von Treu und Glauben ergeben sich im Laufe der Entwicklung des Schuldverhältnisses Schutz- und Nebenpflichten, die neben die gesetzlichen Pflichten treten, um die Interessen der Vertragsparteien zu optimieren.[449] Eine Vertragspartei kann ihre Hauptleistungspflicht durch die Zahlung einer großen Anzahl von Münzen vollständig erfüllen, denn die Verwendung einer geeigneten Zahlungsmethode stellt keine der Nebenpflichten in Sinne des (i. S. d.) § 509 Abs. 2 ZGB dar. Angesichts des Annahmezwangs von Münzen kann ein Gläubiger also keine privatrechtlichen Rechtsbehelfe suchen, um die Annahme einer großen Anzahl von Münzen zu verweigern.

---

[448] 柯达，货币法偿性的法律逻辑与制度反思—兼论我国法定数字货币的法偿性认定，上海财经大学学报，2020, 124 (131).

[449] 王泽鉴，民法学说与判例研究（第4册），北京大学出版社，2009, S. 69-70; 费安铃，论合同法中的附随义务，当代私法，1999, 27 (27).

### *(3) Rechtswidrigkeit der Verwendung einer großen Anzahl an Münzen*

Im Fall der oben beschriebenen böswilligen Zahlungen in Form von großen Anzahl an Münzen kann der Schluss gezogen werden, dass sowohl die subjektive Absicht als auch das objektive Verhalten der Zahler eindeutig rachsüchtig waren. Subjektiv brachten die Zahler ihre Unzufriedenheit zum Ausdruck, indem sie mit einem eindeutigen Rachemotiv mit einer großen Anzahl Münzen bezahlten. Objektiv holten sie willentlich zahlreiche Münzen bei der Bank, um absichtlich Schwierigkeiten und Ärger beim Zahlungsvorgang zu verursachen. Nach § 7 ZGB unternehmen Zivilsubjekte Zivilaktivitäten und müssen sich nach dem Grundsatz von Treu und Glauben richten. Der Grundsatz von Treu und Glauben verlangt vom Handelnden, dass er sein Wort hält, ehrlich ist und seine eigenen Interessen verfolgt, ohne die Interessen anderer oder der Gesellschaft zu verletzen.[450] Durch die böswillig motivierte Zahlung mit einer großen Anzahl von Münzenschafft der Handelnde objektiv unnötige Schwierigkeiten für die andere Partei und erschwert dem Gläubiger die Annahme des Geldes, wodurch die Interessen des Gläubigers geschädigt werden. In Fällen, in denen die staatliche Gewalt involviert ist, ist die Zahlung oft unumgänglich und zwingend, und die Verwendung einer großen Anzahl von Münzen für eine böswillig motivierte Zahlung führt nicht nur zu einer ungerechten Behandlung des Empfangenden. Durch die Handlung kann auch die Glaubwürdigkeit der Regierung oder die Autorität der Judikative in Frage gestellt werden, was sich nachteilig auf die Entwicklung der sozialen Stabilität auswirkt.[451] In Ermangelung spezifischer Rechtsnormen kann dennoch der Schluss gezogen werden, dass die böswillige Verwendung einer großen Anzahl von Münzen zur Zahlung durch den Verstoß gegen den Grundsatz von Treu und Glauben ungültig ist. In Fällen, in denen die staatliche Gewalt involviert ist, kann auch direkt festgestellt werden, dass das böswillige Zahlungsverhalten die Arbeit der Justiz- oder Verwaltungsbehörden behindert, ohne dabei hier die Angemessenheit und Rechtmäßigkeit des Verhaltens der Justiz oder der Verwaltungsbehörden bei der Bestrafung des Betroffenen zu erörtern.

---

450 沈德咏主编，中华人民共和国民法总则条文理解与适用（上）人民法院出版社，2007, S. 65.

451 徐虎成/朱体正，恶意支付大量小面额货币的法律规制，北京科技大学学报（社会科学版），2022，439 (440).

*(4) Stellungnahme*

Die nicht vorhandene Beschränkung der Annahmepflicht für Münzen in den beschriebenen Fällen führt sowohl zu einem abweichenden, zwar legalen, aber nicht der Verkehrssitte entsprechenden, Zahlungsverhalten als auch zu einer Verringerung der Effizienz von Transaktionen durch die Verwendung einer großen Anzahl von Münzen bei normalen Transaktionen. Es handelt sich darüber hinaus auch um ein rechtswidriges Verhalten, wenn eine große Anzahl Münzen für Zahlungen in betrügerischer Absicht verwendet wird. Was die Rechtsvergleichung anbelangt, so haben viele Länder und Regionen die maximale Anzahl oder einen Grenzwert der auszugebenden Münzen festgelegt, Infolgedessen kann bei deren Überschreitung der Zahlungsempfänger die Annahme verweigern. In Australien bspw. darf der Erstattungsbetrag für 1-Cent- und 2-Cent-Münzen 20 Cent nicht übersteigen, und der Erstattungsbetrag für Münzen über 50 Cent und unter 10 A$ darf das Zehnfache des Nennwerts der Münzen nicht übersteigen.[452] In der EU ist keine Partei verpflichtet, mehr als 50 Münzen auf einmal anzunehmen.[453] Angesichts der Unangemessenheit und der rechtswidrigen Zahlungen, die sich aus der unbegrenzten Verwendung von Münzen ergeben können, kann China auch eine Obergrenze für Münzzahlungen festlegen, die dem Empfänger das Recht einräumt, die Annahme von Münzen zu verweigern, wenn der Zahlungsbetrag oder die Anzahl der Münzen einen bestimmten Betrag übersteigt.[454]

### B) AUSNAHMEN DES ANNAHMEZWANGS

#### aa) Vereinbarte Ablehnungen

Aus der obigen Erläuterung geht hervor, dass der Annahmezwang der Währung Inhalt des öffentlichen Rechts ist. In diesem Zusammenhang sollte der Annahmezwang keinen Einfluss auf die Vereinbarung der Parteien nehmen und lediglich eine Auffangfunktion haben. Die Privatautonomie sollte einen Vorrang haben. Nach § 514 ZGB sind Geldleistungspflichten auf Verlangen des Gläubigers in der Währung des Leistungsortes zu erfüllen,

[452] Art. 16 Australia Currency Act 1965.

[453] Art. 11 S. 3 Euro-EinführungsVO.

[454] 柯达，货币法偿性的法律逻辑与制度反思——兼论我国法定数字货币的法偿性认定，上海财经大学学报，2020, 124 (131); 徐虎成，朱体正，恶意支付大量小面额货币的法律规制，北京科技大学学报（社会科学版），2022, 439 (446).

wenn nicht etwas anderes gesetzlich oder rechtsgeschäftlich bestimmt ist. Nach der teleologischen Auslegung wird diese Bestimmung als Festlegung der Währung für die Geldschuld betrachtet, d. h. in welchen Währungen (RMB, USD oder EUR usw.) die Parteien die Geldschuld begleichen können.[455] Bei dieser Auslegung wird jedoch die Konkurrenz zwischen gesetzlichem Zahlungsmittel und anderen Geldformen wie Buchgeld, E-Geld und virtuellen Währungen, die im Zuge des sozialen und technischen Fortschritts entstanden sind, vergessen. Nach der grammatikalischen Auslegung sollte § 514 ZGB so ausgelegt werden, dass die Parteien andere Geldformen als das gesetzliche Zahlungsmittel als Zahlungsmittel vereinbaren können, einschließlich Fremdwährung, Buchgeld, E-Geld und virtuelle Währungen. E-Zahlungen sind derzeit das vorherrschende Zahlungsmittel in China: Bis Ende 2023 haben die Banken 296,163 Milliarden elektronische Zahlungstransaktionen im Wert von 339,527 Billionen Yuan abgewickelt.[456] Die Nicht-Bank-Zahlungsinstitute wickelten im Jahr 2023 121,23 Billionen Online-Zahlungstransaktionen im Wert von 340,25 Billionen Yuan ab.[457] Jedoch hat der Saldo des Geldumlaufs (M0) im Jahr 2023 nur 11,34 Billionen Yuan betragen.[458] Wenn die Parteien die Zahlung mit anderen Geldformen vereinbart haben, sollte der Annahmezwang des Bargelds ausgeschlossen sein.

### bb) Ablehnung durch Regeln der Abteilungen

GZB und VVB schreiben die Konstellation von Ausnahmen der Annahmepflicht nicht vor. Um die Verweigerung der Annahme von Bargeld in Anbetracht der Beliebtheit bargeldloser Zahlungen in der Gesellschaft zu regeln, sehen die Regeln der Abteilungen indirekt Ausnahmen von der Annahmepflicht vor. Die im Jahr 2018 von der PBOC erlassene Bekanntmachung der Regelung zur Verweigerung der Annahme von Barzahlungen legte drei Grundsätze für die Verwendung von Bargeld fest. Erstens darf Bargeld nicht einseitig abgelehnt werden, es sei denn,

---

455 王利民主编，中国民法典评注合同编（一），人民法院出版社，2021, S. 205.

456 中国人民银行，2023年支付体系运行总体情况，28.03.2024, abrufbar unter http //www.pbc.gov.cn/zhifujiesuansi/128525/128545/128643/5314683/2024032815235914509.pdf.

457 中国人民银行，2023年支付体系运行总体情况，28.03.2024, abrufbar unter http://www.pbc.gov.cn/zhifujiesuansi/128525/128545/128643/5314683/2024032815235914509.pdf.

458 中国人民银行，2023年支付体系运行总体情况，28.03.2024, abrufbar unter http://www.pbc.gov.cn/zhifujiesuansi/128525/128545/128643/5314683/2024032815235914509.pdf.

dass die Nutzung bargeldloser Zahlungsmittel gesetzlich bestimmt ist.[459] Bankfinanzinstitute und Nicht-Bank-Zahlungsinstitute dürfen zweitens andere Einheiten und Einzelpersonen nicht dazu auffordern oder veranlassen, Bargeld abzulehnen oder diskriminierende Maßnahmen zu ergreifen, um es abzulehnen.[460] Drittens können bargeldlose Zahlungsinstrumente auf der Grundlage der freiwilligen, gleichen, fairen und ehrlichen Konsultation verwendet werden, wenn Waren oder Dienstleistungen über Informationsnetze wie das Internet und unbemannte Verkaufsmethoden, bei denen keine guten Voraussetzungen für das Bargeldempfangen gegeben sind, bereitgestellt werden und dabei gesetzliche Pflichten erfüllt werden.[461] Der Empfänger kann daher die Annahme von Bargeld verweigern, wenn die Verwendung bargeldloser Zahlungsmittel gesetzlich vorgeschrieben ist, wenn die Art der Transaktion die Annahme von Bargeld nicht angemessen erscheinen lässt und wenn die Voraussetzungen für die Entgegennahme von Bargeld nicht gegeben sind. Außerdem sehen § 3 VVB und § 3 der Vorläufigen Maßnahmen für die Verwaltung der offiziellen Karten der zentralen Haushaltsstellen vor, dass wirtschaftliche Transaktionen zwischen kontoführenden Entitäten durch Überweisungen abgewickelt werden sollten und dass die finanzielle Autorisierung von Zahlungen durch zentrale Haushaltseinheiten durch die Verwendung von Dienstkarten erfolgen sollte.

#### C) STELLUNGNAHME

Der RMB als gesetzliches Zahlungsmittel unterliegt einem Annahmezwang. In einer hochgradig digitalisierten Wirtschaft und Gesellschaft ist jedoch der Vorteil der Verwendung von RMB-Banknoten oder RMB-Münzen für Zahlungen allmählich verloren gegangen und durch schnellere und sichere bargeldlose Zahlungen ersetzt worden. Dementsprechend sehen einige

---

[459] 中国人民银行，关于整治拒收现金支付行为的公告，中国人民银行公告[2018]第10号, 13.07.2018, abrufbar unter http://www.pbc.gov.cn/tiaofasi/144941/3581332/3730104/2018122910172183514.pdf.

[460] 中国人民银行，关于整治拒收现金支付行为的公告，中国人民银行公告[2018]第10号, 13.07.2018, abrufbar unter http://www.pbc.gov.cn/tiaofasi/144941/3581332/3730104/2018122910172183514.pdf.

[461] 中国人民银行，关于整治拒收现金支付行为的公告，中国人民银行公告[2018]第10号, 13.07.2018, abrufbar unter http://www.pbc.gov.cn/tiaofasi/144941/3581332/3730104/2018122910172183514.pdf.

Rechtsnormen den Verzicht auf Bargeldzahlungen vor, aber neben dem VVB, eine Verwaltungsrechtsnorm mit hoher Rechtswirkung, handelt es sich bei den anderen um Regeln der Abteilungen mit geringer Rechtswirkung. Jedenfalls gibt es Ausnahmen von der Annahmepflicht von Bargeld. Die Ausnahmen des Annahmezwangs von CNY sollten auch im GZB oder VVB oder in Gesetzen mit gleicher Rechtswirkung festgelegt werden, um die Sicherheit und Autorität des Gesetzes zu gewährleisten. Darüber hinaus entspricht die Verwendung einer großen Anzahl von Münzen nicht ihrem Verwendungszweck und der Verkehrssitte und kann in besonderen Fällen zu unrechtmäßigem Verhalten verleiten. Es wird empfohlen, im GZB oder VVB Ausnahmeklauseln von der Annahmepflicht aufzunehmen. Der Empfänger kann die Annahme von RMB-Bargeld unter folgenden Umständen verweigern: Erstens, wenn es nicht möglich ist, RMB-Bargeld entsprechend der Verkehrssitte oder Geschäftsart anzunehmen, z. B. bei Online-Einkäufen. Zweitens, wenn es nicht geeignet ist, RMB-Bargeld entsprechend den Erfordernissen des öffentlichen Interesses anzunehmen, z. B. bei Corona-Epidemien. Drittens, wenn es nicht möglich ist, RMB-Bargeld aus gerechtfertigten Gründen anzunehmen, und die andere Partei darüber umfassend informiert wurde. Viertens, wenn es in den Gesetzen und Verwaltungsrechtsnormen anders vorgesehen und von beiden Parteien anderweitig vereinbart wurde. Und fünftens, wenn es nicht möglich ist, RMB-Münzen über die vorgeschriebenen Grenzen hinaus zur Rückzahlung von Schulden zu verwenden. RMB-Münzen zur Rückzahlung von Schulden, die einen bestimmten Betrag überschreiten, können abgelehnt werden.[462]

## 2. *Der e-CNY als gesetzliches Zahlungsmittel*

### A) RECHTSGRUNDLAGE NACH § 18 UND § 19 GECZB-E

§ 19 Abs. 2 GeCZB-E legt fest, dass der RMB sowohl die psychische als auch die digitale Form umfasst. Gesetzliches Zahlungsmittel der PBC ist der RMB (§ 18 GeCZB-E), somit ist auch der e-CNY gesetzliches Zahlungsmittel in China. Als gesetzliches Zahlungsmittel hat der e-CNY den gleichen rechtlichen Status wie RMB-Banknoten und -Münzen mit Schuldbefreiung und Annahmepflicht. Der e-CNY ist in erster Linie ein Ersatz für den Bargeldumlauf

---

[462] 柯达，货币法偿性的法理逻辑与制度反思——兼论我国法定数字货币的法偿性认定，上海财经大学学报，2020, 123 (136).

(M0). Unter Berücksichtigung von Faktoren wie den Zahlungsgewohnheiten, der Altersstruktur der Bevölkerung, dem Sicherheitsbedürfnis und dem sozialen Umfeld hat der physische RMB bestimmte Vorteile, die nicht durch elektronische Zahlungsmittel ersetzt werden können. Solange es eine Nachfrage nach dem physischen RMB gibt, wird die PBOC weder die Lieferung des RMB einstellen noch ihn per Verwaltungsanweisung ersetzen.[463] Der e-CNY wird neben dem physischen RMB existieren.[464]

### B) ANNAHMEZWANG DES E-CNY NACH § 18 GECZB-E

Der RMB ist für die Rückzahlung aller öffentlichen oder privaten Schulden entsprechend seinem Nennwert auf dem Gebiet der PBC zu verwenden, und keine Einheit oder Einzelperson darf die Annahme verweigern (§ 18 GeCZB-E). Daraus folgt, dass das Gesetz dessen uneingeschränkte Annahmepflicht anerkennt. In Anbetracht der Autorität des gesetzlichen Zahlungsmittels und der Stabilität der Gesetzgebung könnte die Verweigerung der Annahme von e-CNY unter besonderen Umständen wie Geräteausfällen und Problemen mit dem Stromnetz, die die Annahme von e-CNY behindern, straffrei gestellt werden.[465] Der Annahmezwang ist die Grundlage für die erfolgreiche Ausgabe von e-CNY, der durch nationale Kredite gedeckt ist. Die Gewährleistung einer uneingeschränkten Annahmepflicht des e-CNY wird zu seiner Förderung und Verbreitung beitragen.[466] Es wird jedoch auch die gegenteilige Auffassung vertreten: Der Zugang zum e-CNY ist eingeschränkt, da nicht sichergestellt werden kann, dass jeder Bürger jederzeit über ein Endgerät oder ein funktionstüchtiges Endgerät verfügt, was die Umsetzung des gesetzlichen uneingeschränkten Annahmezwangs erschwert.[467] Dem Global Mobile Market Report 2021 zufolge gibt es mittlerweile nahezu vier Mrd. Smartphone-Nutzer

---

[463] Working Group on E-CNY Research and Development of PBOC, Das Weißbuch zum e-CNY, S. 5.

[464] Working Group on E-CNY Research and Development of PBOC, Das Weißbuch zum e-CNY, S. 5.

[465] 刘向明，央行发行数字货币的法律问题，中国金融，2016, 17 (18); Vgl. 赵莹，从银行法视角探究数字人民币流通中的法律风险，上海法学研究， 2021, 189 (192).

[466] 赵莹，从银行法视角探究数字人民币流通中的法律风险，上海法学研究，2021, 189 (195).

[467] 柯达，货币法偿性的法理逻辑与制度反思——兼论我国法定数字货币的法偿性认定，上海财经大学学报，2020, 123 (137); 李思奇/徐文，限制的边界：论法定数字货币的法偿性设置，2022, 40 (46); 杨东，陈哲立. 法定数字货币的定位与性质研究，中国人民大学学报，2020, 108 (109); 郭泽鹏，我国法定数字货币法偿性问题探析，经济问题，2021, 16 (22).

weltweit, wobei China mit insgesamt 954 Mio.[468] Smartphone-Nutzern und einer Penetrationsrate von 66 % führend ist, allerdings haben 30 % der chinesischen Bevölkerung (fast 450 Millionen Menschen) immer noch kein Smartphone, und diese Gruppe hat auch keinen Zugang zum e-CNY. Im Januar 2023 wurde die netz- und batterielose Zahlungsfunktion des e-CNY eingeführt, jedoch ist sie derzeit lediglich für einige Android-Modelle verfügbar.[469] Die objektiven Anforderungen an die Endgeräte in Bezug auf Internetzugang und Strom beschränken den gesetzlichen Annahmezwang des e-CNY. Außerdem weisen Menschen mit Behinderungen sowie Gruppen mit mangelnden digitalen Fähigkeiten subjektive Beschränkungen für den Annahmezwang des e-CNY auf. Es sollte auch darauf hingewiesen werden, dass der e-CNY als eine Form des gesetzlichen Zahlungsmittels in China nicht in monetärer Konkurrenz zu den RMB-Banknoten und -Münzen steht. Aus einer ganzheitlichen Perspektive wird die gesetzliche Zahlungsfähigkeit des RMB nicht durch die Verwendung des e-CNY eingeschränkt.[470] Der Einzelne sollte das Recht haben, zwischen RMB-Bargeld und dem e-CNY zu wählen, und nicht gezwungen werden, gesetzliche Zahlungsmittel in digitaler Form zu verwenden und zu akzeptieren.[471]

#### C) STELLUNGNAHME

Abschließend kann festgestellt werden, dass die Merkmale des e-CNY im Hinblick auf seinen Annahmezwang angemessen eingeschränkt werden sollten. Bei der Festlegung dieser Ausnahmen sollten jedoch übermäßige Beschränkungen vermieden werden, um zu verhindern, dass im Hinblick auf seine Nutzung und Annahmepflicht erhebliche Unterschiede zum physischen RMB entstehen.[472] Auf diese Weise wird die breite Annahme des e-CNY gewährleistet und gleichzeitig ein Gleichgewicht zwischen seinen Anwendungsvorteilen und denen des physischen RMB hergestellt. Empfänger

---

468 Newzoo Global Mobile Market Report 2021/Free version, abrufbar unter https://newzoo.com/resources/trend-reports/newzoo-global-mobile-market-report-2021-free-version#:~:tex.

469 肖世清，数字人民币无网无电支付功能上线 目前适用于安卓部分机型，中国电子银行网，2023 , abrufbar unter://www.cebnet.com.cn/20230112/102851798.html.

470 郭泽鹏，我国法定数字货币法偿性问题探析，经济问题，2021, 16 (22).

471 Vgl. 郭泽鹏，我国法定数字货币法偿性问题探析，经济问题，2021, 16 (22).

472 李思奇/徐文，限制的边界：论法定数字货币的法偿性设置，2022，40 (46).

könnten die Annahme des e-CNY unter folgenden Umständen verweigern: erstens, wenn dies in Gesetzen und Verwaltungsrechtnormen vorgesehen ist und von den Parteien vereinbart wurde. Zweitens, wenn es triftige Gründe gibt, den e-CNY nicht zu verwenden, und wenn andere Personen angemessen informiert wurden, wie z. B. beim Fehlen eines Zahlungsterminals, bei digital eingeschränkten Personen, Behinderten und älteren Menschen.[473]

## II. Der e-CNY im Geldprivatrecht

### *1. Der e-CNY ist keine Sache i. S. v. § 115 ZGB*

Sache umfasst sowohl bewegliche als auch unbewegliche Sachen (§ 115 S. 1 ZGB). Diese Bestimmung ist eine Wiedergabe des § 2 S. 2 Sachrecht von 2007, in dem eine Sache nicht definiert wird und nicht festgelegt wird, ob eine Sache ein körperlicher Gegenstand sein muss. Nach h. M. zählt eine „Sache" in § 115 ZGB jedoch grundsätzlich zu körperlichen Gegenständen, die körperlich, wahrnehmbar und beherrschbar sind.[474] Die rasante Entwicklung der Gesellschaft hat zu beispiellosen Veränderungen in der Form von Sachen geführt, wie z. B. die Materialisierung des Lebens, materialisiertes Leben, vernetzte Produkte und virtuelle Währungen. Die Auslegung des Sachbegriffs i. S. d. § 115 ZGB stößt bei unkörperlichen Sachen an ihre Grenzen, was zu großer Irritation bezüglich der „Sachen" im ZGB führt. In diesem Zusammenhang haben einige vorgeschlagen, den Anwendungsbereich der „Sachen" zu erweitern, oder ein neues Konzept zu suchen, oder das Konzept der „Sachen" durch das Konzept des „Vermögens" zu ersetzen.[475] So hat bspw. Professor *Qinguo Meng* bereits vor der Formulierung des chinesischen Sachenrechts darauf bestanden, dass das Sachrecht ein grundlegendes Vermögensrecht sein

---

[473] Vgl. 柯达，货币法偿性的法理逻辑与制度反思——兼论我国法定数字货币的法偿性认定，上海财经大学学报，2020, 123 (137); 李思奇/徐文，限制的边界：论法定数字货币的法偿性设置，2022, 40 (46); 郭泽鹏，我国法定数字货币法偿性问题探析，经济问题，2021, 16 (22).

[474] 尹田，物权法，第2版，北京大学出版社，2017, S. 34; 王利明，物权法，中国人民大学出版社，2015, S. 15-16; 江平主编，物权法教程，第3版，中国政法大学出版社，2017, S. 22; 梁慧星，民法总论，第5版，法律出版社，2017, S. 152-155; 孙宪忠，中国物权法原理，法律出版社，2004, S. 114; 史尚宽，物权法论，中国政法大学出版社，2000, S. 9; 最高人民法院民法典贯彻实施工作领导小组编，中华人民共和国民法典总则编理解与适用（上），人民法院出版社，2020, S. 557; 徐涤宇/张家勇，中华人民共和国民法典评注，中国人民法学出版社，2022, S. 115; 杨代雄主编，袖珍民法典评注，中国民主法制出版社，S.64; 陈甦主编，民法总则评述（下册），法律出版社，2017, S. 811-812.

[475] 吴清旺/贺丹青，物的概念与财产权立法构造，现代法学，2003, 122 (124-125); 王卫青/宋云瑞/孙婕，民法视角下物的概念之反思，法制与社会，2013, 269 (269-270).

sollte, das eine riesige Gesamtsumme an wertbildendem Eigentum enthalten sollte und sich nicht auf körperliches Vermögensrecht beschränken sollte.[476] In der Tat gab es vor der Verabschiedung des chinesischen Sachenrechts eine Kontroverse darüber, ob ein Sachenrecht oder ein Vermögensrecht erlassen werden sollte. Professor *Chengsi Zheng*, ein Befürworter der Formulierung eines Vermögensgesetzes, veröffentlichte im Juni, Juli und September 2001 an der Chinesischen Akademie für Sozialwissenschaften „Essentials“[477], drei Artikel hintereinander, in denen er die Formulierung eines Vermögensrechts anstelle eines Sachenrechts vorschlug. Als Reaktion auf die Auffassung von Professor *Chengsi Zheng* veröffentlichte Professor *Huixing Liang* daraufhin Artikel, in denen diese Position kritisiert und die gegenteilige Position eingenommen wurde.[478] Im Ergebnis hat China jedoch ein Sachenrecht erlassen, das sich im Prozess der Kodifizierung befindet und dem System der Dichotomie zwischen Sachen und Schulden folgt, wonach Sachen „körperliche Gegenstände“ sind. Die geltenden chinesischen Gesetze legen die privatrechtliche Natur von Bargeld nicht ausdrücklich fest. Es ist jedoch allgemein anerkannt, dass Bargeld eine besondere bewegliche Sache ist, die als Gattungssache und Verbrauchsgut gilt.[479] Der e-CNY besitzt keinen körperlichen Träger und existiert ausschließlich in digitaler Form, weshalb er keine Sache i. S. v. § 115 ZGB ist.

### *2. Der e-CNY ist kein virtueller Vermögensgegenstand auf dem Rechnernetz i. S. v. § 127 ZGB*

„Virtuelle Vermögensgegenstände auf dem Rechnernetz“ ist der einzige Begriff im ZGB, der sich auf das digitale Vermögen bezieht. Werden über

---

476 Dazu siehe孟勤国，物权二元结构论——中国物权制度的理论重构，人民法院出版社，第2版，2004, S. 42; 孟勤国，物的定义与《物权编》，法学评论，2019, 1ff.; 孟勤国，论中国民法典的现代化与中国化，东方法学，2020, 159 (162).

477 Die Essentials der Chinesischen Akademie der Sozialwissenschaften (CASS) sind ein vertrauliches Dokument, das der obersten Führung der Zentralregierung vorbehalten ist und nicht im Internet veröffentlicht wird. Über Den wesentlichen Inhalt dieser drei Aufsätze von Prof. Zheng siehe梁慧星，是制定“物权法”还是制定“财产法”？——郑成思教授的建议引发的思考，人大法律评论，2001,1 (3-10).

478 梁慧星，是制定“物权法”还是制定“财产法”？——郑成思教授的建议引发的思考，人大法律评论，2001，1ff.

479 Siehe etwa王利民编，民法，第6版，中国人民大学出版社，2015, S. 94-95; 刘得宽，民法总则（增订四版），中国政法大学出版社，2006, S. 151; 孙宪忠，中国物权法总论，第3版，法律出版社，2014, S. 335; 张庆麟，论货币的法律概念及其法律属性，经济法论丛，2003, 164 (174-175).

den Schutz von Daten und virtuellen Vermögensgegenständen auf dem Rechnernetz gesetzliche Regelungen getroffen, so gelten diese (§ 127 ZGB). Jedoch ist diese Vorschrift nur eine Verweisungsklausel und regelt nicht den eigentlichen Inhalt. Da der Gesetzgeber noch kein umfassendes Verständnis virtueller Vermögensgegenstände im Rechnernetz entwickelt hat, musste er die Kontroverse vorerst zurückstellen und eine Verweisungsklausel einführen. § 102 Allgemeiner Teil des Zivilrechts (Konsultationsentwurf) und § 104 Allgemeiner Teil des Zivilrechts (der erste Beratungsentwurf) sehen virtuelle Vermögensgegenstände auf dem Rechnernetz als Recht und Gegenstand eines Sachenrechts vor.[480] In der Expertenrunde zu dem Allgemeinen Teil des Zivilrechts (Entwurf) haben die Experten jedoch eine hitzige Debatte darüber geführt, wie Vermögensgegenstände auf dem Rechnernetz zu regeln seien, und konnten keinen Kompromiss finden.[481] Aus diesem Grund wird die sachenrechtliche Natur der virtuellen Vermögensgegenstände auf dem Rechnernetz in der überarbeiteten Version des Allgemeinen Teils des Zivilrechts (der erste Beratungsentwurf) nicht mehr ausdrücklich festgelegt.[482] Der Allgemeine Teil des Zivilrechts (der zweite Beratungsentwurf) verwarf jedoch die Bestimmungen über virtuelle Vermögensgegenstände auf dem Rechnernetz aus dem ersten Beratungsentwurf, und sah in § 124 vor, wenn über den Schutz von Daten und virtuellen Vermögensgegenständen auf dem Rechnernetz gesetzliche Regelungen getroffen werden, so gelten diese. Virtuelle Vermögensgegenstände auf dem Rechnernetz sind nicht als Rechtsbegriff bestimmt und es ist bis jetzt noch kein einheitlicher Rechtsbegriff gebildet worden. Computerdateien, Informationsraum, virtuelle Ausrüstung und Spielfiguren in Computerspielen, Taobao-Shop usw. können in die Kategorie der virtuellen Vermögensgegenstände auf

---

480 § 102 Allgemeiner Teil des Zivilrechts (Konsultationsentwurf) des und § 104 Allgemeiner Teil des Zivilrechts (der erste Beratungsentwurf) sehen vor, dass Sache sowohl bewegliche als auch unbewegliche Sachen umfasst. Soweit Gesetze bestimmen, dass Rechte oder virtuelle Vermögensgegenständen auf dem Rechnernetz ein Recht Gegenstand eines Sachenrechts sind, so gelten diese Bestimmungen.

481 Siehe扈纪华, 民法总则起草历程，法律出版社, 2017, S. 88.

482 § 102 Allgemeinen Teil des Zivilrechts (überarbeitete Version des ersten Beratungsentwurfs ) schreibt vor, dass die Vermögensrechte von Zivilrechtssubjekten in Bezug auf Einkommen, Ersparnisse, Wohnung, Güter des täglichen Bedarfs, Produktionsmittel, Investitionen, virtuelle Vermögensgegenständen auf dem Rechnernetz usw. unter dem Schutz des Gesetzes stehen.

dem Rechnernetz eingeordnet werden.[483] Über ihre Rechtsnatur herrscht Uneinigkeit, sie werden in ihrer rechtlichen Bewertung als Sachenrecht, Forderung, Rechte an geistigem Eigentum, immaterielles Eigentum, neue Rechte usw. diskutiert.[484]

Die Nutzung von virtuellen Vermögensgegenständen auf dem Rechnernetz ist vollständig vom Anbieter abhängig. Die Nutzer verlieren ihre unabhängige Kontrolle über virtuelle Vermögensgegenstände auf dem Rechnernetz, wenn der Netzbetreiber gegenüber den Nutzern Maßnahmen wie Rechtebeschränkung, Sperrung von Konten ergreift. Im Gegensatz dazu ist der e-CNY ein gesetzliches Zahlungsmittel, das die Nutzer über ihre digitale e-CNY-Wallet beherrschen und besitzen können. Technische Abhängigkeit vom Anbieter beeinträchtigt keine Unabhängigkeit des e-CNY. Der Zahlungsdienstleister wird den Zugang des Nutzers zum e-CNY nicht einschränken, es sei denn, der Nutzer verwendet den e-CNY unter Verstoß gegen das Gesetz. Der e-CNY ist also kein virtueller Vermögensgegenstand auf dem Rechnernetz.[485]

### 3. *Der e-CNY als Gegenstand eines Sachenrechts*

§ 115 S. 2 ZGB sieht vor, dass ein subjektives Recht aufgrund gesetzlicher Regelungen Gegenstand eines Sachenrechts sein kann. Z. B. können das Recht zur Nutzung von Bauland und das Recht zur Bewirtschaftung von Land verpfändet werden und zum Gegenstand einer Hypothek gemacht werden. Der e-CNY ist keine „Sache“ i. S. v. § 115 ZGB, doch seine fehlende Körperlichkeit rechtfertigt nicht zwingend die Verneinung seiner sachenrechtlichen Eigenschaften.[486] Das Sachenrecht, unter welches Eigentum, Nutzungsrechte und dingliche Sicherheit fallen, berechtigt den Inhaber nach gesetzlichen Maßgaben mit einer bestimmten Sache, auf die er unmittelbare Macht ausübt und andere von jeder Einwirkung ausschließt, zu verfahren

---

483 陈甦主编，民法总则评述（下册），法律出版社，2017, S. 883; 高郦梅，网络虚拟财产保护的解释路径, 清华法学，2921, 179 (191).

484 李珊珊/黄忠，《民法典》下虚拟财产的法律属性及其可继承性辨识，上海政法学院学报（法治论丛），2021, 108f.; 高郦梅，网络虚拟财产保护的解释路径，清华法学，2021, 179f.; 程建华，王珂珂，再论数据的法律属性——兼评《民法典》第127 条规定, 重庆邮电大学学报( 社会科学版)，2020, 67f.

485 杨东/陈哲立，法定数字货币的定位与性质研究，中国人民大学学报，2020, 108 (116); 柯达，论我国法定数字货币的法律属性，科技与法律，2019, 57 (61).

486 李建星，数字人民币私权论，东方法学，2022, 81 (85-87).

(§ 114 Abs. 2 ZGB). Die Nutzer von e-CNY können durch die Kontrolle über ihre digitale Wallet oder die Beherrschung des Schlüssels exklusives und ausschließliches Eigentum am e-CNY erwerben.[487] Bei der Nutzung des e-CNY ist der Nutzer hinsichtlich seiner Verfügungsgewalt und seines ausschließlichen Besitzes vom Betreiber abhängig. Diese Abhängigkeit resultiert jedoch aus der Technologie und nicht aus der Währung selbst und ist daher nicht ausschlaggebend.[488] Beispielsweise hat der Ausfall des Betriebssystems des e-CNY keine Auswirkungen auf den e-CNY oder den direkten Besitz des e-CNY durch die Nutzer.[489] Der e-CNY ist keine Sache i. S. d. § 115 ZGB, könnte aber als ein Recht als Gegenstand des Sachenrechts behandelt und in den Anwendungsbereich des Sachenrechts einbezogen werden, sodass könnte ein Privatrechtssystem des e-CNY aufgebaut werden.

### *4. Gesetzliche Sachfiktion auf den e-CNY*

Um den e-CNY als Sache i. S. v. ZGB einzuordnen, kann hier die gesetzliche Sachfiktion (in Einzelheiten siehe § 10, B II. 3) zum Tragen kommen. Ausgehend von den vorstehenden Ausführungen ist der e-CNY zwar ein unkörperlicher Gegenstand und fällt nicht unter die Sache i. S. v. § 115 ZGB und er genießt als gesetzliches Zahlungsmittel denselben rechtlichen Status wie RMB-Bargeld. Obwohl e-CNY also keine Sache im herkömmlichen Sinne ist, kann er durch eine rechtliche Fiktion als Sache behandelt werden.[490] Eine solche rechtliche Fiktion erkennt die Entmaterialisierung des e-CNY an und verleiht ihm gleichzeitig die gleiche rechtliche Wirkung wie einem körperlichen Gegenstand. Gilt e-CNY als eine Sache, kann das Gesetz sicherstellen, dass er in Bezug auf die Übertragung und den Nutzerschutz denselben Rechtsnormen unterliegt wie Bargeld. Auf diese Weise genießt der e-CNY nicht nur den gleichen rechtlichen Status wie RMB-Bargeld, sondern

---

487 刘向民，央行发行数字货币的法律问题，中国金融，2016, 17 (18); 柯达，论我国法定数字货币的法律属性，科技与法律，2019, 57 (60); 赵莹，从银行法视角探究数字人民币流通中的法律风险，上海法学研究，2021, 189 (192); 李建星，数字人民币私权论，东方法学，2022, 81 (84-85).

488 李建星，数字人民币私权论，东方法学，2022, 81 (85); 柯达，论我国法定数字货币的法律属性，科技与法律，2019, 57 (61).

489 李建星，数字人民币私权论，东方法学，2022, 81 (85).

490 王沛然，认真对待法定数字货币的知识基础——数字人民币的三个争议问题及其澄清，探索与争鸣，2023, 75 (86).

es wird auch sichergestellt, dass die Nutzer bei der Verwendung des e-CNY den gleichen rechtlichen Schutz und die gleichen Rechte erhalten.

### 5. *Fazit*

Obwohl das GZB den Begriff „Sachen" nicht definiert und auch nicht ausdrücklich vorschreibt, dass Sachen körperliche Gegenstände sein müssen, besteht ein Konsens darüber, dass Sachen im ZGB auf körperliche Gegenstände beschränkt sind. Bei der Feststellung der privatrechtlichen Natur des e-CNY wird der e-CNY vom Anwendungsbereich der Sache im ZGB ausgeschlossen, da darauf bestanden wird, dass eine Sache körperlich sein muss. Der e-CNY und das RMB-Bargeld sind jedoch nur verschiedene Formen von gesetzlichen Zahlungsmitteln und sollten denselben Rechtsnormen unterliegen. Im Rahmen des bestehenden Rechtssystems könnte der e-CNY als Gegenstand des Sachenrechts behandelt werden, oder er könnte als Sache gelten, damit er demselben Sachenrechtsschutz unterliegt wie Bargeld.

## C. Zusammenfassung

Obwohl es in China keinen Rechtsbegriff des Geldes gibt, ist es auf der Grundlage des bestehenden Währungs- und Geldrechts möglich, einen Rechtsbegriff des Geldes im engeren Sinne und einen Rechtsbegriff des Geldes im weiteren Sinne zu konstruieren, der alle Formen des Geldes umfassen sollte. Gemäß § 18, 19 GeCZB-E sind RMB-Bargeld und der e-CNY gesetzliche Zahlungsmittel mit uneingeschränkten Annahmezwang. In einer Wirtschaft, die das Reale mit dem Virtuellen verbindet, wird die Annahme jeder Form von gesetzlichem Zahlungsmittel jedoch sowohl durch objektive als auch durch subjektive Faktoren eingeschränkt. Auf Grundlage der obigen Darstellung und unter Berücksichtigung des richtigen Zeitpunkts für die Einführung des e-CNY sowie die Änderung des GeCZB sollten Ausnahmevorschriften für die Annahmepflicht von RMB-Bargeld und e-CNY festgelegt werden. Der e-CNY fällt aufgrund seiner Unkörperlichkeit nicht in den Anwendungsbereich des § 115 ZGB, doch die Bemühungen, den e-CNY durch Sachenrecht zu schützen, sind nie zum Stillstand gekommen. Der Begriff „Sache" im Zivilgesetzbuch ist ein Konzept, dem es an Flexibilität und Erweiterbarkeit mangelt. Er kann neue Arten von „Vermögen", die sich durch die Entwicklung der Gesellschaft infolge von Wertschöpfung, Konkretisierung und Virtualisierung ergeben, nicht in den Anwendungsbereich des Sachenrechts einbeziehen und ist somit nicht zeitgemäß.[491] Dies ist jedoch ein gemeinsames Problem, mit dem alle Länder des Zivilrechtsystems konfrontiert sind.

## § 11 Rechtliche Einordnung des digitalen Euro

Geldprivatrecht und Währungsrecht sind funktional aufeinander bezogen, befassen sich jedoch mit dem Phänomen „Geld" in ihren jeweiligen Anwendungsbereichen und stehen nicht in Konkurrenz zueinander. Zwischen den jeweiligen Aufgaben im Geldprivatrecht und im Währungsrecht besteht ein Berührungspunkt, der und dessen rechtliche Behandlung daher zu analysieren sind. Die gesetzliche Annahmepflicht im Währungsrecht und die auf die Gewährleistung der Preisstabilität ausgerichtete Währungsverfassung haben einen wichtigen Einfluss auf die Erfüllung von Geldschulden und den geldschuldrechtlich maßgeblichen Geldwert.[492] Insofern ist eine Untersuchung des Geldprivatrechts von einer Untersuchung des Geldrechts nicht zu trennen.

### A. Währungs- und Geldbegriff

#### I. Währungsbegriff

Der moderne Währungsbegriff unterteilt sich in eine konkrete und eine abstrakte Komponente.[493] Der abstrakte Währungsbegriff bezieht sich auf die ideelle Einheit eines Geldsystems,[494] während der konkrete Währungsbegriff in der hoheitlichen Geldverfassung beschrieben wird und staatlich legitimiert und geographisch bestimmt ist.[495] Der abstrakte Währungsbegriff ist eng mit der Geldfunktion als Rechnungseinheit verbunden.[496] Unter hoheitlicher Geldverfassung versteht man die Geldverfassung eines oder mehrerer Staaten, namentlich eine Währung, die nicht nur auf die Verwendung durch einen einzelnen Staat beschränkt ist, sondern von mehreren Staaten innerhalb eines Währungsgebiets (geographisches Gebiet), z. B. der Eurozone,

---

491 李国强，时代变迁与物权客体的重新界定，北京师范大学学报（社会科学版），2011, 125 (125).
492 Detailliert siehe Staudinger/Omlor (2021) Vorbemerkung BGB § 244, A192.
493 Omlor, Geldprivatrecht (2014), S. 158.
494 Hammer, Die Hauptprinzipien des Geld- und Währungswesens 1891, S. 16; Fögen, Geld- und Währungsrecht (1969), S. 35; Omlor, Geldprivatrecht (2014), S. 158.
495 Omlor, Geldprivatrecht (2014), S. 158.
496 Staudinger/Omlor (2021) Vorbemerkung BGB § 244, A193.

verwendet werden kann.[497] Der Währungsbegriff bezieht sich auf die nationale oder hoheitliche Grundlage des Währungssystems, woraus sich ergibt, dass das Währungsrecht auf öffentlichem Recht basiert.[498] In der staatsrechtlichen Literatur herrscht weitgehend die Meinung, dass der Begriff des Währungsrechts einen Oberbegriff gegenüber dem Begriff des Geld- und Münzbegriffs darstellt.[499] Mit der Einführung des digitalen Euro in das Sekundärrecht sollte der digitale Euro unter den Begriff der Währung subsumiert werden. Einerseits ist der digitale Euro ein gesetzliches Zahlungsmittel (Art. 7 dEuroVO-E) und die ideelle Einheit im Euro-Währungsgebiet. Anderseits steht der digitale Euro zusammen mit dem Euro-Bargeld für eine Geldverfassung im Euro-Währungsgebiet.

## II. Geldbegriff

### *1. Zweigliedriger Geldbegriff*

Die rechtliche Bedeutung des Geldes kommt daher, wenn hoheitliche Regelungen auf Geld Bezug nehmen und ihm eine bestimmte Rolle in der entsprechenden Rechts- und Wirtschaftsordnung zuweisen, d. h. Geld als „Geschöpf der Rechtsordnung".[500] Erst wenn der digitale Euro als Geld im Rechtssinne qualifiziert werden kann, können die geldrechtlichen Normen auf den digitalen Euro angewendet werden. Das Geld wird in zahlreichen europäischen sowie nationalen Normen erwähnt, in denen aber ohnehin keine rechtliche Gelddefinition gefunden wird. Der zweigliedrige Geldbegriff des Juristen *Sebastian Omlor*, nämlich Geld im konkreten Sinne und Geld im abstrakten Sinne, erscheint vor dem Hintergrund des Einblicks in den normativen Status quo der deutschen Geldrechtsordnung und unter Berücksichtigung der vielfältigen Facetten des Geldes und der Vielgestaltigkeit der geldrechtlichen Normen ausreichend und überzeugend.[501]

---

[497] Omlor/Staudinger BGB §§ 244-248 Geldrecht, Geldrecht und Währungsverfassung, A193.

[498] Staudinger/Omlor (2021) Vorbemerkung BGB § 244, A193.

[499] Herrmann, Währungshoheit, Währungsverfassung und subjektive Rechte (2010), S. 25; Seiler, in: BeckOKGG, 41. Edition (Stand: 15.02 2019), Art. 73 Rn. 14; Omlor, Geldprivatrecht (2014), S. 157.

[500] Manger-Nestler, in: Omlor/Link (Hrsg.), Kryptowährungen und Token, 2023, Kap. 9, Rn. 18.

[501] Omlor, Geldprivatrecht, 2014, S. 96-98.

### A) GELD IM KONKRETEN SINNE

Körperlichkeit, Universaltauschmittel und gesetzliches Zahlungsmittel sind die Voraussetzung für die Einordnung als Geld im konkreten Sinne.[502] Bargeld stellt bislang das einzige Geld im konkreten Sinne dar. Mit der Einführung des digitalen Euro als gesetzlichem Zahlungsmittel und den damit verbundenen Anforderung an den Annahmezwang (allgemeine Anerkennung als Tauschmittel), steht nur die digitale Form des digitalen Euro einer Einordnung als Geld im konkreten Sinne entgegen. Um auf diese Frage der Einordnung zu reagieren, kommt eine mögliche Erweiterung des konkreten Geldbegriffs im Zuge der fortschreitenden Entmaterialisierung des Geldes zur Sprache:[503] Wenn der digitale Euro durch Technologie eine eindeutige Zuordnungsmöglichkeit, Verfügungsmacht und Einzigartigkeit erreichen kann, könnten auch digitale Euro als Geld im konkreten Sinne erfasst werden.[504] Die Anforderung an die Körperlichkeit des Geldes im konkreten Sinne wäre nicht unerlässlich.[505] In diesem Fall könnten, um sowohl das Bargeld als auch den digitalen Euro innerhalb des konkreten Geldbegriffs einzuordnen, zwei Unterkategorien unter dem konkreten Geldbegriff eingerichtet werden: konkret-körperliches Geld und konkret-digitales Geld.[506]

### B) GELD IM ABSTRAKTEN SINNE

Im Gegensatz zum konkreten Geldbegriff ist die Verkörperung oder Anerkennung als gesetzliches Zahlungsmittel für Geld im abstrakten Sinne nicht notwendig, sondern es bedarf einer zumindest normativen Anerkennung in der Rechtsordnung und der Verwendung als Universaltauschmittel mit Wertmaßcharakter.[507] Der abstrakte Geldbegriff umfasst bereits zwei Anwendungsfälle: Buchgeld und E-Geld. Der digitale Euro ähnelt dem Buchgeld und dem E-Geld in Bezug auf die Körperlosigkeit und die jederzeitige Geldforderung für den Zahlungszweck, aber sie unterscheiden sich in Bezug auf die Rechtsnatur und den Ausgeber (Emittenten), und so ist

---

[502] Omlor, Geldprivatrecht, 2014, S. 100-102.
[503] Omlor/Birne, RDi 2020, 1 (6); Birne, Das Allgemeine Privatrecht der Blockchain-Token, 2023, S. 236.
[504] Vgl. Omlor/Birne, RDi 2020, 1 (6); John BKR 2020, 76 (78)
[505] Omlor/Birne, RDi 2020, 1 (6).
[506] Birne, Das Allgemeine Privatrecht der Blockchain-Token, 2023, S. 237.
[507] Omlor, Geldprivatrecht, 2014, S. 98-100.

der digitale Euro weder als Bargeld noch als Buchgeld oder E-Geld anzusehen. Durch die Aufnahme des digitalen Euro durch den dEuroVO-E in die Geldverfassung der EU wird die Voraussetzung für die geforderte normative Anerkennung erfüllt. Zudem geht die Anerkennung des digitalen Euro als gesetzlichem Zahlungsmittel weit über die Anforderung des Geldes im abstrakten Sinne hinaus.

Der digitale Euro könnte Geld i. S. d. abstrakten Gelds darstellen.[508] Mit der normativen Anerkennung durch den dEuroVO-E und dem damit einhergehenden Universaltauschmittel würde der digitale Euro alle Voraussetzungen des abstrakten Geldbegriffs erfüllen. Ausweislich Art. 5 Abs. 3 dEuroVO-E sollten Zahlungsvorgänge in digitalen Euro und Zahlungsdienste im Zusammenhang mit dem digitalen Euro zudem dem Entwurf der Dritten Zahlungsdiensterichtlinie (PSD3-E)[509] und dem Entwurf der Verordnung über Zahlungsdienste (PSR-E)[510] unterliegen. Nach Art. 2 Nr. 23 PSD3-E bzw. Art. 3 Nr. 30 PSR-E sind die Begriffe des Giralgelds und E-Gelds parallel zum Begriff Zentralbankgeld zu verstehen und das Zentralbankgeld sollte alle seine Formen – Banknoten, Münzen sowie digitale Euro – umfassen.[511] Daraus folgt, dass der digitale Euro als eine neue Geldform des Zentralbankgelds verstanden werden kann. Als ein neuer Anwendungsfall sollte der digitale Euro neben dem Buchgeld und E-Geld als Geld im abstrakten Sinne verstanden werden können

## 2. *Fazit*

Wie die bisherigen Ausführungen gezeigt haben, handelt es sich bei dem zweigliedrigen Geldbegriff um einen tauglichen und zugleich entwicklungsoffenen Geldbegriff, der sich aus geldrechtlichen Normen ableitet und mit

---

508 Möslein/Omlor/Omlor, FinTech-Hdb, §33 Rn. 11a; Omlor/Schneider, BKR 2023, 649 (657).

509 Vorschlag für eine Richtlinie des Europäischen Parlaments und des Rates über Zahlungsdienste und E-Geld-Dienste im Binnenmarkt, zur Änderung der Richtlinie 98/26/EG und zur Aufhebung der Richtlinien (EU) 2015/2366 und 2009/110/EG, COM(2023) 366 final, 06.09.2023.

510 Vorschlag für eine Verordnung des Europäischen Parlaments und des Rates über Zahlungsdienste im Binnenmarkt und zur Änderung der Verordnung (EU), COM(2023) 367 final, 28.06.2023.

Nr. 1093/2010.

511 ErwG. 15 PSD3-E; ErwG. 28 PSR-E.

ihrer Fortentwickelung neue Inhalte aufnehmen kann. Dieser Ansatz bietet einen ersten Anknüpfungspunkt für die Auslegung von geldrechtlich relevanten Normen und konturiert somit das Geldwesen rechtlich.[512] Der Geldbegriff im konkreten Sinne setzt eine Verkörperung nach § 90 BGB voraus, darunter fällt zurzeit lediglich das Euro-Bargeld, auch wenn eine Erweiterung des konkreten Geldbegriffs diskutiert wird. Die dEuroVO-E bietet dem digitalen Euro eine normative Anerkennung und sein Status als gesetzliches Zahlungsmittel nach Art. 7 dEuroVO-E garantiert seine Verwendung als Universaltauschmittel, was zu seiner Einordnung in den Geldbegriff im abstrakten Sinne beiträgt. Jedoch wird der digitale Euro nicht als Buchgeld oder E-Geld betrachtet, sondern stellt eine neue digitale Geldform dar.

## B. Rechtnatur des digitalen Euro

### I. Der digitale Euro im Währungsrecht

Den Euro-Banknoten und -Münzen wird gemäß Art. 128 Abs. 1 AEUV und Art. 10 und 11 EuroEinfVO der Status eines gesetzlichen Zahlungsmittels zuerkannt, der Begriff des gesetzlichen Zahlungsmittels wurde jedoch weder im Primär- noch im Sekundärrecht der Union definiert. Eine Empfehlung der Kommission von 2010 hat den Begriff des gesetzlichen Zahlungsmittels definiert[513], allerdings ist die Empfehlung nach Art. 288 Abs. 5 AEUV nicht verbindlich. Bargeld wird im Euroraum am häufigsten als Zahlungsmittel verwendet.[514] Aber während der COVID-19-Pandemie gab es einen Rückgang der Barzahlungen und die Reduzierung der Geldautomatennetze einer Anzahl an Mitgliedstaaten hat sogar den Zugang zu Bargeld verringert.[515]In diesem Zusammenhang steht die Frage des Geltungsbereichs und der Definition des Status von Bargeld als gesetzliches Zahlungsmittel im Mittelpunkt der politischen Agenda der EU. Eine Mehrheit geht davon aus, dass legislative Maßnahmen auf Unionsebene unerlässlich sind, um die

---

512 Beilner, Digitales Bargeld, 2023, S. 161.

513 Empfehlung der Kommission vom 22. März 2010 über den Geltungsbereich und die Auswirkungen des Status der Euro-Banknoten und -Münzen als gesetzliches Zahlungsmittel (2010/191/EU).

514 EZB, Rolle des Bargelds, abrufbar unter //www.ecb.europa.eu/euro/cash_strategy/cash_role/html/index.de.html.

515 Begründung des dEuroVO-E, S. 1.

Rechtssicherheit zu erhöhen und den Status von Euro-Bargeld als gesetzliches Zahlungsmittel rechtlich zu verankern.[516] Der digitale Euro wird als neues gesetzliches Zahlungsmittel in der digitalen Wirtschaft nicht nur der rückläufigen Verwendung von Fiat-Währungen entgegenwirken, sondern auch das Vertrauen der Öffentlichkeit in den Euro stärken. Nach Art. 7 Abs. 1 dEuroVO-E wird dem digitalen Euro der Status als gesetzliches Zahlungsmittel zuerkannt.

### *1. Gesetzliches Zahlungsmittel*

Am 28. Juni 2023 hat die KOW den Vorschlag über Euro-Banknoten und Euro-Münzen als gesetzliches Zahlungsmittel (EuroBaMüVO-E) zusammen mit dem Vorschlag über die Einführung des digitalen Euro erlassen. Beide sehen den Begriff des gesetzlichen Zahlungsmittels vor, der im Einklang mit dem der Empfehlung der Kommission steht. Ausweislich Art. 4 Abs. 1 EuroBaMüVO-E bzw. Art. 7 Abs. 2 dEuroVO-E ist das gesetzliche Zahlungsmittel eine Währung, die eine grundsätzliche Annahmepflicht zum vollen Nennwert mit schuldbefreiender Wirkung aufweist. Ausweislich Art. 4 Abs. 2, 3, 4 EuroBaMüVO-E bzw. Art. 7 Abs. 3, 4, 5 dEuroVO-E sind dem gesetzlichen Zahlungsmittel drei inhaltliche Bedeutungen zugewiesen: Erstens darf der Zahlungsempfänger eine Zahlung mit Euro-Bargeld oder digitalen Euro zur Erfüllung der Zahlungsverpflichtung nicht ablehnen (Art. 4 Abs. 2 EuroBaMüVO-E, Art. 7 Abs. 3 dEuroVO-E). Zweitens entspricht der Geldwert des zur Begleichung einer Schuld angebotenen Euro-Bargelds dem auf den Banknoten und/oder Münzen angegebenen Betrag in Euro (Art. 4 Abs. 3 EuroBaMüVO-E), der Geldwert der Zahlung mit digitalen Euro zur Begleichung einer Schuld entspricht dem Wert der Geldschuld (Art. 7 Abs. 4 dEuroVO-E). Bei der Begleichung von Schulden mit Euro-Bargeld und digitalen Euro darf kein Aufschlag erhoben werden. Drittens kann der Zahler sich durch die Abgabe von Euro-Bargeld oder durch Zahlung digitaler Euro an den Zahlungsempfänger von einer Zahlungsverpflichtung befreien (Art. 4 Abs. 4 EuroBaMüVO-E, Art. 7 Abs. 5 dEuroVO-E). Mit der EuroBaMüVo-E und der dEuroVO-E werden das Euro-Bargeld und der digitale Euro als gesetzliche Zahlungsmittel harmonisiert und der Zugang zum Euro sowie seine wirksame Nutzung sichergestellt.

---

[516] Begründung des dEuroVO-E, S. 4.

### 2. *Annahmepflicht*

Die Annahmepflicht bedeutet, dass der Empfänger die Annahme des gesetzlichen Zahlungsmittels nicht verweigern kann. Der Annahmezwang ist ein Begriff im Bereich des öffentlichen Währungsrechts, währungsrechtliche Regelungen würden ausschließlich eine positive Funktion bieten, nicht aber eine negative Funktion der Einschränkung der Privatautonomie.[517] Mit anderen Worten können die Vereinbarungen der Parteien die Annahmepflicht ausschließen. Geldprivatrecht unterliegt nicht dem Währungsrecht und es ist die Aufgabe des Privatrechts, die Rechte und Pflichten der Geldschuld sowie weiterhin Buchgeld als angemessenen Leistungsgegenstand festzulegen.[518] Im Rahmen des Leitmotivs der Dematerialisierung wird das Buchgeld jedoch in den Rechtsnormen anerkannt und hat die gleiche Geldfunktion wie Bargeld, und es besteht für Buchgeld ein „Annahmezwang" im Bereich des Privatrechts, wenn die Parteien eine Zahlung mit Buchgeld vereinbaren.[519] Darüber hinaus ist der Annahmezwang in Anbetracht der Verhältnismäßigkeit und der Eigenart der Transaktion (z. B. Distanzgeschäft) ebenfalls eingeschränkt.[520] In diesem Zusammenhang unterliegt der Annahmezwang des Euro-Bargelds und des digitalen Euro der Privatautonomie, der Art der Transaktion usw.

### 3. *Ausnahmen der Annahmepflicht*

#### A) ALLGEMEINE AUSNAHMEN DER ANNAHMEPFLICHT DES DIGITALEN EURO UND DES EURO-BARGELDS

##### aa) **Die vereinbarte Ablehnung**

Hat der Zahlungsempfänger mit dem Zahler vor der Zahlung ein anderes Zahlungsmittel vereinbart, ist der Zahlungsempfänger abweichend vom Annahmezwang des digitalen Euro oder Euro-Bargelds zur Verweigerung der Annahme berechtigt (Art. 9 Abs. 1d dEuroVO-E, Art. 5 Abs. 1b EuroBaMüVO-E). Solche Ausnahmen von der Annahmepflicht im Fall des digitalen Euro setzen vorab eine zweiseitige Vereinbarung voraus und können nicht einseitig durch Vertragsklauseln, die nicht im Einzelnen ausgehandelt wurden, oder durch Geschäftspraktiken ausgeschlossen werden (Art. 10 dEuroVO-E).

---

517 Staudinger/Omlor (2021) Vorbemerkung BGB § 244, B3.

518 Omlor, Geldprivatrecht, 2014, S. 105.

519 Staudinger/Omlor (2021) Vorbemerkung BGB § 244, B85-B89.

520 Staudinger/Omlor (2021) Vorbemerkung BGB § 244, B4-B4a.

### bb) Die Ablehnung in gutem Glauben oder wegen der Verhältnismäßigkeit

Die Annahme von digitalen Euro oder Euro-Bargeld kann verweigert werden, wenn dies in gutem Glauben, aus berechtigten Gründen und angesichts konkreter Umstände geschieht, auf die der Zahlungsempfänger keinen Einfluss hat, und wenn die Verweigerung verhältnismäßig ist (Art. 9 Abs. 1b dEuroVO-E i. V. m. Art. 5 Abs. 1a EuroBaMüVO-E). Als Beispiel für den digitalen Euro kann ein Stromausfall bei Online-Zahlungsvorgängen oder ein defektes Gerät bei Offline- und Online-Zahlungsvorgängen genannt werden.[521] Während die Verweigerung bei Euro-Banknoten ein unverhältnismäßiger Betrag zwischen dem Zahlungsbetrag und dem geschuldeten Betrag des Zahlers in Euro-Banknoten sein kann (Art. 5 Abs. 2i EuroBaMüVO-E). Beispielsweise wird eine Schuld von zwei Euro mit einer Banknote mit dem Nennwert von 200 Euro begleicht. Wenn der Zahlungsempfänger ein Unternehmen ist, stellen kein Wechselgeld oder die Folge keines ausreichenden Wechselgelds für seine normalen täglichen Geschäftsvorgänge nach der Annahme der Banknoten einen legitimen Grund für eine Verweigerung der Banknotenannahme dar (Art. 5 Abs. 2ii EuroBaMüVO-E). Der Annahmezwang für Euro-Münzen besteht nach Art.11 S. 3 Euro-EinführungsVO bei bis zu 50 Münzen bei einer einzelnen Zahlung. Bei Ablehnung des digitalen Euro oder des Euro-Bargelds in Hinblick in gutem Glauben sind die Zahlungsempfänger verpflichtet, das Vorliegen solcher legitimer und vorübergehender Gründe und die Verhältnismäßigkeit der Ablehnung zu beweisen (Art. 5 Abs.1 S. 2 EuroBaMüVO-E, Art. 9 Abs. 1 S. 2 dEuroVO-E).

### cc) Zusätzliche Ausnahmen währungsrechtlicher Natur

Nach Art. 290 AEUV hat die Kommission die übertragene Befugnis zum Erlass von Rechtsakten, womit sie auf die Ausnahmen für den Annahmezwang des digitalen Euro und des Euro-Bargelds an einem zukünftigen Zeitpunkt reagieren kann (Art. 11 S.1 dEuroVO-E, Art. 6 S.1 EuroBaMüVO-E). Insbesondere können für den digitalen Euro mit der technischen Entwicklung neue Ausnahmen der Annahmepflicht entstehen. Art 11 S. 2 dEuroVO-E bzw. Art. 6 S. 2 EuroBaMüVO-E sorgen dafür, dass die Kommission Ausnahmen nur erlassen kann, wenn sie aus Gründen des öffentlichen Interesses gerechtfertigt und

[521] ErwG. 18 dEuroVO-E.

verhältnismäßig sind und zur Wahrung der Wirksamkeit des Status des digitalen Euro bzw. des Euro-Bargelds als gesetzliches Zahlungsmittel beitragen. Die Kommission sollte insofern die Europäische Zentralbank konsultieren .

### b) Spezifische Ausnahmen der Annahmepflicht des digitalen Euro

Der digitale Euro als gesetzliches Zahlungsmittel verlangt von dem Zahlungsempfänger eine Fähigkeit zur Annahme dieses digitalen Zahlungsmittels. Auch abgesehen von den Anforderungen an Geräte, Strom und Internet unterscheidet sich der digitale Euro vom Euro-Bargeld in Bezug auf den Annahmezwang. Es könnte unverhältnismäßig sein, wenn alle Zahlungsempfänger aufgefordert wären, die Annahmepflicht des digitalen Euro zu erfüllen.[522] In diesem Zusammenhang kann die natürliche Person als Zahlungsempfänger den digitalen Euro ablehnen, wenn sie zur Ausübung ausschließlich persönlicher oder familiärer Tätigkeiten handelt (Art. 9 Abs. 1c dEuroVO-E). Die Ausnahme von der Annahmepflicht gilt zudem für Kleinstunternehmen und gemeinnützige Rechtsträger, wenn sie keine vergleichbaren digitalen Zahlungsmittel annehmen (Art. 9 Abs. 1a dEuroVO-E). Die Kleinstunternehmen müssen weniger als zehn Personen beschäftigen oder deren Jahresumsatz bzw.. Jahresbilanz darf 2 Mio. EUR nicht überschreiten, entsprechend ihrem wirtschaftlichen Beitrag sollte die regulatorische Belastung für sie reduziert werden. Ein gemeinnütziger Rechtsträger verweist auf den Rechtsträger i. S. v. Art. 2 Nr. 18 der Verordnung (EU) 2021/695 des Europäischen Parlaments und des Rates[523], der zahlreiche Ziele im öffentlichen Interesse verfolgen kann, darunter Gerechtigkeit, Bildung, Gesundheit, Umweltschutz und Menschenrechte. Zu den vergleichbaren digitalen Zahlungsmitteln sollten Debitkartenzahlungen, Sofortzahlungen oder andere künftige technische Lösungen gehören, die am Interaktionspunkt verwendet werden, nicht aber Überweisungen und Lastschriften, die nicht am Interaktionspunkt ausgelöst werden.[524]

---

522 ErwG. 18 dEuroVO-E.

523 Verordnungen (EU) 2021/695 des Europäischen Parlaments und des Rates vom 28. April 2021 zur Einrichtung von „Horizont Europa", dem Rahmenprogramm für Forschung und Innovation, sowie über dessen Regeln für die Beteiligung und die Verbreitung der Ergebnisse und zur Aufhebung der Verord-nungen (EU) Nr. 1290/2013 und (EU) Nr. 1291/2013.

524 ErwG. 18 dEuroVO-E.

## II. Der digitale Euro im Geldprivatrecht

### *1. Der digitale Euro ist keine Sache i. S. v. § 90 BGB*

Der Begriff der Sache i. S. d. § 90 BGB orientiert sich nach grammatikalischer Auslegung an körperlichen Gegenständen. Die Körperlichkeit ist gegeben, wenn ein Gegenstand sinnlich wahrnehmbar, im Raum abgegrenzt und beherrschbar ist.[525] Aus der Perspektive der historischen Auslegung findet der Sachbegriff ursprünglich im römischen Recht Anwendung, das bereits zwischen körperlichen Gegenständen und nicht körperlichen Gegenständen unterschied.[526] Der Begriff der körperlichen und unkörperlichen Gegenstände wurde erstmals vom römischen Juristen Gaius in seinem Werk „Die Leiter der Jurisprudenz" vorgeschlagen, worin er den Begriff der unkörperlichen Gegenstände einführte. Dies hatte zum Zweck, auch diejenigen Gegenstände in den Anwendungsbereich des Sachenrechts einzubeziehen, die zwar eng mit Gegenständen verbunden sind, aber selbst keine Gegenstände sind, wie Dingliche Nutzungsrechte, Grunddienstbarkeiten, Erbrechte und Forderungen, da der Begriff „Recht" zur Zeit des römischen Rechts noch nicht existierte.[527] Das Gaius-Sachenrechtssystem beeinflusste unmittelbar die Zivilrechtssysteme Kontinentaleuropas und anderer Länder, auch das Pandektensystem des BGB entwickelte sich aus dem Gaius-System.[528] Vom Mittelalter bis ins 19. Jahrhundert wurde aus dem Gaius-System der Trichotomie das Pandektensystem der fünf Bücher entwickelt, entsprechend entwickelte sich das Vermögensrecht von der Nichtunterscheidung zwischen Sachen- und Schuldrecht zur Unabhängigkeit von Sachen- und Schuldrecht, was zu einem zweigeteilten System von Sachenrecht und Schuldrecht geführt hat.[529] Die Gegenstände des Pandektensystems sind um körperliche Gegenstände und Rechte an körperlichen Gegenständen herum konstruiert, und das Konzept von unkörperlichen Gegenständen des römischen Rechts wurde entweder verworfen oder bleibt als Recht in Übereinstimmung mit der Tradition des römischen

---

525 BeckOK-BGB/Fritzsche, § 90 Rn. 5-8.

526 Mössner, in: BeckOGK BGB, 2024, § 90 Rn. 8.1; Endemann, Römisches Privatrecht, Reprint 2017, S. 96-97.

527 方新军，盖尤斯无体物概念的重构与分解，法学研究，2006，88（89-90）; Birne, Das Allgemeine Privatrecht der Blockchain-Token, 2022, S. 50.

528 王伟伟，德国物法体系的历史形成与发展，北京大学出版社，2022, S. 64.

529 王伟伟，德国物法体系的历史形成与发展，北京大学出版社，2022, S. 88.

Rechts bestehen.[530] Der Begriff der unkörperlichen Gegenstände hat im Pandektensystem nicht mehr die Bedeutung der Systemkonstruktion, daher verschwindet er schließlich im System der Dichotomie von Schuld- und Sachenrecht.[531] Das BGB wurde auf der Grundlage der Pandekten aufgebaut, weswegen der Sachbegriff des BGB nur auf körperliche Gegenstände beschränkt werden kann, wodurch der gesetzliche und geschlossene Gegenstand des Sachenrechts realisiert wird. Es gibt jedoch das Phänomen der Objektivierung von Rechten im Zivilgesetzbuch, wie z. B. Nießbrauch an Recht (§ 1068 BGB) und Rentenschuld (§ 1199 BGB), die im Sachenrecht festgelegt sind. Mit der Entwicklung der Gesellschaft und der Technologie sind viele neue Arten von unkörperlichem Vermögen entstanden, wie etwa Daten und virtuelle Währungen. Im Jahr 2022 wurden Verbraucherverträge, deren Gegenstände digitale Inhalte oder digitale Dienstleistungen (digitale Produkte) darstellen, in § 327 ff BGB aufgenommen, sie läuteten das digitale Zeitalter des BGB ein.[532] Neue Arten von unkörperlichen Gegenständen wurden zu nicht körperlichen Sachen i. S. d. § 90 BGB, aber es wird häufig versucht, sie körperlichen Gegenständen zuzuordnen und ihnen absoluten dinglichen Schutz zu gewähren, oder wenn sie keine Sachen sind, wird versucht, sie durch die Begründung eines dinglichen Rechts dinglich zu schützen.[533]

Aufgrund des Regelungsdefizits für unkörperliche Sachen im BGB stellt sich seit den 1980er Jahren zunächst für Software und aktuell für digitale Güter, Kryptowährungen, Kryptowerte etc. in der digitalisierten Welt eine ähnliche Frage, ob sie zu den Sachen im Zivilrecht gehören. Bekanntlich vertritt der BGH die Auffassung, dass eine auf einem Datenträger verkörperte Standardsoftware als bewegliche Sache anzusehen ist.[534] Es wird jedoch davon ausgegangen, dass Computersoftware selbst keine Sache i. S. d. § 90 BGB ist. Für Blockchain-basierte Währungen oder Kryptowerte wird vielfach vertreten, dass sie mangels Verkörperung nicht unter den Sachbegriff des

---

[530] 王伟伟，德国物法体系的历史形成与发展，北京大学出版社，2022, S. 85.

[531] 王伟伟，德国物法体系的历史形成与发展，北京大学出版社，2022, S. 85.

[532] Bittner, VuR 2022, 9ff.

[533] Siehe etwa MüKoBGB/Stresemann, 10. Aufl. 2025, BGB § 90 Rn. 22; Omlor, NJW 2024, 335ff.; Birne, Das allgemein Privatrecht der Blockchain-Token, S. 46ff.

[534] BGHZ 102, 135 (144); NJW 2007, 2394; BGH Urteile vom 4. März 1997 - X ZR 141/95 - MDR 1997, 913.

§ 90 BGB fallen.[535] Anders als bei Computersoftware wird beim Kauf oder Verkauf von Kryptowährungen oder Kryptowerten nicht das Speichermedium der Blockchain-Datensätze übertragen und der private Schlüssel zu einer virtuellen Wallet auf einem körperlichen Datenträger ist lediglich ein Zahlungsinstrument. Dies ändert aber nichts daran, dass Kryptowährungen und Kryptowerte keine Sacheigenschaft zukommt.[536] Der digitale Euro ist wie die Kryptowährungen kein körperlicher Gegenstand und seine Übertragung bezieht sich nur auf ihn selbst und nicht auf ein Speichermedium. Unter diesem Blickwinkel ist der digitale Euro keine Sache i. S. v. § 90 BGB.

### 2. *Der digitale Euro als Sache i. S. v. analog § 90 BGB*

Wegen der Unkörperlichkeit des digitalen Euro scheidet eine unmittelbare Anwendung des § 90 BGB aus, jedoch kann hier eine analoge Anwendung des § 90 BGB in Betracht gezogen werden. Bei der Analogie geht es um die Erstreckung von Rechtsfolgen einer Norm, die kraft ihrer Tatbestandsvoraussetzungen für einen Fall gelten, auf einen anderen Fall.[537] Für die Begründung der Analogie müssen eine planwidrige Lücke, ein Ähnlichkeitsargument und eine verfassungsrechtliche Zulässigkeit vorliegen.[538]Die planwidrige Lücke bedeutet die unbewusste Nichtregelung trotz Regelungsbedarfs, die sich aus höherrangigem Recht, aus der Regelungsabsicht des Normsetzers oder aus Erwägungen wie Gerechtigkeit, Rechtssicherheit und Zweckmäßigkeit sowie aus der sozialen, technischen Entwicklung (die sog. nachträgliche Regelungslücke) ergeben kann.[539] Für ein Ähnlichkeitsargument müssen ein ungeregelter und ein vergleichbarer geregelter Sachverhalt vorliegen, wobei die Sachverhalte aufgrund ihrer Wertungsgleichheit gleich behandelt werden können und ein Analogieschluss gezogen werden kann.[540] Es steht außer Frage, dass in Bezug auf den digitalen Euro eine nachträgliche Regelungslücke

---

[535] Omlor, ZHR(2019) 294 , 308; Beck/König, JZ 2015, 130 (132); Walter, NJW 2019, 3609 (3611); Shmatenko/Möllenkamp, MMR 2018, 495(497); Schlund/Pongratz, DStR 2018, 598 (600).

[536] Omlor, ZHR 2019 294 (308); Shmatenko, Möllenkamp, MMR 2018, 495 (497); Spindler/ Bille, WM 2014, 1357(1359); Kuhlmann, CR 2014, 691 (694).

[537] Reimer, Juristische Methodenlehre, 2. Auflage, 2019, Rn. 555.

[538] Möllers, Juristische Methodenlehre, 5. Auflage, 2023, § 6 Rn. 99-101.

[539] Reimer, Juristische Methodenlehre, 2. Auflage, 2019, Rn. 568. 571.

[540] Reimer, Juristische Methodenlehre, 2. Auflage, 2020, Rn. 568. 577.

durch den gesellschaftlichen und technischen Wandel entstanden ist, die einer Regelung bedarf. In technischer Hinsicht ist eine eindeutige Zuordnung, Verfügungsmacht und Einzigartigkeit für den digitalen Euro möglich.[541] Daraus folgt, dass die Nutzer des digitalen Euro als Eigentümer über den digitalen Euro unmittelbare Macht ausüben und andere von jeder Einwirkung ausschließen können. Deshalb sind der digitale Euro und das Euro-Bargeld in Bezug auf die Rechtsnatur und die Übertragbarkeit des Nutzerschutzes vergleichbar. Daraus müssten eine gleiche Behandlung und die gleichen Schlussfolgerungen folgen. Der Analogieschluss für den digitalen Euro nach § 90 BGB wäre verfassungsgemäß, da nach Art. 14 GG das Eigentum gewährleistet wird.

### 3. *Gesetzliche Sachfiktion auf den digitalen Euro*

Neben einer analogen Anwendung des § 90 BGB könnte der digitale Euro kraft gesetzlicher Sachfiktion als eine Sache gelten. Eine gesetzliche Fiktion ist ein besonderes gesetzestechnisches Mittel der Verweisung oder Legaldefinition.[542] Sie dient dazu, zwei ungleiche Tatbestände gleichzusetzen bzw. einen Tatbestand als gegeben zu betrachten, obwohl die Tatbestandsmerkmale nicht erfüllt sind. Damit sollen zwei ungleiche Tatbestände an dieselbe Rechtsfolge geknüpft werden.[543] Als Beispiel kann hier § 90a BGB angeführt werden. Im Jahr 2021 ging der Gesetzgeber einen ersten Schritt in Richtung einer Dematerialisierung des Sachenrechts. Ausweislich § 2 Abs. 3 eWpG gilt ein elektronisches Wertpapier als Sache i. S. d. § 90 BGB. Durch die Sachfiktion tritt die Eintragung in ein elektronisches Wertpapierregister an die Stelle des Besitzes einer Wertpapierurkunde (§ 2 Abs. 1 eWpG). Beim elektronischen Wertpapier handelt es sich nur um eine Erweiterung der nutzbaren Formen des Wertpapiers, dies ändert nichts an der Rechtsnatur des Wertpapiers.[544] In der Folge der gleichen Rechtsnatur des traditionellen Wertpapiers und des elektronischen Wertpapiers verlangt eine Sachfiktion, dass das elektronische Wertpapier in einem elektronischen Register als Sache des § 90 BGB qualifiziert wird.[545] Aus Perspektive des Verkehrsschutzes wäre es nicht sinnvoll,

---

[541] Vgl. Omlor/Schneider, BKR 2023, 649 (657); John BKR 2020, 76 (78).

[542] Wank, Juristische Methodenlehre: eine Anleitung für Wissenschaft und Praxis, 2020, S. 107.

[543] Larenz, Methodenlehre der Rechtswissenschaft, 6. Auflage 1991, S. 262 f.

[544] Begründung des eWpG, S. 39.

[545] Begründung des eWpG, S. 40.

alle Begebungsformen von Wertpapier nicht rechtlich gleichberechtigt zu behandeln, lediglich elektronische Wertpapiere zu einem neuen Recht sui generis zu machen, während herkömmliche verkörperte Wertpapiere weiterhin Sachen blieben.[546] Für die Rechtsnatur des elektronischen Wertpapiers folgt folglich, dass sie mit derjenigen sonstiger Wertpapiere einheitlich geregelt werden sollte.[547]

Der digitale Euro ist ein Ergebnis des digitalen Zeitalters. Er soll das Vertrauen in den Euro erhöhen und letztlich die europäische Wirtschaft unterstützen.[548] Als eine neue Form der Währung ist der digitale Euro so gestaltet, dass er den Merkmalen des Bargelds, darunter Echtzeitzahlung, direkte Forderung gegen die Zentralbank, umfänglicher Zugang und hoher Schutz der Privatsphäre, so weit wie möglich entspricht und ebenfalls denen eines digitalen Zahlungsmittels, wie z. B. der Gewährleistung von Online-Zahlungsvorgängen.[549] Der digitale Euro als gesetzliches Zahlungsmittel wäre eine Ergänzung zum Bargeld. Um die Kohärenz aller Formen des Zentralbankgelds zu gewährleisten, sollten das Bargeld und der digitale Euro nicht unterschiedlich reguliert werden. Um den gewünschten Gleichlauf mit den Euro-Banknoten und -Münzen tatsächlich zu erreichen, wäre eine sachenrechtliche Fiktion für den digitalen Euro, entsprechend derjenigen für elektronische Wertpapiere, notwendig.[550] Es wäre nicht sinnvoll, dass der digitale Euro und das Euro-Bargeld gleichzeitig als gesetzliche Zahlungsmittel nur aufgrund ihrer jeweiligen Formen in der einen Form als eine Art von Recht und in der anderen Form als eine Sache behandelt werden. Es erscheint deshalb überzeugend, dass der digitale Euro als Sachähnlichkeit mit dem Bargeld einheitlich geregelt werden sollte.

### 4. *Eigenes Privatrecht für den digitalen Euro*

Mit der Annahme der dEuroVO-E und dem Inkrafttreten der dEuroVO benötigt der digitale Euro eine eigene privatrechtliche Regelung. De lege lata lässt sich der digitale Euro mangels Körperlichkeit nicht dem Sachbegriff

---

[546] Begründung des eWpG, S. 40.

[547] Begründung des eWpG, S. 40.

[548] ErwG. 36 dEuroVO-E.

[549] ECB, A stocktake on the digital euro—Summary report on the investigation phase and outlook on the next phase, 18.10.2023, S. 3-4. Art. 4, 23, 30, 34, 37 dEuroVO-E.

[550] Vgl. Beilner, digitales Bargeld, 2023, S. 186; Begründung des eWpG, S. 40.

der §§ 90 ff. BGB zuordnen. Es ist jedoch darauf hinzuweisen, dass die KOM die Auffassung vertritt, dass die Bestände an digitalen Euro in der Abwicklungsinfrastruktur Eigentum sind (Art. 2 lit. 29 dEuroVO-E). Der Gesetzgeber sollte zumindest zum Ausdruck bringen, dass die Nutzer des digitalen Euro denselben Rechtsschutz genießen wie die Nutzer des Bargelds.

Der digitale Euro ist funktional äquivalent zu Zahlungstoken wie E-Geld-Token (Art. 48 Abs. 2 lit. 1 MiCAR), jedoch kein Kryptowert und vom Anwendungsbereich des MiCAR ausgeschlossen. Der digitale Euro steht jedoch vor denselben privatrechtlichen Fragen wie die Kryptowerte. MiCAR ist am 30. Dezember 2024 in Kraft treten, privatrechtliche Regelungen für Kryptowerte müssten dringend geschaffen werden. Ein eigenes Privatrecht für Kryptowerte wurde vorgeschlagen. Die Kryptowerte sind keine Sachen i. S. d. § 90 BGB, jedoch könnte an Kryptowerten Eigentum begründet werden, daher ist es möglich, den dinglichen Schutz für Eigentümer an Kryptowerten zu gewährleisten.[551] Es wurde vorgeschlagen, dass in die BGB-Systematik ein allgemeines Privatrecht der Kryptowerte in einem neuen Abschnitt unter § 103 BGB eingeführt werden sollte.[552] Die Kryptowerte sind keine Sachen i. S. d. § 90 BGB, jedoch könnte an Kryptowerten insoweit Eigentum begründet werden, dass dem Eigentümer eine § 903 BGB entsprechende Rechtsposition verliehen wird (§103 b Abs. 1 BGB).[553] Kryptowerte fungieren als im Wirtschaftsverkehr akzeptierte Träger von Vermögenswerten und sie bedürfen einer absolut wirkenden Zuordnung und eines dem Sacheigentum äquivalenten Schutzes, jedoch können Eigentumsfähigkeit und Eigentumsschutz privatrechtlich auch außerhalb des Sacheigentums bestehen.[554] Dies könnte ebenso für den digitalen Euro gelten, er ist keine Sache, könnte jedoch dem Sachenrecht unterliegen.

### 5. *Fazit*

Es ist naheliegend, dass der digitale Euro wegen des Mangels an Verkörperung keine Sache i. S. d. § 90 BGB ist. In diesem Zusammenhang ist die Frage der Gleichbehandlung von digitalen Euro und Euro-Bargeld in Bezug auf

---

[551] Omlor, NJW 2024, 335 (338).
[552] Omlor, NJW 2024, 335 (338).
[553] Omlor, NJW 2024, 335 (338).
[554] Omlor, NJW 2024, 335 (338).

die Übertragung und den Nutzerschutz deutlich zu klären. Sowohl die Sachfiktion als auch die Rechtsanalogie sowie die Schaffung eigener privatrechtlicher Vorschriften für den digitalen Euro zielen darauf ab, den digitalen Euro sachenrechtlich zu schützen. Der digitale Euro ähnelt jedoch am ehesten der Situation elektronischer Wertpapiere, und die bestehenden rechtlichen Vorschriften für Bargeld in Euro könnten auch auf den digitalen Euro anwendbar sein (siehe Vierter Teil § 9 B II). Es wird empfohlen, den digitalen Euro durch eine Sachfiktion als Sache zu behandeln. Es wird vorgeschlagen, eine neue Bestimmung in § 90a BGB einzufügen: Digitale Euro sind keine Sachen. Auf sie sind die für Sachen geltenden Vorschriften entsprechend an zuwenden, soweit nicht etwas anderes bestimmt ist.

### C. Zusammenfassung

Nach dEuroVO-E kann der digitale Euro als eine ideelle Einheit und eine Geldverfassung im Euro-Währungsgebiet sowohl unter einen konkreten als auch unter einen abstrakten Währungsbegriff subsumiert werden. Obwohl der digitale Euro aufgrund seiner Dematerialisierung nicht unter Geld im konkreten Sinne fällt, erfüllt er die Voraussetzungen für Geld im abstrakten Sinne und stellt damit einen neuen Anwendungsfall des abstrakten Geldbegriffs in Abgrenzung zu Buchgeld oder E-Geld dar. Ausweislich Art. 7 dEuroVO-E bedeutet der digitale Euro als gesetzliches Zahlungsmittel den Annahmezwang zum vollen Nennwert und die dadurch bewirkte Entlastung von der Zahlungsverpflichtung. Jedoch ist seine Annahmepflicht gemäß Art. 9, 10, 11 dEuroVO-E eingeschränkt. Der digitale Euro ist kein körperlicher Gegenstand i. S. v. § 90 BGB, allerdings ist eine gesetzliche Sachfiktion auf den digitalen Euro wegen der Konstellationsähnlichkeit mit dem elektronischen Wertpapier denkbar, um ihm absoluten dinglichen Schutz zu gewähren.

## § 12 Zusammenfassender Rechtsvergleich zum vierten Teil

In Deutschland erfolgt die Untersuchung des Geldes sowohl aus öffentlich-rechtlicher als auch aus privatrechtlicher Perspektive. Chinesische Rechtswissenschaftler hingegen betrachten Geld nur selten aus beiden Blickwinkeln und befassen sich kaum mit dem Verhältnis zwischen Geld- und Währungsrecht, wodurch einige dieser Aspekte nicht oder nur unzureichend erforscht sind. Unter dem Einfluss der deutschen Forschung wird sich in dieser Arbeit jedoch sowohl aus dem Blickwinkel des öffentlichen als auch des privaten Rechts mit dem chinesischen Geld befasst.

## I. Geldbegriff

Weder das chinesische noch das deutsche Recht definieren den Begriff „Geld" ausdrücklich. Der deutsche Jurist Sebastian Omlor hat durch eine systematische Analyse gesetzlicher Regelungen zum Begriff „Geld" sowie unter Berücksichtigung der vielfältigen Erscheinungsformen einen umfassenden und zeitgemäßen dichotomen Geldbegriff entwickelt. Danach erfüllt Geld im konkreten Sinne die Anforderungen eines körperlichen Gegenstands, eines gesetzlichen Zahlungsmittels, eines universellen Tauschmittels. Geld im abstrakten Sinne hingegen sind lediglich zwei Voraussetzungen erforderlich: das universelle Tauschmittel und die rechtliche Anerkennung. Dieses Begriffssystem ermöglicht eine rechtliche Einordnung verschiedener Geldformen mit unterschiedlichem Status. Der digitale Euro stellt aufgrund seiner Immaterialität einen neuen Anwendungsfall des Geldes im abstrakten Sinne dar.

Im Gegensatz dazu hat sich in China bislang kein einheitlicher Geldbegriff herausgebildet. In Anlehnung an den deutschen Geldbegriff könnte sich in China jedoch auf der Grundlage der vorliegenden Forschungsergebnisse ein eigenes Geldbegriffssystem entwickeln: Geld im engeren Sinne setzt ein universelles Tauschmittel und gesetzliches Zahlungsmittel voraus, während Geld im weiteren Sinne die Anforderung eines universellen Tauschmittels mit rechtlicher Anerkennung erfüllt. Der e-CNY ist sowohl dem engeren als auch dem weiteren Geldbegriff einzuordnen.

Der deutsche Geldbegriff im konkreten Sinne entspricht dem chinesischen Geldbegriff im engeren Sinne, wobei ersterer an einen physischen Gegenstand gebunden ist, während letzterer diese Voraussetzung nicht zwingend erfordert. Sowohl der digitale Euro als auch der e-CNY sind gesetzliche Zahlungsmittel und weisen Eigenschaften von Bargeld sowie Buchgeld (oder E-Geld) auf, wodurch sie potenziell den Rechtsnormen beider Geldformen unterliegen können. Obwohl der digitale Euro nicht unter den konkreten Geldbegriff fällt, könnte er aufgrund einer gesetzlichen Sachfiktion dennoch denselben sachenrechtlichen Vorschriften wie Euro-Bargeld unterliegen. China verfügt derzeit über keinen einheitlichen rechtlichen Geldbegriff, könnte jedoch seinen Nachzügler-Vorteil nutzen, indem es das deutsche Konzept aufgreift, an aktuelle Entwicklungen anpasst und so ein eigenes, zeitgemäßes Geldbegriffssystem entwickelt.

## II. Rechtsnatur

### *1. Gesetzliches Zahlungsmittel*

Der digitale Euro und der e-CNY sind gesetzliche Zahlungsmittel. In Bezug auf diesen Status weisen das EU-Recht und das chinesische Recht Gemeinsamkeiten auf die gesetzliche Annahmepflicht sowie die Tilgung von Geldschulden zum Nennwert. Allerdings unterscheiden sie sich hinsichtlich der Annahmepflicht im Detail. In der EU sind Ausnahmen von der Annahmepflicht vorgesehen: Art. 5 und 6 EuroBaMüVO-E sowie Art. 11 S. 3 Euro-EinführungsVO regeln Ausnahmen für Euro-Bargeld, während Art. 9, 10 und 11 dEuroVO-E entsprechende Ausnahmen für den digitalen Euro vorsehen. Im Gegensatz dazu enthält das chinesische Bankengesetz keine Ausnahmen von der Annahmepflicht. Zwar thematisieren VVB sowie die „Bekanntmachung zur Regelung der Verweigerung von Barzahlungen“ in Einzelfällen mögliche Ausnahmen, doch fehlt eine umfassende Regelung. Auch § 19 S. 2 GeCZB-E bestätigt zwar den e-CNY als gesetzliches Zahlungsmittel, legt jedoch keine Ausnahmen von der Annahmepflicht fest.

### *2. Keine Sache i. S. v. BGB bzw. ZGB*

Deutschland und China stehen bei der privatrechtlichen Einordnung von CBDC vor ähnlichen Herausforderungen. § 90 BGB bestimmt ausdrücklich, dass Sachen körperliche Gegenstände sind. Nach § 115 ZGB sind Sachen sowohl bewegliche als auch unbewegliche Sachen, wobei nicht ausdrücklich geregelt ist, ob Sachen körperliche Gegenstände sind. Die h. M. geht jedoch nach wie vor davon aus, dass Sachen körperliche Gegenstände sein müssen. Da es sich bei CBDC um eine digitale Währung handelt, fällt sie als solche nicht unter den Begriff der „Sache“ i. S. v. § 90 BGB bzw. § 115 ZGB. Als gesetzliche Zahlungsmittel sollten jedoch der digitale Euro und der e-CNY denselben Rechtsstatus wie Bargeld haben und den gleichen Regeln für den Eigentumsübergang unterliegen. Aus diesem Grund bemühen sich die Juristen in beiden Ländern darum, Wege zu finden, um den digitalen Euro und den e-CNY durch das Sachenrecht zu schützen.

# Fünfter Teil: Geldsachenrecht

## § 13 Der e-CNY im Geldsachenrecht

In China gilt für den Eigentümerwechsel sowohl bei Bargeld als bei Buchgeld die Lehre „Besitz ist Eigentum". Diese Lehre ist jedoch nicht gesetzlich verankert. Aufgrund ihrer Schwächen orientieren sich einige Wissenschaftler an den Vorschriften zum Eigentumsübergang an beweglichen Sachen, um Regelungen für den Eigentumsübergang von Geld zu entwickeln. Die Vorschriften zum allgemeinen Eigentumsübergang (§ 224 ZGB) können zwar auf den Eigentümerwechsel bei Geld angewendet werden, doch fehlen Sondervorschriften für dessen Übergang. Darüber hinaus kann sich ein gesetzlicher Eigentumserwerb an Geldzeichen lediglich nach der Vermischung (§ 322 ZGB) richten, während der Finder kein Eigentum an Geldzeichen erwerben kann (§§ 314, 316, 318, 319 ZGB). Obwohl Bargeld als bewegliche Sache i. S. d. ZGB dem dinglichen Herausgabeanspruch (§ 325 ZGB) unterliegt, muss die Theorie der Geldvindikation weiter erforscht werden.

### A. Die h. M. vom Eigentümerwechsel bei Geld

#### I. Lehre von „Besitz ist Eigentum"

Bargeld ist eine besondere bewegliche Sache, aber der Eigentümerwechsel bei Bargeld unterliegt in China nicht den Vorschriften über die Übertragung beweglicher Sachen, sondern den Besitzvorschriften, die als die Lehre von „Besitz ist Eigentum" bezeichnet werden.[555] Nach dieser Lehre ist der Besitzer des Geldes auch der Eigentümer des Geldes. Die Lehre „Besitz ist Eigentum"

---

555 梁慧星/陈华彬, 物权法, 法律出版社, 1997, S. 213-214.

ist im Gesetz nicht vorgesehen, aber sie ist die h. M. in der Literatur und wird in der Praxis anerkannt und umgesetzt.[556] Ausgehend von der Tatsache, dass Buchgeld über dieselben Geldfunktionen (Recheneinheit, Zahlungsmittel) wie Bargeld verfügt, haben viele Rechtswissenschaftler und Gerichte die Lehre „Besitz ist Eigentum" von Bargeld direkt auf das Buchgeld übertragen, um das Problem des Eigentümerwechsels und der Rückgabe von Buchgeld zu lösen.[557] Im Rahmen der Lehre gilt jede Person, die im Besitz von Geld ist, als Eigentümer des Geldes, unabhängig davon, ob die Person, die im Besitz des Geldes ist, dieses rechtmäßig oder unrechtmäßig erworben hat, oder ausgeliehen oder für eine andere Person verwahrt hat oder dieses von einer geschäftsunfähigen Person angenommen hat.[558] Unter dem Monopol der Lehre von „Besitz ist Eigentum" spielen die allgemeinen Rechtsänderungsvorschriften bei beweglicher Sache (§ 224 ZGB) und den gutgläubigen Erwerb (§§ 311ff. ZGB) bei der Übertragung von Geld keine Rolle. Gleiches gilt für Geld im Falle eines dinglichen Herausgabeanspruchs nach § 235 ZBG.

Die Auffassungen des taiwanesischen Rechtwissenschaftler *Yubo Zheng* „Besitz ist Eigentum" stehen für das Hauptargument für die Anerkennung der Lehre im Geldrecht: „Erstens liegt der Wert des Geldes in seinem Umlauf. Während des Umlaufs verliert es seine Individualität vollständig. Es ist in der Realität kaum vorstellbar, dass es neben der tatsächlichen Herrschaft (Besitz)

---

556 Siehe etwa梁慧星主编，中国物权法研究上册，法律出版社，1998, S. 547-548; 梁慧星主编，中国物权法草案建议稿，社会科学文献出版社，2000, S.37; 王利明主编，中国物权法草案建议稿及说明，中国法制出版社，2001, S.4; 孙宪忠，中国物权法总论，第3版，法律出版社，2014, S. 335; 陈华彬，债法总论，中国法治出版社，2012, S. 80; 王利民，债法总则研究，第2版，中国人民大学出版社，2018, S. 148; 崔建远/陈进，债法总论，法律出版社，2021, S. 244. Eine Suche mit dem Stichwort „Besitz ist Eigentum" in China Judgements Online ergab 5.666 Fälle, letzter Angerufen am 24.11.2024.

557 王毓莹，执行异议之诉案件的裁判思路，载民事审判指导与参考，最高人民法院民事审判第一庭编，人民法院出版社，2017, S. 51; Fälle, in denen die Lehre „Besitz ist Eigentum" für Buchgeld gilt, etwa冀某香、王某兵等执行异议之诉民事二审民事判决书，（2024）冀07民终745号；湖南某经贸公司等非与执行审查执行裁定书，（2023）京执复182号；北京快乐通钢材有限公司、中国银行股份有限公司聊城分行案外人执行异议之诉二审民事判决书，（2020）鲁民终815号；长春市某吉光电子与信息科技投资中心;吉林某泰集团有限公司;王某;吉林某德矿业有限公司与公司有关的纠纷执行异议执行裁定书，（2024）吉01执异281号；冀某香、王某兵等执行异议之诉民事二审民事判决书，（2024）冀07民终745号；某某公司1黄浦支行与某某公司2不当得利纠纷审判监督民事判决书，（2023）沪74民再30号；贵州亚疆建材贸易有限公司、江福长等案外人执行异议之诉民事二审民事判决书，（2022）黔26民终105号。Diese Fälle wurden dem China Judgments Online entnommen, letzter Angerufen am 24.11.2024.

558 梁慧星，民法总论，第5版，2017, 法律出版社，S. 159.

noch eine rechtliche Verfügungsmöglichkeit (Eigentum) über Geld geben könnte. Zweitens beruht die Kaufkraft des Geldes nicht auf dem Wert des Materials, aus dem es besteht, sondern auf der staatlichen Zwangsannahme sowie dem gesellschaftlichen Vertrauen. Deshalb wird der tatsächliche Besitzer des Geldes als Eigentümer des Geldes anerkannt, unabhängig davon, wie er das Geld erworben hat oder ob er ein legitimes Recht darauf besitzt. Drittens müsste bei einer Trennung von Besitz und Eigentum am Geld bei jedem Geldeingang geprüft werden, ob die Person, die das Geld übergibt, auch der Eigentümer ist. Dies hätte zur Folge, dass jeder zögern würde, Geld anzunehmen, wodurch der Geldumlauf völlig zum Erliegen käme und der Handel erheblich beeinträchtigt würde.“[559]

Da der e-CNY wie Papiergeld ebenfalls ein gesetzliches Zahlungsmittel ist und eine hohe Umlauffähigkeit und Vertretbarkeit besitzt, gilt die Lehre „Besitz ist Eigentum“ auch für den e-CNY.[560] Der e-CNY wird über eine digitale Wallet verwaltet und verwendet, die mit der Identität eines bestimmten Nutzers verknüpft ist, das Konto der Wallet entspricht einem eindeutigen Nutzer. Die sofortige Zahlung sorgt für keine Trennung von Eigentum und Besitz des e-CNY.[561]

## II. Kritik an der Lehre „Besitz ist Eigentum“

Mit der Diversifizierung der Geldformen und der Vertiefung der Untersuchung des Geldes wird die Lehre „Besitz ist Eigentum“ zunehmend in Frage gestellt.[562] Auf der einen Seite haben chinesische Rechtswissenschaftler die

559 郑玉波，民法物权，台北三民书局，1986, S. 417-418. Wenn sich andere Wissenschaftler auf die Lehre „Besitz ist Eigentum“ beziehen, zitieren sie im Wesentlichen die von Yubo Zheng angeführten Gründe, dazu etwa朱晓喆，存款货币的权利归属与返还请求权——反思民法上货币法则的私法适用，法学研究，2019, 116 (118); 刘保玉，论货币所有权流转的一般规则及其例外，山东审判，2007, 4 (7); 张庆麟，论货币的物权特征，法学评论，2004, 50 (53).

560 柯达，论我国法定数字货币的法律属性，科技与法律，2019, 57(61); 赵莹，从银行法视角探究数字人民币流通中的法律风险, 上海法学研究，2021, 189 (192); 穆长春，关于数字人民币价值特征法律问题的思考，第十一届中国支付清算论坛上的演讲，移动支付网，15. 09.2022, abrufbar unter //m.mpaypass.com.cn/news/202209/15114755.html. 03.04.2024.

561 张馨月，浅析数字钱包与支付账户的异同，青海金融 观察思考，2023, 61 (63).

562 陈哲立，法定数字货币的私法性质研究——基于架构论的视角，人大法律评论，2020, 49(56); 孙鹏，金钱“占有即所有”原理批评及权利流转跪着之重塑，法学研究，2019, 25ff; 朱晓喆，存款货币的权利归属与返还请求权——反思民法上货币“占有即所有”法则的私法运用，法学研究，2018, 116ff.; 李锡鹤，作为种类物之货币“占有即所有”无例外吗——兼论信托与捐赠财产的法律性质，法学，2014, 37ff.; 其木提，货币所有权归属及其流转规则——对“占有即所

Lehre „Besitz ist Eigentum“ zurückverfolgt und herausgefunden, dass diese Lehre auf den deutschen Rechtswissenschaftler *Max Kaser* zurückgeht. Sein Ziel war es, die Voraussetzungen für den Eigentümerwechsel des Geldes, der auf Rechtsgeschäften basiert, zu vereinfachen.[563] Diese Lehre wurde jedoch von den Japanern *Takegami Takayoshi und Suekawa Hiroshi* und dem taiwanesischen Rechtswissenschaftler *Yubo Zheng* einseitig übertrieben und letztendlich zu einem sachenrechtlichen Prinzip für Geld erhoben.[564] Darüber hinaus stellt die Lehre „Besitz ist Eigentum“ keine Auslegung de lege lata dar, sondern die Suche einer lege ferenda, die den Eigenschaften des Geldes gerecht wird.[565] Die Ansicht von *Kaser* hat nie die h. M. eingenommen und wurde von vielen kritisiert.[566] Auf der anderen Seite nehmen die Ausnahmen von der Lehre „Besitz ist Eigentum“ zu: wie der mittelbare Besitz des Geldes, Sonderwährungen, deren Individualität ihre Gemeinsamkeit überwiegt (wie Gedenk- oder Sammlermünzen), Geld, das durch Versiegelung individualisierbar gemacht und als Pfandrecht festgelegt wird und Gelder in speziellen Konten (Sperrkonten, Treuhandkonten).[567] Der Rechtswissenschaftler *Xiaozhe Zhu* hat darüber hinaus eine Typologie von Fällen erstellt, in denen in Entscheidungen die Lehre „Besitz ist Eigentum“ zur Lösung von Buchgeldstreitigkeiten herangezogen wird.[568] Dabei hat er drei Falltypen herausgearbeitet : Kontoausleihe, Fehlüberweisungen und Sonderkonten. Nach einer Analyse kommt er zu dem Schluss, dass in diesen drei Falltypen das Eigentum und die Herausgabe von Buchgeld ohne Rückgriff auf die Lehre „Besitz ist Eigentum“ gelöst werden kann.[569] Infolgedessen plädieren

---

有”原则的质疑，法学，2009，58ff.；刘保玉，论货币所有权流转的一般规则及其例外，山东审判，2007, 4 (9).

563 Vgl. Kaser, Das Geld im Sachenrecht, AcP 143 ( 1937 ) 1 ff.

564 朱晓喆，存款货币的权利归属与返还请求权——反思民法上货币“占有即所有”法则的私法运用，法学研究，2018, 116 (119).

565 Staudinger/Omlor (2021) Vorbemerkungen zu §§ 244 ff, A. 86.

566 Siehe etwa Rudolf Reinhardt, Vom Wesen des Geldes und seiner Einfügung in die Güterordnung des Privatrechts, in: Festschrift für Gustav Boehmer, Ludwig Röhrscheid Verlag 1954, S. 74 ff.

567 刘保玉，论货币所有权流转的一般规则及其例外，山东审判，2007, 4 (9).

568 朱晓喆，存款货币的权利归属与返还请求权——反思民法上货币“占有即所有”法则的私法运用，法学研究，2018, 116 (116ff).

569 朱晓喆，存款货币的权利归属与返还请求权——反思民法上货币“占有即所有”法则的私法运用，法学研究，2018, 116 (116ff).

einige dafür, die Lehre „Besitz ist Eigentum“ bei Geld aufzugeben und den Eigentümerwechsel bei Geld nach den Übereignungstatbeständen nach § 224 ZGB zu bestimmen.[570]

### III. Fazit

Infolge von Fehlern bei der Rechtsrezeption stellt die Lehre „Besitz ist Eigentum“ in Theorie und Praxis die h. M. dar. Im Laufe der Zeit sind jedoch die Nachteile dieser Lehre immer deutlicher geworden. Die Lehre „Besitz ist Eigentum“ schließt die Willenserklärungen der Parteien völlig aus, missachtet die Voraussetzung für das Geldeigentum und verletzt die Sicherheit des Eigentums übermäßig, nur um den Geldumlauf zu gewährleisten. Zweifellos wird diese Lehre zunehmend in Frage gestellt. Allerdings gibt es in China nur wenige juristische Untersuchungen zum Thema Geld, und die vorhandene Forschung bietet keine ausreichende theoretische Grundlage für eine Untersuchung des Geldes. Bislang dominiert in China sowohl in der Theorie als auch in der Praxis nach wie vor die Lehre „Besitz ist Eigentum“. In den letzten Jahren haben sich jedoch einige Rechtswissenschaftler wie *Xiaozhe Zhu, Qiang Ma und Jianxing Li* von der deutschen Rechtstheorie inspirieren lassen und gehen davon aus, dass Rechtsänderungsvorschriften bei beweglicher Sache auf den Eigentümerwechsel bei Geld anzuwenden sind.[571]

## B. Eigentümerwechsel bei Geld nach Eigentümerwechsel bei beweglicher Sache

### I. Rechtsgeschäftlicher Eigentumserwerb

#### *1. Allgemeiner Eigentumsübergang nach §§ 224 ff. ZGB*

§§ 224 ff. ZGB regeln den Eigentümerwechsel bei beweglichen Sachen, der die allgemeine Rechtsänderungsvorschrift für bewegliche Sachen (§ 224 ZGB) und

570 Siehe etwa其木提，货币所有权归属及其流转规则——对“占有即所有”原则的质疑，法学，2009, 58f. 朱晓喆，存款货币的权利归属与返还请求权——反思民法上货币“占有即所有”法则的私法运用，法学研究，2018, 116 (119); 马强，货币返还请求权规则的重构，法学研究，2024, 73ff.

571 朱晓喆，存款货币的权利归属与返还请求权——反思民法上货币“占有即所有”法则的私法运用，法学研究，2018, 116f.; 马强，货币返还请求权规则的重构， 法学研究，2024, 73ff; 李建星，数字人民币私权论，东方法学，2022, 81f. Sie beziehen sich hauptsächlich auf die folgenden deutsche Rechtswissenschaftler: Kaser, Medicus, Westermann, Omlor, Schmidt, Simitis.

die Rechtsänderungsvorschrift für besondere bewegliche Sachen wie Schiffe und Luftfahrzeuge (§ 225 ZGB) umfasst. Daneben sehen §§ 226, 227, 228 ZGB gesondert das brevi manu traditio, die Abtretung des Herausgabeanspruchs und das Besitzkonstitut vor. § 224 ZGB bildet den Kernpunkt und institutionellen Rahmen für rechtsgeschäftliche Eigentumsübertragungen an beweglichen Sachen Nach § 224 ZGB entfalten die Bestellung und Übertragung dinglicher Rechte an beweglichen Sachen mit Übergabe der Sache Wirkung, es sei denn, dass gesetzlich etwas anderes bestimmt ist.

#### A) VORAUSSETZUNGEN

##### aa) Bewegliche Sache

Nach ZGB erfolgt die Klassifizierung von beweglichen und unbeweglichen Sachen nach dem Prinzip, dass zuerst die unbeweglichen Sachen bestimmt werden und alle anderen Sachen als bewegliche Sachen gelten.[572] Unbewegliche Sachen sind von der Natur oder vom Gesetz unbeweglich, einschließlich Grundstücken, Gebäuden und Sachen, die mit Grundstücken und Gebäuden verbunden sind, während bewegliche Sachen alle Sachen sind, die nicht zu den unbeweglichen Sachen gehören. [573] Dazu gehören allgemeine bewegliche Sachen (wie Schmuck, Computer), quasi-unbewegliche (Schiffe, Luftfahrzeuge), Geld sowie Wertpapiere und quasi-bewegliche (andere nicht namentlich zugeordnete Vermögensrechte außerhalb der dinglichen Rechte).[574] Quasi-bewegliche Sachen sind andere unverbriefte Vermögensrechte, die nicht im ZGB geregelt sind, aber einige sind der Ansicht, dass unverbriefte Vermögensrechte in Form von materiellen Gegenständen geschaffen wurden, die von ihrer Natur her beweglichen Sachen gleichkommen und als bewegliche Sachen gelten können.[575]

##### bb) Übergabe beweglicher Sachen

Die Übergabe bezieht sich auf die Übertragung des Besitzes an beweglichen Sachen von einer Partei auf eine andere, wobei der Eigentumsübergang durch

---

572 梁慧星，民法总论，第4版，法律出版社，2011, S. 153.

573 孙宪忠，中国物权法总论，第3版，法律出版社，2014, S. 331-336.

574 孙宪忠，中国物权法总论，第3版，法律出版社，2014, S. 331-336.

575 孙宪忠，中国物权法总论，第3版，法律出版社，2014, S. 336; 梁慧星，民法总论，第4版，法律出版社，2011, S. 153.

die Übergabe erfolgt.[576] Obwohl die Eigentumsübertragung an beweglichen Sachen i. S. v. § 224 ZGB sich nach grammatikalischer Auslegung lediglich an Übergabe der Sache orientiert, wird in der Literatur davon ausgegangen, dass die Wirkung des Eigentümerwechsels an beweglichen Sachen eine Kombination von Einigung und Übergabe erfordert.[577] Es wird vermutet, dass die Parteien bei der Übergabe einer beweglichen Sache die Willenserklärung der Eigentumsübertragung zum Ausdruck bringen sollen.[578] Per se muss die Übergabe als Rechtsgeschäft die allgemeinen Bedingungen im allgemeinen Teil des ZGB für die Wirksamkeit eines Rechtsgeschäfts erfüllen.[579] Ist die Übergabe unwirksam oder widerruflich, so ist auch die Willenserklärung der Übergabe unwirksam oder widerruflich. Die Übergabe in § 224 ZGB umfasst sowohl die tatsächliche Übergabe als auch die Übergabe durch Vereinbarung, unabhängig von der Art der Übergabe muss der Erwerber des Eigentumsrechts den Besitz i. S. d. endgültigen Herrschaft erlangen. Soweit das Gesetz darüber hinaus für Änderungen dinglicher Rechte an bestimmten beweglichen Sachen etwas anderes bestimmt, gelten die übrigen Wirksamkeitsvoraussetzungen, z. B. „wird eine bewegliche Sache mit einer Hypothek belastet, so ist die Hypothek in dem Zeitpunkt bestellt, in dem der Hypothekenvertrag wirksam wird“ (§ 403 ZGB).

#### B) EIGENTÜMERWECHSEL DES E-CNY NACH § 224 ZGB

Bargeld als bewegliche Sache kann wie andere bewegliche Sachen im Allgemeinen behandelt werden, wobei das Eigentum an Bargeld nach der Willenserklärung der Parteien auf eine andere Partei übertragen wird. Durch die Einbeziehung des Eigentümerwechsels bei Sachgeld im Rahmen der Übertragung des Eigentumsrechts an allgemeinen beweglichen Sachen, kann die Rechtmäßigkeit und Gültigkeit der Übertragung des Eigentumsrechts an dem Geld deutlicher definiert werden.[580] Der e-CNY ist zwar keine Sache i. S. v. § 115 ZGB, kann aber als Sache gelten und unterliegt auch denselben

---

576 王利民，物权法研究（上卷），第4版，中国人民大学出版社，2016, S. 232.

577 孙宪忠，朱广新，民法典评注——物权编（下），中国法制出版社，S. 153; 孙宪忠，中国物权法总论，第4版，法律出版社，2018，S. 438; 王泽鉴，民法物权，北京大学出版社，2009, S. 94.

578 申卫星，物权法原理，第2版，中国人民大学出版社，2016, S. 152。

579 孙宪忠，中国物权法总论，2014, 第3版，法律出版社, S. 548-549.

580 Dazu etwa马强，货币返还请求权规则的重构， 法学研究，2024, 73ff; 李建星，数字人民币私权论，东方法学，2022, 81f.

Regeln für die Übertragung von Eigentumsrechten an beweglichen Sachen wie Bargeld. Der e-CNY wird sofort abgewickelt und die Übertragung seines Eigentums wird durch die Übergabe des Token des e-CNY abgeschlossen. Wenn der Zahler den e-CNY an den Zahlungsempfänger zahlt, werden sich die Informationen des Guthabens und des Token des e-CNY in dem Wallet sowohl des Zahlers als auch des Zahlungsempfängers synchron ändern. Mit der Zahlung des e-CNY verliert der Zahler den Besitz und die Kontrolle über den überwiesenen Betrag an e-CNY und der Zahlungsempfänger erwirbt sofort das Eigentum an den entsprechenden e-CNY.[581] Bei einer doppeloffline-Zahlung mit dem intermittierenden Offline-Zahlungsmodus von e-CNY müssen sich Zahler und Zahlungsempfänger nicht mit dem e-CNY-Registrierungssystem der Zentralbank verbinden, um die Zahlung abzuschließen, und die Überweisungsdaten werden sofort an den Zahlungsempfänger übermittelt.[582] Der Eigentumswechsel des Offline-e-CNY kann ebenfalls gemäß § 224 ZGB erfolgen. Erst wenn die Anzahl der Transaktionen und die Transaktionsgrenzen erreicht sind, muss der Offline-e-CNY mit dem System der Zentralbank synchronisiert werden, bevor er weiter verwendet werden kann. [583]

### 2. *Gutgläubiger Erwerb*

Der gutgläubige Erwerb ist eine Sonderregelung, nach der der Erwerber das Eigentum gutgläubig von einem Nichtberechtigten erwirbt. Der gutgläubige Erwerb setzt voraus, dass eine Nichtverfügungsbefugnis vorliegt und die damit verbundenen Rechtsmängel nicht berichtigt worden sind. §§ 311, 312 und 313 ZGB enthalten ausführliche Bestimmungen zum gutgläubigen Erwerb, wobei §§ 311 und 312 ZGB die allgemeinen bzw. besonderen Bestimmungen zum gutgläubigen Erwerb darstellen. § 313 ergänzt die in § 311 geregelten Rechtswirkungen des gutgläubigen Erwerbs von beweglichen Sachen. Darüber hinaus werden in den Erläuterungen des Obersten

---

[581] 穆长春：关于数字人民币价值特征法律问题的思考，第十一届中国支付清算论坛上的演讲，移动支付网，15.09.2022, abrufbar unter://m.mpaypass.com.cn/news/202209/15114755.html.

[582] 余云峰，从“北极星项目”看数字人民币的“双离线支付”，abrufbar unter://m.mpaypass.com.cn/news/202308/09101518.html.

[583] 余云峰，从“北极星项目”看数字人民币的“双离线支付”，abrufbar unter://m.mpaypass.com.cn/news/202308/09101518.html.

Volksgerichts zu einigen Fragen der Anwendung des Buches über Sachenrecht im „Zivilgesetzbuch der Volksrepublik China" (Teil 1) (Erläuterungen des Buches über Sachenrecht (Teil 1)) die spezifischen Bestandteile des gutgläubigen Erwerbs detailliert erläutert. Durch diese Erläuterungen ist der gutgläubige Erwerb klarer und in der Praxis besser anwendbar geworden.

### A) ALLGEMEINER GUTGLÄUBIGER ERWERB

Nach § 311 Abs. 1 Alt. 1 ZGB ist der Eigentümer berechtigt, die Herausgabe der Sache zu verlangen, wenn ein Nichtberechtigter eine unbewegliche oder bewegliche Sache überträgt. Allerdings sieht § 311 Abs. 1 Alt. 2 ZGB vor, dass der Erwerber unter bestimmten Voraussetzungen Eigentum an der unbeweglichen oder beweglichen Sache erwirbt, Soweit gesetzlich nichts anderes bestimmt ist. Die kumulierten Voraussetzungen liegen vor: 1) Der Erwerber ist bei Erwerb der unbeweglichen oder beweglichen Sache in gutem Glauben; 2) die Übertragung erfolgt zu einem angemessenen Preis; 3) die Veräußerung der unbeweglichen oder beweglichen Sache ist, sofern die Eintragung auf Grundlage von gesetzlichen Bestimmungen erforderlich ist, eingetragen worden oder die Sache ist, sofern keine Eintragung erforderlich ist, dem Erwerber übergeben worden (§ 311 Abs. 1 Alt. 2 ZGB). Bei fehlender Verfügungsberechtigung hat der Eigentümer ein Herausgaberecht nach § 311 Abs. 1 Alt. 1 ZGB. Je nach dem Zustand der beweglichen und unbeweglichen Sachen kann der Eigentümer bestimmte Rechte geltend machen, wie vom Besitzer die Herausgabe dieser Sache und ihrer Früchte fordern (§ 460 ZGB), Wiederherstellung des ursprünglichen Zustands fordern (§ 237 ZGB) oder Schadensersatz verlangen (§ 238 ZGB). Erfüllt der Erwerber jedoch die drei Voraussetzungen des § 311 Abs. 1 Alt. 2 ZGB, erwirbt der gutgläubige Erwerber das Eigentum an den beweglichen oder unbeweglichen Sachen.

#### aa) Gutgläubigkeit

Ein Erwerber kann als gutgläubig angesehen werden, wenn er im Zeitpunkt der Übertragung eines unbeweglichen oder beweglichen Sachen keine Kenntnis von der fehlenden Verfügungsbefugnis des Veräußerers hat und auch nicht grob fahrlässig gehandelt hat (§ 14 Erläuterungen des Buches über Sachenrecht (Teil 1)). Daraus folgt, dass für die Beurteilung der Gutgläubigkeit der Erwerber von beweglichen und unbeweglichen Sachen bei einem gutgläubigen Erwerb derselbe Maßstab anzulegen ist und dass sowohl der Erwerber von beweglichen als auch von unbeweglichen Sachen bei einem gutgläubigen Erwerb einer Sorgfaltspflicht unterliegt. Bei beweglichen Sachen liegt grobe Fahrlässigkeit des Erwerbers vor, wenn beim Erhalt beweglicher Sachen durch den Erwerber, etwa der Geschäftspartner, der Ort oder die Gelegenheit des Geschäfts nicht den Handelsbräuchen entspricht (§ 16 Erläuterungen des Buches über Sachenrecht (Teil 1)). Bei Erhalt der unbeweglichen oder beweglichen Sache durch den Erwerber in § 311 Abs. 1 Nr. 1 ZGB ist der Zeitpunkt, in dem die Eintragung der Übertragung des Rechts an unbeweglichen Sachen nach dem Recht vollendet wird, oder der Zeitpunkt der Übergabe der beweglichen Sachen (§ 17 Erläuterungen des Buches über Sachenrecht (Teil 1)). Der Erwerber muss bei der Übertragung von unbeweglichen Sachen die Sorgfaltspflicht erfüllen,[584] da das Registrierungssystem für Immobilien in China noch nicht vollständig ausgereift ist. Ein Registrierungsbuch, das eigentlich absolute Glaubwürdigkeit besitzen sollte, hat unter den derzeitigen chinesischen Zuständen nur eine relative Glaubwürdigkeit, so ist bspw. das Grundbuch vom Wohnungsregister getrennt.[585] Die Erstregistrierung von im Kollektiveigentum stehendes Land und einem Recht zur Übernahme und Bewirtschaftung von Land ist noch nicht abgeschlossen.[586] Beim Kauf von Gewerbeimmobilien kommt es häufig vor, dass der Käufer die Immobilie zwar bereits besitzt, jedoch über einen langen Zeitraum hinweg noch keine Eigentumsurkunde erhält und im Grundbuch weiterhin der Bauträger eingetragen ist.[587]

[584] Liegt einer der folgenden Umstände vor, muss festgestellt werden, dass der Erwerber unbeweglicher Sachen Kenntnis von der mangelnden Verfügungsbefugnis des Veräußerers hatte: (1) im Grundbuch gibt es eine wirksame Eintragung eines Widerspruchs; (2) der Vormerkungsberechtigte hat innerhalb der Wirksamkeitsfrist der Eintragung der Vormerkung nicht zugestimmt; (3) im Grundbuch sind Angelegenheiten im Zusammenhang damit angegeben, dass Justizbehörden oder Verwaltungsbehörden nach dem Recht die Versiegelung verfügt oder beschlossen haben, oder dass in anderer Form die Rechte an unbeweglichen Sachen beschränkt sind; (4) der Erwerber hat Kenntnis davon, dass das im Grundbuch angegebene berechtigte Subjekt falsch ist; (5) der Erwerber hat Kenntnis davon, dass andere Personen bereits nach dem Recht Inhaber dinglicher Rechte an [diesen] unbeweglichen Sachen sind. (§ 15 Erläuterungen des Buches über Sachenrecht (Teil 1)).

[585] Hierzu siehe王洪亮，论登记公信力的相对化，比较法研究，2009, 31 (35ff.).

[586] Hierzu siehe王洪亮，论登记公信力的相对化，比较法研究，2009, 31 (35ff.).

[587] Hierzu siehe王洪亮，论登记公信力的相对化，比较法研究，2009, 31 (35ff.).

#### bb) Angemessener Preis

Die Übertragung zu einem angemessenen Preis ist eine notwendige Voraussetzung für den gutgläubigen Erwerb und es werden objektive Kriterien für die Bestimmung des angemessenen Preises festgelegt. Ein angemessener Preis ist anhand einer Gesamtwürdigung der konkreten Umstände, wie den Merkmalen und der Quantität des übertragenen Gegenstands sowie der Art und Weise der Zahlung des Entgelts, und unter Berücksichtigung von Faktoren wie des Marktpreises am Ort der Transaktion zum Zeitpunkt der Übertragung und der Verkehrssitte zu bestimmen (§ 19 Erläuterungen des Buches über Sachenrecht (Teil 1)). Bei der Bestimmung der Angemessenheit des Preises bei einem gutgläubigen Erwerb sollte der von den Parteien vereinbarte Preis oder der tatsächlich gezahlte volle Preis oder Wert als Maßstab dienen, wobei der Schwerpunkt auf dem Ausschluss unangemessen niedriger Preise liegen sollte.[588]

#### cc) Bereits übergeben bzw. eingetragen

Die Verfügung ohne Verfügungsbefugnis unterliegt wie die Rechtsgeschäfte mit Verfügungsbefugnis grundsätzlich den allgemeinen Vorschriften über die Eigentumsübertragung an Sachen, d. h. der Eintragung der Rechtsänderung an unbeweglichen Sachen (§ 209 ZGB) und der Übergabe beweglicher Sachen (§ 224 ZGB). Dies gilt auch für Verfügungen ohne Verfügungsbefugnis des gutgläubigen Erwerbs i. S. v. § 311 Abs. 1 ZGB. Neben diesen allgemeinen Voraussetzungen sind jedoch die rechtlichen Ausnahmen zu beachten, auch solche, die sich aus der konkreten Situation in China ergeben. So bestimmt bspw. § 225 ZGB, dass Ohne Eintragung die Bestellung, Inhaltsänderung, Übertragung und das Erlöschen dinglicher Rechte an Schiffen, Luft- und Kraftfahrzeugen und ähnlichen beweglichen Sachen gutgläubigen Dritten nicht entgegengehalten werden dürfen. § 19 Erläuterungen des Buches über Sachenrecht (Teil 1) legt jedoch fest, dass der gutgläubige Erwerb dieser quasi-unbeweglichen Sache der Übergabe als Wirksamkeitsvoraussetzung unterliegt. Vor dem Hintergrund, dass das System zur Registrierung von Eigentumsrechten an Häusern in ländlichen Gebieten und des Nutzungsrechts an Heimstättenland in China noch unvollständig ist, sollte ausnahmsweise der gutgläubige Erwerb des Eigentums an nicht registrierten ländlichen

---

[588] 孙宪忠，朱广新，民法典评注——物权编（下），中国法制出版社，2020, S. 453-454.

Häusern anerkannt werden, wobei die Übergabe als Voraussetzung gelten kann.[589]

Wenn eine Verfügung ohne Verfügungsbefugnis die drei oben genannten Voraussetzungen erfüllt, liegt ein gutgläubiger Erwerb vor. Beim gutgläubigen Erwerb erwirbt der Erwerber das Eigentum an der unbeweglichen oder beweglichen Sache, jedoch ist der ursprüngliche Eigentümer berechtigt, vom Nichtberechtigten Schadensersatz zu verlangen (§ 311 Abs. 2 ZGB). § 313 S. 1 ZGB ergänzt diese Rechtswirkung des gutgläubigen Erwerbs: Hat ein gutgläubiger Erwerber das Eigentum an einer beweglichen Sache erlangt, so erlöschen die ursprünglichen Rechte an dieser beweglichen Sache. In analoger Anwendung des § 313 ZGB kann der gutgläubige Erwerb von Grundstücken erfolgen.[590] Dies gilt nicht, wenn der gutgläubige Erwerber diese Rechte im Zeitpunkt des Erwerbs kannte oder kennen musste (§ 313 S. 2 ZGB).

### B) GUTGLÄUBIGER ERWERB EINER VERLORENEN SACHE

§ 312 ZGB ist dem gutgläubigen Erwerb einer abhanden gekommenen Sache gewidmet und unterscheidet ihn von den Rechtswirkungen des allgemeinen gutgläubigen Erwerbs gemäß § 311 ZGB. Ist eine solche verlorene Sache durch Übertragung in den Besitz eines anderen gelangt, so hat der Berechtigte das Recht, vom Nichtberechtigten Schadensersatz zu verlangen oder innerhalb von zwei Jahren ab dem Tag, an dem er von der Person des Erwerbers Kenntnis erlangt hat oder hätte erlangen müssen, vom Erwerber die Herausgabe der Sache zu Verlangen (§ 312 S. 2 Alt. 1 ZGB). Hat der Erwerber die verlorene Sache jedoch durch eine Versteigerung oder einen Kauf bei einem Betreiber mit entsprechender Betriebsbefähigung erworben, so muss der Berechtigte, der vom Erwerber Herausgabe der Sache fordert, diesem die Kosten des Erwerbs ersetzen (§ 312 S. 2 Alt. 2 ZGB). Wenn der Berechtigte dem Erwerber diese Kosten ersetzt hat, ist er berechtigt, vom Nichtberechtigten Ausgleich zu verlangen (§ 312 S. 3 ZGB).

Nach § 314 ZGB ist der Finder verpflichtet, eine verlorene Sache dem Berechtigten zurückzugeben. Wird die verlorene Sache nicht innerhalb von einem Jahr seit Bekanntmachung der Aufforderung zur Abholung abgeholt, so fällt sie ins Staatseigentum (§ 318 ZGB). Damit ist klar, dass der Finder das

589 孙宪忠，朱广新，民法典评注——物权编（下），中国法制出版社，2020, S. 450-451.

590 徐涤宇/张家勇，中华人民共和国民法典评注（精要版），中国人民大学出版社，2022, S. 318.

Eigentum an der verlorenen Sache nicht erwirbt. Daher bestimmt § 312 S. 1 ZGB zunächst, dass Eigentümer oder andere Berechtigte berechtigt sind, die Herausgabe einer verlorenen Sache zu verlangen. Wenn die Voraussetzungen des gutgläubigen Erwerbs nach § 311 ZGB erfüllt sind, erwirbt ein gutgläubiger Erwerber das Eigentum an der abhanden gekommenen Sache, aber das Eigentum ist für eine bestimmte Zeit mit dem Anspruch des ursprünglichen Berechtigten auf Herausgabe der ursprünglichen Sache belastet. Je nach der Weise, wie der gutgläubige Erwerber die abhandengekommene Sache erwirbt, und der Wahl des ursprünglichen Berechtigten, kann der Erwerber das Eigentum an der abhandengekommenen Sache erst dann endgültig erlangen, wenn der ursprüngliche Berechtigten das Recht auf Schadensersatz geltend macht oder das Recht auf Herausgabe der ursprünglichen Sache länger als zwei Jahre nicht ausübt.

Bei abhanden gekommenen Sachen beruht der Anschein des Besitzes, den der Erwerber genießt, nicht auf dem Willen des Eigentümers, und die Risiken der Transaktion, die sich aus der Diskrepanz zwischen Besitz und Eigentum ergeben, können nicht ausschließlich dem Eigentümer zugerechnet werden. Aber auch unter Berücksichtigung der Sicherheit der Transaktion wird in China dem ursprünglichen Eigentümer, wenn es sich um verlorenes Eigentum des gutgläubigen Erwerbs handelt, innerhalb der Zweijahresfrist ein Herausgabeanspruch gewährt. Zwei Jahre nach Ablauf der Frist schützt das Gesetz die Rechte der gutgläubigen Erwerber. Gestohlene Sachen und verlorene Sachen sind abhanden gekommene Sachen, aber das ZGB regelt den gutgläubigen Erwerb von gestohlenem Eigentum nicht. In der Literatur wurde heftig darüber diskutiert. Vieles spricht dafür, dass, wenn das ZGB den gutgläubigen Erwerb von gestohlenen Sachen nicht bestimmt, in solchen Fällen § 312 ZGB analog angewendet werden kann, um den gutgläubigen Erwerb von gestohlenen Sachen zu behandeln.

### *3. Gutgläubiger Erwerb von Geld*

Der gutgläubige Erwerb kann anwendbar sein, wenn das Bargeld als bewegliche Sache den Vorschriften über Sachenrechtsänderungen bei beweglichen Sachen unterliegt. Aufgrund des hohen Umlaufs und der Vertretbarkeit von Bargeld kann der Erwerber beim gutgläubigen Erwerb von Bargeld das Eigentum an Bargeld auch dann erlangen, wenn das Bargeld gestohlen worden, verloren gegangen oder sonst abhandengekommen war. Es unterscheidet sich damit von dem allgemeinen gutgläubigen Erwerb verlorener Sachen nach § 312 ZGB.

Wenn der Übertragende den e-CNY anderer Personen für Überweisungen und Zahlungen durch Cracking-Technologie erhält oder der Übertragende den e-CNY stiehlt oder unbefugt verwendet, erhält der Empfänger den e-CNY in gutem Glauben und es liegt ebenfalls ein gutgläubiger Erwerb vor.

## II. Gesetzlicher Eigentumserwerb

### *1. Vermischung*

Ein gesetzlicher Eigentumserwerb an Geldzeichen kann sich nach der Vermischung des § 322 ZGB richten. Der Eigentumserwerb durch Verarbeitung, Verbindung oder Vermischung ist in § 322 ZGB geregelt, der eine neue Norm des Gesetzlichen Eigentumserwerbs ist. Verarbeitung, Verbindung und Vermischung sind die gemeinsame Ursache für den Erwerb und den Verlust des Eigentums an beweglichen Sachen und haben eine gemeinsame Rechtwirkung, sodass sie in einer einzigen Vorschrift geregelt werden.[591] Die Zuordnung von Sachen, die durch Verarbeitung, Verbindung, Vermischung entstehen sind, richtet sich in folgender Reihenfolge: 1) nach der Vereinbarung der Parteien (§ 322 S. 1 Hs. 1 ZGB); 2) nach den gesetzlichen Bestimmungen, wenn eine Vereinbarung fehlt oder die Vereinbarung unklar ist (§ 322 S. 1 Hs. 2 ZGB); 3) nach den Grundsätzen der vollumfänglichen Entfaltung der effektiven Nutzung der Sache und des Schutzes der schuldlosen Partei bestimmt, wenn keine gesetzliche Bestimmung liegt (§ 322 S. 1 Hs. 3 ZGB). Wird eine Partei durch das Verschulden der anderen Partei oder durch die Bestimmung der Zuordnung der Sache geschädigt, muss Schadensersatz oder Ausgleich geleistet werden (§ 322 S. 2 ZGB).

Die Vermischung erfolgt unter der Voraussetzung, dass bewegliche Sachen miteinander untrennbar vermischt werden, oder die Trennung der vermischten Sachen mit unverhältnismäßigen Kosten verbunden sein würde, was bedeutet, dass die Vermischung des Geldes nur dann gilt, wenn Geld mit demselben Nennwert untrennbar miteinander vermischt ist.[592] Mangels Individualität der Geldzeichen als neutrale Wertträger fehlt es stets an diesen Voraussetzungen einer Hauptsache, weshalb eine Vermischung des Geldes nicht zu Alleineigentum führt.[593] Nach der Vermischung des Geldes könnte

---

591 杨立新，物权法，中国人民币大学出版社，2016, S. 116.
592 马强，货币返还请求权规则的重构，法学研究，2024, 73 (78).
593 Staudinger/Omlor (2021) Vorbemerkung BGB § 244, A176.

für die vermischten Gelder ein gemeinsames Miteigentum begründet werden (§ 298 ZGB) und die gemischten Gelder könnten auf der Grundlage eines Anspruchs auf Teilung des Miteigentums aufgeteilt und dann ihre Herausgabe verlangt werden.[594] Wenn eine Vereinbarung über die Teilung des Gemeinschaftseigentums besteht, wird die Vereinbarung befolgt (§ 303 S. 1 Hs. 1 ZGB); ist keine Vereinbarung getroffen oder ist die Vereinbarung unklar, so können Miteigentümer nach Bruchteilen jederzeit Teilung fordern (§ 303 S. 1 Hs. 2 ZGB). Für die Teilung des Geldes ist gemäß § 304 Abs. 1 S. 2 Hs. 1 ZGB in der Regel die Teilung der Geldzeichen. Der Anspruch auf die Teilung des Gemeinschaftseigentums gilt als Gestaltungsrecht.[595] Der Antrag eines Miteigentümers auf Teilung wird wirksam, wenn der andere Miteigentümer bekannt ist oder wenn er ihm zugeht. Die Zustimmung der anderen Miteigentümer ist für die Wirksamkeit der Teilung nicht erforderlich. Im Gegensatz zum Bargeld wird bei Transaktionen mit dem e-CNY der Betrag im System erfasst, und die Transaktionsbeträge sind identifizierbar, so dass das Problem der Vermischung des e-CNY entfällt.

### 2. *Nicht durch verlorene Sache*

Das ZGB sieht keine Aneignung herrenloser Stücke vor. Verlorene Sachen gehen nach § 318 ZGB ins Staatseigentum über, wenn sie nicht innerhalb eines Jahres nach der Anzeige des Anspruchs geltend gemacht werden. Dasselbe gilt für eine im Wasser treibende, eine vergrabene oder versteckte Sache, da sie gemäß § 319 ZGB die betreffenden Bestimmungen über den Fund verlorener Sachen entsprechend berücksichtigt angewandt werden, sofern das Gesetz nichts anderes vorsieht. Für verlorene Sachen, im Wasser treibende Sachen oder eine vergrabene oder versteckte Sache haben die Finder vorrangig die Verpflichtung zur Herausgabe (§ 314 ZGB). Bis der Finder die abhanden gekommene Sache bei der zuständigen Abteilung abgeliefert hat, muss er sie zweckmäßig aufbewahren (§ 316 ZGB). Verlorene, vergrabene oder versteckte Sachen werden entweder an den Eigentümer zurückgegeben oder gehen in den Besitz des Staates über, der Finder kann das Eigentumsrecht von solchen Sachen usw. nicht erhalten. Dies gilt ebenfalls für Geld und den e-CNY.

---

594 马强，货币返还请求权规则的重构， 法学研究，2024, 73 (78).

595 孙宪忠/朱广新，民法典评注——物权编（下），中国法制出版社，2020, S. 381.

## C. Geldvindikation

Der dingliche Herausgabeanspruch bezieht sich auf einen Anspruch, auf den Eigentümer vom unberechtigten Besitzer die Herausgabe der Sache verlangen. § 235 ZGB sieht vor, wenn eine unbewegliche oder bewegliche Sache unberechtigt in Besitz genommen wird, so kann der Berechtigte die Herausgabe der Sache verlangen. Der dingliche Herausgabeanspruch setzt voraus, dass die ursprüngliche Sache selbst existiert. Gemäß der Lehre „Besitz ist Eigentum" kann der Eigentümer grundsätzlich von dem Besitzer die Herausgabe des Geldes nicht verlangen. Allerdings gibt es in der Literatur auch abweichende Stimmen. Im Jahr 2009 stellte der Rechtswissenschaftler Muti Qi fest, dass bei der Rechtsänderung des Geldes die Lehre „Besitz ist Eigentum" angewandt wird, diese Lehre jedoch nicht im chinesischen Sachenrechtsgesetz verankert ist.[596] Auf der Grundlage einer Analyse der Herausgabeansprüche auf Geld im Civil Law und im Common Law untersucht er die Eigentumszuordnung und Rechtsänderung des Geldes gemäß die Regelung der Sachenrechtsänderung bei beweglichen Sachen im Sachenrechtsgesetze.[597] Er vertritt die Auffassung, dass Bargeld als eine besondere bewegliche Sache einzuordnen ist und dessen Eigentumsübertragung durch eine Einigung und Übergabe erfolgt.[598] Wenn das verlorene Geld des Eigentümers mit dem Geld des Besitzers vermischt wird (ohne die Zirkulation des Geldes zu berücksichtigen), wird dies als gemeinschaftliche Sache betrachtet, wonach der Eigentümer einen Anspruch auf Herausgabe des ursprünglichen Gelds, durch die Teilung des Gemeinschaftseigentums geltend machen kann.[599] Jedoch gilt der dingliche Herausgabeanspruch nicht für Buchgeld im Sinn einer Forderung.[600]

Im Jahr 2024 argumentierte der Rechtswissenschaftler Qiang Ma weiter, dass der Eigentümer von Buchgeld den Herausgabeanspruch des Geldes hat wie der Eigentümer von Bargeld gegenüber die Besitzer, die nicht berechtigt

596 其木提，货币所有权归属及其流转规则——对“占有即所有”原则的质疑，法学，2009，58 (64-68).

597 其木提，货币所有权归属及其流转规则——对“占有即所有”原则的质疑，法学，2009，58 (64-68).

598 其木提，货币所有权归属及其流转规则——对“占有即所有”原则的质疑，法学，2009，58 (64-66).

599 其木提，货币所有权归属及其流转规则——对“占有即所有”原则的质疑，法学，2009, 58 (65).

600 其木提，货币所有权归属及其流转规则——对“占有即所有”原则的质疑，法学，2009，58 (64-65).

sind, über sein Geld zu verfügen. Diese Schlussfolgerung basiert auf der Ablehnung der Lehre „Besitz ist Eigentum", und der Übernahme von und dem Lernen aus der deutschen rechtlichen Geldtheorie sowie der Analyse der sachenrechtlichen Natur von Buchgeld bei der Erfüllung der Geldfunktionen (siehe Vierter Teil § 9 A II 2 b) ).[601] Aufgrund der sachenrechtlichen Natur von Buchgeld hat der Eigentümer von Buchgeld auch gegenüber einem unberechtigten Besitzer den Herausgabeanspruch.[602] Da die Herausgabe des ursprünglichen Buchgelds jedoch nicht mit den physischen Eigenschaften des dinglichen Herausgabeanspruchs übereinstimmt, bezieht sich diese Herausgabe auf die Herausgabe des Buchgeldbetrags.[603] Die Buchgeldbeträge lässt sich leichter identifizieren, wodurch die Herausgabe erleichtert wird. Um hervorzuheben, dass der Herausgabeanspruch des Buchgeldinhabers dem des Bargeldinhabers entspricht und um Missverständnisse zu vermeiden, werden beide Herausgabeansprüche des ursprünglichen Gelds zusammengefasst als „ Herausgabeanspruch von Geld" bezeichnet.[604]

## D. Zusammenfassung

Die h. M. vom Eigentümerwechsel bei Geld lautet die Lehre von „Besitz ist Eigentum". Doch die dabei offenbarten Schwächen haben einige Rechtwissenschaftler dazu veranlasst, eine Anpassung der Geldübertragungsregel an die Vorschriften zum Eigentümerwechsel bei beweglichen Sachen zu fordern. Als eine besondere bewegliche Sache kann Geld gemäß § 224 ZGB der allgemeinen Vorschrift für Eigentumsänderungen von beweglichen Sachen unterliegen. Wird der e-CNY als Sache gelt, kann der Eigentumsänderung durch „Einigung und die Übergabe der Token des e-CNY" sowie gutgläubigen Erwerb erfolgen. Jedoch fehlt im geltenden Recht eine Sonderregelung für den gutgläubigen Erwerb von Geld. Nach Vermischung kann bei Sachgeld eine Teilung nach § 303 ZGB erfolgen. Der e-CNY hingegen unterliegt aufgrund seiner erkennbaren Transaktionsdaten keiner Vermischung. Nach § 318 ZGB kann ein Finder oder Entdecker von Geld ebenfalls kein Eigentum daran erwerben. Ferner sollte Geld als Sache auch dem Herausgabeanspruch

601 马强，货币返还请求权规则的重构， 法学研究，2024, 73 (73-82).

602 马强，货币返还请求权规则的重构， 法学研究，2024, 73 (73-82).

603 马强，货币返还请求权规则的重构， 法学研究，2024, 73 (82).

604 马强，货币返还请求权规则的重构，法学研究，2024, 73 (82).

nach § 235 BGB unterliegen, wobei die theoretischen Grundlagen des Herausgabeanspruchs für Geld noch einer näheren Untersuchung bedürfen.

## § 14 Der digitale Euro im Geldsachenrecht

Bargeld in Form von Münzen oder Banknoten wurde vom Gesetzgeber unter die Regeln für den Erwerb und den Verlust von beweglichen Sachen gestellt.[605] Die Gesamtheit der auf das Sachgeld anwendbaren Regeln des BGB-Sachenrechts begründet das Geldsachenrecht, das aus einer Vielzahl von allgemeinen Vorschriften, die für alle beweglichen Sachen gelten, und einigen wenigen Sondervorschriften (z. B. § 935 Abs. 2 BGB) besteht.[606] Insofern gibt es ein regelungssystematisch in sich geschlossenes Geldsachenrecht im BGB nicht.[607] Nicht die wirtschaftliche Funktion des Geldes als Tauschmittel, sein Charakter als Wertmaßstab oder als Kaufkraftträger, sondern die Tatsache, dass das Geldzeichen eine bewegliche Sache im Rechtssinne ist, bestimmt seine Stellung im Sachenrecht.[608] Zwar gibt es im Zuge der Entmaterialisierung des Geldes Bestrebungen, das Sachenrecht des Geldes zu entmaterialisieren, so schlug Kaser vor, Geld als Geldwert zu betrachten, die Übertragung von Geld solle nicht den Regeln der Sachenübertragung i. S. v. §§ 929 ff. BGB, sondern den Besitzvorschriften unterliegen.[609] Simits ist der Auffassung, dass Geld ein abstraktes, entkörperlichtes Vermögensrecht ist, und der Inhalt des Anspruchs des Geldsachenrechts ergibt sich danach nicht aus dem konkreten Geldstück, sondern aus dem Geldbetrag.[610] Viel vertreten weiterhin die Ansicht, dass Geldsachenrecht körperlich ist.[611]

---

[605] Wolff/ Kaiser, Sachenrecht, 10. Aufl., J. C. B. Mohr (Paul Siebeck) Tübingen 1957, S. 233.

[606] Omlor, Geldprivatrecht, 2014, S. 139.

[607] Staudinger/Omlor (2021) Vorbemerkung BGB § 244, A166.

[608] Wolff/Kaiser, Sachenrecht, 10. Aufl., J. C. B. Mohr (Paul Siebeck) Tübingen 1957, S. 233.

[609] Kaser, Das Geld im Sachenrecht, in: AcP, 143. Bd. 1937, S. 10.

[610] Simitis, Bemerkungen zur rechtlichen Sonderstellung des Gelds, AcP 159. Bd. H. 5 (1960/ 1961), S. 437, 455f.

[611] Dazu etwa Falck, Das Geld und seine Sonderstellung im Sachenrecht [1960] insbesondere 204 f; Häde, Geldzeichen im Recht der Bundesrepublik Deutschland [1991] 111 ff; Staudinger/K Schmidt [1997] Vorbem B8 zu §§ 244 ff; Staudinger/Thole [2019] § 985 Rn 153; MünchKomm/Baldus8 § 985 Rn 74; Omlor, Geldprivatrecht 2014, 140 ff; Staudinger/Omlor (2021) Vorbemerkung BGB § 244, A170.

## A. Geld als bewegliche Sache

Bargeld als Gegenstand des Sachenrechts ist Geld, das grundsätzlich auf Geld in Form von Geldzeichen wie Banknoten oder Münzen beschränkt ist und damit nicht nur mengen- und wertmäßig, sondern auch gegenständlich beherrschbar wird.[612] Infolgedessen wird Bargeld mit sachenrechtlicher Wirkung dem Besitzer, Eigentümer, Nießbraucher oder Pfandgläubiger zugeordnet.[613] Geldzeichen (Geld) sind bewegliche Sachen i. S. d. § 90 BGB, vertretbare Sachen i. S. d. § 91 BGB und verbrauchbare Sachen i. S. v. § 92 Abs. 1 Alt. 2 i. S. d. BGB.[614] Allein Bargeld als körperlich begrenztes und individuell bestimmtes Geld kann i. S. d. Gesetzes übereignet, verpfändet und gepfändet, verloren und gestohlen werden und kann weiterhin unmittelbar Gegenstand von Herausgabeansprüchen sein.[615] Obwohl die Funktion des Geldes im geltenden Recht abgeschwächt und als bewegliche Sache interpretiert wird, gibt es Ausnahmen, die die Eigenschaften des Geldes als Tauschmittel und andere damit zusammenhängende Merkmale berücksichtigen und an diese angepasst sind, wie z. B. § 935 Abs. 2, § 1006 und § 1007 Abs. 2 BGB, die den gutgläubigen Erwerber und Besitzer von Bargeld schützen, um ihn vor dinglichen Herausgabeansprüchen Dritter zu bewahren und der Umlauffähigkeit des Bargelds zu dienen.[616] Obwohl der digitale Euro ein unkörperlicher Gegenstand ist, da er lediglich ein gesetzliches Zahlungsmittel in digitaler Form wie Bargeld ist, sollte den Inhabern beider der gleiche Schutz gewährt werden. Gilt der digitale Euro als Sache i. S. v. § 90 BGB, könnte auch dasselbe Sachenrecht wie beim Bargeld bei seiner Übertragung Anwendung finden.

---

612 Pikart, WM 1980, 510 (511).

613 Pikart, WM 1980, 510 (511).

614 BGH 29.3.1990 - IX ZR 134/89, NJW 1990, 1913; OLG Saarbrücken 16.10.1975 - Ss 55/75, NJW 1976, 65; Lehrbuch des Schuldrechts [1978] § 4 D II a; Häde, Geldzeichen im Recht der Bundesrepublik Deutschland [1991] 111; Häde KTS 1991, 365 mwNw; Wolff, in: Ehrenberg [Hrsg], Handbuch des gesamten Handelsrechts, Band 4/1 [1917] 563, 628; Staudinger/Stieper [2017 ] § 92 Rn 2; Staudinger/Omlor (2021) Vorbemerkung BGB § 244, A171; Omlor, Geldprivatrecht, 2014, S. 141-142.

615 Pikart, WM 1980, 510 (511).

616 Bernhard Falck, Das Geld und seine Sonderstellung im Sachenrecht, W. Kohlhammer Verlag Stuttgart 1960, S. 2; Staudinger/Omlor (2021) Vorbemerkung BGB § 244, A170.

## B. Sachenrecht bei Geldübertragung

Geld ist eine bewegliche Sache, deren Übertragung den Regeln für die Übertragung von Sachenrecht an beweglichen Sachen unterliegt. Der Eigentümerwechsel bei Sachgeld erfolgt sowohl durch gesetzlichen Eigentumserwerb, wie durch Aneignung herrenloser Stücke nach § 958 Abs. 1 BGB, durch Geldfund nach § 973 Abs. 1 BGB, Geldzeichen als Schatz i. S. d. § 984 BGB sowie Vermengung von Geldzeichen nach §§ 948 BGB Abs. 1, § 947 Abs 1 BGB, als auch durch rechtsgeschäftlichen Eigentumserwerb, z. B nach den allgemein für bewegliche Sachen geltenden Vorschriften i. S. v. §§ 929 ff. BGB. Das zu übertragende Geld muss hinreichend bestimmt sein.[617] Die §§ 413, 398 ff. BGB sind nicht anwendbar, da kein immaterielles „(Wert-)Recht" übertragen wird, sondern das Eigentum an beweglichen Sachen.[618] Auf Euro-Bargeld als Sache i. S. d. § 90 BGB finden §§ 929 ff. BGB uneingeschränkt Anwendung.[619] Aus Sicht des öffentlichen Verkehrsinteresses zum Schutz der Zahlungsfunktion des Geldes handelt es sich bei Geld i. S. d. § 935 Abs. 2 BGB um im Umlauf befindliche Währung, einschließlich auch Fremdwährung, nicht aber um Falschgeld, außer Kurs gesetztes Geld oder reine Sammel- und Anlagemünzen.[620] Nach § 932 Abs. 2 BGB ist der Erwerber in gutem Glauben, solange ihm nicht bekannt oder nicht infolge grober Fahrlässigkeit unbekannt ist, dass die Sache nicht dem Veräußerer gehört.

Der digitale Euro als rechtliche Fiktion einer Sache würde sich ebenso nach den §§ 929 ff., 932 ff., 935 Abs. 2 BGB richten. Dabei sind jedoch die Besonderheiten des digitalen Euro zu berücksichtigen. Der Erwerb und die Nutzung des digitalen Euro sind vollständig auf die Verwendung von mobilen Geräten angewiesen.[621] Die obigen Anwendungsfälle des gesetzlichen Eigentumserwerbs spielen kaum eine Rolle im Erwerb des Eigentums an digitalen Online-Euro, da der mit mobilen Geräten verbundene digitalen

---

[617] Pikart, WM 1980, 510 (513).

[618] Omlor, Geldprivatrecht, 2014, S. 144.

[619] Omlor, Geldprivatrecht, 2014, S. 144; BeckOGK/Klinck, 1.12.2023, BGB § 929 Rn. 19; Rudolf Reinhardt, Vom Wesen des Gelds und seiner Einfügung in die Güterordnung des Privatrechts, in: Festschrift für Gustav Boehmer, Ludwig Röhrscheid Verlag Bonn 1954, S. 80.

[620] BeckOGK/Klinck, 1.12.2023, BGB § 935 Rn. 39.

[621] ErwG. 69 dEuroVO-E.

Online-Euro stets mit bestimmten Nutzern verknüpft ist. Zur Übertragung des Eigentums an einem digitalen Euro ist es erforderlich, dass der digitale Euro durch einen Auftrag des Zahlers auf das Zahlungskonto für den digitalen Euro des Empfängers übergegangen ist oder der digitale Euro durch Nahzahlung auf der Karte des Empfängers gespeichert wird. Dieser Zahlungsvorgang umfasst die Übereignungstatbestände des § 929 BGB. Abweichend von der Übertragung des Eigentums des Geldzeichens muss die Zahlung beim digitalen Euro mithilfe eines Zahlungsdienstleisters, der Zahlungsdienste im Zusammenhang mit dem digitalen Euro für Nutzer nach Art. 13 dEuroVO-E erbringen muss, erfolgen. Aber die Zahlungsdienstleister sind nicht an dem Zahlungsvorgang in digitalen Euro zwischen zwei Nutzern des digitalen Euro beteiligt.[622] Im Rahmen von Zahlungsvorgängen in digitalen Euro könnte sich der Erwerber in gutem Glauben befinden, da er keine Möglichkeit hat, festzustellen, ob die digitalen Euro des Zahlers legal erworben wurden. Insofern wäre ein gutgläubiger Erwerb für den digitalen Euro gemäß §§ 932 ff., 935 Abs. 2 BGB eröffnet.

## C. Geldvindikation

Nach h. M. besteht keine Rechtsgrundlage für Geldwertvindikation de lex lata, nur ein dinglicher Herausgabeanspruch für Geld.[623] Die Lehre von Geldwertvindikation entspricht zwar der Funktion des Geldes, ist aber mit dem geltenden Sachenrecht, das das Geldzeichen als Gegenstand behandelt, nicht vereinbar.[624] Der Eigentümer von Geld hat einen dinglichen Herausgabeanspruch nach § 985 BGB gegen einen unberechtigten Besitzer, da Geld eine bewegliche Sache ist.[625] Der Gegenstand des Verlangens einer Geldsachvindikation soll das einzelne Geldstück sein, immer unter der Voraussetzung, dass es individualisierbar ist.[626] Die Identifizierung des

---

622 ErwG. 66 dEuroVO-E.

623 Schmidt, JuS 1984, 737 (741); Omlor, Geldprivatrecht 2014, 150f; Staudinger/Omlor (2021) Vorbemerkung BGB § 244, A188; Medicus, JuS 1983, 897, 900; K. Schmidt, JuS 1984, 737, 741; Häde, Geldzeichen im Recht der Bundesrepublik Deutschland (1991), S. 119; Baldus, in: MünchKomm BGB (6. Auflage 2013), § 985 Rn. 41.

624 Schmidt, in: JuS 1984, 737 (741).

625 Omlor, Geldprivatrecht, 2014, S. 149.

626 Eichler, Institutionen des Sachenrechts, Zweiter Band/ Erster Halbband, Duncker & Humblot Berlin 1957, S. 216.

Geldes kann nämlich aus einer Vielzahl anderer Umstände abgeleitet werden, insbesondere durch die Beschreibung des Geschehensablaufs, der den Rückgabeanspruch ausgelöst hat.[627] In den Fällen, in denen Geldzeichen differenziert werden können und der Anspruch auf Geldsachvindikation geltend gemacht werden kann, gibt es keinen Grund, die Rechte des Geldeigentümers auf einen Anspruch aus ungerechtfertigter Bereicherung zu beschränken.[628] Ein weiterer Grund für keinen Verzicht auf die Geldvindikation ist der Schutz des Rückforderungsrechts des Eigentümers und der Vollstreckungseinwände im Vollstreckungsrecht.[629]

Tauscht der Besitzer Geld des Eigentümers in andere Stücke um, erlischt die Geldvindikation des Eigentümers.[630] Ebenso entfällt die Geldvindikation des früheren Eigentümers gegen den Einzahlenden, wenn das Bargeld durch eine Einzahlung auf ein Zahlungskonto in Buchgeld umgewandelt wird.[631] Dem ursprünglichen Eigentümer bleiben lediglich schuldrechtliche Ausgleichsansprüche, etwa nach § 816 Abs. 1 BGB.[632] Bei einer Vermengung von Geldzeichen kann sich die Rechtsstellung des ursprünglichen Alleineigentümers auf die §§ 948 Abs. 1 und 947 Abs. 1 BGB berufen. Der Gegenstand des dinglichen Herausgabeanspruchs ist stets das konkrete Geldzeichen als bewegliche Sache.[633] Aber für den ursprünglichen Eigentümer ist nicht die Rückerlangung des ihm zustehenden Geldzeichens von Bedeutung, sondern vielmehr der Erhalt des entsprechenden Geldwertes, in diesem Zusammenhang sollte die Aufrechnung einer Geldsachvindikation mit einer schuldrechtlichen Geldforderung zugelassen werden.[634] In Anbetracht dieser Interessenlage besteht kein Widerspruch zwischen einer Geldsachvindikation und einer Geldwertvindikation.[635] Zugeständnisse an

---

627 Vgl. Rudolf Reinhardt, Vom Wesen des Gelds und seiner Einfügung in die Güterordnung des Privatrechts, in: Festschrift für Gustav Boehmer, Ludwig Röhrscheid Verlag Bonn 1954, S. 81 f.

628 Lange, Sachenrecht des BGB, W. Kohlhammer Verlag, 1967, S. 193.

629 Reinhardt, Vom Wesen des Gelds und seiner Einfügung in die Güterordnung des Privatrechts, in: Festschrift für Gustav Boehmer, Ludwig Röhrscheid Verlag Bonn 1954, S. 82.

630 Omlor, Geldprivatrecht, 2014, S. 149.

631 Omlor, Geldprivatrecht, 2014, S. 149.

632 Omlor, Geldprivatrecht, 2014, S. 149.

633 Omlor, Geldprivatrecht, 2014, S. 149.

634 Pikart, WM 1980, 510 ( 515).

635 Pikart, WM 1980, 510 ( 515).

die Lehre der Geldwertvindikation sollten auch dann zulässig sein, wenn die Geldfunktion Auswirkungen auf die Geldschuld hat.[636] Aufgrund der hohen Vertretbarkeit von Bargeld und der funktionalen Gleichwertigkeit von Buchgeld ist zudem dem Vindikationsschuldner regelmäßig die Befugnis zuzugestehen, anstelle der Herausgabe der konkreten Geldzeichen, Buchgeld in entsprechender Höhe herauszugeben, da sich das Bargeld insoweit im Buchgeld fortsetzt.[637] Dies stellt in der Auslegung der lex lata eine Leistung an Erfüllungs statt gemäß § 364 Abs. 1 BGB dar.[638]

Der digitale Euro als rechtliche Fiktion einer Sache erfährt eine Behandlung wie das Euro-Bargeld, bei der Unwirksamkeit und dem Widerruf der Übertragungseinigung sollte dem Geldeigentümer gegen den nicht berechtigten Besitzer der Geldzeichen der Vindikationsanspruch aus § 985 BGB zustehen. Beträge des digitalen Online-Euro lassen sich leichter identifizieren als Sachgeld, da der online-Zahlungsvorgang in digitalen Euro anhand der Aufzeichnungen des Systems nachvollzogen werden kann und die Nutzer die Transaktionsaufzeichnungen über ihre Endgeräte einsehen können, wodurch die Vermischung des ursprünglichen Geldbetrags auf dem Konto und des später überwiesenen Betrags nicht mehr berücksichtigt werden muss. Beim digitalen Offline-Euro gilt jedoch das gleiche Datenschutzniveau wie für Bargeld. Ihre Transaktionsdaten dürfen deshalb weder von den Zahlungsdienstleistern noch von der EZB oder den NZBen aufgezeichnet werden (Art. 37 dEuro-VO-E). Aus diesem Grund gelten für digitale Offline-Euro die gleichen Individualisierungsprobleme wie für Euro-Bargeld. Der digitale Euro ist als gesetzliches Zahlungsmittel in digitaler Form dem Euro-Bargeld sowie dem Buchgeld funktional gleichwertig und kann im Falle der Geldvindikation durch Euro-Bargeld und Buchgeld gegenseitig ersetzt werden. Die Leistung an Erfüllungs statt kann genutzt werden, wenn die Anspruchsgrundlage für die dingliche Herausgabe des digitalen Euro verloren geht.

## D. Zusammenfassung

Der digitale Euro gilt als Sache, sodass auf ihn dieselben sachenrechtlichen Regeln für Eigentumsübertragungen wie auf Euro-Bargeld anwendbar sind. Da der digitale Euro stets an bestimmte Identifikationsdaten des

---

[636] Vgl. Schmidt, JuS 1984, 737 (741).
[637] Omlor, Geldprivatrecht, Mohr Siebeck 2014, S. 149.
[638] Omlor, Geldprivatrecht, Mohr Siebeck 2014, S. 149.

Nutzers gebunden ist, handelt es sich dabei nicht um eine herrenlose Sache. Im Vergleich zum Euro-Bargeld ist der Transaktionsbetrag beim digitalen Online-Euro erkennbar, wodurch keine Vermischung eintritt und die Geldvindikation leichter durchgesetzt werden können. Hingegen werden die Transaktionsdaten des digitalen Offline-Euro nicht aufgezeichnet, weshalb ähnliche Individualisierungsprobleme wie beim Euro-Bargeld auftreten. Aufgrund der hohen Vertretbarkeit des Euro-Bargelds sowie der funktionalen Gleichwertigkeit von digitalem Euro und Buchgeld können diese bei der Herausgabe gegeneinander substituiert werden.

## § 15 Zusammenfassender Rechtsvergleich zum fünften Teil

### I. Eigentümerwechsel bei beweglichen Sachen

Sowohl das deutsche als auch das chinesische Zivilgesetzbuch kennen eine Trennung von Sachenrecht und Schuldrecht. Die Geldzeichen als bewegliche Sachen sollten den Vorschriften über Eigentümerwechsel bei beweglichen Sachen unterliegen. In Deutschland ist die Übertragung von Bargeld in § 929 BGB geregelt, wobei „Einigung + Übergabe" die Wirksamkeitsvoraussetzungen sind. In China unterliegt die Übertragung von Bargeld nach h. M. der Lehre „Besitz ist Eigentum". Diese Lehre stammt aus einer fehlerhaften Übernahme der deutschen Geldtheorie, die den Schutz des Geldumlaufs maximiert und die Willenserklärung der Parteien völlig unbeachtet lässt, weshalb sie vielfach kritisiert wurde. Obwohl diese Lehre in China als Grundsatz des Eigentumsrechts an Geld angesehen wird, ist sie im Gesetz nicht eindeutig festgelegt, was Raum für die Interpretation der Anwendung des Sachenrechts an beweglichen Sachen bei der Übertragung von Geld in China lässt. § 224 ZGB legt nur fest, dass die Bestellung und Übertragung dinglicher Rechte an beweglichen Sachen mit Übergabe der Sache Wirkung entfalten. In der Literatur ist allerdings allgemein anerkannt, dass die Änderung des Sachenrechts an beweglichen Sachen „Einigung + Übergabe" als Wirksamkeitsvoraussetzungen voraussetzt.

### II. Gutgläubiger Erwerb

In Deutschland richtet sich der Eigentumserwerb an Geld eines Nichtberechtigten nach den §§ 932 ff., 935 Abs. 2 BGB. § 935 Abs. 2 BGB ist eine

Sonderregeln für gutgläubigen Erwerb von Geld. §§ 311, 312 und 313 ZGB regeln den gutgläubigen Erwerb in China. Unter dem Einfluss der Lehre „Besitz ist Eigentum" spielt die Unterscheidung zwischen gutgläubigem und nicht gutgläubigem Erwerb keine wesentliche Rolle, was dazu führt, dass das ZGB keine Sondervorschriften zum gutgläubigen Erwerb von Geld enthält. Einige sind dafür, dass die Anwendung der Übereignungstatbestände nach § 224 ZGB auf die Geldübertragung unterstützen, auch die Anwendung des gutgläubigen Erwerbs auf Geld. Die Sonderregeln für den Eigentumserwerb an Geld von Nichtberechtigten sollten ebenfalls in das ZGB aufgenommen werden. Darüber hinaus ist festzustellen, dass das BGB den gutgläubigen Erwerb von beweglichen und unbeweglichen Sachen getrennt regelt. Der gutgläubige Erwerb von beweglichen Sachen beruht auf tatsächlichem Besitz und den guten Glauben im Geschäftsvorgang, während der gutgläubige Erwerb von unbeweglichen Sachen vom Eintragungs- und Bekanntmachungssystem abhängt. Die §§ 892 und 893 BGB etablieren das System des gutgläubigen Erwerbs von unbeweglichen Sachen, dessen rechtliche Grundlage das Prinzip der Publizität des Sachenrechts und die darauf beruhende öffentliche Glaubwürdigkeit des Grundbuchs bilden. In China regelt hingegen § 311 ZGB den gutgläubigen Erwerb sowohl für bewegliche als auch für unbewegliche Sachen einheitlich. Gutgläubige Erwerber von beweglichen und unbeweglichen Sachen müssen gleichzeitig einer Sorgfaltspflicht nachkommen, um die die Mängel und die daraus folgende mangelnde Glaubwürdigkeit des chinesischen Systems zur Registrierung von unbeweglichem Vermögen auszugleichen.

## III. Geldvindikation

Der dingliche Herausgabeanspruch in § 235 ZGB und in § 985 BGB unterscheidet sich nicht voneinander. Was jedoch die Geldvindikation betrifft, so gibt es in Deutschland eine umfassende Theorie, um den Eigentümer des Bargelds zu schützen. Obwohl die Geldvindikation für Bargeld und digitale Euro gilt, kann die Verwirklichung der Geldvindikation auf der Grundlage der Leistung an Erfüllungs statt i. S. v. § 364 Abs. 1 BGB zwischen Bargeld, Buchgeld oder E-Geld sowie digitalen Euro erfolgen. Insofern kann die Geldwertvindikation, für die es derzeit keine Rechtsgrundlage gibt, eine positive Rolle spielen. In China, wo noch immer die Lehre „Besitz ist Eigentum" vorherrscht, wird dem dinglichen Herausgabeanspruch von Geld nur selten

Beachtung geschenkt. Einige chinesische Rechtswissenschaftler befassen sich mit der deutschen Geldtheorie zur Geldvindikation und streben eine schrittweise Regelung der Eigentumsänderung an beweglichem Geld in China an. Ein ausgereiftes System, das mit dem deutschen im Bereich der Geldvindikation vergleichbar wäre, existiert in China noch nicht.

# Sechster Teil: Geldschuldrecht

## § 16 Der e-CNY im Geldschuldrecht

Es gibt keinen Schuldrecht AT im ZGB. In diesem Fall soll das Teilbuch über die Allgemeinen Grundsätzen der Verträge die Funktion eines Schuldrechts AT erfüllen. Die Geldschuld ist eine eigenständige Schuld, die an die Zahlung eines bestimmten Geldbetrags gebunden ist. Nach § 511 Nr. 3 ZGB gilt sie im Zweifel als Bringschuld. Die „Unmöglichkeit der Unmöglichkeit" der Erfüllung einer Geldschuld ist in § 579 ZGB geregelt. Als Bringschuld trägt der Schuldner gemäß § 511 Nr. 6 ZGB in der Regel die Leistungskosten sowie das Transportrisiko. Kommt der Schuldner in Verzug, kann der Gläubiger nach dem Grundsatz der vollständigen Erfüllung (§ 509 Abs. 1 ZGB) vom Schuldner die geschuldete Leistung verlangen. Der Gläubigerverzug wird in § 589 ZGB geregelt. Ein Geldschuldverhältnis erlischt durch Erfüllung, Hinterlegung, Aufrechnung usw. (§ 557 BGB Abs. 1 ZGB). Die Forschung zur Geldschuld in China steht noch am Anfang.

### A. Einleitung in das Schuldrecht

#### I. Kein Schuldrecht AT im ZGB

Vor der Verkündung des Zivilgesetzbuches hatte China bereits eine Reihe von einzelnen Zivilgesetzen erlassen,[639] die inhaltlich die verschiedenen Bücher des Zivilgesetzbuchs abdeckten, nämlich das Ehegesetz, das Erbgesetz, die allgemeinen Grundsätze des Zivilrechts, das Adoptionsgesetz, das

---

639 江平/王泽鉴，问道民法——江平、王泽鉴对话中国民法典法典化，元照出版有限公司，2019, S. 15.

Bürgschaftsgesetz, das Vertragsgesetz, das Sachenrechtsgesetz, das Gesetz über die Haftung für die Verletzung von Rechten und den Allgemeinen Teil des Zivilrechts. Am 28. Oktober 2014 veröffentlichte das vierte Plenum des 18. Zentralkomitees der Kommunistischen Partei Chinas die „Entscheidung des Zentralkomitees der Kommunistischen Partei Chinas über einige bedeutende Fragen zur umfassenden Förderung der Rechtsstaatlichkeit", in der das Vorhaben zur „Kodifikation eines Zivilgesetzbuches" festgeschrieben wurde.[640] Zuvor hatte China bereits vier Versuche zur Kodifizierung des Zivilgesetzbuchs unternommen, die jedoch alle aus politischen, wirtschaftlichen oder zeitlichen Gründen gescheitert waren.[641] Gemäß der Entscheidung im Jahr 2014 zur Kodifizierung des Zivilgesetzbuchs leitete die Kommission für Gesetzgebungsfragen des Ständigen Ausschusses des NVK im März 2015 die fünfte Kodifizierung des Zivilgesetzbuchs ein. Die Kodifizierung eines Zivilgesetzbuchs erfolgt in zwei Schritten: Der erste Schritt besteht in der Formulierung des Allgemeinen Teils des Zivilgesetzbuchs. In einem zweiten Schritt werden die übrigen Bücher des Zivilgesetzbuches kodifiziert und mit dem Allgemeinen Teil des Zivilgesetzbuchs zu einem einheitlichen Zivilgesetzbuch zusammengefasst.[642] Dementsprechend wurde der Allgemeine Teil des Zivilrechts erstmals am 15. März 2017 verabschiedet

---

640 中国共产党第十八届中央委员会第四次全体会议，《中共中央关于全面推进依法治国若干重大问题的决定》, 23.10.2014, abrufbar unter https://www.gov.cn/zhengce/2014-10/28/content_2771946.htm.

641 China hat viermal die Ausarbeitung eines Zivilgesetzbuches in Angriff genommen: 1954, 1962, 1979 und 2001. Der erste und der zweite Versuch führten vor allem aus politischen Gründen nicht zu greifbaren Ergebnissen; im Jahr 1979, als China gerade in eine neue Periode der Reform und Öffnung eingetreten war, waren die Voraussetzungen für die Formulierung eines vollständigen Zivilgesetzbuches noch nicht gegeben, sodass beschlossen wurde, zunächst eine Reihe von zivilrechtlichen Einzelgesetzen zu formulieren; und im Jahr 2001 wurde ein Entwurf des Zivilgesetzbuches formuliert, aber nach einer Diskussion im Jahr 2002 wurde beschlossen, den Aufbau des chinesischen Zivilrechtssystems durch die Verabschiedung von Einzelgesetzen weiter voranzutreiben. Dazu Siehe王晨，关于《中华人民共和国民法典（草案）》的说明——2020年5月22日在第十三届全国人民代表大会第三次会议上，22.05.2020, abrufbar unter http://www.xinhuanet.com/politics/2020lh/2020-05/22/c_1126021017.htm.

642 李建国，《关于（中华人民共和国民法（草案）的说明》），2017年3月8日第十二届全国人民代表大会第五次会议，abrufbar unter http://www.npc.gov.cn/zgrdw/npc/xinwen/2017-03/09/content_2013899.htm.

und trat am 1. Oktober desselben Jahres in Kraft.[643] Die sechs Bücher, die sich mit Sachenrecht, Verträgen, Persönlichkeitsrechten, Ehe und Familie, Erbfolge und Haftung für die Verletzung von Rechten befassen, wurden mit dem Allgemeinen Teil des Zivilrechts am 28. Mai 2020 zusammengefasst und verabschiedet. Das Zivilgesetzbuch trat am 1. Januar 2021 in Kraft.[644]

In § 118 Abs. 2 ZGB wird das Recht aus Schuldverhältnis definiert: „Der Anspruch ist das aus Verträgen, aus rechtsverletzenden Handlungen, aus Geschäftsführung ohne Auftrag, aus ungerechtfertigter Bereicherung oder aufgrund einer sonstigen gesetzlichen Regelung entstandene Recht, kraft dessen der Anspruchsteller berechtigt ist, von einem bestimmten Verpflichteten ein Tun oder ein Unterlassen zu verlangen." Aber die Anerkennung des Rechts aus Schuldverhältnis ist nicht notwendigerweise mit der Schaffung des Allgemeinen Teils des Schuldrechts verbunden.[645] Das ZGB enthält keinen Allgemeinen Teil über das Schuldrecht. Die Normen des Schuldrechts sind im ZGB in zwei Teile gegliedert: Verträge (drittes Buch) und Haftung für die Verletzung von Rechten (siebtes Buch), wobei das dritte Buch (Verträge) drei Teilbücher umfasst: allgemeine Grundsätze, typische Verträge und Quasiverträge. Im dritten Teilbuch „Quasiverträge" finden sich wichtige gesetzliche Schuldverhältnisse: Geschäftsführung ohne Auftrag und ungerechtfertigte Bereicherung. Die Schuld aus der Verletzung von Rechten ist hingegen in Buch 7 BGB (Haftung für die Verletzung von Rechten) enthalten.

## II. Gründe für den fehlenden Schuldrecht AT

Das ZGB enthält keinen AT zum Schuldrecht, aber vor der Verabschiedung des Zivilgesetzbuchs diskutierten viele Jahre lang darüber, ob ein eigenständiger AT zum Schuldrecht oder ein Teilbuch zum Schuldrecht geschaffen werden sollte. In dieser Diskussion waren zwei Positionen vertreten: ein AT zum Schuldrecht und kein AT zum Schuldrecht.[646] Es gab jedoch

---

[643] 中华人民共和国主席令, 第六十六号, 15.03.2017, abrufbar unter http://www.npc.gov.cn/zgrdw/npc/xinwen/2017-03/15/content_2018721.htm.

[644] 中华人民共和国民法典 (2020年5月28日第十三届全国人民代表大会第三次会议通过), 中国人大网, abrufbar unter http://www.npc.gov.cn/npc/c2/c30834/202006/t20200602_306457.html.

[645] 朱虎, 债法总则体系的基本反思与技术重整, 清华法学, 2019, 126 (129).

[646] Ein allgemeine Teil zum Schuldrecht, dazu etwa梁慧星, 松散式、汇编式的民法典不适合中国国情， 政法论坛, 2003, 9 (10-13); 崔建远, 债法总则与中国民法典的制定, 清华大学学

mehr Rechtswissenschaftler, die sich dafür aussprachen, dass der AT des Schuldrechts eigenständig erarbeitet werden sollte. Befürworter sind der Meinung, dass der AT des Schuldrechts die legislative Wahl von vielen Ländern ist, den Ausdruck der Systematisierung und Wissenschaftlichkeit des Zivilgesetzbuches widerspiegelt.[647] Der AT des Schuldrechts könne die gemeinsamen Regeln der Schuldverhältnisse zudem veranschaulichen und dadurch eine systematische Integration erreiche, die Offenheit des Systems bewahre und die Speicherkapazität der Normen erhöhe.[648] Gegner argumentieren, dass viele Länder keinen AT zum Schuldrecht eingeführt haben und dass die Rechtsvergleichung nur ein äußerliches Argument sei, während der entscheidende Grund in inneren Erwägungen liege.[649] Außerdem hätten die gemeinsamen Regeln der Schuldverhältnisse im bestehenden Rechtsrahmen keine praktische Bedeutung, da viele dieser Regeln nicht allgemein anwendbar seien.[650] Die Einführung eines ATs zum Schuldrecht führe zudem zu übermäßiger Abstraktion und Mehrschichtigkeit der Normen, was die Rechtsanwendung erschwere.[651] Darüber hinaus wurden die bestehenden allgemeinen Teile des Vertragsgesetzes und die allgemeinen Bestimmungen des Gesetzes über die Haftung für die Verletzung von Rechten alle Inhalte des ATs zum Schuldrecht bereits abgedeckt.[652] Faktoren wie der

---

报, 2003, 67 (71-74); 陈华彬， 中国制定民法典的若干问题，法律科学, 2003, 49 (54); 柳经纬，我国民法典应设立债法总则的几个问题，中国法学，2007, 3 (3f.); 孙宪忠, 我国民法立法的体系化与科学化问题，清华法学, 2012, 46 (54); 朱广新, 债法总则的体系地位与规范结构, 北航法律评论, 2013, 58 (59ff); 陆青，债法总则的功能演变, 当代法学, 2014, 59 (66); 杨立新，论民法典中债法总则之存废，清华法学， 2014, 81 (87); 李世刚，中国债编体系构建中若干基础关系的协调，法学研究，2016, 3 (18); 王利明，准合同与债法总则的设立，法学家，2018, 117(124f.); 王竹，民法典起草实用主义思路下的“ 债法总则” 立法模式研究， 四川大学学报（哲学社会科学版）, 2012, 121 (129); 王利明, 论债法总则与合同法总则的关系，广东社会科学, 2014, 224 (233-235); 薛军，中国民法典编纂： 观念、愿景和思路, 中国法学, 2015 41 (51)。Kein allgemeine Teil zum Schuldrecht, dazu etwa覃有土/麻昌华，我国民法典中债法总则的存废，法学, 2003, 101 (102-104); 马俊驹/曹治国，守成与创新： 对制定我国民法典的几点看法， 法律科学, 2003, 36 (40-42); 许中缘，合同的概念与我国债法总则的存废, 清华法学, 2010, 150 (155-158); 张素华，有关债法总则存废的基本理论问题，法学评论, 2015, 129 (138).

647 柳经纬，我国民法典应设立债法总则的几个问题，中国法学，2007, 3 (5).

648 梁慧星，松散式、汇编式的民法典不适合中国国情， 政法论坛，2003, 9 (12).

649 覃有土/麻昌华， 我国民法典中债法总则的存废，法学，2003, 101 (104).

650 覃有土/麻昌华， 我国民法典中债法总则的存废，法学， 2003, 101 (102-103).

651 许中缘，合同的概念与我国债法总则的存废，清华法学，2010, 150 (157).

652 许中缘，合同的概念与我国债法总则的存废，清华法学， 2010, 150 (155).

fortschreitende Durchbruch und die Modifikation des Relativitätsprinzips der Schuldverhältnisse, die allmähliche Trennung von Schuld und Haftung, die Neugestaltung des Verhältnisses zwischen Recht aus Schuldverhältnis und Ansprüchen sowie die Tatsache, dass unerlaubte Handlungen eine Haftung und keine Schuld begründeten, führen dazu, dass das System des Schuldrechts tendenziell zerfalle.[653]

Der Gesetzgeber hat auch die akademische Diskussion über das Schuldrecht zur Kenntnis genommen, aber nach wiederholten Studien und Diskussionen schließlich beschlossen, keine AT zum Schuldrecht zu erlassen.[654] Der Gesetzgeber schloss sich nicht nur den Ansichten der oben genannten Gegner an, sondern wies auch darauf hin, dass er sich in der gerichtlichen Praxis eher an die unmittelbare Anwendung des Vertragsgesetzes für Vertragsfälle und des Gesetz über die Haftung für die Verletzung von Rechten für Deliktsfälle gewöhnt hatte und dass die Einführung eines ATs des Schuldrechts der Rechtsanwendung abträglich wäre und nicht dem Status quo der im Laufe der Jahre entwickelten gerichtlichen Praxis entspräche.[655]

Betrachtet man die Geschichte der Kodifizierung des chinesischen Zivilgesetzbuches, so ist es kein Zufall, dass das Zivilgesetzbuch keinen AT zum Schuldrecht eingeführt hat. Vielmehr liegt der fehlende Schuldrecht AT eine starke Trägheit vor, die sich durch jahrzehntelange Gesetzgebungspraxis entwickelt hat.[656] Bei den aufeinanderfolgenden Kodifizierungen des Bürgerlichen Gesetzbuchs wurde nur bei der Kodifizierung des Bürgerlichen Gesetzbuchs in den 1950er-Jahren ein Buch des Schuldrechts eingeführt.[657] Unter dem Eindruck der diplomatischen Schwierigkeiten in den 1960er Jahren verfolgte der Gesetzgeber ein Modell einer vollständig autonome Zivilgesetzgebung, ohne auf ausländische Rechtsmodelle zurückzugreifen.[658] Damit stellte der Gesetzgeber einen Entwurf für ein Zivilgesetzbuch zusammen, der das stark zentralisierte System der Planwirtschaft widerspiegelt, das

---

653 朱虎，债法总则体系的基本反思与技术重整，清华法学，2019, 126 (127-128).

654 黄薇主编，中华人民共和国民法典释义，法律出版社，2020, S. 881.

655 黄薇主编，中华人民共和国民法典释义，法律出版社，2020, S. 881.

656 朱庆育，债法总则消亡史，法学研究，2023, 52 (53f.).

657 Dazu Siehe何勤华/李秀清/陈颐编，新中国民法典草案总览（增订版）（上卷），北京大学出版社，2017, S. 145-148, 157-167, 183-190.

658 徐国栋，《民法典》不采用债法总则的本国立法史和比较法依据，法治研究，2020, 137 (138-139).

den AT, das Vermögenseigentum und die Vermögensübertragung umfasst.[659] Das Buch über die Vermögensübertragung ist quasi das Buch der Verträge, in dem es keinen AT des Schuldrechts mehr gibt.[660]

In den 80er-Jahren hat das Zivilgesetzbuch ein eigenständiges Buch über die Haftung für die Verletzung von Rechten und das Buch über Verträge, das zivilrechtliche Verhältnis der von den Parteien verursachten unerlaubten Handlung zum Leistungsanspruch mit dem Ausdruck „Haftung" anstelle von „Schuld" versieht, was im Grunde die Umwandlung von „Schuld" im Recht aus Schuldverhältnis in „Haftung" vervollständigt.[661] Aufgrund des Vorschlags des damaligen stellvertretenden Vorsitzenden des Ständigen Ausschusses des NVK und Direktors der Kommission für Gesetzgebungsangelegenheiten, *Zhen Peng*, die Ausarbeitung des Zivilgesetzbuchs von „Wholesale" auf „Retail" umzustellen, wurde die Ausarbeitung des Zivilgesetzbuches eingestellt.[662] Gleichzeitig begann der Weg der Einzelgesetzgebung im Bereich des Zivilrechts in China. Im Jahr 1986 wurden die Allgemeinen Grundsätze des Zivilrechts verabschiedet, und damit begann in China die Ära der Einzelgesetzgebung des Zivilrechts, die sich auf die Allgemeinen Grundsätze des Zivilrechts stützt. Buch 5 Abschnitt 2 der Allgemeinen Grundsätze des Zivilrechts enthält einen Abschnitt über Schuldrecht, in dem Schulden definiert werden (§ 84 der allgemeinen Grundsätze des Zivilrechts) und die Arten von Schulden aufgeführt sind, darunter Vertragsschulden (§§ 85–91 der allgemeinen Grundsätze des Zivilrechts), Schulden aus ungerechtfertigter Bereicherung (§ 92 der allgemeinen Grundsätze des Zivilrechts) und Schulden aus Auftrag ohne Geschäftsführung (§ 93 der allgemeinen Grundsätze des Zivilrechts), während Schulden aus unerlaubten Handlungen ausgeschlossen sind. Das Gesetz über die Haftung für die Verletzung von Rechten wurde 2009 verabschiedet und trat am 1. Juli 2010 in Kraft. Die Kodifizierung des Zivilgesetzbuchs 2020 folgt dem Grundsatz der direkten Umwandlung einzelner Gesetze in Bücher des Gesetzbuchs. Der AT zum Schulrecht wurde aufgrund der starken legislativen Trägheit verworfen.[663]

---

659 徐国栋，《民法典》不采用债法总则的本国立法史和比较法依据，法治研究，2020, 137 (138-139).

660 徐国栋，《民法典》不采用债法总则的本国立法史和比较法依据，法治研究，2020, 137 (138-139).

661 朱庆育，债法总则消亡史，法学研究，2023, 52 (61).

662 江平，中国民法典的三个创新，政法论坛，2022, 35 (36-37).

663 朱庆育，债法总则消亡史，法学研究，2023, 52 (68f.).

## III. Inhalt der Schuldverhältnisse im Buch über Verträge

Ein Schuldverhältnis, das nicht aus einem Vertrag entsteht, richtet sich nach § 468 ZGB. "Für ein Schuldverhältnis, das nicht aus einem Vertrag entsteht, gelten die für das Schuldverhältnis einschlägigen Vorschriften; Fehlen diese, finden die betreffenden Bestimmungen der Allgemeinen Grundsätze dieses Buches Anwendung, es sei denn, die Anwendung ist der Art des Schuldverhältnisses nach auszuschließen" (§ 468 ZGB). Mit dieser Bestimmung soll das Teilbuch über die Allgemeinen Grundsätzen der Verträge die Funktion eines Schuldrechts AT erfüllen und die Frage der rechtlichen Anwendung des Schuldrechts auf außervertragliche Schuldverhältnisse lösen.[664] Allerdings sind nicht alle Bestimmungen der Allgemeinen Grundsätze über Verträge auf außervertragliche Schuldverhältnisse anwendbar, sondern nur die einschlägigen Bestimmungen. In der Gesetzessprache des Vertragsbuchs wurde der Anwendungsbereich der Bestimmungen grob angegeben, z. B. können Abschluss des Vertrags (§§ 469–501 ZGB) und Wirksamkeit des Vertrags (§§ 502–508 ZGB) nicht auf andere Arten von Schuldverhältnissen angewendet werden, weshalb der Ausdruck „Schuld" in diesen beiden Teilen nicht vorkommt; auf der Ebene der Wirkungen nach dem Entstehen eines Schuldverhältnisses bestehen jedoch erhebliche Gemeinsamkeiten, daher finden sich in den Kapiteln über Vertragserfüllung (§§ 514–531 ZGB), Sicherung von Verträgen (§§ 535–542 ZGB), Änderung und Übertragung von Verträgen (§§ 545–555 ZGB), Beendigung der Rechte und Pflichten aus Verträgen (§§ 557–561 ZGB) sowie Haftung für Vertragsverletzungen (§§ 579–581, 587, 589 ZGB ) zahlreiche Formulierungen wie „Gläubiger" und „Schuldner".[665] Bestimmungen, die nicht den Begriffen „Gläubiger" und „Schuldner" verwenden, sind grundsätzlich nur auf das Vertragsrecht anwendbar. Ausschlaggebend ist jedoch letztlich der Zweck der jeweiligen Norm, bspw. sieht in § 509 Abs. 1 ZGB der Vertragserfüllungsklausel vor, dass die am Vertrag Beteiligten ihre Pflichten vereinbarungsgemäß und

---

664 王利明，论民法典合同编发挥债法总则的功能，法学论坛，2020, 5(5-8); 刘承韪，民法典合同编的立法取向与体系开放性，环球法律评论，2020, 68 (75-78); 朱虎，债法总则体系的基本反思与技术重整，清华法学，2019, 126(139-140); 柳经纬/张润，债的概念和体系——以《民法典》第118 条为中心，海峡法学，2022, 3(12-14); 江平，中国民法典的三个创新，政法论坛，2022, 35(39).

665 朱广新/谢鸿飞主编，民法典评注合同编1，中国法制出版社，2020, S. 50-51.

vollständig erfüllen sollen. Diese Vorschrift ist als eine schuldrechtliche Klausel zu verstehen, da das das Erfordernis der vollständigen Erfüllung einer Schuld nicht nur für vertragliche Schulden besteht, sondern auch für außervertragliche Schulden.[666] Darüber hinaus wurde im Vertragsbuch ein separates Teilbuch „Quasiverträge" (drittes Teilbuch) eingerichtet, das die ungerechtfertigte Bereicherung (28 Kapitel) und die Geschäftsführung ohne Auftrag (29 Kapitel) regelt, um eine wirksame Verknüpfung mit dem vertraglichen System herzustellen und den unterschiedlichen Situationen bei der Anwendung des Rechts in vollem Umfang Rechnung zu tragen und so gesetzliche und vertragliche Schulden zu integrieren.[667]

## IV. Fazit

Das ZGB ist das erste Gesetz in China, das nach einem Gesetzbuch benannt wurde, und es weist zahlreiche Neuerungen auf. Es ZGB verwendet ein Sieben-Bücher-Kodifizierungssystem, das sich von dem fünfteiligen Büchersystem in Deutschland und dem dreiteiligen in Frankreich unterscheidet. Es enthält ein separates Buch für Persönlichkeitsrechte und die Haftung für die Verletzung von Rechten, ohne einen AT zum Schuldrecht einzuführen. Es weist ebenfalls viele inhaltliche Neuerungen auf, z. B. die Trichotomie der Zivilsubjekte und die Bestimmungen über das Eigentum an Land im landwirtschaftlichen Kollektiv eines Dorfes.[668] In Ermangelung eines ATs zum Schuldrecht wurde das ZGB von einigen Rechtswissenschaftler wegen der „Zersplitterung" der Bestimmungen über Schuldnormen kritisiert, die den Büchern Allgemeiner Teil, Verträge und Haftung für die Verletzung von Rechten verstreut sind.[669] Die Tatsache, dass das ZGB kein AT zum Schuldrecht enthält, ist jedoch auf die gesetzgeberische Trägheit zurückzuführen, die sich in den letzten 70 Jahren seit der Gründung des Landes durch die viermalige Ausarbeitung und Zusammenstellung des Zivilgesetzbuchs entwickelt hat. In diesem Zusammenhang werden die Funktionen des Vertragsbuchs faktisch erweitert und es übernimmt die Funktionen den AT zum Schuldrecht. Der Inhalt der Geldschuld ist ebenfalls im AT zum Vertragsrecht geregelt.

---

666 朱广新/谢鸿飞主编，民法典评注合同编1，中国法制出版社，2020, S. 51-52.
667 王利明，论民法典合同编发挥债法总则的功能，法学论坛，2020, 5 (8).
668 江平，中国民法典的三个创新，政法论坛，2022, 35ff.
669 柳经纬/张润，债的概念和体系——以《民法典》第118 条为中心，海峡法学，2022, 3 (3f.).

## B. Der Inhalt der Geldschuld

### I. Gegenstand der Geldschuld

Nach der h. M. ist eine Geldschuld eine Schuld, die an die Zahlung eines bestimmten Geldbetrags gebunden ist.[670] Der Gegenstand einer Geldschuld ist ein bestimmter Geldbetrag. Zu den Währungen gehören die allgemeine Währung, Fremdwährungen und Sonderwährungen, Fremdwährungen und Sonderwährungen in China mit beschränktem Umlauf, deshalb bezieht sich der Gegenstand der Geldschuld auf die allgemeine Währung, nämlich den RMB, das gesetzliche Zahlungsmittel Chinas.[671]

Geldleistungspflichten sind auf Verlangen des Gläubigers in dem gesetzlichen Zahlungsmittel des Leistungsortes zu erfüllen, wenn nicht etwas anderes gesetzlich oder rechtsgeschäftlich bestimmt ist (§ 514 ZGB). Diese Vorschrift ist neu und dient dazu, die Währung festzulegen, in der die Parteien ihre Geldschulden begleichen.[672]Das vom Büro für Zivilrecht der Kommission für Gesetzgebungsfragen erstellte Auslegungsbuch wird § 514 ZGB lediglich unter Bezugnahme § 16 des Bankgesetzes erläutert, in dem festgelegt ist, dass der RMB das gesetzliche Zahlungsmittel der Volksrepublik China ist, und in dem die gesetzlichen Zahlungsmittel anderer Regionen und Länder aufgeführt sind.[673] Insofern fehlt eine umfassende Erläuterung zu § 514 ZGB. § 514 ZGB befindet sich im Kapitel „Vertragserfüllung" des Buches „Verträge" im ZGB und sollte aus der Perspektive der Privatautonomie interpretiert werden, allerdings betrifft diese Vorschrift die Frage der Währung, was unweigerlich die Frage des Währungsrechts im öffentlichen Recht aufwirft.[674] Einerseits gibt § 514 ZGB den Parteien aus der Perspektive der Privatautonomie das Recht, Geld zur Erfüllung der Geldschuld frei zu wählen. Andererseits verweist § 514 ZGB aus öffentlich-rechtlicher Sicht für den Fall, dass die Parteien die Währung für die Erfüllung der Geldschuld nicht bestimmen,

---

670 郑玉波，民法债编总论，中国政法大学出版社（修订2版），2003, S. 201; 史尚宽，中国政法大学出版社，债法总论，2000, S. 246; 王洪亮，债法总论，北京大学出版社，2016, S. 98; 陈华彬，债法总论，中国法治出版社，2012, S. 79; 王利民，债法总则研究，第2版，中国人民大学出版社，2018, S. 147; 杨立新，债法，中国人民大学出版社，2018, S. 64. aA冯洁语，论私法中数字货币的规范体系，政治与法律，2021, 133 (138).

671 郑玉波，民法债编总论，中国政法大学出版社（修订2版），2003, S. 202.

672 王利民主编，中国民法典评注合同编（一），人民法院出版社，2021, S. 205.

673 黄薇主编，中华人民共和国民法典合同编解读，上册，中国法制出版社，2020, S. 174.

674 Vgl. 聂卫锋，中国法上货币之债的自治与管制——《民法典》第514条的联动效应与适用效果，荆楚法学，2022, 116 (117f.).

unmittelbar auf die §§ 16, 20 Bankgesetz und/oder § 8 Verordnung über die Devisenverwaltung, um die Erfüllung der Schuld in RMB zu ermöglichen. In diesem Zusammenhang dient § 514 ZGB als Auffangfunktion. Das Verständnis von § 514 ZGB beschränkt sich nach einer weit verbreiteten Forschungsmeinung auf die Wahl der Währungen.[675] Aber dieser einheitliche Auslegungsstandard vernachlässigt jedoch die mit dem gesellschaftlichen und technologischen Fortschritt entstandenen neuen Geldformen und damit die Wechselwirkung zwischen § 514 ZGB und Buchgeld, E-Geld und Kryptowährungen.[676] Darüber hinaus lässt er die tatsächliche Erfüllung von Geldschulden außer Acht und ignoriert die Tatsache, dass es je nach Art des Geschäfts, der Höhe des Geldbetrags usw. eine Barzahlung nicht angemessen ist.[677]

## II. Abgrenzungen

### *1. Gattungsschuld*

Je nach den Eigenschaften des Gegenstands lassen sich die Schulden in Stückschuld und Gattungsschuld unterteilen. Das ZGB sieht keine Gattungsschuld und keine Stückschuld vor, aber als grundlegende Theorie des Zivilrechts wurden sie in Lehrbüchern untersucht. Gattungssache ist die abstrakte Bezeichnung von Sache nur in Bezug auf Sorten, Spezifikationen, Qualität und Quantität, und Stücksache ist dagegen die spezifische Bezeichnung von Sache nach dem Willen der Parteien oder anderen Tatsachen, sodass die Unterscheidung zwischen den beiden ausschließlich nach dem subjektiven Willen der Parteien erfolgt und in der Methode der Transaktion, nicht aber in der Sache liegt.[678] Die Gattungsschuld bezieht sich auf eine Schuld, die bei ihrer Begründung nur eine bestimmte Art und Anzahl von Sachen als Leistungsgegenstand bestimmt, während die Stückschuld bei ihrer Begründung eine konkretisierte Sache

---

[675] Dazu etwa朱广新/谢鸿飞主编，民法典评注合同编1，中国法制出版社，2020 S. 380-381; 徐涤宇/张家勇，中华人民共和国民法典评注（精要版），中国人民大学出版社，2022, S. 599; 王利民主编，中国民法典评注合同编（一），人民法院出版社，2021, S. 205-206.

[676] Vgl. 聂卫锋，中国法上货币之债的自治与管制——《民法典》第514 条的联动效应与适用效果，荆楚法学，2022, 116(117-118); 程帅, 金钱债务外币履行的开放转向及实践应对——《民法典》第514条规范功能的收束与外溢, 西部法学评论，2024, 47( 56).

[677] Vgl. Staudinger/Omlor (2021) Vorbemerkungen zu §§ 244 ff, B82,83,84.

[678] 王利明/杨立新/王轶/程啸，民法学（上），第6版，法律出版社，2020, S. 325.

war.[679] Die Gattungsschuld wird in eine Stückschuld umgewandelt, nachdem sie durch erforderliche Handlungen des Schuldners oder die Einigung der Parteien bestimmt wurde. Bargeld ist eine bewegliche Sache i. S. v. § 115 ZGB, die eine in hohem Maße vertretbare Gattungssache und ein Verbrauchsgut ist.[680] Geld ist zwar eine Gattungssache und erfüllt damit eine Voraussetzung für die Begründung einer Gattungsschuld, doch Eine unterliegt Geldschuld jedoch grundsätzlich nicht dem Problem der Konkretisierung, weshalb sie keine Gattungsschuld darstellt.[681]

### 2. *Wahlschuld*

Nach § 515 Abs. 1 Hs. 1 ZGB bezeichnet die Wahlschuld die Fälle, bei denen der Schuldner nur einen von mehreren Leistungsgegenständen erbringen muss. Wenn etwas anderes gesetzlich oder rechtsgeschäftlich bestimmt ist oder sich aus Verkehrssitte ergibt, ist das Wahlrecht des Schuldners ausgeschlossen (§ 515 Abs. 1 Hs. 2 ZGB). Nimmt der Wahlberechtigte vor dem Ablauf der vereinbarten Wahlfrist oder der Leistungsfrist keine Wahl vor und unterlässt er die Vornahme der Wahl auch nach dem Ablauf einer angemessenen Frist, nachdem er zur Wahl aufgefordert wurde, so geht das Wahlrecht auf die andere Partei über (§ 515 Abs. 2 ZGB). Diese Vorschriften über die Wahlschuld sind neu und zielen darauf ab, eine Grundlage für die Wahlschuld zu schaffen, um den Leistungsgegenstand zu bestimmen und durch die Übertragungsregeln des Wahlrechts den Schuldner zur rechtzeitigen Ausübung des Wahlrechts zu drängen, um die Rechte und Pflichten zwischen den Parteien rechtzeitig zu klären.[682] Die Wahlschuld ist durch die Verfalt der Leistungsgegenstände und der Erfüllungsalternativen gekennzeichnet.[683] Bei einer Geldschuld ist der Leistungsgegenstand ausschließlich

---

679 杨立新，债法，中国人民大学出版社，2018, S. 61-62.

680 其木提，货币所有权归属及其流转规则——对“占有即所有”原则的质疑，法学，2009, 58(59); 王利民，债法总则研究，第2版，中国人民大学出版社，2018, S. 148; 梁慧星/陈华彬，物权法，法律出版社，2016, S. 208; 冯洁语，论私法中数字货币的规范体系，政治与法律，2021, 133(137).

681 陈华彬，债法总论，中国法治出版社，2012, S. 79; 王洪亮，债法总论，北京大学出版社，2016 , S. 98; aA siehe etwa 王洪亮，债法总论，北京大学出版社，2016, S. 99; 王利民，债法总则究，第2版，中国人民大学出版社，2018, S. 147.

682 朱广新/谢鸿飞主编，民法典评注合同编1，中国法制出版社，2020, S. 382.

683 最高人民法院民法典贯彻实施工作领导小组主编，中华人民共和国民法典总则编理解与适用（上），人民法院出版社，2020, S. 327.

das Geld. Der Schuldner kann sich den Leistungsgegenstand zur Erfüllung der Schuld nicht aussuchen, es handelt sich also nicht um eine Wahlschuld.

### 3. *Zinsschuld*

Eine Zinsschuld ist eine auf Zahlung von Zinsen gerichtete Schuld, die das Bestehen einer Hauptschuld voraussetzt und eine Nebenschuld der Hauptschuld ist.[684] Im ZGB sind Zinsen oder Zinsschulden nicht vorgesehen, aber die Bestimmungen über Zinsen betreffen in Büche z. B. sowohl Sachenrecht als auch Verträge. Zinsen sind gesetzliche Früchte, die auf der Grundlage des Kapitals und in Form eines bestimmten Prozentsatzes als Ertrag berechnet werden.[685] Ihre Höhe wird in der Regel durch gesetzliche Bestimmungen geregelt. § 680 Abs. 1 ZGB verbietet ausdrücklich die Vergabe hochverzinster Darlehen, womit erstmals in China auf zivilrechtlicher Ebene eine klare Regelung zum Verbot der Vergabe hochverzinster Darlehen getroffen wurde. Die Vorschrift gilt für alle Arten von Darlehensverträgen. Bei Finanzdarlehen müssen die Darlehensgeber seit dem 20. August 2019 den notierten Marktzinssatz für Darlehen als Preisstandard im Darlehensvertrag übernehmen, jedoch wird der Zinssatz für den Darlehensbestand weiterhin gemäß der ursprünglichen vertraglichen Vereinbarung umgesetzt.[686] Bei Privatdarlehen können die Parteien einen Zinssatz vereinbaren, der über dem notierten Marktzins liegt, jedoch das Vierfache des notierten Marktzinses für einjährige Darlehen zum Zeitpunkt des Vertragsschlusses nicht übersteigen darf (§ 25 Abs. 1 der Bestimmungen des Obersten Volksgerichts zu einigen Fragen der Rechtsanwendung bei der Behandlung von Darlehensfällen unter Bürgern[687]).

Der Zins und das Kapital sind nicht nur auf Geld beschränkt, sondern umfassen auch andere Substitute.[688] Zinsen entstehen jedoch nicht, wenn der Schuldner mit seiner Rückzahlung des Kapitals und der Zinsen in Verzug gerät oder wenn er die Rückzahlung des Kapitals und der Zinsen verweigert.

---

684 崔建远/陈进，债法总论，法律出版社，2021, S. 35.

685 王利民，债法总则研究，第2版，中国人民大学出版社，2018, S. 153.

686 中国人民银行，中国人民银行关于改革完善贷款市场报价利率（LPR）形成机制有关事宜的公告第5条，中国人民银行公告2019年第15号，16.08.2019, abrufbar unter https://www.waizi.org.cn/doc/67564.html.

687 最高人民法院关于审理民间借贷案件适用法律若干问题的规定（2020年修正）。

688 崔建远/陈进，债法总论，法律出版社，2021, S. 35.

Sie gehören zur Haftung für Vertragsverletzungen.[689] Bei der Zinsschuld kann es sich um die Zahlung eines bestimmten Betrags oder um die Zahlung eines Ersatzes handeln. Wenn eine Zinsschuld durch die Zahlung von Geld zu begleichen ist, ist die Zinsschuld auch eine Geldschuld. Eine Zinsschuld, die durch eine andere Zahlung als Geld zu begleichen ist, ist jedoch keine Geldschuld.

### *4. Fremdwährungsschuld und Valutakauf*

Fremdwährungsschuld bezieht sich auf die Zahlung in einer anderen Währung als RMB im Inland. Eine Fremdwährungsschuld findet sich nicht im ZGB. § 8 der Verordnung über die Devisenverwaltung besagt, dass es verboten ist, Fremdwährungen in der Volksrepublik China in Umlauf zu bringen oder Fremdwährungen für die Preisgestaltung oder die Abrechnung zu verwenden. Dies führt dazu, dass der Schuldner die Zahlung in einer anderen Währung im Inland in RMB umrechnen sollte.[690] Es handelt sich dann um einen Valutakauf und nicht mehr um eine Geldschuld, da die Parteien die Währungen nach ihren Wünschen umrechnen und die Währung nicht mehr die Geldfunktion erfüllt.[691] Bei der Umrechnung von Fremdwährungen in RMB werden zwei wichtige Aspekte berücksichtigt: der Umrechnungskurs und der Zeitpunkt der Umrechnung. Das Oberste Volksgericht hat auf „das Ersuchen um Anweisungen zur Bestimmung des Wechselkurses von RMB zu einer wichtigen ausländischen Währung bei der Verhandlung von Zivil- und Handelssachen mit Auslandsbezug“[692] und „bei der Auslegung des Obersten Volksgerichts zu verschiedenen Fragen der Rechtsanwendung bei der Berechnung von Schuldzinsen für den Zeitraum des Leistungsaufschubs im Vollstreckungsverfahren“[693] klargestellt, dass die Umrechnung nach dem Mittelkurs erfolgen sollte. In den auslandsbezogenen Zivil- und Handelsprozessen gibt es bei der Bestimmung des Umrechnungszeitpunkts die Fälligkeit der Schuld, das Datum der Annahme der Klage, das Ende

---

689 崔建远，论利息之债，中州学刊，2022, 66 (66).

690 郑玉波，民法债编总论，中国政法大学出版社（修订2版），2003, S. 204.

691 Staudinger/Omlor (2021) Vorbemerkungen zu §§ 244 ff, B 9.

692 最高人民法院《关于在涉外民商事案件审理中如何确定人民币兑主要外币汇率的请示的复函》，01.05. 2010, [2006]民四他字第30号。

693 最高人民法院《关于执行程序中计算迟延履行期间的债务利息适用法律若干问题的解释》第5条，法释（2024）8号，07.07.2014.

der Gerichtsverhandlung, das Datum des Urteils und andere Kriterien. Die Unterschiede dieser Umrechnungsstandards konzentrieren sich auf die Frage, ob eine wesentliche Beurteilung der Wechselkurschwankungen erfolgen soll und wer das Risiko der Wechselkurschwankungen zu tragen hat.[694] Dies ist jedoch nicht der Umrechnungszeitpunkt einer normalen Fremdwährungsschuld. In China fehlt es an Bestimmungen über Fremdwährungsschulden.

### *5. Erfüllungsanspruch bei Geldleistungspflicht*

§ 579 ZGB schreibt einen Erfüllungsanspruch bei Geldleistungspflicht vor: Zahlt eine Partei Preis, Entgelt, Miete oder Zinsen nicht oder erfüllt sie eine sonstige Geldleistungspflicht nicht, kann die andere Partei die Zahlung verlangen. Bei dieser Norm handelt es sich um eine Bestimmung über die Fortsetzungserfüllung einer Geldschuld und sie zielt darauf ab, dass es keine Unmöglichkeit einer Geldschuld gibt. Der Normzweck der Geldschuld nach § 579 ZGB unterscheidet sich von dem der Geldschuld nach § 514 ZGB, da die Geldschuld nach § 514 ZGB auf der Primärverpflichtung, die Geldschuld nach § 579 ZGB hingegen auf der Sekundärverpflichtung beruht.[695] § 579 ZGB ist nicht auf Geldschulden aus einem Vertrag beschränkt, sondern umfasst auch Geldschulden aus anderen gesetzlichen Gründen, wie andere Geldschulden aus unerlaubter Handlung, Geschäftsführung ohne Auftrag und ungerechtfertigter Bereicherung.[696]

## III. Die Geldschuld im ZGB

### *1. Geldschuld als Bringschuld*

Der Leistungsort ist der Ort, an dem ein Schuldner die Leistungshandlung vornimmt. Im rechtlichen Sinne ist der Leistungsort von großer Bedeutung für die Risikotragung und die Feststellung des Gerichtsstands. Wird der Erfüllungsort gemäß § 470 ZGB von den Parteien vereinbart, so gilt diese Vereinbarung. Kommt ein Vertrag zustande, ohne dass über den Leistungsort Vereinbarungen getroffen wurden oder sind die Vereinbarungen darüber nicht eindeutig, tritt § 510 ZGB ein. Dabei können die Lücken durch

---

694 何飞，外币之债的给付应坚持有利于守约方原则，人民法院报，15.10.2014，第 007 版。

695 Vgl. 朱广新/谢鸿飞主编，民法典评注——合同编2，中国法制出版社，2020, S. 323.

696 徐涤宇/张家勇，中华人民共和国民法典评注（精要版），中国人民大学出版社，2022, S. 637.

ergänzende Vereinbarungen gefüllt werden (§ 510 Hs. 1 ZGB). Erfolgt keine ergänzende Vereinbarung, sollen die Lücken mit Rücksicht auf die übrigen Vertragsklauseln[697] oder die Verkehrsgepflogenheiten gefüllt werden (§ 510 Hs. 2 ZGB). § 511 Nr. 3 ZGB spielt erst eine Rolle in der Bestimmung des Leistungsorts, wenn der Leistungsort nach § 510 ZGB nicht bestimmt wird.

Nach § 511 Nr. 3 ZGB können die Parteien eventuell den Leistungsort bestimmen: Wird der Leistungsort nicht eindeutig vereinbart, ist die Geldleistung am Ort des Gläubigers zu erbringen (§ 511 Nr. 3 Hs. 1 ZGB); besteht die Leistung in der Übergabe einer unbeweglichen Sache, ist am Ort der Sache zu leisten (§ 511 Nr. 3 Hs. 2 ZGB); die Leistung mit einem sonstigen Gegenstand ist am Ort des Schuldners zu erbringen (§ 511 Nr. 3 Hs. 3 ZGB). Nach § 511 Nr. 3 Hs. 1 ZGB hat der Schuldner im Zweifel Geld an den Gläubiger zu erbringen. Dies ist ebenfalls in § 18 Abs. 2 Hs. 1 der Erläuterungen des Obersten Volksgerichts zur Anwendung des Zivilprozessgesetzes der Volksrepublik China[698] vorgesehen. Somit stellt die Geldschuld grundsätzlich eine Bringschuld dar. Handelt es sich bei dem Geldempfänger um eine natürliche Person, so gilt als Wohnsitz der in der Haushaltsregistrierung oder einer anderen gültigen Identitätseintragung aufgezeichnete Aufenthaltsort (§ 25 Hs. 1 ZGB). Ist der gewöhnliche Aufenthaltsort mit dem Wohnsitz nicht identisch, so gilt der gewöhnliche Aufenthaltsort als Wohnsitz (§ 25 Hs. 2 ZGB). Handelt es sich bei dem Geldempfänger um eine juristische Person, so gilt als Wohnsitz der Belegenheitsort ihres Hauptverwaltungsorgans (§ 63 ZGB).

Bei bargeldlosen Zahlungen gilt die Geldschuld nach § 9 Nr. 2 der Bestimmungen des Obersten Volksgerichts zu einigen Fragen der Rechtsanwendung

---

[697] Haben die Parteien keinen Übergabeort vereinbart oder ist die Vereinbarung unklar und kann der Übergabeort auch nicht gemäß § 510 dieses Gesetzes bestimmt werden, werden die folgenden Bestimmungen angewandt: 1. Ist es erforderlich, den Vertragsgegenstand zu befördern, muss der Verkäufer ihn dem ersten Beförderer zur Beförderung zum Käufer übergeben. 2. Braucht der Vertragsgegenstand nicht befördert zu werden und wussten Verkäufer und Käufer bei Abschluss des Vertrags, wo sich der Vertragsgegenstand befindet, muss der Verkäufer ihn an diesem Ort übergeben; wussten sie das nicht, muss der Vertragsgegenstand an dem Ort übergeben werden, der im Zeitpunkt des Vertragsabschlusses Niederlassungsort des Verkäufers ist (§ 603 Abs. 2 ZGB).

[698] 最高人民法院，最高人民法院关于适用《中华人民共和国民事诉讼法》的解释(2022修正)，2022.04.10实施，法释〔2022〕11号。

bei der Behandlung von Darlehensfällen unter Bürgern[699] bei Zahlungen wie Banküberweisungen, elektronischen Online-Geldanweisungen oder über Internetdarlehensplattformen zu dem Zeitpunkt, an dem die Geldbeträge das Konto des Darlehensnehmers erreichen. Daraus lässt sich ableiten, dass bei bargeldlosen Zahlungen die Geldschuld als erfüllt gilt, wenn die Geldbeträge auf dem Zahlungskonto des Empfängers eingehen. Nach der Bringschuld ist die Geldschuld mit e-CNY erst dann erfüllt, wenn der überwiesene Betrag das digitale Wallet des Empfängers erreicht. Bei der Bringschuld soll der Schuldner das Risiko des Transports des Geldes und das Risiko einer Verzögerung tragen.[700] § 511 Nr. 3 ZGB sind jedoch Auslegungsregeln. Wenn das Gesetz oder die Parteien im Voraus eine Vereinbarung getroffen haben, gilt diese.

### 2. *Gefahr-, Risiko- und Kostentragung*

#### A) GEFAHR- UND KOSTENTRAGUNG

Geldschuld stellt eine Bringschuld dar und in der Regel trägt der Schuldner die Leistungskosten und die Gefahr des Transports. § 511 Nr. 6 ZGB sieht vor, dass der Schuldner im Zweifel Leistungskosten trägt. Entstehen bei der Leistung aber infolge eines vom Gläubiger zu vertretenden Umstandes Mehrkosten, trägt sie der Gläubiger. Bei den Leistungskosten handelt es sich um die für die Erfüllung der Verpflichtung erforderlichen Aufwendungen, die ihrer Natur nach zu den Transaktionskosten gehören und deshalb beim Fehlen einer Vereinbarung vom Schuldner zu tragen sind. Sie umfassen sowohl die inhärenten Erfüllungskosten als auch die erhöhten Erfüllungskosten, wie Verpackungs-, Transport-, Überweisungs-, Registrierungs- und Meldekosten.[701] Erhöhen sich die Leistungskosten des Schuldners durch die Übertragung der Forderung vom Gläubiger (§ 550 ZGB[702]) oder die Verweigerung der Annahme ohne rechtfertigenden Grund (§ 589 ZGB[703]), so trägt der Gläubiger

---

[699] 最高人民法院，《最高人民法院关于审理民间借贷案件适用法律若干问题的规定》, 01.01.2022 实施，法释〔2020〕17号。

[700] 韩世远，合同法总论，法律出版社，2018, S. 353; 冯洁语，论私法中数字货币的规范体系，政治与法律，2021, 133 (138)

[701] 徐涤宇/张家勇，中华人民共和国民法典评注（精要版），中国人民大学出版社，2022, S. 556; 朱光新/谢鸿飞，民法典评注——合同编总则1，中国法制出版社，S. 371.

[702] „Die aus der Übertragung entstandenen Mehrkosten für die Befriedigung der Forderung trägt der Altgläubiger“ (§ 550 ZGB).

[703] „Lehnt der Gläubiger ohne triftigen Grund ab, die vom Schuldner vereinbarungsgemäß angebotene Leistung anzunehmen, ist der Schuldner berechtigt, vom Gläubiger den Ersatz der dadurch entstandenen Mehrkosten zu verlangen“ (§ 589 Abs. 1 ZGB)

die erhöhten Leistungskosten.[704] Der Gläubiger kann die vorzeitige oder teilweise Erfüllung nicht verweigern, wenn dies seine Interessen nicht schädigt, aber die dadurch entstehenden zusätzlichen Kosten hat der Schuldner zu tragen (§§ 530, 531 ZGB).[705] Allerdings gibt es in China keinen einheitlichen Standard für die vom Schuldner zu tragenden Leistungskosten im bargeldlosen Zahlungsverkehr, und jeder Zahlungsdienstleister erhebt seine eigenen Gebühren (Einzelheiten im Kapitel zum Zahlungsdienstleistungsgesetz). Überweisungen zwischen natürlichen Personen über e-CNY sind gebührenfrei, die Händlergebühren sind jedoch noch nicht festgelegt. Geldschulden als Bringschuld werden in der Regel vom Schuldner für die Gefahr des Transportes getragen.[706] Der Verlust des Geldes auf dem Transportweg oder durch die erfolglose Überweisung des Geldes unterliegt grundsätzlich der Nacherfüllung durch den Schuldner, die im ZGB nicht geregelt ist.

### B) INSOLVENZ- UND ENTWERTUNGSRISIKO

Die PBOC ist ein dem Staatsrat unterstelltes staatliches Organ, dem kein Insolvenzrisiko droht. Ist eine Geschäftsbank nicht in der Lage, die fälligen Schulden zu begleichen, kann sie von den Volksgerichten nach dem Gesetz und mit der Zustimmung des Bankenaufsichtsorgans des Staatsrats für insolvent erklärt werden (Gesetz über Geschäftsbanken). Da die PBOC keine Geschäftsbank ist, kann von Insolvenz keine Rede sein. Der e-CNY wird von der PBOC ausgegeben und begründet eine direkte Verbindlichkeit der PBOC gegenüber den Nutzern. Die zugelassenen Zahlungsdienstleister wie Geschäftsbanken sind die Betreiber des e-CNY und gehen mit den Nutzern eine vertragliche Beziehung ein. In diesem Zusammenhang tragen Nutzer des e-CNY kein Insolvenzrisiko. Geldschulden können je nach Nominalismus und Valorismus in Geldsummenschuld und Geldwertschuld unterteilt werden. In China wird im Allgemeinen von der Geldsummerschuld ausgegangen.[707] Geldschulden sind folglich bei der Begründung der Schuld vom

---

704 崔建远主编，合同法，第7版，法律出版社，2021, S. 104; 韩世远，合同法总论，法律出版社，2018, S. 359-360.

705 韩世远，合同法总论，法律出版社，2018, S. 360; 黄微，中华人民共和国民法典——合同编解读（上册），中国法制出版社，2020, S. 233, 235.

706 冯洁语，论私法中数字货币的规范体系，政治与法律，2021, 133(138); 韩世远，合同法总论，法律出版社，2018, S. 353.

707 陈华彬，债法总论，中国法治出版社，2012, S. 80, 82. Aber chinesische Rechtswissenschaft haben den Nominalismus und den Valorismus des Gelds und die entsprechende

Leistungsgeldbetrag bestimmt oder können zumindest durch ihn bestimmt werden. Selbst wenn sich der Geldwert während der Erfüllung der Geldschuld ändert, wird der ursprüngliche Betrag der Geldzahlung nicht berührt.[708] Der Gläubiger trägt aufgrund von sozioökonomischen Veränderungen wie Wirtschaftskrisen, Kriegen oder Entwertungsrisiko aus Termingeschäften und Dauerverträgen ein Entwertungsrisiko, es sei denn, die Parteien haben eine Wertsicherungsklausel für das Geld vereinbart.[709]

### 3. *Unmöglichkeit*

Die Erfüllung einer Geldschuld kann nicht unmöglich werden.[710] Gemäß § 579 ZGB kann der Gläubiger Fortsetzungserfüllung vom Schuldner verlangen, wenn der Schuldner eine Geldschuld nicht oder nicht vollständig erfüllt. Der Schuldner kann die Erfüllung einer Geldschuld nicht wegen subjektiver oder objektiver Unfähigkeit verweigern. Für eine Unmöglichkeit der Geldschuld kommen folgende Gründe im Betracht: Erstens ist Geld eine besondere Sache ohne Individualität, aber mit einem hohen Grad an Substituierbarkeit und Liquidität, folglich liegt kein Untergang des Gegenstands der Geldschuld vor und die Nichterfüllung des Schuldners aufgrund der wirtschaftlichen Schwierigkeiten lediglich eine Verzögerung der Erfüllung darstellt. [711]Beispielsweise schreibt der § 10 Hs. 3 Rundschreiben des Obersten Volksgerichts über die Verkündung der leitenden Stellungnahmen des Obersten Volksgerichts zu verschiedenen Fragen im Zusammenhang mit der ordnungsgemäßen Behandlung von Zivilprozessen im Zusammenhang mit der COVID-19-Epidemie im Einklang mit dem Gesetz (II) vor:

---

Geldsummenschuld und Geldwertschuld in ihrer Untersuchung der Geldschuld kaum untersucht.

[708] 陈华彬，债法总论，中国法治出版社，2012, S. 82.

[709] 王洪亮，债法总论，北京大学出版社，2016S. 101; 王利民，债法总则研究，第二版，中国人民大学出版社，2018, S. 150.

[710] 王洪亮，债法总论，北京大学出版社，2016，S. 98; 温世杨，《民法典》合同履行规则检视，浙江工商大学学报，2020, 6(15); 徐涤宇/张家勇，中华人民共和国民法典评注，中国人民法学出版社，637; 黄微，中华人民共和国民法典——合同编解读，中国法制出版社，2020, S. 411; 王利民，债法总则研究，第2版，中国人民大学出版社，2018, S. 148; 陈华彬，债法总论，中国法治出版社，2012, S. 82; 杨立新，债法，中国人民大学出版社，2018, S. 64; 韩世远，合同法总论，第4版法律出版社，2018, S. 768.

[711] 最高人民法院民法典贯彻实施工作领导小组主编，中华人民共和国民法典总则编理解与适用（上），人民法院出版社，2020, S. 730.

Streitigkeiten über die Rückzahlung von Privatkrediten wie Hypotheken- und Kreditkartenzahlungen bei Personen, die wegen einer COVID-19-Infektion im Krankenhaus liegen oder unter Quarantäne gestellt wurden, bei Personen, die zur Seuchenprävention und -bekämpfung unter Quarantäne gestellt werden müssen, bei Personen, die an der Seuchenprävention und -bekämpfung beteiligt sind, und bei Personen, die aufgrund der Epidemie oder von Seuchenpräventions- und bekämpfungsmaßnahmen vorübergehend ihre Einkommensquelle verloren haben, werden von den Volksgerichten durch Änderung der Rückzahlungsfrist nach dem Grundsatz der Fairness und unter Berücksichtigung der konkreten Situation des Einzelfalls entschieden. Zweitens sieht § 579 ZGB die Fortsetzung von Geldschulden ohne Ausnahme vor. Dies zeigt deutlich, dass keine Unmöglichkeit bei Geldschulden im Vergleich zur Ausnahme der Fortsetzungserfüllung von Nicht-Geldschulden in § 580 ZGB eintreten kann.[712] § 579 ZGB erkennt die gesellschaftliche Vorstellung und Verkehrssite an, dass Geldschulden in jedem Fall bezahlt werden sollten.[713] Außerdem wird im Hinblick auf Geldschulden davon ausgegangen, dass der Schuldner immer in der Lage ist, durch Arbeit, Produktion, Geschäftstätigkeit, geistige Schöpfung oder Darlehen Geld zu beschaffen und die Schuld zu begleichen.[714] Was die Vollstreckung betrifft, so sind Geldschulden unabhängig von den Vermögensverhältnissen des Schuldners vollstreckbar.[715] Schließlich kann der Gläubiger die Erfüllung mit der gesetzlichen Währung des Leistungsortes oder einer anderen Währung verlangen, wenn die im Vertrag vereinbarte Währung aus Kontrollgründen nicht erfüllt werden kann.[716] § 579 ZGB gilt nicht nur für die tatsächliche, sondern auch für die antizipierte Vertragsverletzung.[717] Erklärt eine Partei ausdrücklich oder mit einem schlüssigen Verhalten, die Leistung zu verweigern, kann der andere Teil vor dem Fälligwerden der Leistung die Rechte aus der Vertragswidrigkeit geltend machen (§ 578 ZGB).

---

712 温世杨，《民法典》合同履行规则检视，浙江工商大学学报，2020, 6(15); 杨代雄，袖珍民法典评注，中国民主法制出版社，2021, S. 534.

713 朱光新/谢鸿飞主编，民法典评注——合同编通则2，中国法制出版社，2020, S. 324.

714 朱光新/谢鸿飞主编，民法典评注——合同编通则2，中国法制出版社，2020, S. 324.

715 陈华彬/债法总论，中国法治出版社，2012, S. 82.

716 徐涤宇/张家勇主编，中华人民共和国民法典评注，中国人民法学出版社，2022, S. 638.

717 朱光新/谢鸿飞主编，民法典评注——合同编通则2，中国法制出版社，2020, S. 327.

Die in § 579 ZGB vorgesehene Fortsetzungsfüllung ist nicht zwingend. Wenn der Gläubiger das Geld gemäß § 579 ZGB schließlich nicht bekommt, kann er bei dem zuständigen Volksgericht die Grundstufe eines Zahlungsbefehls gemäß § 225 Zivilprozessgesetz beantragen. Nachdem das Volksgericht den Antrag angenommen hat und die vom Gläubiger vorgelegten Tatsachen und Beweise geprüft hat, muss es bei einer klaren, legalen Forderung-Schuld-Beziehung den Zahlungsbefehl vom Tag der Annahme an innerhalb von 15 Tagen an den Schuldner ausgeben; wenn der Antrag nicht besteht, wird er mit Beschluss zurückgewiesen (§ 227 Zivilprozessgesetz). Wenn der Vollstreckungsschuldner seine Pflicht, Geld zu zahlen, nicht in den in Urteilen, Beschlüssen und anderen Rechtsurkunden bestimmten Fristen erfüllt, muss er die Schuldzinsen für die Zeit der verzögerten Erfüllung doppelt zahlen (§ 264 Zivilprozessgesetz).

## *4. Verzug*

### A) SCHULDNERVERZUG

ZGB enthält keine besonderen Bestimmungen über den Schuldnerverzug, aber nach § 509 Abs. 1 ZGB hat der Schuldner seine Pflichten aus dem Vertragsschuldverhältnis in gesetz- und vertragsmäßiger Weise vollständig zu erfüllen (nach dem Grundsatz der vollständigen Erfüllung). Die Vertragsparteien müssen ihre Verpflichtungen gemäß der Vertragsvereinbarung erfüllen, einschließlich der Quantität, der Qualität, der Spezifikation, des Preises, des Ortes, der Frist und der Art und Weise der Erfüllung des Vertragsgegenstandes.[718] Kommt ein Vertrag zustande, ohne dass darüber Vereinbarungen getroffen wurden oder sind die Vereinbarungen darüber nicht eindeutig, müssen die Parteien durch die Lückenfüllung nach §§ 510, 511 ZGB die Inhalte festlegen und dann vollständig erfüllen, außer es liegt eine Störung der Geschäftsgrundlage i. S. v. § 533 Abs. 1 ZGB[719] oder die Vereitelung des Vertragszwecks wegen höherer Gewalt i. S. v. § 563 Abs. 1

---

[718] 崔建远主编，合同法，第7版，法律出版社，2021, S. 94.

[719] Haben sich Umstände, die zur Grundlage eines Vertrags geworden sind, nach dem Vertragsschluss schwerwiegend verändert und ist die Veränderung weder zum Zeitpunkt des Vertragsschlusses den beiden Teilen vorhersehbar gewesen noch aus der Verwirklichung eines Geschäftsrisikos entstanden, kann der von der Veränderung benachteiligte Teil die Anpassung des Vertrags verlangen, wenn das Festhalten am unveränderten Vertrag höchst unverhältnismäßig ist; erfolgt die Anpassung des Vertrags

Nr. 1 ZGB[720] vor. Erfüllen die Parteien ihre vertraglichen Verpflichtungen nicht vollständig, haften sie gemäß Kapitel 8 des Buchs über Verträge des ZGB wegen Vertragsverletzung.

Bei einer Geldschuld kommt der Schuldner in Verzug, wenn er dem Gläubiger das Geld nicht innerhalb der vereinbarten Frist übermittelt. Bei einer Geldschuld als Bringschuld muss das Bargeld oder der Geldbetrag rechtzeitig am Wohnsitz des Gläubigers oder auf das Zahlungskonto des Gläubigers übergeben werden. Beim Schuldnerverzug kann der Gläubiger die Fortsetzungserfüllung des Schuldners nach § 579 ZGB verlangen. Darüber hinaus unterliegt der Schuldnerverzug anderen Vertragsverletzung, z. B. Vertragsstrafe (§ 585 ZGB) und Schadensersatz (§§ 583, 584 ZGB).[721]

Der e-CNY weist die Eigenschaft „Zahlung ist Abwicklung" auf. Die nicht rechtzeitige Erteilung eines Zahlungsauftrages in e-CNY führt zum Schuldnerverzug, sofern keine Verzögerung aufgrund eines Fehlers im Abwicklungssystem vorliegt. Im intermittierenden Offline-Zahlungsmodus kommt es nur bei Beschränkungen, die eine Synchronisation mit dem Zentralbankensystem erfordern, zu Verzögerungen beim Zahlungseingang. Diese Verzögerung stellt eine verzögerte oder asynchrone Transaktionsbearbeitung dar. Nach der Wiederherstellung der Netzwerkverbindung prüft die Zentralbank die Transaktionsdaten und verbucht die Zahlung, um dem Gläubiger den Betrag gutzuschreiben.[722] Solche Verzögerungen bei der Übermittlung liegen im Einflussbereich des Betreibers und sollten deshalb nicht dem Schuldnerverzug zugerechnet werden.

### B) GLÄUBIGERVERZUG NACH § 589 ZGB

Gläubigerverzug ist der Umstand, dass eine Schuld, für deren Erfüllung die Annahme oder Mitwirkung des Gläubigers erforderlich ist, vom Schuldner erfüllt oder angeboten, aber vom Gläubiger nicht angenommen oder dabei

---

nicht binnen einer angemessenen Frist, kann beim Volksgericht oder Schiedsgericht die Anpassung oder die Aufhebung des Vertrags beantragt werden (§ 533 Abs. 1 ZGB).

720 Wenn der Vertragszweck wegen höherer Gewalt vereitelt wird, kann ein Vertrag aufgehoben werden (§ 563 Abs. 1 Nr. 1 ZGB).

721 徐涤宇/张家勇，中华人民共和国民法典评注（精要版），中国人民大学出版社，2022, S. 638.

722 才华/肖普山/章郑，基于专利分析的中国央行数字货币系统研究，中国科技信息，2021 CHINA SCIENCE AND TECHNOLOGY INFORMATION, 17(20); 杨卓/曹海峰/康一鑫，数字货币对支付系统的影响分析，金融科技时代，2022, 22(23).

mitgewirkt wurde.[723] Lehnt der Gläubiger ohne rechtfertigenden Grund ab, die vom Schuldner vereinbarungsgemäß angebotene Leistung anzunehmen, ist der Schuldner berechtigt, vom Gläubiger den Ersatz der dadurch entstandenen Mehrkosten zu verlangen (§ 589 Abs. 1 ZGB), während des Annahmeverzugs ist die Leistung nicht zu verzinsen (§ 589 Abs. 2 ZGB). Bei § 589 ZGB handelt es sich um eine neue Bestimmung, um die zahlreichen Fälle von Gläubigerverzug in der Rechtspraxis zu lösen und die Interessen der Schuldner zu schützen.[724] Der Verzug des Gläubigers führt nur zum Ersatz der Mehrkosten und nicht zur Geltendmachung von Verzugszinsen. Außerdem tritt es keine Haftung wegen Vertragsverletzung ein, sodass die Annahmepflicht des Gläubigers lediglich eine Obliegenheit darstellt.[725] Die Annahmeverzögerung hat also nichts mit dem Verschulden des Gläubigers zu tun, wenn der Gläubiger z. B. verletzt oder krank ist oder die Zahlung aufgrund höherer Gewalt nicht annehmen kann, stellt dies ebenfalls einen Verzug des Gläubiger dar.[726] Wenn der Gläubiger ohne triftigen Grund die Annahme der Leistung ablehnt, kann der Schuldner den Gegenstand seiner Leistung hinterlegen (§ 570 Abs. 1 Nr. 1 ZGB). Ist der Gegenstand der Leistung nicht zur Hinterlegung geeignet oder würde die Hinterlegung unverhältnismäßig hohe Kosten verursachen, kann der Schuldner den Gegenstand nach gesetzlichen Maßgaben versteigern lassen oder verkaufen und den Erlös hinterlegen (§ 570 Abs. 2 ZGB).[727] Die Gefahr des Untergangs und des Verlusts des Gegenstands geht auf den Gläubiger über, wenn der Gläubiger mit seiner Annahme in Verzug ist, jedoch haftet der Schuldner für die Fortsetzungsfüllung oder für Schadensersatz, wenn er vorsätzlich oder grob fahrlässig gehandelt hat.[728]

---

[723] 朱广新，合同法总则研究上下卷，中国人民大学出版社，2018, S. 814.

[724] 黄微，中华人民共和国民法典——合同编解读，中国法制出版社，S. 456; 最高人民法院民法典贯彻实施工作领导小组主编，中华人民共和国民法典总则编理解与适用（上），人民法院出版社，2020, S. 456.

[725] 朱光新/谢鸿飞主编，民法典评注——合同编通则2，中国法制出版社，2020, S. 451. aA. 吴逸宁，民法典编纂视野下的债权人不履行受领行为的责任规范整合，法治研究，2018, 116f.; 重庆市江北区人民法院2013江民执字第102号民事裁定书，临沂中院（2021）鲁13民终72号民判

[726] 王洪亮，债法总论，北京大学出版社，2016, S. 330; 朱光新/谢鸿飞，民法典评注——合同编总则2，中国法制出版社，2020, S. 456.

[727] 朱广新，合同法总则研究上下卷，中国人民大学出版社，2018, S. 810.

[728] 朱光新/谢鸿飞，民法典评注——合同编总则，中国法制出版社，2020, S. 459.

Der Gläubigerverzug setzt voraus: 1) der Schuldner hat die Leistung vereinbarungsgemäß tatsächlich angeboten oder bereits ein wörtliches Angebot gemacht; 2) eine erforderliche Mitwirkung ist für die Erfüllung der Schuld notwendig; 3) der Gläubiger verweigert die Annahme, die Annahmeverzug und eine eindeutige Erklärung zur Nicht-Annahme umfasst; 4) es gibt keinen gerechtfertigten Grund für Ablehnung. Gerechtfertigte Gründe umfassen.[729] Der Gläubiger kann eine vom Schuldner vor der Fälligkeit bewirkte Leistung ablehnen, es sei denn, dass die vorzeitige Leistung dem Interesse des Gläubigers nicht schaden wird (§§ 530, 531 ZGB). In diesem Fall ist der Schuldner verpflichtet, dem Gläubiger die Leistung eine angemessene Zeit vorher anzukündigen, andernfalls kommt der Gläubiger nicht dadurch in Verzug, dass er vorübergehend an der Annahme der angebotenen Leistung verhindert ist.[730]

### 5. *Erfüllung nach § 557 ZGB*

Ein Schuldverhältnis erlischt 1) mit der Erfüllung der Schuldpflicht; 2) mit der Aufrechnung von Schuldpflichten; 3) mit der Hinterlegung des Leistungsgegenstands durch den Schuldner nach gesetzlichen Maßgaben; 4) mit dem Erlass der Schuldpflicht durch den Gläubiger; 5) mit der Vereinigung der Forderung und der Schuldpflicht in einer Person; 6) aus einem sonstigen, gesetzlich geregelten oder vereinbarten Grund (§ 557 Abs. 1 ZGB). § 557 ZGB abstrahiert die Gründe für die Beendigung von Schuldverhältnissen, um es den nachfolgenden Bestimmungen zu ermöglichen, die Gründe, die Wirksamkeit und weitere Aspekte der Beendigung verschiedener Schuldverhältnisse festzulegen.[731] Gleichzeitig erleichtert dies die gerichtliche Anwendung und fördert das Verständnis der Richter für die unterschiedlichen Fälle des Erlöschens von Schuldverhältnissen.[732] Die Erfüllung ist die wichtigste Methode des Erlöschens der Schuldverhältnisse. Geldschuld erlischt ebenfalls durch die Erfüllung des Schuldners.[733] Wie oben gezeigt, kann der Schuldner das Geld nur hinterlegen, wenn der Gläubiger ohne triftigen Grund die Annahme der Leistung ablehnt (§ 570 Abs. 1 Nr. 1 ZGB).

---

729 黄微，中华人民共和国民法典——合同编解读，中国法制出版社，2020, S. 456-457.

730 黄微，中华人民共和国民法典——合同编解读，中国法制出版社，S. 457-458.

731 朱光新/谢鸿飞，民法典评注——合同编通则2，中国法制出版社，S. 127.

732 朱光新/谢鸿飞，民法典评注——合同编通则2，中国法制出版社，S. 127.

733 王洪亮，债法总论，北京大学出版社，2016, S. 101.

Für den Fall, dass eine Hinterlegung des e-CNY nicht möglich ist, könnte der Schuldner den e-CNY auszahlen und Bargeld hinterlegen.

Das Schuldverhältnis der Geldschulden kann ebenfalls mit Aufrechnung erlösen. Die §§ 568, 569 ZGB sehen die gesetzliche und vereinbarte Aufrechnung vor. Beide dienen dazu, die Erfüllung von Forderungen aus Rechtsgeschäften zu erleichtern, das Verfahren der Abrechnung zu vereinfachen und Forderungen zu wahren.[734] Gemäß § 568 ZGB muss die gesetzliche Aufrechnung folgende Voraussetzungen erfüllen: 1) die Parteien schulden einander wirksame bestehende Leistung; 2) die Art und die Beschaffenheit der Gegenstände sind gleichartig; 3) die Aktivforderung muss fällig sein; 4) die Aufrechnung kann für beide Schuldner gelten, es sei denn, sie können nach der Natur der Schuld oder nach den gesetzlichen Bestimmungen nicht aufrechnen.[735] Am häufigsten ist in der Praxis die Aufrechnung der Schuld als Geldschuld, die unabhängig von der Form des Geldes, also physischem und digitalem Geld, als gleiche Art und Beschaffenheit angesehen wird.[736] Es gibt unterschiedliche Meinungen darüber, ob Schulden in verschiedenen Währungen aufgerechnet werden können. Befürworter sind der Ansicht, dass verschiedene Währungen durch Umrechnung in dieselbe Währung aufgerechnet werden können, wodurch das Ziel erreicht wird, dass die Art und Qualität des Gegenstands gleich sind.[737] Seit 2007 unterliegen Devisen in China keiner Einschränkung hinsichtlich des freien Umtauschs mehr. Viele Länder tendieren dazu, die Aufrechnung von Schulden in verschiedenen Währungen zuzulassen, und sowohl die „UNIDROIT Grundregeln für internationale Handelsverträge" als auch die „Grundsätze des europäischen Vertragsrechts" erkennen die Möglichkeit der Aufrechnung von Schulden in verschiedenen Währungen an.[738] Gegner argumentieren, dass Fremdwährungsschulden nicht nur als allgemeines Zahlungsmittel fungieren, sondern auch eine besondere Bedeutung und einen spezifischen Wert haben, die über ihre Funktion als

---

734 韩世远，合同法总论，法律出版社，2018, S. 696-697.

735 朱光新/谢鸿飞，民法典评注——合同编通则2，中国法制出版社，S. 220-224; 徐涤宇/张家勇，中华人民共和国民法典评注，中国人民法学出版社，S. 624-625.

736 Vgl. 朱光新/谢鸿飞，民法典评注——合同编通则2，中国法制出版社，S. 222; 王洪亮/债法总论，北京大学出版社，2016, S. 176.

737 王利明，中国民法典评注——合同编（一），人民法院出版社，2021，412.

738 王思思，不同币种金钱之债的抵销，人民司法，2016，94f.

Zahlungsmittel hinausgehen.[739] Deshalb sollte die Willenserklärung zwischen Parteien respektiert werden. Sowohl Befürworter als auch Gegner sind sich jedoch darüber einig, dass der Umrechnungsmaßstab für die Aufrechnung von Fremdwährungsschulden äußerst komplex ist, insbesondere hinsichtlich der Frage, in welcher Währung die Aufrechnung erfolgt und zu welchem Wechselkurs abgerechnet wird.[740] Im Vergleich zur gesetzlichen Aufrechnung setzt die vereinbarte Aufrechnung i. S. d. § 569 ZGB eine von zwei Personen einander geschuldete Leistung und eine Vereinbarung der Aufrechnung voraus. Es ist unerheblich, ob die Art oder Qualität der Gegenstände gleichartig ist, um die Privatautonomie zu respektieren.

## C. Zusammenfassung

Die Geldschuld ist eine selbständige Schuld, die an die Zahlung eines bestimmten Geldbetrags gebunden ist. Das Teilbuch über die Allgemeinen Grundsätze über Verträge spielt wegen des Fehlens Schuldrechts AT im ZGB die Rolle des Schuldrechts AT. Gemäß § 511 Abs. 3 und § 514 ZGB ist die Geldschuld in China eine Bringschuld. Der Schuldner ist grundsätzlich verpflichtet, das Geld je nach Zahlungsmethode rechtzeitig an den Wohn-/Geschäftssitz zu übermitteln, wobei er das Transport- und Verzögerungsrisiko trägt. Für die Nutzer des gesetzlichen Zahlungsmittels besteht kein Insolvenzrisiko. Das Risiko der Geldentwertung, das im Falle eines Termingeschäfts, eines Dauervertrags oder einer wirtschaftlichen oder politischen Krise in der Gesellschaft eintreten kann, trägt der Gläubiger, sofern keine Vereinbarung über eine Wertsicherungsklausel getroffen wurde. Es besteht keine Unmöglichkeit der Erfüllung einer Geldschuld, die im § 579 ZGB eindeutig festgelegt wird. Aufgrund eines fehlendes Schuldrecht AT gibt es im ZGB keine regelungssystematischen Vorschriften zu Schuldner- und Gläubigerverzug. Jedoch kann der Gläubiger bei diesen Fällen nach dem Grundsatz der vollständigen Erfüllung nach § 509 ZGB und § 589 ZGB seine Interessen wahren. Das Schuldverhältnis der Geldschuld erlischt wie andere Schuldverhältnis nach § 557 ZGB mit der Erfüllung, Aufrechnung, Hinterlegung und anderen Umständen.

---

[739] 韩世远，合同法总论，法律出版社，2018, S. 702-704.

[740] 韩世远，合同法总论，法律出版社，2018, S. 703; 王利明，中国民法典评注——合同编（一），人民法院出版社，2021, 412.

# § 17 Der digitale Euro im Geldschuldrecht

## A. Der Inhalt der Geldschuld

Die Geldschuld ist eine Schuld eigener Art und eine Wertverschaffungsschuld, bei der der Leistungsgegenstand nur dem Wert nach bestimmt ist und der Verschaffung von abstrakter und unkörperlicher Vermögensmacht dient.[741] Ausschlaggebend für eine Geldschuld ist die Wertverschaffung der abstrakten Vermögensmacht, infolgedessen sind besondere individualisierende Merkmale der Geldstücke weder für Geldschuldgläubiger noch auf rechtlicher Ebene unerlässlich („money has no earmark").[742] Als Wertträger der abstrakten Vermögensmacht sind die Geldformen entbehrlich, die Eurobargeld, Buchgeld, e-Geld sowie zukünftig digitale Euro sein können. Die Annahmepflicht des gesetzlichen Zahlungsmittels scheint jedoch Geldschulden auszuschließen, die in Buchgeld oder e-Geld zu erfüllen sind. Aber die Annahmepflicht als Inhalt des öffentlichen Rechts sollte der Privatautonomie im Privatrecht weichen. Im Prozess der Entkörperlichung des Geldes und der Digitalisierung des Wirtschaftslebens hat Bargeld seine dominante Stellung als alleiniges Zahlungsmittel verloren, dem Buchgeld kommt folglich eine wichtige Rolle als Zahlungsmittel zu.[743] Die Geldschuld ist eine Wertverschaffungsschuld und eine selbstständige Schuld, sie ist folglich keine Gattungsschuld (§ 243 Abs. 1 BGB) oder Wahlschuld ist (§ 362 BGB).[744]Es handelt sich jedoch um Geldstückschulden (Sachschulden), wenn die Parteien Sammlermünzen oder Sondermünzen als Gegenstand, nicht aber als Zahlungsmittelzweck vereinbaren.[745] Ob Herausgabeansprüche, die

---

741 BVerwG 27.1.2006 - 6 P 5/05; OLG Frankfurt 21.3.1991 - 6 W 17/91; Omlor, Geldprivatrecht, 2014, 257; Riehm, JuS Lern-CD Zivilrecht I, Rn. 146; NK-BGB/ Daniela A. Bergdolt, 4. Aufl. 2021, BGB § 245 Rn. 11; BeckOGK/Freitag, 1.4.2020, § 244 Rn. 67; Medicus/Lorenz, Schuldrecht AT, 22. Aufl. 2021, § 16, Rn. 2; Schmidt, Schuldrecht AT, 13, Aufl. 2019, Rn. 111; Staudinger/Omlor (2021) Vorbemerkungen zu §§ 244 ff., B2, mwNw.

742 Savigny, Das Obligationenrecht als Theil des Heutigen Römischen Rechts, Bd. I, 1851, S. 440 f.; Omlor, ZHR183 2019, 294 (319); Staudinger/Omlor (2021) Vorbemerkungen zu §§ 244 ff., B2.

743 Staudinger/Omlor (2021) Vorbemerkungen zu §§ 244 ff., B2.

744 Martens, JuS 2014, 105 (108), Omlor, Geldprivatrecht, 2014, 257, 259 f.; Staudinger/ Omlor (2021) Vorbemerkungen zu §§ 244 ff., B7. MüKoBGB/Grundmann, 9. Aufl. 2022, BGB § 245 Rn. 85.

745 Heermann, Geld und Geldgeschäfte, 2003, § 3 Rn. 2; BeckOGK/Freitag, 15.3.2021, BGB § 245 Rn. 9; Staudinger/Omlor (2021) Vorbemerkungen zu §§ 244 ff., B5, B6. MüKoBGB/Grundmann, 9. Aufl. 2022, BGB § 245 Rn. 84.

auf Geld gerichtet sind, als Geldschulden oder Sachschulden zu qualifizieren sind, hängt davon ab, ob sie ihrem Leistungsinhalt nach gegenstands- oder wertbezogen sind.[746]

Der digitale Euro ist eine digitale Form des gesetzlichen Zahlungsmittels und unterliegt dem Geldbegriff im abstrakten Sinne. Bei einer Geldschuld verändert der digitale Euro den Inhalt der Geldschuld nicht, der Leistungsgegenstand der Geldschuld durch den digitalen Euro bleibt unberührt. Ist der digitale Euro als Sonder- oder Sammlergeld gestaltet, kann es sich um eine Geldstückschuld handeln. Im Ergebnis wird erfasst, dass Geldschulden durch den digitalen Euro wie durch Eurobargeld eine Wertverschaffungsschuld, aber keine Sachschuld, Wahlschuld und Gattungsschuld sind.

## I. Rechtzeitigkeit der Leistung

### *1. Traditionelle Einordnung als qualifizierte Schickschuld*

Nach der h. M. ist die Geldschuld eine qualifizierte Schickschuld (§ 270 Abs. 4 i. V. m. § 269 Abs. 1 BGB).[747] Der Leistungs- und Erfolgsort der Schickschuld teilt sich auf Schuldner und Gläubiger auf, wobei der Gläubiger die Leistungsgefahr trägt. Nach § 269 Abs. 1 BGB trägt hingegen der Schuldner die Transportgefahr. Aus diesem Grund spricht man bei Geldschuld von einer qualifizierten Schickschuld[748], deren Rechtzeitigkeit allein von der Vornahme der Leistungshandlung durch den Schuldner und nicht vom Eintritt des Erfolgs abhängt.[749] Die Qualifizierung der Geldschuld als qualifizierte Schickschuld hat zur Folge, dass das Verzugsrisiko vom Gläubiger getragen wird. Bei bargeldloser Zahlung bezieht sich das Verzugsrisiko auf das Risiko einer verspäteten Gutschrift des Betrages trotz rechtzeitiger Vornahme der Leistungshandlung.[750] Bei der qualifizierten Schickschuld trägt

---

[746] Ausf. Staudinger/Omlor (2021) Vorbemerkungen zu §§ 244 ff., B10–B19.

[747] Schmieder, in Ellenberger/Bunte (Hrsg.), Bankrechts-Handbuch, 6. Aufl. 2022, C. H. Beck, Rn. 194; BeckOGK/Freitag, 15.3.2021, BGB § 244 Rn. 122; Schwab, NJW 2011, 2833 ff.; Lorenz, WuM 2013, 202 (205); Brox/Walker, Schuldrecht AT, 47. Aufl. 2023, § 12 Rn. 14; Heermann, Geld und Geldgeschäfte, 2003, § 3 Rn. 58; BeckOK BGB/Lorenz, 69. Ed. 1.2.2024, BGB § 270 Rn. 1; Jauernig/Stadler, 19. Aufl. 2023, BGB § 270 Rn. 1; Schmidt, Schuldrecht AT, 13, Aufl. 2019, Rn. 111.

[748] BeckOGK/Beurskens, 01.08.2024, BGB § 270 Rn. 41.

[749] Ausf. Staudinger/Omlor (2021) Vorbemerkungen zu §§ 244 ff., B21–22.

[750] Münchener Kommentar zum HGB/Herresthal, Überweisungsverkehr, 5. Auflage 2024, Rn. 676.

der Gläubiger nicht nur das Verzögerungsrisiko, wenn der Schuldner erst kurz vor der Fälligkeit leistet, sondern auch die Unsicherheit, die sich aus der Wahl des Zahlungsmittels durch den Schuldner ergeben kann (z. B. Übersendung von Bargeld oder Schecks per Post oder Überweisung). Darüber hinaus wird der Gläubiger dadurch benachteiligt, dass er im heutigen Zahlungsverkehr, der überwiegend auf dem Überweisungsverkehr beruht, bei Fristverletzung gemäß § 675s Abs. 1 BGB keine Folgeansprüche (keine Rechtsbehelfe) geltend machen kann.[751] In dieser Hinsicht ist die Situation für den Gläubiger äußerst ungerecht.

### 2. *Geldschuld als modifizierte Bringschuld*

In der überwiegenden Literatur wird die Geldschuld als eine modifizierte Bringschuld angenommen.[752] Aus den folgenden Gründen kann die Geldschuld als modifizierte Bringschuld qualifiziert werden: 1) um die systematischen Stimmigkeit des nationalen Geldschuldrechts aufrechtzuhalten, wird aufgrund der Regelung des Art. 3 Abs. 1 lit. b der Zahlungsverzugs-RL eine Einteilung von Geldschulden in Bringschulden und Schickschulden je nach Beteiligten nicht vorgenommen; 2) nach der Gesetzgebungsgeschichte zu § 270 Abs. 4 BGB wollte der historische Gesetzgeber durch diese Vorschrift verhindern, dass ein Gerichtsstand am Wohn- oder Geschäftssitz des Gläubigers nach § 29 ZPO begründet wird. Dies bedeutet nicht, dass der Leistungsort für die Geldschuld am Wohn- oder Geschäftsort des Schuldners liegt; 3) im Einklang mit dem Privatrecht mit vielen ausländischen Privatrechtsordnungen, nach denen das Schuldrecht im Zweifel die Bringschuld ist; 4) sowie eine angemessene Risikoverteilung zwischen Geldschuldner und -gläubiger.[753] In Anbetracht dessen ist die Geldschuld als modifizierte Bringschuld überzeugend. Der Bringschuldcharakter zeigt sich in der Identität zwischen Leistungs- und Erfolgsort. In diesem Zusammenhang

---

751 Staudinger/Omlor (2021) Vorbemerkungen zu §§ 244 ff, B24.

752 Omlor, Geldprivatrecht, 2014, 322; Meier JuS 2018, 940 (944); Meier, ZMR 2018, 899 (908); Schön AcP 198 (1998), 401 (443 f.); Einsele AcP 198 (1998), 145 (183 ff.); Staudinger/Bittner/Kolbe, 2019, Rn. 3; Langenbucher, Die Risikozuordnung im bargeldlosen Zahlungsverkehr, 2001, 42 ff.; Herresthal ZGS 2007, 49 ff.; Gsell GRP 2008, 165 (169); Oelsner, NJW 2013, 2469 (2471); Knöpper, NJW-Spezial 2009, 105; Staudinger/Omlor (2021), §§ 244 ff., B20, mwNw.

753 Ausf. Staudinger/Omlor (2021) Vorbemerkungen zu §§ 244 ff., B25–26.

ist der Geldschuldner verpflichtet, den Gläubiger über den Geldbetrag zur richtiger Zeit verfügen. Bei Barzahlungen soll der Geldschuldner den Geldbetrag am Wohn-/Geschäftssitz des Geldgläubigers anbieten und bei bargeldlosen Zahlungsvorgänge soll der Geldbetrag auf dem Konto des empfangenden Zahlungsdienstleisters eingehen.[754] Der Schuldner trägt aufgrund seiner besseren Position zur Risikokontrolle das Verlustrisiko auf dem Transportweg und das Verzugsrisiko.[755] Es gilt aber zu berücksichtigen, dass § 270 BGB lediglich eine Auslegungsregel ist und zurücktritt, wenn durch das Gesetz (z. B. § 1194 BGB) oder Abrede zwischen den Parteien etwas anders (Lastschriftabrede, also Holschuld) bestimmt ist.[756] Der digitale Euro als eine Form des Zentralbankgelds unterliegt dem Geld im Sinne eines abstrakten Begriffs. Unter der Geldschuld durch den digitalen Euro versteht man infolgedessen wie bei anderen Geldformen im Regelfall eine modifizierte Bringschuld. Kennzeichnend für den digitalen Euro ist die sofortige Abwicklung (Art. 30 dEuroVO-E), bei der der Schuldner durch Erteilung eines Zahlungsauftrags innerhalb der vertraglich vereinbarten Frist rechtzeitig zahlt. Außerdem ermöglicht eine Vereinbarung die Zahlung mit dem digitalen Euro im SEPA-Lastschriftverfahren (Art. 24 dEuroVO-E).[757]

## II. Gefahr-, Kosten- und Risikotragen

Der Schuldner hat im Zweifel Geld auf seine Gefahr und seine Kosten dem Gläubiger an dessen Wohnsitz zu übermitteln (§ 270 Abs. 1 BGB). Erhöhen sich die Kosten oder die Gefahr der Übermittlung dadurch, dass der Gläubiger nach der Entstehung des Schuldverhältnisses seinen Wohnsitz oder seine gewerbliche Niederlassung verlegt, so hat der Gläubiger im ersten Fall die Mehrkosten und im zweiten Fall die Gefahr zu tragen (§ 270 Abs. 3 BGB). Die Gefahr geht grundsätzlich erst zu dem Zeitpunkt der Erfüllung auf den Gläubiger über, an dem dieser oder eine Hilfsperson das Geld in Empfang nimmt.[758] Wenn der Gläubiger aufgrund der Ablehnung des angebotenen

---

754 Ausf. Staudinger/Omlor (2021) Vorbemerkungen zu §§ 244 ff., B26.

755 Herresthal, Münchener Kommentar zum HGB, 5. Auflage 2024, 682.

756 HK-BGB/Reiner Schulze, 11. Aufl. 2021, BGB § 270 Rn. 1; MüKoBGB/Krüger BGB § 270 Rn. 8; BeckOGK/Beurskens, 1.2.2024, BGB § 270 Rn. 9; BeckOK BGB/Lorenz, 68. Ed. 1.11.2023, BGB § 270 Rn. 5; Jauernig/Stadler, 19. Aufl. 2023, BGB § 270 Rn. 1.

757 Vgl. Erwg. 55 dEuroVO-E.

758 BeckOGK/Beurskens, 1.8.2024, BGB § 270 Rn. 29.

Gelds in Verzug kommt, geht die Gefahr mit dem Zeitpunkt auf den Gläubiger über. Dies kann sich aus einer analogen Anwendung von § 300 Abs. 2 BGB ergeben. § 243 Abs. 2 BGB ist dagegen nicht anwendbar, da Geld keine Gattungsschuld darstellt.[759] § 270 BGB gilt ebenfalls für den digitalen Euro.

Neben dem Verlustrisiko erstreckt sich der Zahlungsvorgang auch auf das zahlungsbezogene Insolvenz- und Entwertungsrisiko. Das Insolvenzrisiko unterscheidet sich je nach den Geldformen. Für Eurobargeld und den digitalen Euro als (zukünftiges) gesetzliches Zahlungsmittel bestehen in der derzeitigen Währungsverfassung keine Insolvenzrisiken bei den Zahlungen.[760] Die von dem Zahlungsdienstleister unterschützten bargeldlosen Bezahlungen übernehmen das Insolvenzrisiko und der Zahler und der Empfänger tragen das Insolvenzrisiko für den Geldbetrag in ihrem jeweiligen Einflussbereich. [761]

Zur Leistungsgefahr gehört auch das Risiko der Geldentwertung.[762] Die Geldschuld ist als eine modifizierte Bringschuld qualifiziert. Folglich trägt der Schuldner alle Risiken bis zur Erlangung des Geldes im Verfügungsbereich des Gläubigers, einschließlich dem Geldentwertungsrisiko. Daher ist das Geldentwertungsrisiko bis zum Eintritt der Erfüllung dem Schuldner zugewiesen.[763] Das Geldentwertungsrisiko tritt bei verzögerter Ausführung von bargeldlosen Zahlungsvorgängen, Bargeld- oder Schecksendungen per Post, bedeutenden Zahlungsbeträgen oder hohen Inflationsraten ein.[764] Darüber hinaus kann eine Geldentwertung auf eine Fremdwährungsschuld zurückzuführen sein (§ 244 Abs. 2 BGB). Dieses vom Schuldner zu tragende Entwertungsrisiko besteht jedoch nur bei valoristischen Geldschulden, während bei nominellen Geldschulden das Entwertungsrisiko in der Regel vom Gläubiger getragen wird, wenn keine Wertsicherungsklausel besteht.[765] Bei Fremdwährungsverbindlichkeit und Währungswechsel muss der Schuldner zudem aufgrund des Rückgangs des Außenwerts nach § 244 Abs. 2 BGB

---

759 Staudinger/Omlor (2021) Vorbemerkungen zu §§ 244 ff., B34–B36.

760 Staudinger/Omlor (2021) Vorbemerkungen zu §§ 244 ff., B51.

761 Staudinger/Omlor (2021) Vorbemerkungen zu §§ 244 ff., B52–54.

762 BeckOGK/Beurskens, 1.8.2024, BGB § 270 Rn. 28.

763 Krüger, in: MünchKomm BGB (6. Auflage 2012), § 270 Rn. 14; K. Schmidt, in: Martinek/Sellier (Hrsg.), Staudinger-Symposion (1998), S. 76, 86 unter Aufgabe von ders., in: Staudinger, BGB (1997), Vor-bem C28 zu §§ 244 ff.

764 Omlor, Geldprivatrecht 2014, S. 343.

765 Jauernig/Stadler, 19. Aufl. 2023, BGB § 313 Rn. 31.

das Geldentwertungsrisiko tragen.[766] Der digitale Euro als gesetzliches Zahlungsmittel unterscheidet sich beim Entwertungsrisiko nicht von dem Euro-Bargeld.

## III. Unmöglichkeit

Die Erfüllung einer Geldschuld kann nicht unmöglich werden.[767] Die Geldschuld ist eine Wertbeschaffungsschuld und keine Sachschuld. Die Regelungen zur Unmöglichkeit i. S. d. § 275 BGB sind auf Sachschulden ausgerichtet.[768] Die Erfüllung der Geldschuld kann folglich nicht unmöglich i. S. d. § 275 BGB werden – die sogenannte „Unmöglichkeit der Unmöglichkeit".[769] Eine objektive Unmöglichkeit der Geldschuld liegt in Kriegs- und Krisenzeiten vor, in denen wegen des vorübergehenden Ausfalls andere Universaltauschmittel die Geldschuld erfüllen können.[770] Ist die Zahlung in fremder Währung und in einer bestimmten Währung zu leisten, so stellt §§ 244, 255 BGB die Leistungsmöglichkeit wieder her.[771] Die Nichtverfügbarkeit der Fremdwährung im Inland ist kein Grund für die Unmöglichkeit der Zahlung.[772] Bei einer subjektiven Unmöglichkeit ist die Unmöglichkeit von vornherein ausgeschlossen, d. h. Zahlungsunfähigkeit führt nicht zum Unvermögen.[773] Die Leistungsunmöglichkeit des Geldschuldners wird durch zwangsvollstreckungs- und insolvenzrechtliche Spezialregelungen verdrängt. Beispielsweise ist die Zwangsvollstreckung wegen Geldforderungen nicht auf den Vermögensstatus des Schuldners angewiesen (§§ 802a ff. ZPO).[774]

---

[766] Staudinger/Omlor (2021) Vorbemerkungen zu §§ 244 ff., B56.

[767] NK-BGB/Barbara Dauner-Lieb, 4. Aufl. 2021, BGB § 275 Rn. 67; Honsell, in: FS Hermann Lange [1992] 509, 510; Canaris JZ 2001, 499, 519; Heermann, Geld und Geldgeschäfte [2003] § 3 Rn 66 ff.; Kähler AcP 206 [2006] 805, 821 ff.; Weller/Harms WM 2012, 2305, 2306; Staudinger/Caspers [2019] § 275 Rn 74.

[768] Schmidt, Schuldrecht AT, 13, Aufl. 2019, Rn. 388;

[769] Weller/Harms WM 2012, 2305, 2306; Staudinger/Caspers [2019] § 275 Rn 74; Canaris JZ 2001, 499, 519; Staudinger/Omlor (2021) Vorbemerkungen zu §§ 244 ff., B57, 59; Brox/Walker, Schuldrecht AT, 47. Aufl. 2023, § 9 Rn. 9; Omlor, Geldprivatrecht , 2014, S. 319 ff.

[770] Staudinger/Omlor (2021) Vorbemerkungen zu §§ 244 ff., B57.

[771] Medicus, AcP, 490 (490).

[772] Staudinger/Omlor (2021) Vorbemerkungen zu §§ 244 ff., B 57.

[773] Brox/Walker, Schuldrecht AT, 47. Aufl. 2023, § 22, Rn. 8.

[774] Staudinger/Omlor (2021) Vorbemerkungen zu §§ 244 ff., B59.

Die Geldschuld durch den digitalen Euro kann ebenfalls nicht unmöglich i. S. d. § 275 sein. Der festgelegte Verfügungsrahmen für das Zahlungskonto für den digitalen Euro nach Art. 16 Abs.1 dEuroVO-E ist kein Grund für die Unmöglichkeit der Geldschuld durch den digitalen Euro, da die verschiedenen Formen von Zentralbankgeld zum Nennwert konvertierbar sein können (Art. 12 dEuroVO-E).

## IV. Verzug

### *1. Gläubigerverzug*

Geldschulden können nach § 293 BGB in Annahmeverzug geraten (Obliegenheitsverletzung), wobei die §§ 294–296 BGB die Voraussetzungen für diese besondere Form der Leistungsstörung regeln. Je nach Art der Geldschuld hat der Schuldner die nach §§ 294–296 BGB erforderlichen Handlungen rechtzeitig vorzunehmen. Nimmt der Gläubiger die ihm ordnungsgemäß angebotene Leistung nicht an oder unterlässt er eine zur Erfüllung erforderliche Mitwirkungshandlung (fehlende Kontoverbindung, gesperrtes Zahlungskonto), tritt Gläubigerverzug bei Geldschulden ein.[775] Die Unmöglichkeit nach § 275 BGB und § 297 BGB findet folglich keine Anwendung auf Geldschulden. Um ein billiges Ergebnis zu erzielen, liegt Annahmeverzug nicht vor, wenn der Gläubiger die vorübergehende Annahmeverhinderung (z. B. bei unfreiwilliger Abwesenheit, schwerer Krankheit oder vorübergehendem Platzmangel[776]) nach § 299 BGB nicht zu vertreten hat.[777]

### *2. Schuldnerverzug*

Wenn der geschuldete Geldbetrag nicht am richtigen Ort und zur richtigen Zeit beim Geldgläubiger eingeht, liegt Schuldnerverzug vor. Der Verzug des Schuldners ist in § 286 BGB regelt, wobei § 286 Abs. 4 BGB wegen der Unmöglichkeit der Unmöglichkeit der Geldschuld ausgeschlossen ist. Individuelle Leistungshindernisse haben keine Immunität gegenüber dem Schuldnerverzug, überindividuelle Hinderungsgründe (z. B. unvorhersehbare staatliche Devisenbeschränkungen in Krisenzeiten) sind aber immun.[778]

---

[775] Ausf. Staudinger/Omlor (2021) Vorbemerkungen zu §§ 244 ff., B 61.

[776] MüKoBGB/Ernst, 9. Aufl. 2022, BGB § 299 Rn. 4.

[777] MüKoBGB/Ernst, 9. Aufl. 2022, BGB § 299 Rn. 1.

[778] Ausf. Staudinger/Omlor (2021) Vorbemerkungen zu §§ 244 ff., B 64.

§ 286 Abs. 3 BGB, der die Entgeltforderung regelt, ist eine ergänzende Bestimmung zu den § 286 Abs. 1 und 2 BGB und dient der Vereinfachung des Verzugseintritts, da der Schuldner bei Nichterfüllung innerhalb von 30 Tagen nach Fälligkeit und innerhalb von 30 Tagen nach Zugang der Rechnung oder gleichwertigen Zahlungsaufstellungen ohne Mahnung in Verzug gerät, was auch als „erleichterter Verzugseintritt" bezeichnet wird.[779] Sein Sachanwendungsbereich beschränkt sich auf die Geldschuld.[780]

Der Schuldnerverzug im Fall des digitalen Euro kann wie bei anderen Geldformen eintreten. Ungeachtet der Online- oder Offline-Zahlungsvorgänge in digitalen Euro werden Zahlungen mit digitalem Euro sofort abgewickelt (Art. 30 Abs.1 dEuroVO-E). Der Geschäftstag i. S. v. § 675n BGB spielt deshalb bei Zahlungsvorgänge in digitalen Euro keine Rolle. Die Verfügbarkeit von Geldbeträgen (§§ 675s und 675t BGB) kommt ebenfalls nicht in Betracht. Es ist hier aber darauf hinzuweisen, dass die Nutzung des digitalen Euro abhängig vom Internet, von Storm und Mobil(funk)gerät ist. Wenn der Gläubiger und der Schuldner vereinbart haben, Zahlungen in digitaler Form zu leisten, und die Verzögerung der Zahlung durch den Schuldner auf persönliche Gründe zurückzuführen ist, wie z. B. fehlende Stromversorgung des Mobiltelefons oder Ausschöpfung des Datenvolumens, stellt dies dennoch einen Verzug des Schuldners dar. Sind der fehlende Internetzugang und Strom jedoch auf nicht-persönliche Gründe wie Naturkatastrophen oder Krieg zurückzuführen und ist der Zahlungsverzug z. B. auf einen Systemausfall zurückzuführen, kann der Schuldner nicht in Verzug nach § 286 Abs. 4 BGB geraten.[781]

## V. Erfüllung

### *1. Erfüllung nach § 362 Abs. 1 BGB*

Bei Geldschulden kann der Schuldner die Erfüllung gemäß § 362 Abs. 1 BGB durch eine wirksame Zahlung in Geld bewirken. Geldschuld basiert auf dem Geldbegriff in einem abstrakten Sinne und bezieht sich auf die Wertverschaffungsschuld. Insofern kann das Schuldverhältnis der

[779] NK-BGB/Hans Schulte-Nölke, 4. Aufl. 2021, BGB § 286 Rn. 42.

[780] Omlor, Geldprivatrecht 2014, S. 327 f.; MüKoBGB/Ernst, 9. Aufl. 2022, BGB § 286 Rn. 100; aM. BeckOK BGB/Lorenz, 71. Ed. 1.8.2024, BGB § 286 Rn. 40.

[781] Vgl. Omlor, ZHR 2019, 183 (322).

Geldschuld durch die Erfüllung mit irgendeiner Geldform, einschließlich Euro-Bargeld, Buchgeld oder e-Geld sowie digitalem Euro, erlöschen. Bei der Erfüllung von Geldschulden sind die verschiedenen Geldformen in der Reihenfolge, in der die Schulden zu erfüllen sind, nicht zwingend vorgeschrieben – die Privatautonomie hat Vorrang vor der zwingenden Annahme gesetzlicher Zahlungsmittel. Die Parteien können sich je nach Art des Geschäfts (z. B. bei einem Ferngeschäft) sowie je nach Faktoren wie der Höhe des geschuldeten Geldbetrags auf die geeignete Geldform zur Erfüllung der Schuld einigen.[782] Die Teilleistung ist nach § 266 BGB verboten, um den Gläubiger vor unzumutbaren Belästigungen und erhöhtem Bearbeitungsaufwand durch Teilleistungen zu schützen. Allerdings ist § 266 BGB dispositiv, die Parteien können auch Teilleistungen vereinbaren.[783] Teilleistungen sind bei Geldschulden zulässig, sofern die Parteien sie nicht ausgeschlossen haben.[784]

### 2. *Erfüllung durch die Aufrechnung nach § 387 BGB*

Durch die Aufrechnung erlischt das Schuldverhältnis (§ 387 BGB). Die Aufrechnung setzt die Gleichartigkeit und Gegenseitigkeit der Forderungen, die Wirksamkeit der Forderungen, den Bestand der Forderung des Aufrechnungsgegners und eine Aufrechnungserklärung voraus.[785] Diese Vorschrift dient dazu, den Austausch beider Leistungen zu vermeiden und damit unnötigen Aufwand zu sparen.[786] Der Leistungsgegenstand einer Geldschuld ist eine abstrakte und unkörperliche Vermögensmacht, weshalb Geldschulden aufgrund der Gleichartigkeit der Erfüllungsgegenstände aufgerechnet werden können. Eine Geldforderung kann gegen den dinglichen Anspruch auf Herausgabe von Geldzeichen gemäß § 985 BGB aufgerechnet werden, obwohl es sich bei der Geldzeichenvindikation nicht um eine Geldschuld handelt.[787]

[782] Staudinger/Omlor (2021) Vorbemerkungen zu §§ 244 ff., B81, 82, 83.

[783] MüKoBGB/Krüger, 9. Aufl. 2022, BGB § 266 Rn. 1; HK-BGB/Schulze, 12. Aufl. 2023, BGB § 266 Rn. 1, 2.

[784] Staudinger/Bittner/Kolber, 2019, § 266 Rn. 4.

[785] Brox/Walker, Schuldrecht AT, 48. Aufl. 2024, § 16 Rn. 4–11.

[786] Westermann/Bydlinski/Arnold, BGB – Schuldrecht AT, 9 Aufl. 2020, Rn. 1346.

[787] Simitis, ACP 159 [1960] 406, 460; Medicus Jus 1983, 897, 902 f.; Häde, Geldzeichen im Recht der Bundesrepublik Deutschland [1991] 120;MünchKomm/BALDUS6 § 985 Rn. 112; OMLOR, Geldprivatrecht [2014] 151 f.; Staudinger/Omlor (2021) Vorbemerkungen zu §§ 244 ff., A191.; aA OLG Dresden Seuff A72, 36, 38; offen RGZ 160, 52, 60.

Die Gleichartigkeit der Forderung ergibt sich nicht nur aus einem formalen Rechtsvergleich, sondern primär aus der Verkehrsauffassung, sodass im Allgemeinen kein wesentlicher Unterschied zwischen einem auf Geldzeichen gerichteten Herausgabeanspruch und einer regulären Geldschuld besteht, da Bargeld keine Individualität besitzt und die Aufrechnung zwischen Bargeld und Buchgeld in der Regel keine schutzwürdigen Interessen des Eigentümers der Geldzeichen verletzt.[788] Durch den digitalen Euro als ein gesetzliches Zahlungsmittel besteht in Bezug auf die Erfüllung durch Aufrechnung kein Unterschied, genauso wie bei Bar- und Buchgeld.

## B. Zusammenfassung

Eine Geldschuld ist eine Wertverschaffungsschuld und eine selbstständige Schuld. Obwohl die Geldschuld nach h. M. eine qualifizierte Schickschuld ist, sollte sie unter Berücksichtigung der Einheitlichkeit der Rechtsanwendung, der Kohärenz mit dem internationalen Privatrecht und der Angemessenheit der Risikoverteilung jedoch als modifizierte Bringschuld gelten. Beim Zahlungsvorgang mit dem digitalen Euro besteht aufgrund der sofortigen Abwicklung theoretisch kein Verlustrisiko und kein Verzugsrisiko nach der rechtzeitigen Erfüllung. Insofern spielt die modifizierte Bringschuld keine Rolle. Aus einer ganzheitlichen Betrachtung sind jedoch der digitale Euro, das Euro-Bargeld und das Buchgeld bzw. e-Geld zusammen Gegenstand einer Geldschuld und die angemessene Risikoverteilung in der modifizierten Bringschuld ist erforderlich. Die Bestimmungen über Geldschulden können ausnahmslos auf den digitalen Euro angewendet werden.

# § 18 Zusammenfassender Rechtsvergleich zum sechsten Teil

Die Geldschuld ist sowohl in China als auch in Deutschland eine eigene Art von Schulden. In Deutschland ist die Geldschuld eine Wertverschaffungsschuld. Bei der Verschaffung ist die Vermögensmacht ein abstrakter und unkörperlicher Leistungsgegenstand. Im Gegensatz dazu wird der Leistungsgegenstand der Geldschuld in China lediglich als ein bestimmten Geldbetrag verstanden,

---

788 Staudinger/Omlor (2021) Vorbemerkungen zu §§ 244 ff., A191.

was häufig nicht tiefgehend untersucht wird. Diese Auffassung vermag jedoch nicht zu erklären, warum die Individualität des Geldes in der Geldschuld sowohl in transaktionaler als auch in rechtlicher Hinsicht irrelevant ist. Mit anderen Worten vernachlässigt diese Ansicht das Kernelement der Geldschuld, nämlich den auf dem Geldträger verkörperten Wert, der für das Verständnis des Wesens der Geldschuld von entscheidender Bedeutung ist.

Gemäß § 511 Abs. 3 ZGB ist eine Geldschuld in China als Bringschuld ausgestaltet. In Deutschland ist die Einordnung der Geldschuld hingegen umstritten. Nach h. M. handelt es sich um eine qualifizierte Schickschuld (§ 270 Abs. 4 i. V. m. § 260 Abs. 1 BGB). Angesichts der durch die qualifizierte Schickschuld verursachten ungleichen Risikoverteilung, der einheitlichen Anwendbarkeit von Geldschulden sowie des Zwecks des Gesetzgebers in § 270 Abs. 4 BGB wird die Geldschuld zunehmend als modifizierte Bringschuld interpretiert. Die Einordnung der Geldschuld als Bringschuld im ZGB bietet deutschen Rechtswissenschaftler, die die modifizierte Bringschuld vertreten, somit einen weiteren internationalen Beleg.

Geldschulden haben in Bezug auf Risikobetrag, Verzug und Erfüllung Gemeinsamkeiten mit anderen Schulden, unterscheiden sich aber durch ihre kein Unmöglichkeit von anderen Schulden. Da ZGB keinen Schuldrecht AT enthält, fehlt es bereits an systematischen Bestimmungen über die Tragung des Schuldrisikos, den Verzug. Das ZGB sieht keinen Verzug des Schuldners vor, der auf der Grundlage des Grundsatzes der vollständigen Vertragserfüllung gemäß § 509 Abs. 1 ZGB berichtigt werden kann. Und obwohl § 589 ZGB den Verzug des Gläubigers vorsieht, legt er nur die Folgen des Gläubigerverzugs fest. Die Voraussetzungen, Arten und Ausschlüsse des Verzugs werden nicht näher erläutert. § 579 ZGB sieht jedoch ausdrücklich vor, dass es die Unmöglichkeit der Unmöglichkeit der Geldschuld gibt. Im Gegensatz dazu sieht das BGB den Schuldrecht AT vor, der detaillierte und systematische Bestimmungen über das allgemeine Schuldverhältnis enthält, wie Schuldnerverzug nach § 286 BGB, Gläubigerverzug nach §§ 293 ff. BGB. Das BGB enthält zwar keine besonderen Bestimmungen über die Geldschuld ohne Unmöglichkeit, aber darüber wurde bereits ein Konsens erzielt.

Verglichen mit der Forschung deutscher Rechtswissenschaftler zur Geldschuld wirkt die chinesische Forschung zu diesem Thema eher begrenzt und nicht sehr tiefgehend. Bislang gibt es in China keine juristische

Monographie über Geldschulden, und es gibt nur wenige relevante wissenschaftliche Abhandlungen zum Thema.[789] Es bleiben noch viele Fragen unerforscht, z. B. Gefahrtragung von einzelnen Fällen von Geldschulden (Barzahlungen, Überweisungen, Kartenzahlungen, Lastschriften) , Geldwert, Nominalismus und Valorismus, Geldsummenschuld und Geldwertschuld.

---

789 Die in China National Knowledge Infrastructure (CNKI) unter dem Stichwort „Geldschulden“ gefundenen Aufsätze lauten wie folgt: 王思思，不同币种金钱之债的抵销，人民司法，2016, 94ff.; 中国法上货币之债的自治与管制中国法上货币之债的自治与管制——《民法典》第514条的联动效应与适用效果，荆楚法学，2019, 116ff.; 高旭男，于夕媛，论货币之债的风险成因与防空措施，文化学刊，2019, 174ff.; 冯洁语，论私法中数字货币的规范体系，政治与法律，2021, 133(137-138); 程帅, 金钱债务外币履行的开放转向及实践应对——《民法典》第514条规范功能的收束与外溢, 西部法学评论，2024, 47ff.

# Siebter Teil: Zahlungsdiensterecht

Das zivilrechtliche Rechtsverhältnis im Rahmen eines elektronischen Zahlungsdienstes besteht aus drei Hauptparteien - dem Zahler, dem Zahlungsdienstleister und dem Zahlungsempfänger -, die zu einer drei- oder vierseitigen Rechtsbeziehung zusammengefasst sind. Zwischen dem Zahler und dem Zahlungsempfänger besteht das Valutaverhältnis, zwischen dem Zahler und der Zahlerbank besteht das Deckungsverhältnis, zwischen dem Zahlungsempfänger und dem Zahlungsdienstleister wird diese Rechtsbeziehung als Inkassoverhältnis bezeichnet.[790] Zahlungsdienstleister und Zahlerbank begründen eine Beziehung zwischen Zahlungsdienstleistern. Handelt es sich bei der Zahlerbank und der Inkassostelle um denselben Zahlungsdienstleister, wird lediglich ein dreiseitiges Rechtsverhältnis begründet. Handelt es sich um unterschiedliche Zahlungsdienstleister, wird ein vierseitiges Rechtsverhältnis begründet. Besteht jedoch keine direkte Geschäftsbeziehung zwischen der Inkassostelle und der Zahlerbank, müssen andere Zahlungsdienstleister als zwischengeschaltete Stellen auftreten, um den Zahlungsvorgang abzuschließen, was ebenfalls eine Beziehung zwischen der Zahlerbank, der Inkassostelle und dem zwischengeschalteten Zahlungsdienstleister voraussetzt.[791]

Transaktionen mit CBDC sind ebenfalls eine Form des elektronischen Zahlungsverkehrs, und die drei- oder vierseitige Rechtsbeziehung, die zwischen den vier Parteien der Transaktion mit CBDC besteht, kann weiterhin der grundlegenden Rechtsbeziehung der Zahlungsdienste unterliegen. Die

790 王泽鉴，不当得利，第2版，北京大学出版社，2015, S. 212.

791 李建星/施越，电子支付中的四方关系及其规范架构，浙江社会科学，2017, 52 (53).

Tatsache, dass der Zahlungsdienstleister nicht an der Abwicklung zwischen den Nutzern beteiligt ist, berührt nicht seinen Status als Zahlungsdienstleister und die Erfüllung seiner Aufgaben. Auch bei währungsübergreifenden Zahlungen gibt es keine Intermediäre: China entwickelt derzeit ein mBridge für CBDC, das darauf abzielt, ein System zur Vereinheitlichung verteilter Zahlungen zu entwickeln, um die direkte Abwicklung grenzüberschreitender Zahlungsdienste mit mehreren CBDCs zu unterstützen. Die EZB wird auch mit den Zentralbanken von Nicht-Euro-Ländern zusammenarbeiten, um währungsübergreifende Zahlungen auf der Grundlage vorheriger Vereinbarungen durchzuführen ( Art. 21dEuroVO-E).

# § 19 Der e-CNY im Zahlungsdiensterecht

## A. Einleitung

### I. Zahlungsdiensterecht

Das ZGB sieht keine Rechtsbeziehung zwischen Zahlungsdiensten vor und ein Zahlungsdienstevertrag stellt keine eigene Vertragsart dar. Das Gesetz über den E-Commerce (GEC) ist am 1. Januar 2019 in Kraft getreten und regelt in erster Linie die Beziehung zwischen Plattformnutzungsvertrag und Verkaufsvertrag bzw. Dienstleistervertrag zwischen E-Commerce-Betreibern und E-Commerce-Kunden. Die reibungslose Entwicklung des E-Commerce kann jedoch nicht ohne effiziente, bequeme und kostengünstige elektronische Zahlungsmittel erreicht werden, weshalb die §§ 53 bis 57 GEC teilweise die Rechte und Pflichten der Subjekte des elektronischen Zahlungsverkehrs festlegen. Es ist das erste Gesetz in China, das den elektronischen Zahlungsverkehr regelt. Das Bankenaufsichtsgesetz der Volksrepublik China und die Verordnungen über die Aufsicht und Verwaltung von Nicht-Bank-Zahlungsinstituten definieren Bankorgane bzw. Nicht-Bank-Zahlungsinstitute. Sie sind jedoch Rechtsnormen für die Aufsicht über Zahlungsdienstleister und befassen sich nicht mit den Rechten und Pflichten zwischen Zahlungsdienstleistersubjekten. Zwei Monate nach Inkrafttreten der Verordnungen über die Beaufsichtigung und Verwaltung von Nicht-Bank-Zahlungsinstituten traten auch die detaillierten Ausführungsregeln zu den Verordnungen über die Beaufsichtigung und Verwaltung von Nicht-Bank-Zahlungsinstituten in Kraft, während die Maßnahmen für die Verwaltung von Zahlungsdiensten von Nicht- Kreditorganen und ihre detaillierten

Ausführungsregeln aufgehoben wurden. Damit ist die Ära der ungeregelten Verwendung von Begriffen für Nicht-Bank-Zahlungsinstitute in China beendet. LeZ (Nr. 1), das erste normative Dokument in China, regelt den elektronischen Zahlungsverkehr von Banken. Diese und VmOZvNBZ gehören zu den Regeln der Abteilung, die in China im weiteren Sinne Recht sind, und ihre Rechtswirkung ist geringer als die des GEC.

## II. Elektronischer Zahlungsverkehr

### *1. Begriff*

§ 2 LeZ (Nr. 1) sieht elektronischen Zahlungsverkehr vor. Es handelt sich um eine Handlung, bei der eine juristische oder natürliche Person (Kunde) direkt einen Zahlungsauftrag über elektronische Terminals sendet oder eine andere Person dazu ermächtigt, die Zahlung von Geld und den Transfer von Geldern durchzuführen, einschließlich Netzzahlungen, Zahlungen per Telefon, mobile Zahlungen, Geschäfte über POS-Terminals, Geschäfte über Geldautomaten und andere elektronische Zahlungsmethoden. Dieser Begriff bezieht sich auf alle papierlosen Geldtransfers und deren Abwicklung im Zahlungssystem und ist somit ein Begriff des elektronischen Zahlungsverkehrs im weiteren Sinne.[792] § 2 VmOZvNBZ legt den Online-Zahlungsverkehr fest, bei dem der Zahlungsempfänger oder der Zahler Fernzahlungsaufträge über einen Computer, mobile Endgeräte und andere elektronische Geräte unter Nutzung des Informationssystems des öffentlichen Netzes sendet, dass die elektronischen Geräte des Zahlers nicht mit den speziellen Geräten des Zahlungsempfängers verbunden sind und dass das Zahlungsinstitut Geldtransferdienste für den Zahler und den Zahlungsempfänger erbringt. Der Online-Zahlungsverkehr im Sinne dieser Definition weist eindeutig die Merkmale eines Zahlungsauftrags hin, die aus der Ferne über ein öffentliches Netz ausgelöst und übermittelt werden, und gibt die spezifischen Anforderungen von Zahlungsszenarien, technologischen Abhängigkeiten und Funktionsweisen genauer wieder. Er kann als eine allgemeine elektronische Zahlungsmethode und ein System verstanden werden, das im Rahmen der Anwendung und Förderung des E-Commerce entwickelt wurde, um den gesamten Transaktionsprozess reibungslos abzuschließen.[793]

---

[792] 周虹，电子支付与网络安全，第2版，中国人民大学出版社，2022, S. 360.
[793] 周虹，电子支付与网络安全，第2版，中国人民大学出版社，2011, S. 360.

Der Begriff des Online-Zahlungsverkehrs bezieht sich hier auf elektronischen Zahlungsverkehr im engeren Sinne. § 53 Abs. 1 GEC sieht vor, dass E-Commerce-Parteien vereinbaren können, elektronische Zahlungsformen zu verwenden, um das Entgelt zu bezahlen. Obwohl diese Bestimmung keine Definition des elektronischen Zahlungsverkehrs enthält, bezieht sich der Begriff „elektronischer Zahlungsverkehr" hier auf den elektronischen Zahlungsverkehr im engeren Sinne, da es sich um Ferngeschäfte im elektronischen Geschäftsverkehr handelt. Der elektronische Zahlungsverkehr des e-CNY beschränkt sich nicht nur auf den Online-Zahlungsverkehr, bei dem die Zahlungsaufträge aus der Ferne erteilt und die Überweisung über das öffentliche Netz abgewickelt werden, sondern umfasst auch andere Formen des papierlosen Geldtransfers und der Abwicklung. Auf diese Weise kann der e-CNY in einer Vielzahl von Zahlungsszenarien eingesetzt werden, um die vielfältigen Zahlungsanforderungen der Nutzer zu erfüllen.

### 2. *Dualistischer elektronischer Zahlungsmarkt*

Seit den 90er-Jahren, als Chinas modernes Zahlungssystem aufgebaut wurde, hat sich im Land ein binärer Markt für den elektronischen Zahlungsverkehr herausgebildet, in dem die Banken und die Nicht-Bank-Zahlungsinstitute eine Rolle spielen.[794] Der elektronische Zahlungsverkehr der Geschäftsbanken entwickelte sich früh und bildete den ersten elektronischen Zahlungsmarkt in China. Mit dem Aufstieg der Nicht-Bank-Zahlungsinstitute, vertreten durch Alipay und WeChat Pay, hat sich im weiteren Verlauf der Entwicklung ein beachtliches Wachstum in diesem Bereich gezeigt und ein Markt für elektronischen Zahlungsverkehr von Nicht-Bank-Instituten herausgebildet.[795] Auf dem binären Markt des elektronischen Zahlungsverkehrs mit zwei Subjekten hat China auch ein rechtliches Regulierungssystem für den elektronischen Zahlungsverkehr mit zwei Subjekten geschaffen. Im Jahr 2005 formulierte die PBOC die LeZ (Nr. 1), um den elektronischen Zahlungsverkehr im Bankwesen zu regulieren, Risiken im Zahlungsverkehr zu vermeiden und die Sicherheit der Gelder zu gewährleisten. Im Jahr 2015 formulierte die PBOC die VmOZvNBZ, um den Online-Zahlungsverkehr von Nicht-Bank-Zahlungsinstituten zu

---

[794] Vgl. 凌斌/胡凌主编，电子商务法，第2版，中国人民大学出版社，2022, S. 98.

[795] 凌斌/胡凌主编，电子商务法，第2版，中国人民大学出版社，2022, S. 99. Weitere Nachweise siehe zweiten Teil § 4 F. II.

regulieren, Zahlungsrisiken zu verhindern und die legitimen Rechte und Interessen der Parteien zu schützen. Die Regulierung der beiden unterliegt jeweils dem Bankenaufsichtsgesetz und den Verordnungen über die Aufsicht und Verwaltung von Nicht-Bank-Zahlungsinstituten. Auf dem dualen Markt für elektronischen Zahlungsverkehr ist der elektronische Zahlungsverkehr zwischen Nicht-Bank-Zahlungsinstituten und Bankfinanzinstituten jedoch nicht eingeschränkt. So können Nutzer bspw. ihre Alipay-Konten mit ihren Bankkonten verknüpfen, um jederzeit Geld aufzuladen und auszuzahlen. Allerdings kann E-Geld zwischen Nicht-Bank-Zahlungsinstituten in China derzeit nicht direkt ausgetauscht werden. Wenn der Nutzer 10.000 Yuan von Alipay auf sein WeChat Pay-Konto überweisen möchte, muss er zunächst Geld von Alipay auf ein verknüpftes Bankkonto auszahlen und dann von diesem Bankkonto auf sein WeChat Pay-Konto aufladen. Der e-CNY wird von der Zentralbank als gesetzliches digitales Zahlungsmittel ausgegeben und von zugelassenen Betreibern betrieben, wobei auch Nicht-Bank-Zahlungsinstitute am Umlauf teilnehmen. Als gesetzliches Zahlungsmittel besteht beim e-CNY nicht das Problem der Nicht-Konvertierbarkeit und der Tausch gegen Banknoten, Buchgeld und E-Geld ist möglich. Allerdings kann E-Geld in Alipay und WeChat Pay derzeit nicht in e-CNY direkt umgetauscht werden.

### 3. *E-Commerce und elektronischer Zahlungsverkehr*

Am 1. Juni 2007 verkündete China den elften Fünfjahresplan für die Entwicklung des E-Commerce, in dem zum ersten Mal ausdrücklich erklärt wird, dass der E-Commerce eine neue Art von vernetzter Wirtschaftstätigkeit ist.[796] Konkret handelt es sich um eine Geschäftstätigkeit, die über elektronische Informationsnetze wie das Internet, Radio- und Fernsehnetze sowie Telekommunikationsnetze abgewickelt wird.[797] E-Commerce-Aktivitäten umfassen Informationsfluss, Geldfluss und Logistik, wobei der Geldfluss im Vergleich zum Informationsfluss und zur Logistik schwieriger zu realisieren ist.[798] Der Geldfluss, d. h. der elektronische Zahlungsverkehr (Online-Zahlungsverkehr), ist mit einer Vielzahl von neuartigen Risiken

---

796 国家发展改革委，  国务院信息办关于印发电子商务发展"十一五"规划的通知，发改高技[2007]1194号，01.06.2006, abrufbar unter //www.ndrc.gov.cn/xxgk/zcfb/ghwb/200706/W020190905497504075546.pdf.

797 秦成德，王汝林主编，电子商务法高级教程，对外经济贸易大学出版社，2010, S. 1.

798 张新谊，电子支付与信息安全实践教程，清华大学出版社，2012, S. 119.

konfrontiert, wie Datenlecks, Anfälligkeit des Zahlungssystems, Betrug und Identitätsdiebstahl, die Entwicklung des elektronischen Geschäftsverkehrs einschränken. Infolgedessen wird der elektronische Zahlungsverkehr als zentrales Bindeglied im elektronischen Geschäftsverkehr betrachtet.[799] Die Entwicklung des E-Commerce in China begann Anfang der 1990er-Jahre und verlief rasant. Im Jahr 2020 erreichte das Transaktionsvolumen des E-Commerce in China 37,2 Billionen Yuan und der landesweite Online-Einzelhandelsumsatz belief sich 2020 auf 11,8 Billionen Yuan; China ist seit acht Jahren in Folge der weltweit größte Markt für Online-Einzelhandel.[800] Im Jahr 2020 machten die Online-Umsätze von physischen Gütern fast ein Viertel des gesamten Einzelhandelsumsatzes mit Konsumgütern aus, wodurch der E-Commerce zu einem der Hauptkanäle für den Konsum der Bevölkerung wurde.[801]Um die reibungslose Durchführung von E-Commerce-Aktivitäten zu gewährleisten, muss die Sicherheit der elektronischen Zahlung gegeben sein. Rechte, Pflichten und Verantwortlichkeiten der Beteiligten, Streitbeilegungsmethoden sowie das Risikoteilungssystem im elektronischen Zahlungsverkehr müssen klar geregelt werden. So regelt GEC auch wichtige Fragen wie fehlerhafte Zahlungen und nicht autorisierte Zahlungen im elektronischen Zahlungsverkehr. Der e-CNY, der als elektronisches Bargeld mit dem höchsten Sicherheitsstandard gilt, nimmt am E-Commerce teil und trägt dazu bei, einige Sicherheitsprobleme im elektronischen Zahlungsverkehr zu überwinden und die Entwicklung des chinesischen E-Commerce weiter zu fördern.

### III. Zahlungsdienstleister

In den §§ 53 bis 57 GEC sind die Rechte und Pflichten sowie die Haftung von Anbietern elektronischer Zahlungsdienste festgelegt, jedoch ist der Anbieter elektronischer Zahlungsdienste darin nicht geregelt. Hier kann davon ausgegangen werden, dass alle Zahlungsdienstleister, die elektronische

---

799 张新谊，电子支付与信息安全实践教程，清华大学出版社，2012, S. 120.

800 商务部，中央网信办， 发展改革委， “十四五”电子商务发展规划，2021, S. 5; 商务部解读《“十四五”电子商务发展规划》, abrufbar unter://www.gov.cn/zhengce/2021-11/01/content_5648151.htm#:~:text.

801 商务部，中央网信办，发展改革委， “十四五”电子商务发展规划，2021, S. 5; 商务部解读《“十四五”电子商务发展规划》, abrufbar unter://www.gov.cn/zhengce/2021-11/01/content_5648151.htm#:~:text.

Zahlungsdienste erbringen, Anbieter elektronischer Zahlungsdienste sind, ohne zwischen der Art der Anbieter elektronischer Zahlungsdienste zu unterscheiden, d. h. einschließlich Bankorgane und Nicht-Bank-Zahlungsinstitute. Bankorgane bezeichnet die im Gebiet der Volksrepublik China errichteten Einlagen der Publikum einwerbenden Kreditorgane wie Geschäftsbanken, städtische und dörfliche Kreditgenossenschaften sowie die politischen Banken (§ 2 Bankenaufsichtsgesetz). Dagegen bezieht sich Nicht-Bank-Zahlungsinstitut auf eine Gesellschaft mit beschränkter Haftung oder eine Aktiengesellschaft, die im Hoheitsgebiet der Volksrepublik China („innerhalb Chinas") rechtmäßig gegründet wurde – außer den Bankorganen –, und die eine Genehmigung für das Zahlungsgeschäft erhalten hat, wie den Transfer von Geldbeträgen auf der Grundlage des elektronischen Zahlungsauftrags von Zahlungsempfängern oder Zahlern (§ 2 die Verordnung über die Aufsicht und Verwaltung von Nicht-Bank-Zahlungsinstituten).

Vor der Einführung der detaillierten Ausführungsregeln zu den Verordnungen über die Beaufsichtigung und Verwaltung von Nicht-Bank-Zahlungsinstituten am 9. Juli 2024 gab es in China die Begriffe „Nicht-Finanzinstitute" und „Nicht-Bank-Zahlungsinstitute" nebeneinander, die sich auf andere Zahlungsinstitute als Bankorgane bezogen, die eine Lizenz für das Zahlungsgeschäft erhalten hatten. Der Begriff „Nicht-Finanzinstitute" stammt aus der „Maßnahmen für die Verwaltung von Zahlungsdiensten von Nicht-Finanzinstituten", jedoch ist die Verwendung dieses Begriffs ist unangemessen, da er sich auf die neu entstehenden Zahlungsinstitute im Vergleich zu den Bankorganen beziehen soll, die als Nicht-Bank-Zahlungsinstitute bezeichnet werden sollten.[802] Die PBOC ordnet solche Zahlungsinstitute jedoch als Nicht-Finanzinstitute ein und vergibt Lizenzen für den Zahlungsverkehr, um sie zu regulieren, da die Vergabe von Finanzlizenzen in den Zuständigkeitsbereich der China Banking and Insurance Regulatory Commission fällt und die PBOC nicht bereit ist, ihr Recht auf die Regulierung solcher Zahlungsinstitute aufzugeben.[803] VmOZvNBZ basieren auf dem Gesetz über die PBOC und den Maßnahmen für die Verwaltung von Zahlungsdiensten

802 Vgl. 钟志勇，电子支付服务监管法律问题研究，中国政法大学出版社，2018, S. 20; Der Entwurf zur Überarbeitung des Gesetzes zur Bekämpfung der Geldwäsche verwendet den Begriff „Nicht-Bank-Zahlungsinstitute", aber die Mehrheit in der Literatur bezeichnet derzeit die aufkommende Zahlungsinstitute als Drittzahlungsinstitute.

803 钟志勇，电子支付服务监管法律问题研究，中国政法大学出版社，2018, S. 20.

von Nicht-Finanzinstitut, in denen solche neu entstehenden Organisationen als Nicht-Bank-Zahlungsinstitute bezeichnet werden. Die Verwendung einer uneinheitlichen und nicht standardisierten Terminologie erschwert das Verständnis und die Anwendung des Gesetzes. Mit der Umsetzung der detaillierten Ausführungsregeln zu den Verordnungen über die Beaufsichtigung und Verwaltung von Nicht-Bank-Zahlungsinstituten ist die Ära der uneinheitlichen Verwendung der Terminologie durch Zahlungsdienstleister jedoch zu Ende gegangen.

Zu den Zahlungsdienstleistern für den e-CNY gehören sowohl Bankorgane als auch Nicht-Bank-Zahlungsinstitute. Bisher gibt es zehn Banken, die als Betreiber von e-CNY zugelassen sind.[804] Die zugelassenen Betreiber sind verpflichtet, e-CNY-Dienstleistungen zu erbringen. Nicht-Bank-Zahlungsinstitute, die sich nicht als Betreiber des e-CNY qualifiziert haben, können den Nutzern e-CNY-Dienstleistungen in Zusammenarbeit mit zugelassenen Betreibern anbieten. Beispielsweise ist die MYBank ein zugelassener Betreiber des e-CNY und Alipay ist eine Drittanbieter-Zahlungsplattform. Als Akzeptanzstelle und Technologiepartner der MYBank kann Alipay über die Alipay-App seinen Nutzern den Dienst „Quick-Wallet“ für e-CNY anbieten.

## IV. Zahlungsdienste

Es ist denkbar, dass es kein Gesetz gibt, das die Arten von Zahlungsdiensten regelt, da es kein einheitliches Zahlungsdienstegesetz oder ein Zahlungsdiensteaufsichtsgesetz gibt. Kapitel 3 VmOZvNBZ enthält die Regeln für Business Management von Nicht-Bank-Zahlungsinstituten, aus denen sich die Ausführung von Zahlungsvorgängen sowie die Öffnung und Führung eines Zahlungskontos zusammenfassen lassen. Gemäß § 15 der Verordnung über die Aufsicht und Verwaltung von Nicht-Bank-Zahlungsinstituten umfassen die Zahlungsdienste von Nicht-Bank-Zahlungsinstituten zwei Arten von Geschäften: den Betrieb von Wertkonten und die Abwicklung von Zahlungsvorgängen, mit Ausnahme des Geschäfts mit Einzweck-Prepaid-Karten. Es gibt jedoch keine Bestimmungen über die Art der Zahlungsdienste, die Zahlungsinstitute in diesem Bereich erbringen dürfen. Das Bankaufsichtsgesetz regelt die Bankorgane und berücksichtigt vor allem die Aufsichts- und Regulierungsbehörden, die Aufsichts- und Regulierungspflichten, die

[804] Hierzu siehe die e-CNY-App.

Aufsichts- und Regulierungsmaßnahmen sowie die rechtliche Haftung. Zahlungsdienste werden darin nicht geregelt. Zahlungsdienste für den e-CNY sind aufgrund fehlendes Gesetz ebenfalls nicht gesetzlich geregelt, aber gemäß den Nutzungsbedingungen des e-CNY-Wallets beziehen sich die e-CNY-Dienste oder die Wallet-Dienste für den e-CNY auf die Bereitstellung von Geldtransferdiensten für den e-CNY zwischen Zahlern und Zahlungsempfängern durch die e-CNY-Betreiber über die e-CNY-App oder andere Software. Diese Dienste umfassen die Eröffnung und Aktualisierung des Wallets, die Verknüpfung von Bankkonten, das Aufladen des Wallets und die Einzahlung auf das Bankkonto, die Durchführung von Transaktionen (Überweisungen, Zahlungen und Empfang), Abfragen sowie die Schließung des Wallet.

## V. Zusammenfassung

Aus den obigen Analysen geht hervor, dass es in China streng genommen kein Zahlungsdienstleistungsgesetz gibt, das die zivilrechtlichen Beziehungen zwischen Zahler, Zahlungsdienstleister und Zahlungsempfänger regelt. Erstens betreffen die fünf Bestimmungen im GEC nur die wichtigeren Fragen des elektronischen Zahlungsverkehrs, um die Entwicklung der E-Commerce-Wirtschaft zu fördern. Zweitens regeln LeZ (Nr. 1) und VmOZvNBZ den elektronischen Zahlungsverkehr, aber sie enthalten keine Bestimmungen für Zahlungsdienstleister und Zahlungsdienste. Sie sind nur Regeln für Abteilungen mit geringer Rechtswirkung und ihre Anwendungsbereiche unterscheiden sich je nach Zahlungsdienstleister. Darüber hinaus sieht das ZGB keine Zahlungsdienste vor und dem Rechtsverhältnis zwischen Zahlungsdienstleistern und Nutzern fehlt eine direkte Rechtsgrundlage. Gegenwärtig nehmen die zehn zugelassenen e-CNY-Betreiber und qualifizierten Zahlungsinstitute am Umlauf des digitalen RMB teil und bieten den Nutzern e-CNY-Dienstleistungen an. Die Zahlungsdienstleister nehmen nicht an dem Zahlungsvorgang in e-CNY zwischen den Nutzern teil, erbringen aber dennoch Zahlungsdienstleistungen im Zusammenhang mit dem e-CNY. Obwohl es in China kein Zahlungsdienstleistungsgesetz gibt, sollten Geschäftsbanken und Zahlungsinstitute bei der Erbringung von e-CNY-Zahlungsdiensten zumindest die bestehenden gesetzlichen Bestimmungen einhalten. Insbesondere die Bestimmungen des GEC über die Rechte und Pflichten der Parteien sowie die Bestimmungen über fehlerhafte und nicht autorisierte Zahlungen können auf e-CNY-Zahlungsdienste angewendet werden.

## B. Vertragsbeziehung zwischen Zahlungsdienstleister und Nutzer

### I. Geschäftsbesorgungsvertrag

Das ZGB sieht keinen Zahlungsdienstevertrag vor, aber angesichts der chinesischen Zahlungsverkehrspraxis und der Bestimmungen über Verträge im ZGB kann das Deckungsverhältnis zwischen einem Zahlungsdienstleister und einem Nutzer auf der Grundlage eines Geschäftsbesorgungsvertrags nach §§ 919 ff. ZGB konstruiert werden.[805] Der Geschäftsbesorgungsvertrag ist ein Vertrag, bei dem Auftraggeber und Auftragnehmer vereinbaren, dass der Auftragnehmer die Angelegenheiten des Auftraggebers besorgt (§ 919 ZGB), wobei es sich entweder um einen entgeltlichen oder einen unentgeltlichen Vertrag (§ 928 ZGB) handeln kann.[806] Der Auftraggeber kann den Auftragnehmer speziell mit der Besorgung einer oder mehrerer Angelegenheiten oder allgemein mit der Besorgung sämtlicher Angelegenheiten beauftragen (§ 920 ZGB). Der Auftragnehmer muss dann die beauftragten Angelegenheiten nach den Anweisungen des Auftraggebers besorgen (§ 922 ZGB). Chinas Bankwesen hat keine allgemeinen Geschäftsbedingungen wie Banken und Sparkassen in Deutschland. Die einzelnen Banken schließen Dienstleistungsverträge oder Nutzungsbedingungen auf der Grundlage ihrer eigenen Geschäftsmerkmale und internen Richtlinien ab, jedoch unterscheiden sich diese Dienstleistungsvertrag oder Nutzungsbedingungen nicht wesentlich von einer Bank zur anderen. In der Praxis wird bspw. in § 3 Abs. 2 Nr. 1 der Dienstleistungsvertrag der Industrial and Commercial Bank of China für Online Banking Personal Customer vorgeschrieben, dass Partei B (die Bank) für die rechtzeitige und korrekte Bearbeitung der von Partei A (dem Nutzer) gesendeten Anweisungen verantwortlich ist und Partei A rechtzeitige Dienste, wie Einsicht in Transaktionen, Guthaben sowie Kontostand, zur Verfügung stellt.[807] Daraus ergibt sich, dass zwischen der Commercial Bank of China und dem Nutzer ein Geschäftsbesorgungsvertrag

---

805 李建星/施越，电子支付中的四方关系及其规范架构，浙江社会科学，2017, 52 (54).

806 王利明主编，中国民法典评注——合同编（四），人民法院出版社，2021, S. 1836.

807 中国工商银行电子银行个人客户服务协议，abrufbar unter https://media.icbc.com.cn/agreement/938282581273911303.html.

für Zahlungsdienste besteht. Die Commercial Bank of China soll entsprechend den Zahlungsanweisungen oder anderen Anforderungen des Nutzers Zahlungsvorgänge durchführen oder Abfrage- und andere Dienste bereitstellen. In § 3 der Alipay-Dienstleistungsvereinbarung ist vorgesehen, dass der Alipay-Dienst ein von Alipay für den Nutzer bereitgestellter Zahlungsdienst für Nicht-Finanzinstitute ist, d. h. ein von ihm beauftragter Geldtransferdienst, der in seinem Namen Geld empfängt oder auszahlt.[808] Es ist ersichtlich, dass China das Deckungsverhältnis von Zahlungsdiensten gemäß dem Geschäftsbesorgungsvertrag konstruiert hat. Einerseits unterzeichnet der Zahler einen Dienstleistungsvertrag mit dem Zahlungsdienstleister, also einen Geschäftsbesorgungsvertrag für Zahlungsdienste, andererseits enthält der Geschäftsbesorgungsvertrag keinen eindeutigen und spezifischen Inhalt der Zahlung, der durch die vom Zahler initiierte Zahlungsanweisung bestimmt wird.[809]

Bei der Nutzung des e-CNY schließt der Nutzer mit dem Zahlungsdienstleister einen Dienstleistungsvertrag für e-CNY-Wallets der PBOC ab, der auch einen Zahlungsgeschäftsbesorgungsvertrag umfasst. Gemäß des Dienstleistungsvertrags für e-CNY-Wallets ist der Wallet-Service eine Zahlungsdienstleistung der Finanzinstitutionen, die im Rahmen des Zirkulationssystems des e-CNY für den Kunden bereitgestellt wird. Es handelt sich um einen e-CNY-Überweisungsdienst, der vom Kunden beauftragt wird, um in dessen Namen Geld zu empfangen oder zu zahlen, einschließlich des Aufladens und Auszahlens, des Zahlungsvorgangs, des Geldtransfers und des Annehmens sowie der Verbindung mit anderen Zahlungskonten. Die Einzelheiten der Zahlungen sind nicht in dem Dienstleistungsvertrag für e-CNY-Wallets festgelegt, sondern werden durch vom Kunden veranlasste Zahlungsanweisungen bestimmt.

## II. Pflichten des Zahlungsdienstleisters

Der Zahlungsdienstleister ist aufgrund des Zahlungsgeschäftsbesorgungsvertrags einerseits befugt, die Zahlungsangelegenheiten des Zahlers zu besorgen. Andererseits hat er die Hauptleistungspflicht, die Zahlungen an

---

808 支付宝服务协议, abrufbar unter https://help.alipay.com/lab/help_detail.htm?help_id=201602698273.

809 李建星/施越, 电子支付中的四方关系及其规范架构, 浙江社会科学, 2017, 52 (54).

den Zahlungsempfänger gemäß den Zahlungsanweisungen des Zahlers rechtzeitig und korrekt auszuführen. Darüber hinaus muss der Zahlungsdienstleister die Verpflichtungen des GEC einhalten, wie zum Beispiel die Bereitstellung von Informationen und fairem Handel sowie die Sicherstellung der Vollständigkeit und Stimmigkeit des Zahlungsauftrags (§ 53 GEC), die Sicherheitsgarantie (§ 54 GEC) und die Bereitstellung von Informationen über Zahlungsbestätigung (§ 56 GEC).

### 1. Verpflichtung zur rechtzeitigen und richtigen Abwicklung von Zahlungsvorgängen

Nach § 922 ZGB muss der Zahlungsdienstleister die beauftragten Zahlungsangelegenheiten nach den Anweisungen des Zahlers besorgen. Dementsprechend ist der Zahlungsdienstleister verpflichtet, Zahlungsvorgänge rechtzeitig und ordnungsgemäß abzuwickeln, d. h. der Zahlungsdienstleister muss den vollständigen angegebenen Betrag innerhalb der vereinbarten Frist an den Zahlungsempfänger übermitteln.[810] Anbieter elektronischer Zahlungsdienste müssen die Vollständigkeit, Stimmigkeit, Rückverfolgbarkeit, Prüffähigkeit und Manipulationssicherheit der elektronischen Zahlungsanweisungen zusichern (§ 53 Abs. 2 S. 2 GEC). Das GEC sieht jedoch keine Verpflichtung der Zahlungsdienstleister zur rechtzeitigen Erfüllung ihrer Zahlungsverpflichtungen vor. Aber nach § 21 LeZ (Nr. 1) sollen die initiierende und die empfangende Bank gemäß der Vereinbarung rechtzeitig elektronische Zahlungsanweisungen übermitteln, empfangen und ausführen und Antworten zur Bestätigung geben. Die Ausführungsfrist für Zahlungsvorgänge ist nicht standardisiert und wird durch die Dienstleistungsvertrag der einzelnen Zahlungsdienstleister geregelt.

#### A) RECHTZEITIGKEIT

Rechtzeitigkeit bezieht sich darauf, dass der Zahlungsdienstleister den Betrag innerhalb der vereinbarten (vorgeschriebenen) Frist auf das Konto des Zahlungsempfängers überweist, einschließlich der rechtzeitigen Ausführung des Zahlungsauftrags und des rechtzeitigen Eingangs des überwiesenen Betrags auf das Konto des Zahlungsempfängers. Im chinesischen Recht gibt es jedoch keine festgelegte Ausführungsfrist für

---

810 李建星/施越，电子支付中的四方关系及其规范架构，浙江社会科学，2017, 52 (55).

Zahlungsvorgänge, was das Fehlen eines einheitlichen Standards für die Rechtzeitigkeit zur Folge hat.

### aa) Vier Zahlungssysteme

Nach Angaben des China National Clearing Center gibt es in China derzeit vier Zahlungssysteme: 1) das Zahlungssystem für Großbeträge (High Value Payment System, HVPS); 2) das Massenzahlungssystem für Kleinbeträge (Bulk Electronic Payment System, BEPS); 3) das inländische Devisenzahlungssystem (China Foreign Exchange Payment System, CFXPS); 4) das Online-Zahlungssystem für Interbank-Abwicklung (Internet Banking Payment System, IBPS).[811] Das Großbetragszahlungssystem bearbeitet hauptsächlich großvolumige Kreditüberweisungen sowohl in derselben Stadt als auch zwischen verschiedenen Städten sowie dringende Kleinbetragkreditüberweisungen und bietet dabei Zahlungs- und Clearingdienste für Finanzinstitute im Bankensektor und auf den Finanzmärkten an.[812] Großbetragszahlungsanweisungen werden einzeln in Echtzeit übermittelt und vollständig abgerechnet.[813] Das Kleinbetragszahlungssystem bearbeitet hauptsächlich Debit-Transaktionen mit Papierbelegen, die in derselben Stadt oder zwischen verschiedenen Städten ausgestellt werden, sowie Kredittransaktionen mit Beträgen unterhalb des festgelegten Schwellenwerts.[814] Die Zahlungsanweisungen werden gesammelt versendet (T+1, d. h., die Zahlungsanweisungen werden in der Regel am nächsten Werktag abgerechnet) und auf Nettobasis verrechnet.[815] Das inländische Devisenzahlungssystem ist um ein zentrales Clearing-Verarbeitungszentrum herum aufgebaut, an das einzelne juristische Personen als direkte Teilnehmer angebunden sind und in dem die zwischenbankliche Abwicklung in Fremdwährung durch Abwicklungsbanken erfolgt.[816] Derzeit

---

811 Siehe hierzu中国人民银行清算总中心，支付系统，abrufbar unter //www.cncc.cn/.

812 Siehe hierzu 大额支付系统HVPS ( High Value Payment System), abrufbar unter //www.cncc.cn/zfxt/200812/t20081218_421.html.

813 Siehe hierzu 大额支付系统HVPS ( High Value Payment System), abrufbar unter //www.cncc.cn/zfxt/200812/t20081218_421.html.

814 Siehe hierzu 小额支付系统BEPS (Bulk Electronic Payment System), abrufbar unter //www.cncc.cn/zfxt/200812/t20081218_420.html.

815 Siehe hierzu 小额支付系统BEPS (Bulk Electronic Payment System), abrufbar unter //www.cncc.cn/zfxt/200812/t20081218_420.html.

816 Siehe hierzu 境内外币支付系统 CFXPS (China Foreign Exchange Payment System), abrufbar unter //www.cncc.cn/zfxt/200812/t20081218_418.html.

sind Zahlungen in acht Währungen möglich: Hongkong-Dollar, Britisches Pfund, Euro, Japanischer Yen, Kanadischer Dollar, Australischer Dollar, Schweizer Franken und US-Dollar. Das IBPS unterstützt hauptsächlich die Abwicklung von Überweisungen für neue elektronische Zahlungsdienste wie Online-Zahlungsverkehr sowohl zwischen verschiedenen Banken als auch innerhalb derselben Bank.[817]

Die Servicezeiten des Großbetragszahlungssystems sind an den gesetzlichen Arbeitstagen von 20:30 Uhr bis 17:15 Uhr, während das Kleinbetragszahlungssystem sowie das Online-Zahlungssystem für Interbank-Abwicklung in der Regel täglich rund um die Uhr ohne Unterbrechung in Betrieb sind.[818] Die Öffentlichkeit nutzt hauptsächlich das Kleinbetragszahlungssystem und das Online-Zahlungssystem für Interbank-Abwicklung für Einzelhandelszahlungen. Entsprechend der Zeitlichkeit können die Zahlungssysteme in China in Echtzeitsysteme und Nicht-Echtzeitsysteme unterteilt werden: Bei Echtzeitsystemen erfolgt die Abrechnung unmittelbar nach der Übermittlung der Zahlungsanweisung; nicht-Echtzeitsysteme hingegen haben eine bestimmte Zeitspanne zwischen dem Eingang der Zahlungsanweisung im System und der abschließenden Abrechnung.[819] Eine zwischen einem Kunden und einer Bank geschlossene Vereinbarung über den elektronischen Zahlungsverkehr muss die von beiden Parteien festgelegte elektronische Zahlungsmethode, die Handelsregeln und die Authentifizierungsmethode enthalten (§ 13 Nr. 3 LeZ (Nr. 1)). Tatsächlich regeln die Zahlungsdienstleister aber in ihren Dienstleistungsverträgen nicht den Zeitpunkt der Zahlungsabwicklung.[820] Aus diesem Grund ist es nicht möglich, hier den genauen Zeitraum anzugeben, der für die Abwicklung von Zahlungsvorgängen in China erforderlich ist. Nach den oben genannten Zahlungssystemen und den praktischen Erfahrungen erfolgen die meisten Überweisungen in China sofort (Online-Zahlungssystem für Interbank-Abwicklung), jedoch gibt es weiterhin Überweisungen mit

---

[817] Siehe hierzu 网上支付跨行清算系统 IBPS （Internet Banking Payment System), abrufbar unter //www.cncc.cn/zfxt/201606/t20160615_416.html.

[818] Siehe hierzu 中国人民银行支付系统介绍, abrufbar unter http://www.gzxhhyh.com/noticedetail/184949.html.

[819] 周虹主编，电子支付与网络银行，第2版，中国人民大学出版社，2011, S. 62.

[820] Siehe etwa 《中国银行股份有限公司手机银行服务协议》、《中国农业银行电子账户服务协议》以及《交通银行股份有限公司个人电子银行服务协议》，《交通银行全国集中式银期转账服务协议》。

einer Verzögerung von nicht mehr als zwei Stunden sowie Überweisungen, die am nächsten Tag gutgeschrieben werden (Kleinbetragszahlungssystem).

### bb) Zahlungssysteme von Nicht-Bank-Zahlungsinstituten

Von Drittanbieter-Zahlungsplattformen angebotene Zahlungsdienste basieren typischerweise auf deren internen Abwicklungssystemen und ermöglichen häufig eine sofortige Abwicklung.[821] Überweisungen von einem Alipay-Konto zu einem Alipay-Konto erfolgen bspw. sofort und Überweisungen zwischen WeChat Pay-Konten werden ebenfalls sofort umgesetzt. Bei WeChat Pay-Überweisungen muss der Empfänger allerdings den Empfang rechtzeitig bestätigen und wenn die Überweisung nicht innerhalb von 24 Stunden akzeptiert wird, wird der Betrag an den Überweisenden zurückerstattet. Der Zahlungsvertrag zwischen Alipay und WeChat Pay sieht dies jedoch nicht vor. Darüber hinaus können an den Geldtransaktionen von Drittanbieter-Zahlungsplattformen mehrere Bankkonten und systeme beteiligt sein, die mit dem Clearing-System der Bank verbunden sind, um die Geldabwicklung von Zahlungen zwischen Banken durchzuführen. Gemäß § 3 Abs. 2 des Alipay-Zahlungsdienstleistungsvertrags wird eine Überweisung von einem Alipay-Konto auf ein Bankkonto desselben Nutzers (Auszahlung) von Alipay innerhalb eines angemessenen Zeitrahmens nach Eingang des Abhebungsauftrags abgeschlossen, sofern die Zahlungs- und Empfangsbeträge den festgelegten Verfügungsrahmen entsprechen.[822] § 1 Abs. 10 des WeChat-Zahlungsdienstleistungsvertrags enthält ähnliche Regelung.[823]Nicht-Bank-Zahlungsinstituten haben folglich ebenfalls die Ausführungsfrist für Zahlungsvorgänge nicht festgelegt.

---

[821] 千际投行，2023年第三方支付行业研究报告，经济网，16.01.2023, abrufbar unter //www.21jingji.com/article/20230616/herald/38ec484bc3e899b5d5dbdcb900fb13a7.html, 09.19.2023.

[822] Siehe hierzu dem Alipay-Zahlungsdienstleistungsvertrag (2024), abrufbar unter //render.alipay.com/p/yuyan/180020010001196791/preview.html?agreementId=AG00000006.

[823] Siehe hierzu § 1 Abs. 10 WeChat-Zahlungsdienstleistungsvertrag: „Gemäß Ihrer Anweisung oder der vertraglichen Vereinbarung sendet Tenpay innerhalb eines bestimmten Zeitraums eine Überweisungsanweisung an die Verwahrungsbank für die Zahlungsreservefonds, mit der Aufforderung, die entsprechenden Gelder auf das von Ihnen angegebene und rechtmäßige Bankkonto zu überweisen." abrufbar unter //pay.weixin.qq.com/static/protocol/protocol_normal_v2.shtml.

### cc) Abwicklungssystem für den e-CNY

Das Abwicklungssystem des e-CNY unterscheidet sich von den bestehenden vier Zahlungssystemen und dem Zahlungssystem von Drittzahlungsanbietern. Im e-CNY-Zahlungssystem wird ein einheitliches verteiltes Hauptbuch mithilfe der Konsortium-Blockchain erstellt, wobei die Zentralbank die Daten hochlädt und die Betreiber das Hauptbuch an mehreren Stellen gemeinsam pflegen und sichern. Das Abwicklungssystem des e-CNY ist deshalb polyzentrisch und weist teilweise Dezentralisierungsmerkmale auf. Das e-CNY-Abwicklungssystem ist mit dem Konsensmechanismus der Blockchain und programmierbaren Smart-Verträgen kombiniert, um einen automatischen Abgleich und eine automatische Fehlerbearbeitung zu erreichen, um so das Merkmal „Zahlung ist Abwicklung“ des e-CNY zu realisieren. Das Abwicklungssystem des e-CNY ist ein teilweise dezentralisiertes Echtzeitsystem, sodass sich weder die Frage nach der Ausführungsfrist des Zahlungsauftrags noch nach der Ausführungsfrist des Zahlungsvorgangs stellt. Bei anderen elektronischen Zahlungsmethoden ist es jedoch für die langfristige und stabile Entwicklung von Zahlungsdiensten und den Schutz der Rechte und Interessen der Nutzer von großer Bedeutung, die Ausführungsfrist für Zahlungsvorgänge festzulegen.

#### B) RICHTIGKEIT

Richtigkeit bei der Ausführung des Zahlungsvorgangs bezieht sich darauf, dass der Zahlungsdienstleister einen Zahlungsauftrag entsprechend den Anweisungen des Zahlers ausführt, um einen bestimmten Betrag auf das Konto des Zahlungsempfängers zu übermitteln. Ein Zahlungsauftrag bezeichnet die unbedingte Anweisung des Zahlers an den Zahlungsdienstleister, einen festen oder bestimmbaren Geldbetrag an den Empfänger zu überweisen.[824] Die Integrität, Konsistenz und Unverfälschbarkeit des Zahlungsauftrags sind die Voraussetzungen für die richtige Ausführung von Zahlungsvorgängen. Die Anbieter elektronischer Zahlungsdienste sind verpflichtet, die Sicherheit von Zahlungsanweisungen zu gewährleisten (§ 53 Abs. 2 GEC). Um Probleme wie den Verlust und die Manipulation von Transaktionsdaten während des Zahlungsvorgangs zu verhindern. Die Zahlungsanweisung sollte folgende Angaben enthalten: den Namen des Zahlers und des

---

[824] 赵旭东主编，中华人民共和国电子商务法释义与原理，中国法制出版社，2018, S. 434.

Zahlungsempfängers, den festgelegten Betrag, den Namen der kontoführenden Bank oder des Zahlungsinstituts von Zahler und Zahlungsempfänger, das Datum der Auslösung der Zahlungsanweisung und die Nummer des Verrechnungskontos der Bank oder den Namen und die Nummer auf dem gültigen Identitätsdokuments des Zahlers.[825] Um die Echtheit von Zahlungsaufträgen im elektronischen Zahlungsverkehr zu gewährleisten und Fehler zu vermeiden, überprüft der elektronische Zahlungsdienstleister die erhaltenen Informationen durch ein spezielles Sicherheitsverfahren, das sich auf das zwischen dem Kunden und der Bank vereinbarte Verfahren bezieht und bei dem davon ausgegangen wird, dass die überprüften Informationen vom Kunden übermittelt wurden.[826] In diesem Zusammenhang sieht § 17 LeZ (Nr. 1)) vor, dass die Bank, die eine elektronische Zahlungsanweisung veranlasst, die erforderlichen Sicherheitsprogramme einrichtet, um den Status des Kunden und die elektronische Zahlungsanweisung zu bestätigen, und sie erstellt Protokolldateien, die nach der Transaktion fünf Jahre lang aufbewahrt werden müssen. Der persönliche Anwendungsbereich der LeZ (Nr. 1) beschränkt sich auf Bankwesen, aber Nicht-Bank-Zahlungsinstitute sollten die gleiche Verpflichtung erfüllen.

### 2. *Informationspflicht und Pflicht zum fairen Handel*

Nach § 53 Abs. 2 S. 1 müssen Anbieter elektronischer Zahlungsdienste für die Zurverfügungstellung elektronischer Zahlungsdienste im E-Commerce staatliche Bestimmungen befolgen und Nutzer über Punkte wie die Funktionen, Nutzungsmethoden, wichtige Hinweise sowie entsprechende Risiken und Gebührensätze des elektronischen Zahlungsdienstes informieren; sie dürfen keine unangemessenen Handelsbedingungen hinzufügen. Die Verpflichtung des Zahlungsdienstleisters zur Information und zum fairen Handel entspricht dem Recht des Nutzers auf Information und fairen Handel. Das Informationsrecht des Nutzers kann in der Regel nur dann gewahrt werden, wenn der Zahlungsdienstleister eine ausreichende Unterrichtung vornimmt.

---

[825] Siehe hierzu § 25 Verwaltungsmaßnahmen für die von Nicht-Finanzinstituten erbrachten Zahlungsdienste. Obwohl die Verwaltungsmaßnahmen für die von Nicht-Finanzinstituten erbrachten Zahlungsdienste außer Kraft getreten sind, ist die Bestimmung über Zahlungsanweisungen in Ermangelung anderer Rechte nach wie vor von Bedeutung.

[826] 赵旭东主编，中华人民共和国电子商务法释义与原理，中国法制出版社，2018, S. 437.

Die Erfüllung der Informationspflicht durch die Zahlungsdienstleister ist auch ein wichtiges Mittel, um die Sicherheit der Gelder der Nutzer zu schützen. Der elektronische Zahlungsdienstleister ist der Preisgestalter, der Manipulator des Dienstleistungsmodus, der sich objektiv in einer vorteilhaften Position befindet. Der Nutzer ist in Bezug auf die Technik, die Sicherheit und das Informationsmanagement absolut auf ihn angewiesen. Bei der Festlegung der Transaktionsbedingungen kann der Zahlungsdienstleister unfaire Transaktionsbedingungen wie hohe Bearbeitungsgebühren, versteckte Kosten, unangemessene Dienstleistungsbeschränkungen festlegen. Angesichts umständlicher und langwieriger Zahlungsdienstleistungsbedingungen fehlt es den Nutzern in der Regel an Geduld und Professionalität, was dazu führt, dass der erste Schutz der rechtlichen Interessen der Nutzer durch das Recht auf Information und Wahlfreiheit häufig nicht gewährleistet wird.[827] Insofern sind zwingende Vorschriften erforderlich, die den Zahlungsdienstleistern die Pflicht auferlegen, faire Handelsbedingungen bereitzustellen.[828] Mit der Einführung des e-CNY haben die Nutzer eine größere Auswahl an Zahlungsmitteln. Auf der Grundlage der von den Zahlungsdienstleistern bereitgestellten Informationen über die Nutzung, die Risiken und die Kosten elektronischer Zahlungsmethoden können die Nutzer selbstständig sicherere und bequemere Zahlungsmittel wählen.

### 3. *Sicherheitspflichten*

Entsprechen Anbieter elektronischer Zahlungsdienste bei der Zurverfügungstellung elektronischer Zahlungsdienste nicht den staatlichen administrativen Erfordernissen über die Zahlungssicherheit und verursachen Schäden bei Nutzern, müssen sie die Schadensersatzhaftung tragen (§ 54 GEC). Die Anbieter elektronischer Zahlungsdienste verfügen über technologische und kapitalmäßige Vorteile und profitieren von den Zahlungsdiensten, was ihnen die Möglichkeit und Verantwortung gibt, Sicherheitsmaßnahmen zu ergreifen, um die Entwicklung des elektronischen Zahlungsverkehrs zu fördern. Die Sicherheit steht bei elektronischen Zahlungsdiensten im Vordergrund. Seit dem Aufkommen des elektronischen Zahlungsverkehrs in China wurden viele Rechtsnormen zum Schutz der Sicherheit des elektronischen

[827] 电子商务法起草组，中华人民共和国电子商务法解读，中国法制出版社，2018, S. 270.
[828] 电子商务法起草组，中华人民共和国电子商务法解读，中国法制出版社，2018, S. 270.

Zahlungsverkehrs erlassen und umgesetzt, z. B. die Verordnung zum Schutz der Sicherheit von Computerinformationssysteme oder die Leitlinien für die Sicherheitsbewertung von elektronischen Banken. Anbieter elektronischer Zahlungsdienste sollten diese Sicherheitsstandards bei der Durchführung von elektronischen Zahlungsgeschäften einhalten. Um ihren Sicherheitsverpflichtungen nachzukommen, sollten die Anbieter elektronischer Zahlungsdienste folgende Maßnahmen ergreifen: 1) Sie richten ein wirksames System zum Schutz vor den Risiken des elektronischen Zahlungsverkehrs ein (§ 24 LeZ (Nr. 1)); 2) sie sorgen für die Sicherheit des Abwicklungssystems des elektronischen Zahlungsverkehrs und gewährleisten die Unleugbarkeit wichtiger Transaktionsdaten, die Integrität der Datenspeicherung sowie die Authentizität des Kundenstatus und bewahren die im Abwicklungssystem des elektronischen Zahlungsverkehrs verwendeten Authentifizierungsdaten wie Passwörter und Geheimschlüssel ordnungsgemäß auf (§ 26 LeZ (Nr. 1)); 3) die Bank verwendet die Kundendaten und das Transaktionsprotokoll im Rahmen der Gesetze und Vorschriften oder der Genehmigung des Kunden (§ 27 LeZ (Nr. 1)). Die Bank trifft die erforderlichen Maßnahmen, um die Daten des elektronischen Zahlungsverkehrs geheim zu halten (§ 30 LeZ (Nr. 1)); 4) sie richten ein System für die Berichterstattung über wichtige Angelegenheiten im Zusammenhang mit dem Betrieb von elektronischen Zahlungsgeschäften ein (§ 37 LeZ (Nr. 1)). Diese Hauptbestimmungen sind der Hauptinhalt von Kapitel 4 der LeZ (Nr. 1), die für Banken gelten. Aber auch Drittanbieter sollten diese Maßnahmen ergreifen, um die Sicherheit des Zahlungsverkehrs zu gewährleisten

In der Praxis behandeln die Anbieter elektronischer Zahlungsdienste Systemausfälle, Virenbefall, Systemunterbrechung usw. in der Regel als höhere Gewalt und behaupten Haftungsbefreiung.[829] Nach § 180 Abs. 2 ZGB

[829] Siehe etwa § 8 Abs. 1 Nr. 5 Alipay-Servicevereinbarung: "Wenn wir trotz gutgläubiger Verwaltung aufgrund von Viren, Trojanern, Angriffen durch Schadsoftware, Netzwerküberlastung, Systeminstabilität, System- oder Geräteausfällen, Kommunikationsstörungen oder Stromausfällen den normalen Dienst nicht bereitstellen können, sind wir von der Haftung befreit." § 12 der ‚Elektronischen Zahlungsdienstvereinbarung für Privatkunden' der Bank of China Co., Ltd. bestimmt, dass Partei B im Falle von höherer Gewalt oder anderen nicht von Partei B zu vertretenden Gründen (wie Geräteausfällen, Störungen der Kommunikationsleitungen, Stromunterbrechungen usw.) nicht haftet, wenn die von Partei A übermittelten elektronischen Zahlungsanweisungen nicht ordnungsgemäß ausgeführt werden oder der Dienst unterbrochen wird.

sind höhere Gewalt objektive Umstände, die unvorhersehbar, unvermeidbarer und unüberwindbarer. Alle drei Voraussetzungen müssen kumulativ erfüllt sein. Eine höhere Gewalt bezieht sich konkret darauf, dass die Partei auf dem aktuellen Stand der Technik keine Fähigkeit hat, das Auftreten der objektiven Umstände vorherzusehen, und dass die Partei trotz größter Anstrengungen und aller ergriffenen Maßnahmen das Eintreten dieser Umstände nicht verhindern und die daraus resultierenden Schadensfolgen nicht überwinden kann.[830] Die häufigsten Fälle höherer Gewalt bestehen bei Naturkatastrophen, Kriegen, plötzlichen Ausbrüchen von Infektionskrankheiten und anderen gesellschaftlichen Ereignissen sowie bei staatlichem Handeln, wie Gesetzgebung oder Politik.[831] Virenbefall, Systemausfälle und Systemlähmungen im elektronischen Zahlungssystem sind vorhersehbar und können durch regelmäßige Systemwartung vermieden werden. Diese Umstände stellen keine höhere Gewalt dar.[832] Die Zahlungsdienstleister vermeiden Ausfälle des Zahlungssystems und Virenbefall durch Risikomanagementmaßnahmen und Maßnahmen zur Gewährleistung der Sicherheit des Zahlungssystems, die sie als Sicherheitspflichten erfüllen müssen. Das „Alipay Service Agreement", das „Individual Client Electronic Payment Service Agreement" und das „e-CNY-Wallet User Agreement" sind allgemeine Geschäftsbedingungen. Der Zahlungsdienstleister als Partei, die die vorformulierten Vertragsbedingen bereitstellt, sollte bei der Festlegung der Rechte und Pflichten der Parteien dem Grundsatz der Fairness folgen und sich nicht in unangemessener Weise von seinen Sicherheitsverpflichtungen befreien oder die Verantwortung auf den Nutzer übertragen.

### *4. Andere Pflichten*

Zusätzlich zu den oben genannten Verpflichtungen sollen die Zahlungsdienstleister Nutzern kostenlos die Dienstleistung eines Abgleichs der Konten und Transaktionsdatensätze der letzten drei Jahre zur Verfügung stellen

---

Ebenso trifft § 8 Abs. 1 Nr. 5 der ‚Nutzervereinbarung für die e-CNY-App' sowie die ‚Nutzervereinbarungen für die e-CNY-APP' der zugelassenen Banken eine ähnliche Regelung.

830 徐涤宇/张家勇，中华人民共和国民法典评注 (精要版)，中国人民大学出版社，2022, S. 181-182.

831 朱光新/谢鸿飞，民法典评注——合同编通则2，中国法制出版社，2020, S. 467-468.

832 马新彦/戴嘉宜，第三方电子支付中的责任归属问题研究，东北师范大学（哲学社会科学版），2014, 82 (85).

(§ 53 Abs. 3 GEC). Damit sollen im Falle einer Beeinträchtigung der Rechte des Nutzers anhand der aufbewahrten Transaktionsdatensätze Beweise für den Schutz der Rechte des Nutzers erbracht werden können. Nachdem ein Anbieter elektronischer Zahlungsdienste den elektronischen Zahlungsvorgang vollendet hat, muss er dem Nutzer unverzüglich und exakt entsprechend der vereinbarten Art und Weise Informationen über die Bestätigung der Zahlung zur Verfügung stellen (§ 56 GEC). Anhand dieser Zahlungsbestätigungsinformationen ist der Nutzer in der Lage, nicht nur festzustellen, ob der Zahlungsvorgang erfolgreich war, sondern auch fehlerhafte und nicht autorisierte Zahlungen rechtzeitig zu erkennen. Dies ermöglicht es, frühzeitig Maßnahmen zur Schadensbegrenzung zu ergreifen, was die Sicherheit der Transaktion insgesamt erhöht.

## III. Pflichten des Zahlers

### *1. Verpflichtung zur Kostentragung*

§ 921 S. 1 ZGB bestimmt, dass der Auftraggeber die Kosten für die Besorgung der beauftragten Angelegenheiten im Voraus bezahlen muss. Zur Besorgung der beauftragten Angelegenheiten notwendige Kosten, die der Auftragnehmer vorgeschossen hat, muss der Auftraggeber erstatten und Zinsen zahlen (§ 921 S. 2 ZGB). Die Kosten für die Besorgung der beauftragten Angelegenheiten sind Ausgaben, die der Auftragnehmer zugunsten des Auftraggebers tätigen muss. Je nachdem, wann die Kosten gezahlt werden, umfasst diese Pflicht eine Vorschusspflicht und die Verpflichtung zum Ersatz von Aufwendungen.[833] Die Kosten müssen unter den Gesichtspunkten der Relevanz, der Zweckmäßigkeit und der Angemessenheit bestimmt werden.[834] Die Geschäftsbesorgungskosten unterscheiden sich von der Vergütung. Der Geschäftsbesorgungsvertrag ist in der Regel unentgeltlich und nur in Ausnahmen entgeltlich. Der Zweck der Kosten ist die Erledigung der beauftragten Angelegenheiten, um den vom Auftraggeber verfolgten Zweck zu erreichen. Unabhängig davon, ob entgeltlich oder unentgeltlich, hat der Auftraggeber die Pflicht, die Geschäftsbesorgungskosten zu tragen.[835] Beim entgeltlichen Geschäftsbesorgungsvertrag ist die Vergütung die Gegenleistung für die

---

833 王利明主编，民法典评注——合同编4，人民法院出版社，2022, S. 1845-1846.
834 王利明主编，民法典评注——合同编4，人民法院出版社，2022, S. 1848.
835 徐涤宇/张家勇，中华人民共和国民法典评注 (精要版), 中国人民大学出版社，2022, S. 952.

Besorgung der beauftragten Angelegenheiten.[836] „Hat der Auftragnehmer die beauftragten Angelegenheiten vollendet, muss der Auftraggeber ihm nach den Vereinbarungen ein Entgelt zahlen" (§ 928 ZGB).

Zur Regulierung der Preisgestaltung von Geschäftsbanken haben die chinesische Bankenaufsichtsbehörde und die Nationale Entwicklungs- und Reformkommission die Maßnahmen für die Verwaltung der Dienstleistungspreise von Geschäftsbanken (MVdDvG) formuliert. Je nach Art und Merkmalen der Dienstleistungen und der Wettbewerbssituation auf dem Markt unterliegen die Dienstleistungen der Geschäftsbanken einer staatlich gesteuerten Preisgestaltung, einer staatlich festgelegten Preisgestaltung und einer marktregulierten Preisgestaltung (§ 6 MVdDvG). Die Preise für die Dienstleistungen der Geschäftsbanken, die der marktregulierten Preisgestaltung unterliegen, werden von den Zentralen der Geschäftsbanken festgelegt und angepasst (§ 12 Abs. 1 S. 1 MVdDvG). Eine Geschäftsbank legt die marktgeregelten Preise nach dem folgenden Verfahren fest oder passt sie an: (1) Festlegung der Preisbildungsstrategie und des Preisbildungsprinzips für die betreffenden Dienstleistungen; (2) umfassende Schätzung der Kosten und Erträge der relevanten Dienstleistungspositionen; (3) treffen von Preisentscheidungen; (4) Erstellung einheitlicher Geschäftsbeschreibungen und Werbematerialien; (5) deren Bekanntmachung an gut sichtbaren Stellen in den betreffenden Geschäftsräumen; (6) sie an einer gut sichtbaren Stelle auf der Startseite ihrer Website bekannt zu machen, falls diese vorhanden ist. Beispielsweise ist in vielen Serviceverträgen für Mobile-Banking-Diensten festgelegt, dass die Bank das Recht hat, die Gebührenstandards, die Abrechnungsweise und den Abrechnungszeitraum für Mobile-Banking-Dienste festzulegen, anzupassen und zu ändern und die Änderungen durch eine Mitteilung bekanntzugeben. Sollte der Nutzer mit den Gebührenanpassungen und änderungen nicht einverstanden sein, muss er den Mobile-Banking-Dienst kündigen, andernfalls wird die Zustimmung zur Änderung

---

[836] „Hat der Auftragnehmer die beauftragten Angelegenheiten vollendet, muss der Auftraggeber ihm nach den Vereinbarungen ein Entgelt zahlen. Wenn aus Gründen, für die der Auftragnehmer nicht verantwortlich gemacht werden kann, der Geschäftsbesorgungsvertrag aufgelöst wird oder die beauftragten Angelegenheiten nicht vollendet werden können, muss der Auftraggeber dem Auftragnehmer ein entsprechendes Entgelt zahlen. Haben die Parteien etwas anderes vereinbart, gilt die Vereinbarung (§ 928 ZGB)."

vorausgesetzt. [837] Daraus folgt, dass es in China keinen einheitlichen Standard für die Dienstleistungspreise von Geschäftsbanken gibt, sondern sie werden von der Zentrale der jeweiligen Geschäftsbank festgelegt.

Für Nicht-Bank-Zahlungsinstitute gibt es in China keine Maßnahmen zur Verwaltung von Dienstleistungspreisen. Aber nach § 34 Abs. 1 VmOZvNBZ legen die Nicht-Bank-Zahlungsinstitute im Einklang mit den einschlägigen Preisgesetzen und Verwaltungsvorschriften die Gebührenposten und Gebührensätze für Zahlungsdienste in angemessener Weise fest und legen sie der Öffentlichkeit gegenüber offen, wobei sie die Preise deutlich kennzeichnen. Außerdem weisen sie an gut sichtbaren Stellen in ihren Geschäftsräumen und an den wichtigsten Punkten der Transaktionsabwicklungskanäle klar und vollständig auf den Inhalt der Dienstleistung, die Gebührenposten, die Gebührensätze, die einschränkenden Bedingungen und die einschlägigen Anforderungen hin, um das Recht der Nutzer auf Kenntnisnahme und Auswahl zu gewährleisten, und sie erheben keine Gebühren, die nicht angegeben sind (§ 34 Abs. 2 VmOZvNBZ). Die Dienstleistungspreise von Nicht-Bank-Zahlungsinstituten werden von ihnen selbst festgelegt und öffentlich bekannt gegeben. Zusammenfassend lässt sich sagen, dass es in China derzeit keinen einheitlichen Standard für die Dienstleistungspreise gibt, die von Geschäftsbanken und Nicht-Bank-Zahlungsinstituten als Zahlungsdienstleister angeboten werden. So sehen bspw. der Alipay-Zahlungsdienstleistungsvertrag und der WeChat-Zahlungsdienstleistungsvertrag vor, dass Alipay bzw. WeChat Payment das Recht hat, von den Nutzern Entgelte zu verlangen, wenn diese die Alipay- bzw. WeChat-Zahlungsdienstleistung in Anspruch nehmen. Dennoch ist kein Entgeltstandard festgelegt.[838]

---

837 Siehe etwa《中国银行股份有限公司手机银行服务协议》第4条；《招商银行个人客户电子银行业务服务协议》第3条第1款第2项；《中国建设银行电子银行个人客户服务协议》第4条第1款第4项.

838 Durch Abfrage der auf der Website oder den Produktseiten von Alipay angegebenen Gebührenmodalitäten lässt sich feststellen: Für Auszahlungen von Alipay-Guthaben oder Überweisungen auf Bankkonten wird eine Gebühr erhoben. Verifizierte Konten genießen ein kostenloses Basislimit von 20.000 RMB. Übersteigt der Betrag dieses Limit, wird eine Servicegebühr von 0,1 % des überschrittenen Betrags erhoben, mindestens 0,1 RMB pro Transaktion. Taobao-Verkäufer und nicht vertraglich gebundene Händler, die interne Überweisungen über Alipay tätigen, erhalten monatlich ebenfalls ein kostenloses Limit von 20.000 RMB. Übersteigt der Betrag dieses Limit, wird eine Servicegebühr von 0,5 % des überschrittenen Betrags erhoben, wobei die

In Ermangelung einheitlicher Entgelte können die Zahlungsdienstleister ihre eigenen Entgelte festlegen, müssen dabei aber die Verpflichtung zum fairen Handel einhalten und dürfen keine zu hohen oder versteckten Entgelte festlegen. Die Nutzer können die allgemeinen Geschäftsbedingungen lesen und die Geschäftsbedingungen und Gebühren verschiedener Zahlungsdienstleister vergleichen, bevor sie den Dienst annehmen, um einen faireren und transparenteren Dienst zu wählen, was jedoch die Nutzungskosten für die Nutzer erhöht. Im Vergleich zu den oben genannten elektronischen Zahlungsmitteln kann die Verwendung des e-CNY das Recht der Verbraucher auf fairen Handel besser schützen. Da der e-CNY das gesetzliche Zahlungsmittel Chinas ist, müssen Endnutzer bei seiner Verwendung für Aufladungen, Auszahlungen und Überweisungen keine Gebühren zahlen.[839] Allerdings sind die Gebührenstandards für Händler noch nicht eindeutig festgelegt.

## 2. *Obliegenheiten*

Die Obliegenheiten beziehen sich auf eine Verpflichtung, bei der der Berechtigte grundsätzlich nicht die Erfüllung verlangen kann und bei einer Verletzung der Pflicht keine Schadenersatzpflicht entsteht; stattdessen führt die Verletzung lediglich zu einer Minderung oder dem Verlust eines Rechts für die belastete Partei.[840] Bei einem Zahlungsdienstleistungsverhältnis muss der Zahler neben seiner Hauptpflicht zur Zahlung eines Entgelts auch eine Obliegenheiten erfüllen. Beispielsweise müssen Nutzer vor ihrer Zahlungsanweisung den von der Zahlungsanweisung umfassten Betrag, den Zahlungsempfänger und andere (in der Zahlungsanweisung enthaltene) vollständige Informationen überprüfen (§ 55 Abs. 1 GEC). Nutzer müssen Transaktionspasswörter, Daten über elektronische Signaturen und

---

Gebühr pro Transaktion auf maximal 25 RMB begrenzt ist. Hierzu Siehe abrufbar unter://help.alipay.com/lab/help_detail.htm?help_id=212450, 28. 05.2024; Bei WeChat-Auszahlungen haben verifizierte Nutzer ein kostenloses Limit von 1.000 RMB. Für Beträge, die dieses Limit überschreiten, beträgt die Gebühr 0,1 % des überschrittenen Betrags. Händlertransaktionen über WeChat Pay unterliegen einer Servicegebühr, die je nach dem vom Händler gewählten Geschäftskategoriet variiert und in der Regel zwischen 0,6 % und 1 % liegt. Hierzu Siehe abrufbar unter://pay.weixin.qq.com/static/applyment_guide/applyment_detail_app.shtml, 28.05.2024.

839 Siehe etwa § 6 Nutzervereinbarung für die e-CNY-Wallet der Bank of China Co., Ltd.

840 王泽鉴，债法原理，第2版，北京大学出版社，2013, S. 88.

andere Sicherheitsinstrumente zweckmäßig aufbewahren (§ 57 Abs. 1 S. 1 GEC). Stellen Nutzer den Verlust oder die betrügerische Nutzung von Sicherheitsinstrumenten oder unautorisierte Zahlungen fest, müssen sie die Anbieter elektronischer Zahlungsdienste unverzüglich darüber informieren (§ 57 Abs. 1 S. 2 GEC). Der Zahler kann von dem Zahlungsinstitut keinen Schadensersatz verlangen, der durch die Verletzung der Obliegenheiten entstanden ist, sondern dieser trägt nur die daraus entstehenden Nachteile selbst. Die Nutzervereinbarung für das e-CNY-Wallet sieht auch Obliegenheiten des Nutzers vor. Wenn der Nutzer feststellt, dass jemand unbefugt seinen digitalen Wallet-Benutzernamen, sein Login-Passwort oder Zahlungspasswort verwendet hat, oder wenn das Gerät des Nutzers wie das Handy oder ein anderes Gerät verloren geht, sollte der Nutzer sofort das Passwort ändern und die Situation über die Kundenhotline oder den Online-Kundendienst melden, um mögliche Verluste zu minimieren.[841]

## IV. Haftung

### *1. Fehlerhafte Ausführung eines Zahlungsauftrags*

§ 55 GEC besagt: „vor ihrer Zahlungsanweisung müssen Nutzer den von der Zahlungsanweisung umfassten Betrag, Zahlungsempfänger und andere in der Zahlungsanweisung enthaltene vollständige Informationen überprüfen. Erfolgt eine fehlerhafte Zahlungsanweisung, muss der Anbieter elektronischer Zahlungsdienste unverzüglich deren Grund suchen und entsprechende korrigierende Maßnahmen ergreifen. Entsteht Nutzern ein Schaden, trägt der Anbieter elektronischer Zahlungsdienste die Schadensersatzhaftung, es sei denn, er kann beweisen, dass die fehlerhafte Zahlung nicht durch einen in seiner Person liegenden Grund verursacht wurde." Diese Klausel stellt eine Regelung zur Haftung für Schadensersatz bei fehlerhafter Ausführung eines Zahlungsauftrags sowie zu den entsprechenden Haftungsteilen dar, um Fällen entgegenzuwirken, in denen der Empfänger oder der Zahlungsbetrag im elektronischen Zahlungsverkehr nicht mit der ursprünglichen Absicht des Nutzers übereinstimmt. Der Begriff „fehlerhafte Ausfüllung eines Zahlungsauftrags" bezieht sich auf die Zahlungsanweisung selbst oder ein Problem bei der Ausführung der Zahlungsanweisung, das dazu führt, dass die

---

[841] Siehe etwa § 4 Abs. 3 Nr. 2 Nutzervereinbarung für die e-CNY-Wallet der Bank of China Co., Ltd.

Folgen der Zahlung nicht mit der ursprünglichen Absicht des Zahlers übereinstimmen, z. B. eine falsche Kontonummer, ein falscher Zahlungsempfänger, ein falscher Zahlungsbetrag, ein falscher Zeitpunkt der Zahlung.[842]

### A) FEHLERHAFTER ZAHLUNGSAUFTRAG

Die Zahlungsbeauftragung ist eine einseitige Willenserklärung des Nutzers für die Auslösung eines Geldtransfers, die mit dem Namen des Zahlungsempfängers, dem Transaktionsbetrag, dem Datum der Auslösung der Zahlungsauftragung usw. vollständig dokumentiert werden sollte.[843] Sie ist nach der Bestätigung durch den Nutzer rechtswirksam und kann als wahre Willenserklärung des Nutzers anerkannt werden.[844] Nach den Geschäftsregeln darf ein einmal erteilter Zahlungsauftrag nicht mehr zurückgezogen oder geändert werden, es sei denn, die Parteien haben etwas anderes vereinbart.[845] Denn in vielen Fällen ist die Zahlung mit der Erteilung des Zahlungsauftrags abgeschlossen und es gibt kaum Möglichkeiten, den Zahlungsauftrag zurückzunehmen. Aber im Falle der Nicht-Echtzeit-Zahlung nach § 141 ZGB kann der Zahlungsauftrag zurückgenommen werden, solange die Mitteilung der Rücknahme der Willenserklärung dem Gegenüber vor dem oder zeitgleich mit dem Zugang der Willenserklärung zugeht.[846] Die fehlerhafte Ausführung eines Zahlungsauftrags entsteht durch Fehler im Zahlungsauftrag. Fehlerhafter Zahlungsauftrag bezieht sich darauf, dass der Inhalt des Zahlungsauftrags während der Übermittlung nicht mit dem wahre Willen des Anweisenden übereinstimmt und somit einen Mangel aufweist.[847] Je nach den Subjekten gibt es drei Gründe für Fehler bei Zahlungsanweisungen: erstens Fehler durch den elektronischen Zahlungsdienstleister, zweitens Fehler durch den Nutzer und drittens Fehler aufgrund Dritter.[848] Der Zahlungsauftrag kann grundsätzlich nach der Erteilung nicht mehr zurückgenommen oder geändert werden, insofern soll der Nutzer gemäß § 55 Abs. 1 GEC die in den Zahlungsanweisungen enthaltenen Informationen vor der Erteilung

---

842 杨立新，电子商务交易中电子支付服务损害赔偿责任及其规则，中州学报，2019, 45 (51).
843 赵旭东主编， 中华人民共和国电子商务法释义与原理，中国法制出版社，2018, S. 434-435.
844 赵旭东主编，中华人民共和国电子商务法释义与原理，中国法制出版社，2018, S. 434-435.
845 杨立新，电子商务交易中电子支付服务损害赔偿责任及其规则，中州学报，2019, 45 (51).
846 杨立新，电子商务交易中电子支付服务损害赔偿责任及其规则，中州学报，2019, 45 (51).
847 赵旭东主编，中华人民共和国电子商务法释义与原理，中国法制出版社，2018, S. 435.
848 杨立新，电子商务交易中电子支付服务损害赔偿责任及其规则，中州学报，2019, 45 (51).

überprüfen, um die Richtigkeit des in den Zahlungsanweisungen aufgezeichneten Inhalts zu gewährleisten.

#### B) HAFTUNGSTEILUNG

Gemäß § 55 Abs. 2 GEC gilt für die Haftung für Schadensersatz bei fehlerhafter Ausführung eines Zahlungsauftrags das Prinzip der Verschuldensvermutung, wobei die Beweislast beim Zahlungsdienstleister liegt. Der Zahlungsdienstleister haftet nicht für Schäden, wenn er nachweisen kann, dass er die fehlerhafte Ausführung eines Zahlungsauftrags nicht zu vertreten hat.[849] Als eine Partei des Zahlungsverkehrsverhältnisses hat der Nutzer nach dem Grundsatz der Privatautonomie und der Rechtsschein-Theorie die Folgen des Schadens zu tragen, wenn er die fehlerhafte Ausführung eines Zahlungsauftrags zu vertreten hat.[850] Ist der fehlerhafte Zahlungsauftrag auf ein Verschulden eines Dritten zurückzuführen, z. B. wenn der Dritte die Zahlungsanweisung unter dem Namen des Nutzers versendet und dem Nutzer einen Schaden zufügt, so haftet er auf Schadenersatz.[851] Zusammenfassend lässt sich sagen, dass der Zahlungsdienstleister nur dann für Schäden haftet, wenn dem Nutzer aufgrund eines vom Zahlungsdienstleister selbst verursachten Fehlers bei der fehlerhaften Ausführung eines Zahlungsauftrags ein Schaden entsteht. Es ist vorstellbar, dass der Anbieter von elektronischen Zahlungsdiensten die Rückerstattung der Gelder, die Ausgleichszahlung der Differenz sowie die Erstattung der geschuldeten Zinsen übernimmt.[852] Jedoch regelt § 55 GEC weder die Höhe der Entschädigung noch das Verfahren der Entschädigung.

Bei Zahlungen mit e-CNY kann es wie bei anderem elektronischen Zahlungsverkehr zur fehlerhaften Ausführung eines Zahlungsauftrags kommen. Die Bestimmungen von § 55 GEC sind im Prinzip auch auf die fehlerhafte Ausführung eines Auftrags von e-CNY anwendbar. Bei Zahlungsvorgängen in e-CNY handelt es sich jedoch um sofortige Zahlungen. Sobald die Zahlungsanweisungen erteilt sind, sind diese nicht widerrufbar oder änderbar. Wenn der Nutzer aufgrund seiner eigenen Fahrlässigkeit einen

849 电子商务法起草组，中华人民共和国电子商务法条文释义，法律出版社，2018, S. 177.

850 杨东/黄尹旭，《电子商务法》电子支付立法精神与条文适用，苏州大学学报（哲学社会科学版），2019, 62 (67-68).

851 杨立新，电子商务交易中电子支付服务损害赔偿责任及其规则，中州学报，2019, 45 (52).

852 赵旭东主编，中华人民共和国电子商务法释义与原理，中国法制出版社，2018, S. 436.

fehlerhaften Zahlungsvorgang vornimmt und seiner Obliegenheit gemäß § 55 Abs. 1 GEC nicht nachkommt, muss er nach § 55 Abs. 2 GEC für die Folgen seines Verlustes aufkommen. Wird eine Zahlungsanweisung von einem e-CNY-Zahlungsdienstleister fehlerhaft oder wiederholt ausgeführt, so haftet der Anbieter auf Schadensersatz nach § 55 Abs. 2 GEC.

### 2. *Nicht autorisierter Zahlungsvorgang*

Die Garantie der Sicherheit von Zahlungsinstrumenten kann den nicht autorisierten Zahlungsvorgang verhindern. Nach § 57 Abs. 1 S. 1 GEC sind die Nutzer verpflichtet Transaktionspasswörter, Daten über elektronische Signaturen und andere Sicherheitsinstrumente zweckmäßig aufzubewahren. Stellen Nutzer den Verlust oder die betrügerische Nutzung von Sicherheitsinstrumenten oder unautorisierte Zahlungen fest, müssen sie die Anbieter elektronischer Zahlungsdienste unverzüglich darüber benachrichtigen (§ 57 Abs. 1 S. 2 GEC). Dann haftet der Anbieter elektronischer Zahlungsdienste gemäß § 57 Abs. 2 Alt. 1 GEC für Schäden, die durch unautorisierte Zahlungen verursacht werden. Jedoch kann der Anbieter elektronischer Zahlungsdienste beweisen, dass die unautorisierte Zahlung durch das Verschulden des Nutzers verursacht wurde, haften sie nicht (§ 57 Abs. 2 Alt. 2 GEC). Ein Anbieter elektronischer Zahlungsdienste muss sofort, nachdem er unautorisierte Zahlungsanweisungen oder die Mitteilung eines Nutzers über unautorisierte Zahlungsanweisungen festgestellt hat, Maßnahmen ergreifen, um eine Schadensvergrößerung zu verhindern (§ 57 Abs. 3 S. 1 GEC). Entstehen weitere Schäden dadurch, dass der Anbieter elektronischer Zahlungsdienste nicht unverzüglich Maßnahmen ergreift, trägt er die Haftung für den vergrößerten Teil des Schadens (§ 57 Abs. 3 S. 2 GEC). Die Haftung sollte auch nach § 57 GEC zugewiesen werden, wenn nicht autorisierte Zahlungsvorgänge in e-CNY erfolgen.

#### A) HAFTUNG DES ZAHLUNGSDIENSTLEISTERS

Ein nicht autorisierter Zahlungsvorgang liegt vor, wenn eine Zahlungsanweisung von einer anderen Person als dem Nutzer und ohne dessen Autorisierung in einer vereinbarten Weise erteilt wird, was zu einer Verringerung des Guthabens auf dem Konto des Nutzers oder zur Ausschöpfung des Kreditlimits führt.[853]

---

[853] 电子商务法起草组，中华人民共和国电子商务法条文释义，法律出版社，2018, S. 179.

Zu derartigen Transaktionen kommt es in der Regel bei Diebstahl oder Verlust des elektronischen Zahlungsinstruments sowie bei der Hinterlegung einer fremden Mobiltelefonnummer bei der Bank.[854] Darüber hinaus treten nicht autorisierte Zahlungsvorgänge auf, wenn die autorisierte Person ihre Befugnisse überschreitet oder Zahlungen oder Abhebungen vornimmt, nachdem die Autorisierung erloschen ist, was einen Scheinvertreter darstellt.[855] Die Schadensersatzhaftung für nicht autorisierte Zahlungsvorgänge ist eine deliktische Haftung, da die Beziehung zwischen den Parteien des nicht autorisierten Zahlungsvorgangs und dem Zahlungsdienstleister kein vertragliches Vertrauensverhältnis darstellt.[856] § 57 GEC basiert auf dem gesetzgeberischen Wert des Schutzes der Nutzer und berücksichtigt in vollem Umfang die Schwierigkeit des Nachweises eines Verschuldens bei nicht autorisiertem Zahlungsvorgang und die Fähigkeit, Verluste zu tragen, indem er das Prinzip der Verschuldensvermutung anwendet. Die durch nicht autorisierten Zahlungsvorgang verursachten Schäden sind grundsätzlich vom elektronischen Zahlungsdienstleister zu tragen, aber der elektronische Zahlungsdienstleister ist nicht haftbar, wenn er nachweisen kann, dass er den nicht autorisierten Zahlungsvorgang nicht zu vertreten hat. In Fällen, in denen sowohl den Nutzer als auch den elektronischen Zahlungsdienstleister ein Verschulden trifft, gilt, dass das Prinzip des Mitverschuldens angewendet wird, um die Haftung des elektronischen Zahlungsdienstleisters zu erleichtern.[857]

### B) HAFTUNG DES NUTZERS FÜR DIE FEHLERHAFTE OBLIEGENHEIT

Nicht autorisierte Zahlungsvorgänge werden dadurch verursacht, dass der Nutzer das Zahlungsinstrument nicht ordnungsgemäß aufbewahrt und Anbieter des Zahlungsdienstes nicht rechtzeitig benachrichtigt, wenn er weiß, dass ein nicht autorisierter Zahlungsvorgang erfolgt ist. In diesem Fall ist der Nutzer allein für den Verlust verantwortlich. Die Sicherheitstools für den elektronischen Zahlungsverkehr, einschließlich Transaktionspasswörtern und elektronischen Unterschriftsdaten, die bei der Auslösung von

---

854 罗培新/吴韬, 非授权交易中第三方支付机构的法律责任, 华东政法大学学报, 2017, 83(85).

855 罗培新/吴韬, 非授权交易中第三方支付机构的法律责任, 华东政法大学学报, 2017, 83(85).

856 Vgl. 杨立新, 电子商务交易中电子支付服务损害赔偿责任及其规则, 中州学报, 2019, 45 (53).

857 杨立新, 电子商务交易中电子支付服务损害赔偿责任及其规则, 中州学报, 2019, 45 (54); aA 电子商务法起草组, 中华人民共和国电子商务法条文释义, 法律出版社, 2018, S. 185.

Zahlungsanweisungen eine entscheidende Rolle spielen, müssen vom Nutzer ordnungsgemäß geschützt werden. Diese Obliegenheiten des Nutzers erinnern ihn nicht nur daran, für sein Geld verantwortlich zu sein und das Geldrisiko zu verringern, sondern ermöglichen auch eine rechtzeitige Verlustkontrolle im Falle eines nicht autorisierten Zahlungsvorgangs. Im Streitfall über einen Spareinlagenvertrag zwischen Qi (A) und einer Geschäftsbank (B) klagte die Klägerin A gegen B, da ohne ihr Wissen in 149 Transaktionen insgesamt 718.000 Yuan von ihrem Konto abgebucht wurden.[858] Der vorliegende Fall betrifft einen Betrug. Die Übertragung der Gelder erfolgte durch den Umtausch in e-CNY, wobei der Verbleib der Gelder unbekannt ist. Das Gericht stellte fest, dass die Klägerin A auf Anweisung der Betrüger eine Reihe von Maßnahmen ergriffen hatte, die zur Preisgabe personenbezogener Daten führten und es den Betrügern ermöglichten, unter Verwendung ihrer Daten e-CNY-Wallets zu eröffnen. Der entstandene Vermögensschaden sei der Missachtung ihrer Obliegenheit zur Verwahrung der Sicherheitsinstrumente ihrer Bankkarte geschuldet, weshalb der Antrag der Klägerin A abgewiesen wurde. Andererseits weist dies ebenfalls auf die erheblichen Sicherheitsrisiken des e-CNY hin.

#### c) HAFTUNG DES ZAHLUNGSDIENSTLEISTERS FÜR SCHADENSVERGRÖSSERUNG

Elektronische Zahlungsdienstleister sind am besten in der Lage, nicht autorisierte Zahlungsvorgänge zu erkennen. Wenn sie darüber informiert werden, können sie Maßnahmen wie das Einfrieren von Konten oder die Verweigerung von Transaktionen ergreifen, um Verluste zu verhindern. In diesem Fall ist der Zahlungsdienstleister verpflichtet, Maßnahmen zur Verhinderung von Verlusten zu ergreifen, sobald er feststellt, dass eine Zahlungsanweisung nicht autorisiert ist. Unterlässt er dies und lässt die Verluste weiter eskalieren, haftet er für die entstandenen Schäden. Nutzer, Zahlungsempfänger und andere Zahlungsdienstleister, die Hilfsdienste für Zahlungsdienste erbringen, sind verpflichtet, bei den Ermittlungen des elektronischen Zahlungsdienstleisters mitzuwirken und Nachweise zu erbringen. Da § 57 Abs. 3 GEC das Prinzip der Verschuldensvermutung auf

---

858 祁某、中国某支行储蓄存款合同纠纷民事一审民事判决书，(2022) 粤0112民初7466号。

die Haftung für Schadensvergrößerung wegen unterlassener rechtzeitiger Maßnahmen nicht vorsieht, ist davon auszugehen, dass § 57 Abs. 3 GEC dem Prinzip der Verschuldenshaftung unterliegt, anders als in § 57 Abs. 2 GEC. Sobald der Nutzer den Nachweis erbringt, dass der Anbieter des elektronischen Zahlungsdienstes entweder die unautorisierte Zahlungsanweisung bemerkt hat oder nach Benachrichtigung durch den Nutzer über die unbefugte Anweisung keine sofortigen Maßnahmen zur Vermeidung weiterer Verluste ergriffen hat, kann das Verschulden des Zahlungsdienstanbieters nachgewiesen werden.[859]

## C. Zusammenfassung

Das ZGB sieht keinen Zahlungsdienstevertrag vor, aber das Deckungsverhältnis zwischen Nutzern und Zahlungsdienstleistern kann auf der Grundlage eines Geschäftsbesorgungsvertrags aufgebaut werden. Es ist jedoch anzumerken, dass das durch den Geschäftsbesorgungsvertrag geschaffene Deckungsverhältnis nicht alle Zahlungsdienstleistungsbeziehungen klärt und noch auf anderes Recht angewiesen ist, die ergänzt und festgelegt werden müssen. ZGB hat zwar die rechtliche Lücke des elektronischen Zahlungsverkehrs in China geschlossen, aber die Bestimmungen über den elektronischen Zahlungsverkehr bestehen lediglich aus fünf Vorschriften, die angesichts der komplexen Zahlungsdienstleistungsbeziehungen offensichtlich nicht umfassend sind. Eher sind sie weit gefasst und spärlich und bieten keine rechtliche Gewährleistung für den elektronischen Zahlungsverkehr im Zeitalter der digitalen Wirtschaft. LeZ (Nr. 1) und die Maßnahmen für die Verwaltung des Online-Zahlungsverkehrs von Nichtzahlungsdienstleistern sind nur Regeln für Abteilung mit geringer Rechtswirkung. Sie erschweren auch die Rechtsanwendung im Falle des Nebeneinanderbestehens mehrerer Regeln für Abteilung. Darüber hinaus ist das Zahlungsdiensterecht, das auf die Art der Zahlungsdienstleister zurückzuführen ist, der Einheitlichkeit des Rechts nicht förderlich. Dies steht im deutlichen Gegensatz zum elektronischen Zahlungsverkehr in China. Es sollte zum Zeitpunkt der Einführung des e-CNY ein einheitliches Zahlungsdienstleistungsrecht geschaffen werden.

---

[859] 杨立新，电子商务交易中电子支付服务损害赔偿责任及其规则，中州学报，2019, 45 (55).

# § 20 Der digitale Euro im Zahlungsdiensterecht

## A. Vertragliche Beziehung zwischen Nutzern und Zahlungsdienstleister

Zahlungsvorgänge in digitalen Euro sollten den Bestimmungen der PSD2 [860] unterliegen (Art. 5 Abs. 3 dEuroVO-E). Obwohl der Begriff des Geldbetrags in Art. 4 Nr. 5 PSD2 ausschließlich Banknoten und Münzen, Giralgeld oder E-Geld umfasst, gilt der digitale Euro als neue Form des Zentralbankgelds als Geldbetrag i. S. d. PSD2.[861] Am 28. Juni 2023 hat die KOM zusätzlich zum dEuroVO-E den PSD3-E sowie PSR-E vorgelegt. Damit fällt der digitale Euro unter den Geldbegriff in der genannten Richtlinie und Verordnung (Art. 2 Nr. 23 PSD3-E und Art. 3 Nr. 30 PSR-E). Der Nutzer des digitalen Euro ist darauf angewiesen, die erbrachten Zahlungsdienste im Zusammenhang mit dem digitalen Euro durch Zahlungsdienstleister in Anspruch zu nehmen, um den digitalen Euro zu erwerben und zu nutzen. In diesem Zusammenhang gehen die Nutzer des digitalen Euro mit den Zahlungsdienstleistern eine vertragliche Beziehung ein (Art. 13 Abs. 6 dEuroVO-E).

### I. Zahlungsdienstleister

In der digitalen Euro-Zahlungsökologie erbringen die Zahlungsdienstleister für den Nutzer Zahlungsdienste im Zusammenhang mit dem digitalen Euro. Ausweißlich Art. 2 Nr. 7 dEuroVO-E ist ein Zahlungsdienstleister des digitalen Euro ein Zahlungsdienstleister i. S. d. Art. 4 Nr.11 PSD2, darunter Kreditinstitute, E-Geld-Institute, Postscheckämter, Zahlungsinstitute, die EZB, die NZBen sowie die Mitgliedstaaten oder ihre regionalen oder lokalen Gebietskörperschaften, wenn sie nicht in ihrer Eigenschaft als Behörden handeln (Art. 1 Abs. 1 PSD2). Nach Art. 4 Abs. 1 dEuroVO-E spielen die EZB und die NZBen als die zuständigen Behörden eine Rolle bei der Einführung des digitalen Euro und deshalb sind sie von der Anwendung der PSD2 ausgeschlossen.

#### *1. Kreditinstitute als Verpflichtete*

Für Zahlungsdienstleister besteht kein Anreiz, den digitalen Euro anzubieten, wenn die Nutzung des digitalen Euro im Zusammenhang mit grundlegenden

---

[860] Die Richtlinie (EU) 2015/2366 des Europäischen Parlaments und des Rates vom 25. November 2015 über Zahlungsdienste im Binnenmarkt, L 337/35.

[861] Erwg. 22 dEuroVO-E.

Zahlungsdiensten kostenlos ist und das bestehende Geschäftsmodell des Zahlungsdienstleisters beeinträchtigt wird. Um den allgemeinen Zugang zum digitalen Euro für die breite Öffentlichkeit im Euro-Währungsgebiet zu unterstützen, sollten aber alle Zahlungsdienstleister in der Lage sein, den digitalen Euro bereitzustellen.[862] Wäre die Zugänglichkeit des digitalen Euro jedoch auf die freie Geschäftsentscheidung aller Zahlungsdienstleister angewiesen, könnte der digitale Euro von den Zahlungsdienstleistern ausgeschlossen werden, was die Nutzung des digitalen Euro als einheitliche Währung mit dem Status als gesetzliches Zahlungsmittel in der Eurozone gefährden würde.[863] Es ist folglich erforderlich, bestimmte Zahlungsdienstleister zu benennen, die zur Bereitstellung des digitalen Euro verpflichtet sind. In Anbetracht der Art der Geschäftstätigkeit der Kreditinstitute, die bereits im Privatkundengeschäft tätig sind, sollten die Kreditinstitute als Verpflichtete zur Bereitstellung des digitalen Euro fungieren.[864] Die Kreditinstitute bieten die Zahlungskontodienste auf Wunsch ihrer Kunden an. Sie können nicht nur den digitalen Euro auf der Grundlage bestehender Privatkundengeschäfte effektiver anbieten, sondern auch die Belastung von Zahlungsdienstleistern mit nicht verbraucherorientierten Geschäftsmodellen erleichtern.[865] Dies gilt unbeschadet der Verwendung des digitalen Euro durch Nutzer, die über kein Zahlungskonto für den nicht-digitalen Euro verfügen.

Aufgrund der Rechtnatur des digitalen Euro als gesetzliches Zahlungsmittel müssen die Kreditinstitute jeder natürlichen Person Zugang zum digitalen Euro gewähren. Auch wenn die Kunden nicht über ein Konto für den nicht-digitalen Euro verfügen, müssen die Kreditinstitute einen Zugang zu Konten für den digitalen Euro mit grundlegenden Diensten für Verbraucher nach Kapital IV der Richtlinie (EU) 2014/92[866] mit Ausnahme der Art. 17 und 18 anbieten (Art. 14 Abs. 2 dEuroVO-E). Gemäß Art. 2 lit. 1 ist der Verbraucher der Richtlinie (EU) 2014/92 ein Verbraucher i. S. d. § 13 BGB. Auf der Grundlage des Grundsatzes der Nichtdiskriminierung sind die

[862] Erwg. 26 dEuroVO-E.
[863] Erwg. 27 dEuroVO-E.
[864] Erwg. 28 dEuroVO-E.
[865] Erwg. 28 dEuroVO-E.
[866] Richtlinie 2014/92/EU des Europäischen Parlaments und des Rates vom 23. Juli 2014 über die Vergleichbarkeit von Zahlungskontoentgelten, den Wechsel von Zahlungskonten und den Zugang zu Zahlungskonten mit grundlegenden Funktionen. L 257/214.

Mitgliedstaaten verpflichtet, dafür zu sorgen, dass alle oder eine ausreichende Zahl von Kreditinstituten in der Lage sind, den Verbrauchern mit rechtmäßigem Aufenthalt in der Union in ihrem Hoheitsgebiet Konten für den digitalen Euro mit grundlegenden Diensten anzubieten (Art. 14 Abs. 2 i. V. m. Art. 15, 16 lit. 1, 2 der Richtlinie (EU) 2014/92). Weitere Rechte und Pflichten zwischen den Kreditinstituten und den Kunden des digitalen Euro verweisen konkret auf Art 16 lit. 3 bis 10, Art. 19, 20 der Richtlinie (EU) 2014/92 (Art. 14 Abs. 2 dEuroVO-E).

### 2. *Andere Zahlungsdienstleister als Ergänzung*

Anderen Zahlungsdienstleistern steht es frei, den digitalen Euro bereitzustellen.[867] Allerdings sind die Behörden i. S. d. Art. 1 lit. f Richtlinie (EU) 2015/2366 bzw. Postscheckämter i. S. d. Art. 1 lit. c Richtlinie (EU) 2015/2366 verpflichtet, a) für natürliche Personen, die nicht über ein Konto für den nicht-digitalen Euro verfügen oder kein solches Konto führen wollen, grundlegende Zahlungsdienste im Zusammenhang mit dem digitalen Euro zu erbringen; b) für Personen mit Behinderungen, funktionalen Einschränkungen oder begrenzten digitalen Fähigkeiten sowie für ältere Menschen grundlegende Zahlungsdienstleiste im Zusammenhang mit dem digitalen Euro sowie Unterstützung bei der digitalen Inklusion an Ort und Stelle bereitzustellen, solange sie mit diesen Aufgaben betraut sind (Art. 14 Abs. 3 dEuroVO-E).

## II. Zahlungsdienste

### 1. *Grundlegende Zahlungsdienste*

Die Zahlungsdienste im Zusammenhang mit dem digitalen Euro werden positiv in Anhänge I, II des dEuroVO-E aufgezählt. Grundlegende Zahlungsdienste im Zusammenhang mit dem digitalen Euro in Anhang II des dEuroVO-E werden durch kontoführende Zahlungsdienstleister bereitgestellt[868]: a) Eröffnung, Führung und Schließung eines Zahlungskontos für den digitalen Euro; b) Einsicht in Salden und Transaktionen; c) manuelle Aufladung und Auszahlung von einem bzw. auf ein Zahlungskonto für den nicht-digitalen Euro; d) Aufladung und Auszahlung von/in Bargeld; e) Auslösung und Entgegennahme von Zahlungsvorgängen in digitalen Euro; f)

[867] Erwg. 26 dEuroVO-E.
[868] Erwg. 30 dEuroVO-E.

die (reverse) Waterfall-Funktion; g) Bereitstellung von mindestens einem elektronischen Zahlungsinstrument für die Ausführung von Zahlungsvorgängen in digitalen Euro i. S. d. Buchstabens e. Natürliche Personen i. S. d. Art. 13 Abs. 1 lit. a, b, c dEuroVO-E verwenden den digitalen Euro als gesetzliches Zahlungsmittel. Die obigen genannten grundlegenden Zahlungsdienste sollten gebührenfrei sein (Art. 17 Abs. 1 dEuroVO-E).

### *2. Zusätzliche Zahlungsdienste*

Neben den genannten grundlegenden Zahlungsdiensten werden die Zahlungsdienste im Zusammenhang mit dem digitalen Euro in Anhang I des dEuroVO-E angeboten, um eine breite Nutzung des digitalen Euro zu ermöglichen und gleichzeitig mit der Innovation im digitalen Zahlungsverkehr Schritt zu halten.[869] Kontoführende Zahlungsdienstleister und andere Zahlungsdienstleister können zusätzliche Zahlungsdienste entwickeln und anbieten, einschließlich a) Maßnahmen, um den Nutzern des digitalen Euro den Zugang zum und die Verwendung des digitalen Euro zu ermöglichen; b) Maßnahmen, um es den Nutzern des digitalen Euro zu ermöglichen, Zahlungsvorgänge in digitalen Euro zu tätigen und zu empfangen, und ihnen Zahlungsinstrumente in digitalen Euro zur Verfügung zu stellen; c) Verwaltung der Zahlungskonten für den digitalen Euro von Nutzern des digitalen Euro; d) Aufladung und Auszahlung gemäß Art. 13; e) Erbringung zusätzlicher Zahlungsdienste, bspw. bedingte Zahlungsvorgänge in digitalen Euro zur Verfügung stellen.[870]

## B. Anwendbarkeit des Zahlungsdienstevertrags nach §§ 675c ff. BGB

### I. Zahlungsdienstevertrag

Der Zahlungsdienstevertrag bezieht sich auf einen Geschäftsbesorgungsvertrag, der die Erbringung von Zahlungsdiensten zum Gegenstand hat, einschließlich dem Einzelzahlungsvertrag und dem Zahlungsdiensterahmenvertrag (675c Abs.1 BGB, 675 f. Abs. 1. 2 BGB). Der Zahlungsdienstevertrag stellt die neu geschaffenen Vertragstypen als Sonderformen eines Geschäftsbesorgungsvertrags dar. Der Zahlungsdienstevertrag unterscheidet

---

869 Erwg. 30 dEuroVO-E.

870 Erwg. 30 dEuroVO-E.

sich aufgrund seiner besonderen Inhalte vom allgemeinen Geschäftsbesorgungsvertrag, z. B. durch Unterrichtung bei Zahlungsdiensten (§ 675d BGB), Ausführung eines Zahlungsvorgangs anhand von Kundenkennungen (§ 675r BGB), Ausführungsfrist für Zahlungsvorgänge (§ 675s BGB) oder Erstattungsanspruch (§ 675x Abs. 1, 2 BGB). Somit unterliegt der Zahlungsdienstevertrag vorrangig den Regelungen der §§ 675c ff. BGB. [871] Jedoch ist der Zahlungsdienstevertrag als besonderer Geschäftsbesorgungsvertrag und die Regelungen des Auftragsrechts, wie die Anzeigepflicht bei Ablehnung (§ 663 BGB) , Abweichung von Weisungen (§ 665 BGB), Ersatz von Aufwendungen (§ 670 BGB), entsprechend anzuwenden, soweit in den §§ 675c ff. BGB nichts Abweichendes bestimmt ist. In diesem Sinne sind die §§ 675c ff. BGB eine Fortschreibung einer Rechtsentwicklung, die sich den Zielen einer europaweiten Rechtsharmonisierung, der Automatisierung und Effizienzsteigerung unterworfen hat. Zukünftige Formen des Zahlungsverkehrs können auf die offene Vorschrift des § 675 Abs. 1 BGB verweisen, sofern die spezielleren §§ 675c ff. BGB nicht eingreifen, über die das allgemeine Geschäftsbesorgungsrecht erfasst wird.[872]

Durch einen Einzelzahlungsvertrag/Zahlungsdiensterahmenvertrag wird der Zahlungsdienstleister verpflichtet, einen Zahlungsvorgang oder einzelne und aufeinander folgende Zahlungsvorgänge auszuführen (§ 675f Abs. 1, 2 BGB), während der Zahlungsdienstnutzer verpflichtet ist, dem Zahlungsdienstleister das für die Erbringung eines Zahlungsdienstes vereinbarte Entgelt zu entrichten (§ 675f Abs. 5 BGB). Die Rechte, Pflichten und Haftungen von Zahlungsdienstleister und Nutzer sind in § 675d ff. BGB geregelt. Die Zahlungsdienstbeziehung zwischen Nutzern des digitalen Euro und Zahlungsdienstleister richtet sich ebenfalls nach den §§ 675c ff. BGB, jedoch unter Berücksichtigung der Besonderheiten des digitalen Euro.

## II. Besonderheiten des Zahlungsdienstevertrags des digitalen Euro

### *1. Abweichend von § 675n Abs. 1, 2 BGB*

§ 675n BGB regelt den Zugang von Zahlungsaufträgen. Ein Zahlungsvorgang wird durch einen Zahlungsauftrag ausgeführt, der zum Zeitpunkt des Eingangs bei dem Zahlungsdienstleister des Zahlers wirksam wird (§ 675n

[871] Staudinger/Omlor (2020) BGB § 675c, Rn. 3, 4.
[872] Staudinger/Omlor (2020) BGB § 675c, Rn. 4.

Abs. 1 S. 1 BGB). Der Zahlungsauftrag wird ausweislich § 675p Abs. 1 grundsätzlich nach dessen Zugang beim Zahlungsdienstleister des Zahler nicht mehr widerrufen. Der Zugangspunkt der Zahlungsaufträge entscheidet direkt oder indirekt über Ausführungsfristen für Zahlungsvorgänge (§ 675s Abs. 1 BGB), Ablehnungsfristen (§ 675o Abs. 1 S. 1 BGB) und Erfüllung der Informationspflicht (§ 675d Abs. 1 BGB). Zahlungsaufträge können dem Zahlungsdienstleister des Zahlers nur dann an einem Geschäftstag zugehen, wenn sie am Geschäftstag erteilt werden und wenn sichergestellt ist, dass sie spätestens zu einem bestimmten Zeitpunkt und nicht näher am Ende des Geschäftstages erteilt werden (§ 675n BGB). Insofern hat der Geschäftstag entscheidende Bedeutung.

Geschäftstage sind für den digitalen Euro bedeutungslos, da Zahlungsvorgänge in digitalen Euro sofort abgewickelt werden (Art. 30 Abs. 1 dEuro-VO-E). Der Zahlungsauftrag in digitalen Euro geht dem Zahlungsdienstleister innerhalb von Sekunden zu und wird wirksam, wenn er vom Nutzer an den Zahlungsdienstleister übermittelt wird, unabhängig davon, ob es ein Geschäftstag des Zahlungsdienstleisters ist oder nicht. Aus demselben Grund sind einmal erteilte Zahlungsaufträge unwiderruflich. Jedoch kann der Zahlungsauftrag nach § 675p Abs. 3, 4 widerrufen werden, wenn der Nutzer mit seinem Zahlungsdienstleister bedingte Zahlungsvorgänge in digitalen Euro vereinbart.

### 2. *Abweichend von § 675s BGB*

Ziel der PSD2 ist es, die Effizienz des europäischen Zahlungssystems zu verbessern und eine schnellere Zahlungsabwicklung im einheitlichen Binnenmarkt zu erreichen.[873] Dies wird durch die Bestimmung der Ausführungsfrist eines Zahlungsvorganges erreicht.[874] Nach § 675s Abs. 1 S. 1 BGB ist die Ausführungsfrist eines Zahlungsvorganges spätestens am Ende des auf den Zugangszeitpunkt des Zahlungsauftrags folgenden Geschäftstags beim Zahlungsdienstleister des Zahlers. Der Geschäftstag ist „ein Tag" i. S. v. Erwg. 82 PSD2 oder Art. 4 Nr. 37 PSD2. Die eintägige Ausführungsfrist berücksichtigt die Möglichkeit, die Zahlung für die Ausführung des Geschäfts „sofort und so schnell wie möglich" zu leisten, je nach technischen und betrieblichen

[873] Erwg. 78, 82 PSD2.
[874] Erwg. 82 PSD2.

Umständen.[875] Diese Ausführungsfrist gilt nur für Euro-Zahlungsverkehr innerhalb des EWR. Für Nicht-Euro-Zahlungstransaktionen innerhalb des EWR kann eine Höchstfrist von vier Geschäftstagen vereinbart werden (S. 2). § 675s gilt nur für Zahlungsverkehr auf der Grundlage von Zahlungsaufträgen, einschließlich Push-und-Pull-Zahlungen. Bei der Anwendung des § 675s BGB sind die Umstände gemäß § 675d Abs. 6 S. 1 und § 675o Abs. 3 BGB zu berücksichtigen.

Der Zahlungsvorgang in digitalen Euro wird sofort abgewickelt. Zahlungsvorgängen in digitalen Euro werden keine Intermediäre zwischengeschaltet. Wenn die Zahlungsaufträge dem Zahlungsdienstleister zugehen, löst er den Zahlungsvorgang sofort aus und schließt ihn in Sekundenschnelle ab. Außerdem kann der Empfänger sofort über den Geldbetrag verfügen. Deshalb hat die Ausführungsfrist i. S. v. § 675s BGB keine Bedeutung. Insofern wäre eine Vorschrift zur Abwicklung von Zahlungsvorgängen in digitalen Euro in den §§ 675c ff. BGB zu ergänzen.

### 3. *Abweichend von § 675q BGB*

Entgelte bei Zahlungsvorgängen i. S. v. § 675p BGB realisieren die Erfüllungsvereinfachung und die Erleichterung des automatisierten Zahlungsverkehrs durch das Abzugsverbot im Grundsatz (Abs. 1) mit der Möglichkeit, Ausnahmen zu vereinbaren (Abs. 2), sowie durch die SHARE-Regelung zur Entgeltaufteilung (Abs. 3).[876] § 675p Abs. 2 BGB gilt nur für den Empfänger und den Zahlungsdienstleister des Empfängers, während § 675p Abs. 3 BG nur für die Zahlungsdienstleister des Zahlers und des Empfängers gilt, die innerhalb des EWR liegen. Bei Zahlungsverkehr mit Nicht-EU-Währung und „one leg"-Transaktionen ist das Abzugsverbot des § 675q Abs. 1 BGB auf die innerhalb des EWR getätigten Bestandteile des Zahlungsvorgangs nicht anzuwenden. Von § 675q Absatz 2 kann für die innerhalb des EWR getätigten Bestandteile des Zahlungsvorgangs abgewichen werden (Abs. 4). Wenn Zahlungsdienstleister den Pflichten aus § 675q BGB nicht nachkommen, so müssen sie nach § 675y Abs. 1 S. 4 BGB (Push-Zahlungen) und § 675y Abs. 2 S. 3 BGB (Pull-Zahlungen) die Haftungen übernehmen. Wenn eine

---

[875] Staudinger/Omlor (2020) BGB § 675s, Rn. 7.
[876] Staudinger/Omlor (2020) BGB § 675q, Rn. 1.

zwischengeschaltete Stelle in den Zahlungsvorgang involviert ist, stellt sich die Frage des Ausgleichanspruchs nach § 676a Abs 1 BGB.

§ 675q BGB kann nicht in vollem Umfang auf den digitalen Euro angewendet werden. Wenn ein Zahlungsdienstevertrag des digitalen Euro nach § 675f BGB abgeschlossen wird, können die Zahlungsdienstnutzer und Zahlungsdienstleister die Bedingungen zur Erhebung von Entgelt oder Gebühren nur innerhalb der zugelassenen Begrenzung vereinbaren. Ob Gebühren für Zahlungsdienste im Zusammenhang mit dem digitalen Euro erhoben werden, ist von den Zahlungsdienstnutzer- und Zahlungsdiensttypen abhängig. Zum einen können natürliche Personen zur Gewährleistung der Nutzung des digitalen Euro als gesetzliches Zahlungsmittel die in Anhang II des dEuroVO-E festgelegten Zahlungsdienstleistungen kostenfrei erwerben (Art. 17 Abs. 1 dEuroVO-E). Zum anderen werden alle Händlerentgelte oder Gebühren zwischen den Zahlungsdienstleistern im Zusammenhang mit Zahlungsvorgängen in digitalen Euro erhoben (Art. 17 Abs. 2 dEuroVO-E), außer der Aufladung und Auszahlung des digitalen Euro und den Zahlungsvorgängen in digitalen Euro i. S. d. § 13 Abs. 4 dEuroVO-E (Art. 17 Abs. 6, 7 dEuroVO-E). Die Erhebung von Händlerentgelten oder Gebühren zwischen den Zahlungsdienstleistern spiegelt die Erhaltung des Grundsatzes vom Ausgleichsmodell des digitalen Euro wider[877] und fungiert als vergleichbarer wirtschaftlicher Anreiz für den Vertrieb von PSPs[878]. Art. 17 Abs. 2 dEuroVO-E sieht vor, dass solche Händlerentgelte oder Gebühren dem Grundsatz der Verhältnismäßigkeit entsprechen und die angegebenen Beträge nicht übersteigen: a) die Kosten, die den Zahlungsdienstleistern bei der Abwicklung von Zahlungen in digitalen Euro entstehen, einschließlich einer angemessenen Gewinnspanne; b) die für vergleichbare digitale Zahlungsmittel verlangten Gebühren oder Entgelte. Die Europäische Zentralbank ist nach den Parametern i. S. d. Art. 17 Abs. 5 für die Berechnung der Höhe zur Erhebung von Entgelten und Gebühren verantwortlich, die einschlägige Kosten, die angemessene Gewinnspanne sowie die Gebühren

---

[877] Euro Retail Payments Board, Compensation model for the digital euro, 22.02.2023, S. 6.

[878] ECB, A stocktake on the digital euro—Summary report on the investigation phase and outlook on the next phase, 18.10.2023, S. 31.

oder Händlerentgelte einer repräsentativen Gruppe aus dem vergleichbaren digitalen Zahlungsmittel betreffen.

## III. Haftungen

Unterkapitel 3 des Zahlungsdiensterechts regelt die Haftung, die im Wesentlichen die Haftung von Nutzern und Zahlungsdienstleistern für nicht autorisierte Zahlungsvorgänge, fehlerhafte, nicht erfolgte und verspätete Ausführung eines Zahlungsauftrags umfasst. Zusätzlich zu der Haftung des Zahlungsdienstleisters nach § 675u BGB und § 675y BGB kann der Nutzer vom Zahlungsdienstleister nach § 675z BGB Schadensersatz verlangen. Der Nutzer haftet allein aus obigen Umständen für Schäden, die durch seine missbräuchliche Verwendung des Zahlungsinstruments oder andere Gründe entstehen. Ein Ausgleichsanspruch (§ 676a BGB) besteht auch dann, wenn andere Zahlungsdienstleister, Zahlungsauslösedienstleister oder zwischengeschaltete Stellen an dem Zahlungsdienstverhältnis beteiligt sind. Der Nutzer ist sowohl bei nicht autorisierten Zahlungsvorgängen als auch bei fehlerhafter Ausführung eines Zahlungsauftrags zur rechtzeitigen Anzeige verpflichtet (§ 676b BGB). Die Haftung nach diesem Unterkapitel ist im Falle des § 676c ausgeschlossen. Zum Vergleich mit der fehlerhaften Ausführung eines Zahlungsauftrags und nicht autorisierten Zahlungsvorgängen im chinesischen Zahlungsdiensterecht wird im Folgenden auf die entsprechenden Inhalte auf deutscher Seite abgestellt und auf Erstattungsansprüche bei einem vom oder über den Zahlungsempfänger ausgelösten autorisierten Zahlungsvorgang eingegangen (§ 675x BGB).

### 1. *Nicht autorisierte Zahlungsvorgänge*

#### A) HAFTUNG DES ZAHLUNGSDIENSTLEISTERS NACH § 675U BGB

§ 675u BGB normiert nicht autorisierte Zahlungsvorgänge des Zahlungsdienstleisters und ihre Haftungen. Ohne Autorisierung kein Aufwendungsersatz (S. 1) wird aus §§ 675c Abs. 1, 670 BGB abgeleitet. Wenn ein nicht autorisierter Zahlungsvorgang vorliegt, sollte der Zahlungsdienstleister des Zahlers den Zahlungsbetrag unverzüglich und bis spätestens zum Ende des folgenden Geschäftstags nach Kenntniserlangung erstatten, auch wenn ein nicht bestätigter Betrugsverdacht nach S. 4 vorliegt (Abs. 2, 3, 4). Die Erstattungsverpflichtung des Zahlungsdienstleisters des Zahlers bleibt unberührt, auch wenn er den Zahlungsvorgang durch den Zahlungsauslösedienstleister auslöst (S. 5). Die Gründe hierfür sind zum einen der Verbrauchschutz durch die Vereinfachung des Anspruchs auf Zahlungsbetragserstattung und zum anderen die Möglichkeit des Zahlungsdienstleiters, einen Regressanspruch beim Zahlungsauslösedienstleister aus § 676a Abs. 1 BGB wahrzunehmen.[879]

Nach Anhang II Nr. e des dEuroVO-E löst der kontoführende Zahlungsdienstleister Zahlungsvorgänge in digitalen Euro mittels eines elektronischen Zahlungsinstruments aus. Der Zahlungsvorgang in digitalen Euro zwischen Nutzern ohne Zahlungsdienstleister hat keinen Einfluss auf die Auslösung von Zahlungsvorgängen. Überweisung, Lastschrift und Einsatz der Zahlungskarte mit dem digitalen Euro sind möglich. Grundsätzlich gilt § 675u BGB für den nicht autorisierten Zahlungsvorgang in digitalen Euro bei Mangel an Autorisierung.

### B) HAFTUNG DES ZAHLERS NACH § 675V BGB

§ 675v BGB regelt die Haftung des Zahlers gegenüber seinem Zahlungsdienstleister bei missbräuchlicher Verwendung eines Zahlungsinstruments und stellt i. V. m. § 675u BGB eine Risikoverteilung für nicht autorisierte Zahlungsvorgänge dar.[880] Diese Risikoverteilung wird durch die beschränkte Haftung des Zahlers gemäß § 675v Abs. 1 BGB, die unbeschränkte Haftung des Zahlers nach § 675v Abs. 3 BGB sowie durch die Einstandspflicht, die Rückausnahme und den Haftungsausschluss jeweils nach § 675v Abs. 2, 4 und 5 BGB erreicht. Abweichend von § 675u BGB und § 675y BGB gilt § 675v BGB lediglich für nicht autorisierte Zahlungsvorgänge mittels eines Zahlungsinstruments. Außerdem ist der Zahler nur zum Ersatz von Schäden i. S. d. § 675v BGB verpflichtet, wenn das Zahlungsinstrument in seinem Herrschafts- und Einflussbereich liegt.[881]

#### aa) Beschränkte Haftung des Zahlers nach § 675v Abs. 1 BGB

§ 675v Abs. 1 BGB räumt dem Zahlungsdienstleister des Zahlers einen schuldunabhängigen Schadensersatzanspruch bis zum Höchstbetrag von 50 Euro ein, solange nicht autorisierte Zahlungsvorgänge auf der Verwendung eines verloren gegangenen, gestohlenen oder sonst abhandengekommenen

---

[879] Staudinger/Omlor (2020) BGB § 675u, Rn. 30.
[880] MüKoBGB/Zetzsche, 9. Aufl. 2023, BGB § 675v Rn. 1.
[881] Staudinger/Omlor (2020) BGB § 675v, Rn. 4.

Zahlungsinstruments oder auf der sonstigen missbräuchlichen Verwendung eines Zahlungsinstruments beruhen. Damit soll der Zahler dazu angehalten werden, seinem Zahlungsdienstleister jeden Diebstahl oder Verlust eines Zahlungsinstruments unverzüglich anzuzeigen, um das Risiko nicht autorisierter Zahlungsvorgänge zu verringern.[882] Die Haftung aus Abs. 1 sollte aber ausgeschlossen sein, wenn der Zahler den Verlust, den Diebstahl, das Abhandenkommen oder eine sonstige missbräuchliche Verwendung des Zahlungsinstruments nicht bemerken kann oder der Verlust des Zahlungsinstruments durch den Zahlungsdienstleister verursacht wurde (§ 675v Abs. 2 BGB).

#### bb) Unbeschränkte Haftung des Zahlers nach § 675v Abs. 3 BGB

Bei § 675v Abs. 3 BGB handelt es sich um eine unbeschränkte Haftung des Zahlers bei einem nicht autorisierten Zahlungsvorgang, wenn er entweder in betrügerischer Absicht gehandelt hat oder durch vorsätzliche oder grob fahrlässige Verletzung seiner Pflichten aus § 675l Abs. 1 BGB oder der vertraglich vereinbarten Bedingungen für die Ausgabe und Nutzung des Zahlungsinstruments herbeigeführt hat. § 675l Abs. 1 BGB dekretiert gesetzliche Sorgfalts- und Anzeigepflichten des Zahlers, für deren Verletzung der Zahler nach Erhalt des Zahlungsinstruments oder nach Verlust, Diebstahl oder missbräuchlicher Verwendung des Zahlungsinstruments haftet. Abweichend von der Basishaftung des Zahlers aus § 675v Abs. 1 BGB ist der Zahler bei einem Verstoß i. S. d. § 675v Abs. 3 BGB, der auf die allgemeinen Grundsätze des § 249 BGB verweist, zum Ersatz des „ganzen Schadens“ verpflichtet.

#### cc) Haftungsausschluss nach § 675v Abs. 4 BGB

Die Haftung nach § 675v Abs. 1, 3 BGB kann nach § 675v Abs. 4 BGB entfallen, wenn der Zahlungsdienstleister keine starke Kundenauthentifizierung einsetzt. Ausweislich § 1 Abs. 24 ZAG ist starke Kundenauthentifizierung eine Authentifizierung, die sich auf den Schutz der Vertraulichkeit der Authentifizierungsdaten beziehen. Durch die starke Kundenauthentifizierung wird der Zahlungsdienstleister dazu verpflichtet, bei Zahlungen eine zusätzliche Prüfung durchzuführen, um die Identität der Zahler zu bestätigen. Dazu verlangt der Zahlungsdienstleister beim Zahlungsvorgang von seinen Kunden

[882] Erwg. 71 PSD2.

eine Kombination von zwei Identifikationsformen: Kategorie Wissen und Kategorie Besitz, Kategorie Wissen und Kategorie Inhärenz, Kategorie Besitz und Kategorie Inhärenz (§ 1 Abs. 24 ZAG). Darüber hinaus ist der Zahler nicht zum Ersatz von Schäden durch § 675v Abs. 1 bis 3 BGB verpflichtet, wenn er rechtzeitig eine Missbrauchsmeldung nach § 675l Abs. 1 S. 2 BGB abgesetzt hat. Der Zahlungsdienstleister muss zudem jederzeit durch geeignete Mittel die Möglichkeit bereitstellen, um die Anzeigemeldung des Zahlers vorzunehmen oder die Aufhebung der Sperrung nach § 675k Abs. 2 S. 5 BGB zu verlangen, andernfalls ist der Zahler nicht zum Schadensersatz i. S. d. § 675v Abs. 1 BGB verpflichtet. Der Haftungsausschluss gilt aber nicht, wenn der Zahler in betrügerischer Absicht gehandelt hat.

### 2. *Nicht erfolgte, fehlerhafte oder verspätete Ausführung eines Zahlungsauftrags nach § 675y BGB*

§ 675y regelt die verschuldensunabhängigen Ansprüche des Zahlungsdienstnutzers gegen seinen Zahlungsdienstleister im Falle von Leistungsstörungen bei der Ausführung von Zahlungsvorgängen. Als Leistungsstörungen kommen in Betracht: die nicht erfolgte Ausführung, die fehlerhafte Ausführung und die verspätete Ausführung. Eine fehlerhafte Ausführung entsteht durch die nicht korrekte Konversion eines physisch erteilten Auftrags, wie Tippfehler bei der Angabe des Zahlungsbetrags, der Kontonummer, IBAN oder Kundenkennung.[883] Es ist auch möglich, dass Fehlleitungen durch Systemfehler entsteht, was zu einer Zahlung an den falschen Empfänger führt oder die zwar den Empfänger erreicht, jedoch nicht zu der im Auftrag angegebenen Summe.[884] Als fehlerhaft gilt ebenfalls eine vorzeitige Ausführung des Auftrags, insbesondere bei Terminüberweisungen.[885] Die verspätete Ausführung eines Zahlungsauftrags gehört nicht zu der fehlerhaften Ausführung, da die verspätete Ausführung in Abs. 3 und 4 separat geregelt wird.

§ 675y BGB unterteilt die Ansprüche in Push-Zahlung (Abs. 1, 3) und Pull-Leistungen (Abs. 2, 4). Bei Push-Zahlungen ist der Zahlungsdienstleister des Zahlers verpflichtet, dem Zahler den Zahlungsbetrag zu erstatten (Geld-zurück-Garantie). Bei Pull-Zahlungen hingegen ist der Zahlungsdienstleister

---

[883] BeckOGK/Köndgen, 15.11.2023, BGB § 675y Rn. 30.
[884] BeckOGK/Köndgen, 15.11.2023, BGB § 675y Rn. 30.
[885] MüKoBGB/Zetzsche, 9. Aufl. 2023, BGB § 675y Rn. 12.

des Empfängers verpflichtet, den Zahlungsauftrag erneut zu erteilen. Wenn die nicht erfolgte oder fehlerhafte Ausführung durch eine vom Zahlungsdienstnutzer angegebene fehlerhafte Kundenkennung ausgelöst wird, ist der Erstattungsanspruch des Nutzers nach Abs. 1 und 2 ausgeschlossen (§ 675y Abs. 5 S. 1 BGB). Ist der Zahlungsdienstleister für die nicht erfolgte oder fehlerhafte Ausführung verantwortlich, verlangt der Nutzer neben den Erstattungsansprüchen i. S. v. Abs. 1 und Abs. 2 die entsprechende Erstattung der Entgelte und Zinsen (S. 6).

### *3. Sonstige Ansprüche nach § 675z*

Der Normzweck des § 675z BGB enthält neben der Umsetzung des Vollharmonisierungsgebots verschiedene Ergänzungen zur Haftung des Zahlungsdienstleisters gegenüber dem Zahlungsnutzer, d. h. die Folgeschäden, die nicht bereits durch §§ 675u, 675y abgedeckt sind.[886] § 675z S. 1 BGB erklärt deutlich die sich aus §§ 675u, 675y ergebenden Ansprüche für abschließend. § 675z S. 2–5 BGB enthält die konkrete Regelungen des Ansprüche des Nutzers. Die verschuldensabhängige Haftung für weitergehende Schäden beruht in der Regel auf der Anspruchsgrundlage des § 280 Abs. 1 BGB und ihre Haftungshöchstgrenze ist auf 12.500 Euro beschränkt (S. 2). § 765z S. 3 sieht ein dem § 278 BGB ähnliches Inter-Banken-Verhältnis einer Verschuldenszurechnung vor. Wenn der Nutzer aber eine zwischengeschaltete Stelle angegeben hat, hat er einen Direktanspruch gegen diese. Der Ausschluss der Haftung wegen fehlerhafter Kundenkennung i. S. v. § 675y Abs. 5 S. 1 BGB ist auf die Haftung eines Zahlungsdienstleisters nach den S. 2–4 entsprechend anzuwenden. „One-leg transactions" nach § 675d Abs. 6 S. 1 Nr. 1 lit. b sind vom Geltungsbereich der S. 3 ausgenommen.

Zu Zahlungsdiensten im Zusammenhang mit dem digitalen Euro gehört die Bereitstellung der Zahlungsinstrumente (Anhang I, II des dEuroVO-E). Es wäre denkbar, das Online-Banking mit PIN/TAN oder Karte mit Geheimzahl als Zahlungsinstrument des digitalen Euro fungieren. Die Nutzer des digitalen Euro können ebenso wie die Nutzer von Buchgeld oder e-Geld ihre Zahlungsinstrumente verlieren, sie können gestohlen werden oder anderweitig abhandenkommen, was zu nicht autorisierten Zahlungen in digitalen Euro führen kann. Die sich daraus ergebende Zuordnung der Haftung für nicht

[886] MüKoBGB/Zetzsche, 9. Aufl. 2023, BGB § 675z Rn. 3.

autorisierte Zahlungsvorgänge in digitalen Euro ist ebenfalls geeignet, um die Bestimmungen von § 675v, u anzuwenden. Bei Zahlungsvorgängen in digitalen Euro kann es auch zu nicht erfolgter, fehlerhafter oder verspäteter Ausführung eines Zahlungsauftrags kommen, die auf ein Verschulden des Zahlungsdienstleisters oder des Nutzers zurückzuführen ist. Die Haftung bei fehlerhaften Zahlungsvorgängen in digitalen Euro ist dieselbe wie bei fehlerhaften Zahlungsvorgängen mit Buchgeld oder e-Geld, sodass die §§ 675y, z BGB bei fehlerhaften Zahlungsvorgängen in digitale Euro vollständig anwendbar sein können. Wenn der Nutzer seinen Zahlungsdienstleister nach einem Tag der Belastung mit einer nicht autorisierten und fehlerhaften Ausführung nicht innerhalb von 13 Monaten unterrichtet, verliert er seine Ansprüche und die Einwendungen des Zahlungsdienstnutzers (§ 676b Abs. 4 BGB).

### C. Zusammenfassung

Im Fall des digitalen Euro richtet sich die vertragliche Beziehung zwischen dem Zahlungsdienstnutzer und dem Zahlungsdienstleister nach den §§ 675c ff. BGB, wobei die sofortige Abwicklung, die teilweisen unentgeltlichen Zahlungsdienstleistungen und die Abwicklung von Zahlungsvorgängen ohne zwischengeschaltete Stellen zu berücksichtigen sind. Von großer Bedeutung für Zahlungsdienstleistungen im Zusammenhang mit dem digitalen Euro sind die zahlreichen Bestimmungen im zivilrechtlichen Zahlungsdiensterecht, wie Unterrichtung bei Zahlungsdiensten nach § 675d BGB, Kündigungsvorschrift nach § 675h BGB sowie Zahlungsinstrumente nach § 675m BGB, Haftung des Zahlungsdienstleisters bei nicht autorisierten Zahlungsvorgänge nach § 675u und Haftung bei fehlerhafter Ausführung eines Zahlungsauftrags nach § 675y. Im Ergebnis ist festzuhalten, dass das Zahlungsdiensterecht weitgehend direkt auf den digitalen Euro anwendbar ist. Es wäre jedoch erforderlich, ergänzende Vorschriften zu den unentgeltlichen Zahlungsdienstleistungen und Ausführungsfristen für Zahlungsvorgänge für den digitalen Euro in §§ 675c ff. BGB zu schaffen.

## § 21 Zusammenfassender Rechtsvergleich zum siebten Teil

Umfassendere Regelungen zu Zahlungsdiensten wurden innerhalb der EU durch die PSD1 und die PSD2 entwickelt. Die PSD1 wurde im Januar 2016 durch die PSD2 ersetzt und am 13. Januar 2018 in die §§ 675c–676c BGB aufgenommen bzw. umgesetzt. Das Recht über „Zahlungsdienste“ ist die jüngste und umfangreichste Ergänzung des BGB seit seinem Inkrafttreten am 1. Januar 1900. Das Zahlungsdiensterecht ist eine eigenständige und relativ umfassende Regelung, die unabhängig vom Auftrags- und Geschäftsbesorgungsrecht ist. Mit der Digitalisierung verbessert sich das Zahlungsdiensterecht, da der Vorschlag der PSD3 den digitalen Euro als eine Form des Geldes vorsieht. Nach Art. 5 Abs. 3 dEuroVO-E unterliegt der digitale Euro der PSD2. Die Vertragsbeziehung zwischen Nutzern des digitalen Euro und Zahlungsdienstleistern für den digitalen Euro kann sich nach den §§ 675c ff. BGB richten. In Anbetracht der besonderen Merkmale des digitalen Euro müssen die §§ 675c ff. BGB nur im Hinblick auf die Entgelt- und Ausführungsfristnormen geändert bzw. ergänzt werden, während die übrigen Bestimmungen über nicht autorisierte Zahlungsvorgänge, fehlerhafte Zahlungsvorgänge usw. uneingeschränkt auf den digitalen Euro anwendbar sind.

Im Gegensatz dazu gibt es in China kein eigenständiges Zahlungsdiensterecht. Die Rechtsnormen für Zahlungsdienste finden sich in verschiedenen Recht wie dem GEC, der LeZ (Nr. 1) und den VmOZvNBZ. Bei der Anwendung des Zahlungsdienstevertrags in China, dem ein Geschäftsbesorgungsvertrag zugrunde liegt, sind das GEC, das LeZ (Nr. 1) und die VmOZvNBZ unter Berücksichtigung des persönlichen Anwendungsbereichs zu beachten. Die §§ 53 bis 57 GEC regeln den elektronischen Zahlungsverkehr nicht nur unvollständig, sondern die Bestimmungen des Gesetzes sind auch nicht detailliert genug. Gegenwärtig bietet das chinesische Recht keine ausreichende Rechtsgrundlage für die fortgeschrittene E-Payment-Industrie Chinas, ganz zu schweigen vom Zahlungsdiensterecht des e-CNY.

# Achter Teil: Datenschutzrecht

## § 22 Datenschutz des e-CNY

Das GSpD ist das grundlegende chinesische Gesetz zum Schutz personenbezogener Daten. Allerdings fehlt eine direkte Rechtsgrundlage für den Datenschutz. Für die Verarbeitung personenbezogener Daten im Zusammenhang mit dem e-CNY bietet das GSpD zwar grundsätzlich Rechtsschutz, erfordert jedoch die Unterstützung eines spezifischen Rechtsrahmens für den e-CNY. Zudem stellt der auf verschuldensabhängiger Haftung basierende Schadensersatz im GSpD für die Nutzer keinen rechtlichen Schutz dar, wenn der Schaden ohne Verschulden des Datenverarbeiters eintritt. Die Ausgabe und der Umlauf des e-CNY beruhen auf der Verarbeitung personenbezogener Daten, weshalb die Datensicherheit in diesem Zusammenhang von entscheidender Bedeutung ist. Die Gestaltungen des e-CNY, insbesondere das zweistufige Betriebsmodell, die „drei Zentren" sowie die kontrollierte Anonymität, sollen die Privatsphäre der Nutzer im größtmöglichen Umfang schützen. Allerdings kann es im e-CNY-Zahlungssystem auch ohne Verschulden des Datenverarbeiters zu Datenleck kommen. Zum Schutz der Rechte und Interessen der Nutzer des e-CNY sollte deshalb eine verschuldensunabhängige Haftung auf Schadensersatz in das GSpD aufgenommen werden.

### A. Einleitung

#### I. Entwicklung des Datenschutzrechts

Am 20. August 2021 verabschiedete China das GSpD, welches das grundlegende Gesetz zum Schutz personenbezogener Daten ist. Vor der Verabschiedung des GSpD konnte der Schutz personenbezogener Daten in zwei Phasen eingeteilt werden, wobei die Entwicklung der Netzwerk-Informationstechnologie und das Aufkommen der groß angelegten und automatisierten Verarbeitung personenbezogener Daten als Abgrenzungspunkt dienten:[887] Davor wurde der Schutz personenbezogener Daten hauptsächlich durch die Bestimmungen zum Schutz der Privatsphäre (Persönlichkeitsschutz) in den allgemeinen Grundsätzen des Zivilrechts, des Verwaltungsgesetzes und des Strafgesetzes usw. geregelt, z. B. genießen nach § 101 der allgemeinen Grundsätze des Zivilrechts Bürger und juristische Personen das Recht auf Schutz des guten Rufs; die Persönlichkeit der Bürger wird durch das Gesetz geschützt, und die Verwendung von Beleidigungen, Verleumdungen oder anderen Mitteln zur Schädigung des Rufs von Bürgern oder juristischen Personen ist verboten. Seit 2010 gibt es gesetzliche Bestimmungen zum Schutz personenbezogener Daten oder Datenschutzrecht, das die Verarbeitung personenbezogener Daten regelt, wie z. B. die Verarbeitung personenbezogener Daten in § 29 des Gesetzes über den Schutz der Rechte und Interessen der Verbraucher, die Definition personenbezogener Daten in § 1034 ZGB. Darüber hinaus gibt es Regeln der Abteilungen wie die „Bestimmungen zum Schutz personenbezogener Daten von Telekommunikations- und Internetnutzern" und die „Bestimmungen über den Umfang der erforderlichen personenbezogenen Daten, die für gängige Arten von mobilen Internetanwendungen erforderlich sind". Das oben erwähnte Datenschutzrecht ist jedoch entweder zu abstrakt und weit gefasst, was seine Anwendbarkeit beeinträchtigt, oder es weist aufgrund seiner geringen Rechtswirkung einen Mangel an Autorität auf, oder es deckt den Schutz personenbezogener Daten nicht vollständig ab, da es sich lediglich auf einen Teilaspekt bezieht. Das GSpD ist am 1. November 2021 in Kraft getreten, um die Rechte und Interessen personenbezogener Daten zu schützen, die Tätigkeiten mit personenbezogenen Daten zu regeln und die rechtmäßige Nutzung personenbezogener Daten zu fördern. Das GSpD besteht aus acht Kapiteln und 74 Artikeln, in denen unter anderem die Grundsätze und spezifischen Regeln für die Verarbeitung personenbezogener Daten, die Rechte von Personen und die Pflichten und die Haftung der Verarbeiter in der Verarbeitung personenbezogener Daten sowie die Aufgaben der Aufsichtsbehörden festgelegt sind.

---

[887] 陈啸，个人信息保护法的理解与适用，中国法治出版社，2021, S. 1.

## II. Rechtsgrundlage des Datenschutzes

§ 1 GSpD erklärt eindeutig, dass dieses Gesetz aufgrund der Verfassung festgelegt wird. Jedoch schreibt die Verfassung Chinas nicht direkt vor, dass jeder das Recht auf den Schutz der ihn betreffenden personenbezogenen Daten hat. Einige sind der Meinung, dass die Unverletzlichkeit der Menschenwürde (Art. 38 der Verfassung) und die Unantastbarkeit der Wohnung (Art. 39 der Verfassung) sowie der Schutz der Freiheit und der Vertraulichkeit der Korrespondenz der Bürger (§ 40 der Verfassung) die unmittelbare verfassungsrechtliche Grundlage für den Schutz personenbezogener Daten darstellen.[888] Sie argumentieren, dass die Privatsphäre durch den Schutz dieser Rechte indirekt geschützt wird.[889] In der Tat umfasste das Verständnis von personenbezogenen Daten in China in der Anfangszeit „das Objekt des Eigentums“[890], „das Objekt der Privatsphäre“[891] und „das Objekt des Persönlichkeitsrechts“[892]. Mit der Feststellung deutscher Rechtswissenschaftler [893] und Richter[894], dass personenbezogene Daten nicht notwendigerweise an die Eigentumsinteressen der Persönlichkeitsinteressen gebunden sind, wurde die „Objektlehre des Persönlichkeitsrechts“ schrittweise abgeschafft. Die Beziehung zwischen personenbezogenen Daten und Privatsphäre ist umstritten und umfasst die „Inklusionslehre“, die „Überlappungslehre“ und die „Unabhängigkeitslehre“. Die „Inklusionslehre“ spricht sich dafür aus, dass das Recht auf personenbezogene Daten in den Bereich des Rechts auf Privatsphäre einbezogen werden sollte und das Recht auf personenbezogene Daten durch den Schutz der Privatsphäre geschützt werden sollte.[895] Die „Überlappungslehre“ stellt klar, dass es einen Schnittbereich zwischen dem Recht auf personenbezogene Daten und dem Recht auf Privatsphäre gibt. Ein Teil der Privatsphäre gehört zu den personenbezogenen Daten, während ein Teil der Privatsphäre nicht zu den personenbezogenen Daten gehört; während einige personenbezogene

---

888 周汉华，中华人民共和国个人信息保护法（专家建议稿）及立法研究报告，法律出版社，2006, S. 39.

889 周汉华，中华人民共和国个人信息保护法（专家建议稿）及立法研究报告，法律出版社，2006, S. 39.

890 汤擎, 试论个人资料与相关法律关系, 华东政法学院学报, 2000, 40 (40-41).

891 王郁琦，NII与个人数据保护，信息法务透析，1996, 34ff.

892 齐爱民，论个人信息的法律属性与构成要素，情报理论与实践，2009, 26 (27-28).

893 Reh in: Simitis /Dammann /Mallmann /Reh, BDSG, 3. Aufl., 1981, § 1, Rn. 11.

894 OLG, Frankfurt, Urt. V. 06. 01.1988 – 17 U 35 /87 U 203 /87.

895 王利明，论个人信息权在人格权法中的地位，苏州大学学报（哲学社会科学版）2012, 68 (72).

Daten, insbesondere sensible Daten über das Privatleben, zur Privatsphäre gehören, gibt es auch personenbezogene Daten, die aufgrund ihrer hohen öffentlichen Zugänglichkeit von der Privatsphäre ausgeschlossen sind.[896] Auf dieser Grundlage wird argumentiert, die die „Unabhängigkeitslehre“ vertreten, dass die Anforderungen an die „Nichtoffenlegung“ personenbezogener Daten und der Privatsphäre den Zwecken der „Verhinderung von Folgeschäden“ bzw. des „Schutzes der Menschenwürde“ dienen und die beiden Rechtskonzepte deshalb völlig unabhängig voneinander sind.[897] Unter dem Einfluss des deutschen Rechts wird in China vermehrt die Auffassung des „Rechts auf informationelle Selbstbestimmung“ vertreten.[898] Ungeachtet des Verhältnisses zwischen dem Recht auf personenbezogene Daten und dem Recht auf Privatsphäre fehlt es in China an einer direkten verfassungsrechtlichen Grundlage für das Datenschutzrecht.

Die Anwendung der Regel der Privatsphäre auf private Daten innerhalb der personenbezogenen Daten hat nach § 1034 Abs. 3 ZGB Vorrang. Nach § 1034 Abs. 1 ZGB sind personenbezogene Daten Informationen aller Art, die elektronisch oder auf andere Weise aufgezeichnet werden und die entweder allein oder in Kombination mit anderen Informationen dazu dienen können, eine bestimmte natürliche Person zu identifizieren, einschließlich etwa des Namens, des Geburtsdatums, der Personalausweisnummer, biometrischer Identifikationsinformationen, der Adresse, Telefonnummer, E-Mail-Adresse, Gesundheitsinformationen oder Angaben zum Aufenthaltsort der natürlichen Person. Die Privatsphäre umfasst den Frieden des Privatlebens und der Privaträume, private Aktivitäten und private Daten einer natürlichen Person, von denen sie nicht möchte, dass andere davon erfahren (§ 1032 Abs. 2 ZGB). Von einer Privatperson ungern preisgegebene private Daten stellen die Privatsphäre dar, während die privaten Daten selbst als Bestandteil der personenbezogenen Daten in einer Überschneidung und Überlappung mit den in § 1034 ZGB genannten personenbezogenen

[896] 张新宝，从隐私到个人信息：利益再衡量的理论与制度安排，中国法学，2015, 38 (38-39); 王利明，和而不同：隐私权与个人信息的规则界分和适用，法学评论，2021, 15 (15-16).

[897] 陈吉栋，个人信息的侵权救济，交大法学，2019, 40 (45-47).

[898] Siehe etwa王利明，论个人信息权的法律保护——以个人信息权与隐私权的界分为中心，现代法学， 2013, 62 (66); 彭礼堂/饶传平，网络隐私权的属性：从传统人格权到资讯自决权，法学评论，2006, 57(60-62); 曹亦萍，社会信息化与隐私权保护，政法论坛，1998, 68 (72-73); 王泽鉴，人格权的具体化及其保护范围·隐私权篇(中)，比较法研究，2009, 1 (8-14); 陈吉栋，个人信息的侵权救济，交大法学，2019, 40 (46-47).

Daten wie biometrischen Identifikationsinformationen, Gesundheitsdaten und Angaben zum Aufenthaltsort stehen.[899] Der Vorrang der Anwendung der Vorschriften zum Schutz der Privatsphäre ergibt sich daraus, dass die Privatsphäre als Persönlichkeitsrecht nicht abdingbar ist und die Wahrung der Menschenwürde über der Privatautonomie steht.[900] Das Recht auf Privatsphäre ist seiner Rechtsnatur nach ein passives, negatives und ausschließliches Recht mit einer passiven Verteidigungsfunktion, während das Recht auf Information ein aktives Recht ist, das positiv ausgeübt werden kann und dessen Kern darin besteht, dass der Einzelne die Kontrolle über seine Informationen hat.[901] Was die Rechtsverletzungen betrifft, umfasst die Verletzung des Rechts auf Privatsphäre vor allem das illegale Filmen, den Einbruch, das illegale Abhören und das illegale Ausspähen gemäß § 1033 ZGB, während die illegale Verletzung des Rechts auf Information vor allem das illegale Sammeln, den illegalen Handel usw. mit Informationen umfasst, wobei der Schwerpunkt auf der illegalen Nutzung personenbezogener Daten liegt. Was schließlich die Form der Haftung anbelangt, unterliegt die Verletzung des Rechts auf Privatsphäre als Persönlichkeitsrecht hauptsächlich dem allgemeinen Schutz der Persönlichkeitsrechte und dem Ersatz der seelischen Schäden, während die Verletzung des Rechts auf personenbezogene Daten aufgrund der Nutzbarkeit personenbezogener Informationen eher auf den Eintritt eines tatsächlichen Schadens und den Ersatz des Vermögensschadens abstellt.[902] ZGB regelt den Schutz personenbezogener Daten aus der Perspektive des Schutzes zivilrechtlicher Interessen. In dieser Abhandlung wird der Schutz personenbezogener Daten aus der Perspektive der Verarbeitung personenbezogener Daten durch den Auftragsverarbeiter betrachtet, sodass die folgende Erörterung des Schutzes personenbezogener Daten lediglich aus dem GSpD erfolgt.

## III. Datenschutz im e-CNY-Design

### *1. Indirektes Modell*

Der e-CNY basiert auf einem zweistufigen Modell, bei dem die PBOC den e-CNY an die Betreiber ausgibt (Großhandelsebene) und die Betreiber Umtausch- und Umlaufdienstleistungen für die Öffentlichkeit anbieten

---

899 王利明，和而不同：隐私权与个人信息的规制界分和适用，法学评论，2021, 15 (15).

900 王利明，和而不同：隐私权与个人信息的规制界分和适用，法学评论，2021, 15 (15).

901 石佳友，隐私权与个人信息关系的再思考，上海政法学院学报（法治论丛），2021, 81 (81).

902 王利明，和而不同：隐私权与个人信息的规制界分和适用，法学评论，2021, 15 (22).

(Einzelhandelsebene). Auf der Einzelhandelsebene bieten die Betreiber den Kunden Dienstleistungen wie die Eröffnung eine e-CNY-Wallet und den Umtausch vom e-CNY an und arbeiten mit Händlern zusammen, um Anwendungsszenarien für den e-CNY zu entwickeln. Die Betreiber richten ein separates Registrierungs- und Abwicklungssystem ein, um den e-CNY für jeden Kunden aufzubewahren, seine Bestände zu registrieren, Transaktionsdetails aufzuzeichnen und diese Informationen in Echtzeit oder in regelmäßigen Abständen asynchron an die PBOC zu übermitteln.[903] Auf der Großhandelsebene ist die PBOC für die Ausgabe und Vernichtung von e-CNY verantwortlich, außerdem führt sie eine Quotenverwaltung und eine maschinenübergreifende Vernetzung ein, bei der die PBOC die von den einzelnen Geschäftsbanken gemeldeten Einzelhandelstransaktionen zusammenfasst und speichert sowie Zahlungsnetting der systemübergreifenden Transaktionen des e-CNY durchführt, wobei sie die entsprechenden Transaktionsdaten auf Großhandelsebene verarbeitet.[904] Aus der Perspektive dieses Betriebsmodells betrachtet, weisen der Umfang der Verarbeitung personenbezogener Daten durch die PBOC und der durch die Betreiber strukturelle Unterschiede auf: Die Betreiber können keine Daten verarbeiten, die durch Transaktionen innerhalb oder zwischen anderen Betreibern generiert werden, und die PBOC hat keinen direkten Zugriff auf die personenbezogenen Daten der Nutzer.[905] Das System ist also so konzipiert, dass eine Trennung der Verarbeitung personenbezogener Daten erreicht wird. Darüber hinaus werden alle Informationen, die sich auf personenbezogene Daten zwischen den Wallets beziehen, gegenüber den Gegenparteien und anderen kommerziellen Organisationen anonymisiert.[906]

### 2. *„Drei Zentren“*

Der e-CNY wird zentral verwaltet und zweistufig betrieben. Bei einem zweistufigen Betriebsmodellsystem wird Datenschutz durch strukturelle

---

903 柯达，基于公私利益衡量：论我国法定数字货币的个人信息保护，南京社会科学，2023，80 (81-82).

904 柯达，基于公私利益衡量：论我国法定数字货币的个人信息保护，南京社会科学，2023, 80 (82).

905 Vgl. 柯达，基于公私利益衡量：论我国法定数字货币的个人信息保护，南京社会科学，2023, 80 (82).

906 穆长春，数字人民币的隐私与安全平衡之道，2022, abrufbar unter http://www.modernbankers.com/html/2022/financiercon_1009/1426.html.

Unterschiede im Umgang mit personenbezogenen Daten vorgenommen, und bei einer zentralen Verwaltung kann PBOC personenbezogene Daten durch die „drei Zentren" schützen. Wie in Kapitel 3 beschrieben, verwaltet das Authentifizierungszentrum Benutzeridentitätsinformationen durch, während das Registrierungszentrum die Eigentumsverhältnisse und den Geldfluss erfasst, wobei beide voneinander unabhängig sind. Zwischen dem Registrierungszentrum und dem Authentifizierungszentrum wird eine „Firewall" errichtet. Diese Firewall wird nur durchbrochen, wenn das Big-Data-Analysezentrum anormale Verhaltensweisen und Phänomene in der Transaktion feststellt, wie Geldwäsche und Steuerhinterziehung.[907] Es werden fortschrittliche technische Sicherheitsmaßnahmen wie Zugriffskontrollmechanismen und Multi-Faktor-Authentifizierung sowie andere notwendige Maßnahmen zum Schutz der Datensicherheit eingesetzt, um unbefugten Zugriff, illegale Offenlegung, Nutzung und Änderung, Beschädigung oder Verlust von Daten zu verhindern.[908]

### 3. *Anonyme digitale Wallet*

Die vierte Klasse von Wallets mit der geringsten Identifikationsstärke sind anonyme Wallets, einschließlich Software-Wallets und Hardware-Wallets, die den Bedarf der Öffentlichkeit an kleinen anonymen Transaktionen sowohl online als auch offline decken können. Ihr Einzeltransaktionslimit liegt bei 2.000 RMB, und laut der „Overall Situation of Payment System Operation in 2022" beträgt der durchschnittliche Betrag der Bankkartenausgaben im bargeldlosen Zahlungsverkehr 517,80 RMB[909], was der Nachfrage der Öffentlichkeit nach kleinen und anonymen Zahlungen im täglichen Leben entspricht. Die Nutzer können eine vierte Klasse von Wallet mit nur einer Mobiltelefonnummer oder E-Mail-Adresse eröffnen, ohne dass personenbezogene Daten wie Bankkarten oder Personalausweise erforderlich sind. Gemäß § 42 des Cybersicherheitsgesetzes[910] dürfen die Netzbetreiber

---

907 李建星，数字人民币私权论，东方法学，2022，81 (87).

908 穆长春，数字人民币的隐私与安全平衡之道，2022, abrufbar unter http://www.modern-bankers.com/html/2022/financiercon_1009/1426.html.

909 人民银行，2022年支付体系运行总体情况， abrufbar unter://www.gov.cn/xinwen/2023-03/24/5748114/files/1c2109bbcf514f1499d824fe835481a7.pdf.

910 „Netzbetreiber sind die Eigentümer des Netzes und Verwalter des Netzes sowie die Anbieter von Netz-dienstleistungen" (§ 76 Nr. 3 des Cybersicherheitsgesetzes).

die von ihnen gesammelten personenbezogenen Daten nicht verbreiten, verfälschen oder beschädigen. Ebenso ist es nach §§ 25 und 51 GSpD Telekommunikationsbetreibern nicht gestattet, willkürlich Informationen wie die Handynummern ihrer Kunden an Dritte weiterzugeben. Die mit Mobiltelefonnummern geöffnete vierte Klasse-e-CNY-Wallet ist daher anonym, sowohl für die PBOC als auch für Betreiber, die keine Möglichkeit haben, anhand der Telefonnummern personenbezogene Daten über die Nutzer zu erhalten.

## B. Datenschutzrechtliche Befund des e-CNY

### I. Personenbezogene Daten

#### *1. Personenbezogene Daten nach § 4 Abs. 1 GSpD*

„Personenbezogene Daten sind alle Daten, die in elektronischer oder anderer Form aufgezeichnet werden und sich auf eine identifizierte oder identifizierbare betroffene Person beziehen; ausgenommen sind anonymisierte Daten" (§ 4 Abs. 1 GSpD). Dieses Konzept definiert personenbezogene Daten nach der sogenannten „Relevanztheorie", wonach nur Informationen, die sich auf eine identifizierte oder identifizierbare natürliche Person beziehen, als personenbezogene Daten gelten.[911] Nicht zu den personenbezogenen Daten gehören Informationen, die anonymisiert wurden. „Anonymisierung" bezeichnet irreversible Vorgänge, bei denen die personenbezogenen Daten so verarbeitet werden, dass eine bestimmte natürliche Person nicht identifiziert werden kann (§ 73 Abs. 4 GSpD). Der Begriff „nicht identifizierbar" betont die Maßnahmen, die ergriffen werden, um die Verbindung zwischen der Daten und der Person zu trennen, während der Begriff „irreversibel" die Maßnahmen betont, die ergriffen werden, um „nicht identifizierbar" betroffener Person zu bleiben. Anonymisierte Daten ermöglichen keine Identifizierung einer bestimmten Person. Ihre Verarbeitung verletzt weder die Rechte und Interessen betroffener Person noch besteht die Gefahr einer solchen Verletzung. Per se unterliegen anonymisierte Daten grundsätzlich nicht dem Datenschutzrecht. Um den e-CNY zu nutzen, werden zahlreiche personenbezogene Daten erhoben. Im diesem Zusammenhang sollten die PBOC und die Betreiber des c-CNY jeweils ihre eigene Rolle beim Datenschutz spielen.

---

911 陈啸，个人信息保护法的理解与适用，中国法治出版社，2021, S.57.

### 2. De-identifizierte Daten nach 73 Nr. 3 GSpD

De-identifizierte Daten sind gemäß § 73 Nr. 3 GSpD Daten, die ohne zusätzliche Informationen keine Identifizierung einer bestimmten natürlichen Person ermöglichen. Die Deidentifizierung ist nach § 51 Nr. 3 GSpD eine der Sicherheitsmaßnahmen zur Verarbeitung personenbezogener Daten durch den Datenverarbeiter. Ihr Kern und ihre Hauptfunktion bestehen darin, die Identifizierbarkeit personenbezogener Daten zu reduzieren oder zu eliminieren. Da die ursprünglichen personenbezogenen Daten und die Methode zur Deidentifizierung weiterhin vorhanden sind, besteht die Möglichkeit, die Identität wiederherzustellen.[912] Unter diesem Gesichtspunkt sollten De-identifizierte Daten weiterhin geschützt werden. Alle Kundendaten im Zusammenhang mit dem e-CNY werden deidentifiziert, verschlüsselt und versiegelt und dürfen von keiner Organisation oder Person eingesehen oder verwendet werden, es sei denn, sie sind gesetzlich dazu befugt.[913]

### 3. Sensible Daten

Das GSpD führt erstmals eine Unterscheidung zwischen sensiblen und nicht sensiblen personenbezogenen Daten ein. Sensible personenbezogene Daten sind die Daten, die typischerweise im Falle einer Weitergabe oder einer illegalen Verwendung zur Verletzung der Würde der Persönlichkeit natürlicher Personen oder zur Gefährdung der Sicherheit einer Person oder des Vermögens führen, einschließlich der Informationen über etwa biometrische Identifizierung, Religion oder Glaube, eine bestimmte Identität, medizinische Behandlung, Gesundheit, Finanzkonten, Aufenthaltsort und Ortswechsel sowie die persönlichen Daten von Minderjährigen, die jünger als 14 Lebensjahre sind (§ 28 Abs. 1 GSpD). Das Hauptmerkmal sensibler personenbezogener Daten ist die Sensibilität, die sich auf die Leichtigkeit der Verletzung oder die Folgen eines Schadens bezieht.[914] Infolgedessen enthält GSpD in Kapitel 2, Abschnitt 2 besondere Bestimmungen für den Umgang mit sensiblen personenbezogenen Daten, einschließlich der separaten Einwilligung (§ 29 GSpD), der besonderen Informationspflicht (§ 30 GSpD),

---

912 穆长春，数字人民币的隐私与安全平衡之道，2022, abrufbar unter http://www.modern-bankers.com/html/2022/financiercon_1009/1426.html.

913 穆长春，数字人民币的隐私与安全平衡之道，2022, abrufbar unter http://www.modern-bankers.com/html/2022/financiercon_1009/1426.html.

914 陈啸，个人信息保护法的理解与适用，中国法治出版社，2021, S. 259.

der Einholung einer Einwilligung der Eltern oder eines anderen Vormunds des Minderjährigen bei der Verarbeitung personenbezogenen Daten von Minderjährigen unter 14 Jahren und eine entsprechende spezielle Regel für die Verarbeitung personenbezogener Daten ( § 31 GSpD), sowie der Verwaltungsgenehmigung oder anderer Einschränkungen (§ 32 GSpD). Bei der Nutzung des e-CNY werden sensible personenbezogene Daten wie biometrische Daten, Finanzdaten sowie Daten von Minderjährigen unter 14 Jahren erhoben. Aus diesem Grund hat der Betreiber des e-CNY neben der „Datenschutzrichtlinie für personenbezogene Daten im e-CNY-Wallet" auch eine „Datenschutzrichtlinie für personenbezogene Daten von Minderjährigen unter 14 Jahren in e-CNY-Wallet" erstellt.

### 4. Verschlüsselte Daten

Das GSpD sieht verschlüsselte Daten nicht vor, sondern behandelt die Verschlüsselung lediglich als Sicherheitsmaßnahme zum Schutz personenbezogener Daten (§ 51 Nr. 3 GSpD). Durch die Verschlüsselung der Daten kann der Klartext in einen chiffrierten Text umgewandelt werden, auf den nicht direkt zugegriffen werden kann, wodurch illegale Nutzer daran gehindert werden, die ursprünglichen Daten zu stehlen, und die Sicherheit und Vertraulichkeit der Daten verbessert wird.[915] Die verschlüsselten Daten sind eine Art von Information, die nicht verstanden werden kann, und nur die Person, die den Schlüssel hat, kann die Daten entschlüsseln, um verständliche Informationen zu erhalten. Die Verschlüsselung dient hauptsächlich dazu, die Vertraulichkeit der Daten zu gewährleisten, um Daten während der Übertragung und Speicherung zu schützen. Verschlüsselte Daten sind nach ihrer Entschlüsselung immer noch personenbezogene Daten i. S. d. GSpD, wenn sie sich auf eine identifizierte oder identifizierbare natürliche Person beziehen, und sollten weiterhin durch GSpD geschützt werden. Der e-CNY ist eine Reihe verschlüsselter Zeichenfolgen, die Guthaben, Identität des Ausstellers (Geschäftsbank) und die Identität des Besitzers enthalten.[916] Die PBOC kann die verschlüsselte Zeichenfolge verwenden, um den Umlaufweg

915 贺伟，计算机网络信息安全中数据加密技术的研究，电子技术与软件工程，2016, 231 (231).

916 中国人民银行数字货币研究所，数字货币定向使用的方法和装置，专利编号 2017104955585, 2017, abrufbar unter https://pss-system.cponline.cnipa.gov.cn/retrieveList?prevPageTit=changgui.

und die Umsatzgeschwindigkeit des e-CNY zu überwachen. Solche verschlüsselten Daten im e-CNY unterliegen auch dem GSpD, wenn sie den einzelnen Nutzer nach dem Entschlüsseln direkt identifizieren können.

### *5. Anonymisierte Daten?*

Anonyme Daten sind aufgrund ihrer Unidentifizierbarkeit vom Schutz des GSpD ausgenommen. Das vom Konsortium-Blockchain entwickelte e-CNY-Zahlungssystem ist sowohl ein einheitliches verteiltes Hauptbuch als auch ein verteiltes Informationssystem. In den Blöcken der Konsortium-Blockchain werden Transaktionsdaten erfasst und gespeichert, die mittels Hash verarbeitet und schließlich in Form eines Hashwerts verkörpert werden. Die Hashfunktion ist in der Lage, einen Eingabewert beliebiger Länge in einen Ausgabewert fester Länge umzuwandeln, es ist grundsätzlich unmöglich, die in dem Block enthaltenen Daten aus den gehashten Daten zurückzurechnen.[917] Bei gehashten Daten besteht jedoch ein Linkability-Risk mit personenbezogenen Informationen, da der Hashwert, der die personenbezogenen Informationen repräsentiert, vor dem Hashing mit dem ursprünglichen Datensatz verglichen werden kann.[918] Gemäß der gegenteiligen Auslegung des Elements „leichte Vergleichbarkeit" kann, wenn der Blockchain-Betreiber eine allgemeine Methode anwendet, die einen Vergleich unmöglich macht, davon ausgegangen werden, dass die gehashten Daten keine leichte Vergleichbarkeit aufweisen.[919] Folglich fällen Sie nicht in den Anwendungsbereich des GSpD. Stattdessen können die gehashten Daten immer noch durch GSpD geschützt werden. Aus der zeitlichen Perspektive betrachtet, könnten technisch anonymisierte Daten nicht ewig anonym bleiben, da das Aufkommen neuer Technologien (wie z. B. Quantencomputer[920]) die Vorteile der ursprünglichen

---

[917] 王化群，吴涛，区块链中的密码学技术，南京邮电大学学报（自然科学版），2017, 61 (63).

[918] Ausf. 罗勇，特定识别与容易比照：区块链背景下的个人信息法律界定，学习与探索，2020, 59 (64).

[919] 罗勇，特定识别与容易比照：区块链背景下的个人信息法律界定，学习与探索，2020, 59 (64).

[920] Der Quantencomputer ist ein physikalisches Gerät, das nach den Regeln der Quantenmechanik arbeitet und in der Lage ist, mathematische und logische Hochgeschwindigkeitsoperationen durchzuführen sowie Quanteninformationen zu speichern und zu verarbeiten. Allerdings ist der derzeitige Quantencomputer noch relativ elementar, und es ist noch ein weiter Weg bis zu einem universellen Quantencomputer, der den Code knacken kann. Hierzu siehe郭光灿/陈以鹏/王琴，量子计算机研究进展，南京邮电大学学报（自然科学版），2020, 3 (4).

Technik überwinden und neue Probleme schaffen könnte. Falls die PBOC die Originaldaten aufbewahrt und die gehashten Daten mit den Originaldaten kombiniert und dadurch eine Identifizierung einer bestimmten natürlichen Person ermöglicht, fallen die gehashten Daten in der Konsortium-Blockchain weiterhin unter den Schutzgegenstand des GSpD.

## II. Verarbeitung personenbezogene Daten

China wendet ein einheitliches Gesetzgebungsmodell an und unterscheidet nicht zwischen Datenverarbeitern staatlicher und nichtstaatlicher Stellen. Die Verarbeitung personenbezogener Daten unterliegt einheitlich dem GSpD. Sowohl staatliche als auch nichtstaatliche Stellen folgen denselben Grundsätzen der Datenverarbeitung und denselben Rechtmäßigkeiten der Datenverarbeitung. §§ 5 bis 9 GSpD schreiben die Grundsätze der Datenverarbeitung vor, einschließlich der Grundsätze der Rechtmäßigkeit, der Rechtfertigung, der Notwendigkeit und von Treu und Glauben (§ 5 GSpD), des Zweckbindungs- und Datenminimierungsgrundsatzes (§ 6 GSpD), des Öffentlichkeits- und Transparenzgrundsatzes (§ 7 GSpD), des Datenqualitätsgrundsatzes (§ 8 GSpD) und des Verantwortungs- und Sicherheitsgrundsatzes (§ 9 GSpD). Verarbeiter dürfen personenbezogenen Daten verarbeiten, solange einer der folgenden Umstände vorliegt: 1) die Einwilligung der betroffenen Person, 2) die Notwendigkeit für den Abschluss oder die Erfüllung eines Vertrags, 3) die Notwendigkeit für die Erfüllung gesetzlicher Aufgaben oder Pflichten, 4) die Notwendigkeit für die Behandlung der Notfälle im Bereich der öffentlichen Gesundheit oder unter dringenden Umständen zum Schutz des Lebens, der Gesundheit und der Sicherheit von Vermögen natürlicher Personen; 5) öffentliches Interesse, wie etwa für Presseberichte 6) von der Person selbst offengelegte personenbezogene Daten oder andere bereits rechtmäßig offengelegte personenbezogene Daten, 7) andere von Gesetzen und Verwaltungsrechtsnormen bestimmte Umstände (§ 13 Abs. 1 GSpD). Da sich die Verarbeitung personenbezogener Daten durch staatliche Stellen hinsichtlich ihrer Rechtsstellung, der Verarbeitungszwecke, der Erforderlichkeit der Einwilligung der betroffenen Personen und der Informationspflichten von der Verarbeitung durch nichtstaatliche Stellen unterscheidet, legt Abschnitt 3, Kapitel 2, §§ 33 bis 37 GSpD besondere Anforderungen für die Verarbeitung personenbezogener Daten durch staatliche Stellen fest.

## *1. Verarbeitung durch Zahlungsdienstleister*

### A) RECHTMÄSSIGKEIT DER DATENVERARBEITUNG

#### aa) Einwilligung nach §13 Abs. 1 Nr. 1 GSpD

Betroffene Personen genießen im Hinblick auf die Verarbeitung ihrer personenbezogenen Daten das Recht auf Auskunft und Entscheidung und sind berechtigt, die Verarbeitung ihrer personenbezogenen Daten durch einen anderen einzuschränken oder zu verweigern, es sei denn, dass Gesetze und Verwaltungsrechtsnormen etwas anderes bestimmen (§ 44 GSpD). Die „Informieren und Einwilligung" ist der Maßstab dafür, ob die Verarbeitung personenbezogener Daten rechtmäßig ist oder nicht. Dies entspricht dem intuitiven Verständnis der Menschen vom Schutz personenbezogener Daten und führt zu wichtigen Rechten, wie dem Recht auf Berichtigung und dem Recht auf Löschung.[921] Daher kann die „Informieren und Einwilligung" dazu beitragen, die Transaktionskosten zu senken, die durch das Misstrauen zwischen Nutzern und Informationsverarbeitern entstehen. So kann direkt der Kernbereich der Ausübung der Rechte an personenbezogenen Daten betreten werden: die Einwilligung, der Widerruf der Einwilligung und sogar das Recht auf Löschung.[922] Beruht die Verarbeitung personenbezogener Daten auf einer Einwilligung der betroffenen Person, muss diese Einwilligung von der betroffenen Person in vollständiger Kenntnis freiwillig und ausdrücklich gegeben werden (§ 14 DSpD) und die betroffene Person ist berechtigt, ihre Einwilligung zu widerrufen; Verarbeiter personenbezogener Daten müssen eine bequeme Art und Weise der Widerrufung der Einwilligung zur Verfügung stellen (§15 DSpD).

Es bleibt dem Nutzer bei der Eröffnung einer e-CNY-Wallet unbenommen, die Klasse der Wallet zu wählen. Die Zustimmung des Nutzers zu den Nutzungsbedingungen der e-CNY-Wallet und zur Datenschutzerklärung der e-CNY-Wallet ist das Kriterium für die Erfüllung der Informationspflicht des Betreibers gegenüber dem Nutzer. Derzeit haben die Kunden das Recht, an ihrer Wallet jederzeit ein Upgrade vorzunehmen, aber die Wallet bietet keine Möglichkeit, sie herabzustufen; insofern ist der Widerruf der Zustimmung eingeschränkt.

---

921 龙卫球主编，个人信息保护法释义，中国法制出版社，2021, S. 57.

922 万方，个人信息处理中的“同意”与“同意撤回”，中国法学，2021, 167 (173).

### bb) Vertragserfüllung nach § 13 Abs. 2 DSpD

Ein Datenverarbeiter kann nach § 13 Abs. 2 DSpD wegen der Notwendigkeit für den Abschluss oder die Erfüllung eines Vertrags personenbezogene Daten verarbeiten. Bei personenbezogenen Daten, die für den Abschluss oder die Erfüllung eines Vertrags erforderlich sind, sollte vor dem Vertragsabschluss oder der Vertragserfüllung eine Analyse und Bewertung auf Grundlage aller spezifischen Umstände durchgeführt werden. Insbesondere ist zu prüfen, ob die Verarbeitung personenbezogener Daten dem Grundsatz der Verhältnismäßigkeit entspricht und ob sie für die Erreichung des Vertragszwecks unbedingt erforderlich ist.[923] Die personenbezogenen Daten, die für die Eröffnung einer e-CNY-Wallet erforderlich sind, wurden festgelegt. Nach deren Eröffnung gehen der Nutzer und der Betreiber eine vertragliche Beziehung auf der Grundlage des Nutzungsbedingungsvertrags ein. Um den normalen Betrieb der e-CNY und die Sicherheit des Nutzerkontos aufrechtzuerhalten, werden auch andere wichtige Informationen wie das Gerätemodell, das Betriebssystem, die eindeutige Gerätekennung, die Versionsnummer der Software für die digitale Brieftasche und die IP-Adresse für die Anmeldung erhoben. In Kombination mit anderen personenbezogenen Daten können diese Informationen weiterhin eine bestimmte Person identifizieren und stellen somit personenbezogene Daten i. S. d. GSpD dar.

### cc) Erfüllung rechtlicher Verpflichtungen nach § 13 Abs. 1 Nr. 3 DSpD

zur Erfüllung von Aufgaben oder rechtlichen Verpflichtungen ist ebenfalls eine geeignete Rechtsgrundlage für die Verarbeitung personenbezogener Daten (§ 13 Abs. 1 Nr. 3 DSpD). Finanzinstitute[924] und nicht spezifizierte Finanzinstitute[925] haben Verpflichtungen zur Bekämpfung der Geldwäsche

---

[923] 陈啸，个人信息保护法的理解与适用，中国法治出版社，2021, S. 128.

[924] Finanzinstitutionen bezieht sich auf Policenbanken, Geschäftsbanken, Kreditgenossenschaften, Postsparkassen, Treuhandgesellschaften, Wertpapierfirmen, Futures-Brokerage-Gesellschaften, Versicherungsgesellschaften sowie alle anderen Institutionen, die von der Abteilung für die Bekämpfung der Geldwäsche des Staatsrats für die Ausübung von Finanzgeschäften bestimmt und bekannt gegeben wurden (§ 34 Geldwäschebekämpfungsgesetz).

[925] Der Umfang der besonderen Nicht-Finanzinstitute, die der Verpflichtung zur Geldwäschebekämpfung nach-kommen müssen, ihre spezifischen Verpflichtungen zur Geldwäschebekämpfung sowie die spezifischen Maßnahmen zur Überwachung und Verwaltung der besonderen Nicht-Finanzinstitute werden von der Verwaltungsabteilung

gemäß Kapitel III des Gesetzes zur Bekämpfung der Geldwäsche (GBG). Zahlungsdienstleister des e-CNY als Finanzinstitute oder nicht spezifizierte Finanzinstitute i. S. d. GBG müssen ebenfalls AML-Verpflichtungen erfüllen, wie z. B. die Einrichtung eines Kundenidentifikationssystems (§ 16 GBG) und die Einrichtung eines Systems zur Aufbewahrung von Kundenidentifikationsdaten und Transaktionsaufzeichnungen (§19 GBG). Darüber hinaus bestehen darunter Verpflichtungen zur Bekämpfung der Terrorismusfinanzierung (§ 14 des Gesetzes zur Bekämpfung der Terrorismusfinanzierung). Zahlungsdienstleister des e-CNY sind von bestimmten Informationspflichten befreit, um diese rechtlicher Pflichten wirksam erfüllen zu können (§ 18 GSpD). Im e-CNY-Zahlungssystem verarbeiten die Geschäftsbanken personenbezogene Daten anders als im traditionellen Bankkontosystem, jedoch bleibt die Befugnis zur Verarbeitung personenbezogener Daten unberührt. Die detaillierte Umsetzung der Datenverarbeitung sollte auf den „Vorläufigen Maßnahmen für die Verwaltung der Basisdaten individueller Kreditinformationen“ basieren. Dabei ist ein Benutzerverwaltungssystem entsprechend den Besonderheiten des e-CNY einzurichten, in dem die Zuständigkeiten und Befugnisse des Datenverarbeiters.

### B) DIE ART VON DATEN

Die Festlegung der Art der Datenverarbeitung für den e-CNY steht noch aus. Die Datenschutzrichtlinien der e-CNY-Wallet verschiedener Zahlungsdienstleister sehen unterschiedliche Zwecke der Datenverarbeitung vor bzw. legen unterschiedliche Kriterien für die Klassifizierung dieser Zwecke fest. Selbst wenn personenbezogene Daten für denselben Zweck verarbeitet werden, unterscheiden sich Arten der verarbeiteten Daten.[926] Der Umtausch und die Überweisung von e-CNY sind bspw. so geregelt, dass die MYBank folgende personenbezogene Daten verarbeiten darf: Daten zur Wallet, Daten zur Aufladung der Wallet bzw. der Einzahlung auf das Bankkonto, Transaktionsinformationen, die Wallet-Nummer des Empfängers, den Namen des Empfängers, die Mobiltelefonnummer und den überwiesenen Geldbetrag.

---

für Geldwäschebekämpfung des Staatsrats in Zusammenarbeit mit den zuständigen Abteilungen des Staatsrats festgelegt (§ 35 Geldwäschebekämpfungsgesetz).

[926] Siehe etwa中国农业银行、中国建设银行、网商银行的《数字人民币钱包个人信息保护政策》。

Die Agricultural Bank of China hingegen darf gemäß ihrer Datenschutzrichtlinie die Mobiltelefonnummer, den Namen, die Wallet-Nummer/Bankkontonummer, die Bank des Empfängers sowie Daten zum Verwendungszweck des Geldes verarbeiten, ebenso wie den Namen, die Mobiltelefonnummer, die Ausweisart und die Ausweisnummer des Überweisenden. Derzeit wird nur die Art der Informationen festgelegt, die beim Öffnen einer e-RMB-Geldbörse festgelegt werden (Siehe dritten Teil § 7 E).

### 2. *Verarbeitung durch Zentralbank*

§ 33 GSpD sieht anfänglich eindeutig vor, dass auf die Verarbeitung personenbezogener Daten durch Behörden dieses Gesetz angewandt wird; enthält dieser Abschnitt besondere Bestimmungen, werden die Bestimmungen dieses Abschnitts angewandt. Auf die Verarbeitung personenbezogener Daten, die die von Gesetzen oder Rechtsnormen zur Verwaltung öffentlicher Angelegenheiten ermächtigten Organisationen zum Zweck der Erfüllung gesetzlich bestimmter Aufgaben durchführen, werden die Bestimmungen dieses Gesetzes über Verarbeitungen personenbezogener Daten durch Behörden angewandt (§ 37 GSpD). Zu den besonderen Bestimmungen über die Verarbeitung personenbezogener Daten durch Behörden gehören: Verarbeitung zum Zweck der Erfüllung der gesetzlich bestimmten Aufgaben nach der von Gesetzen und Verwaltungsrechtsnormen bestimmten Zuständigkeit und Verfahren (§ 34 GSpD); Informationspflicht und Befriedigung der Informationspflicht staatlicher Behörden (§ 35 GSpD); Datenspeicherung im Inland (§ 36 GSpD).

#### A) RECHTMÄSSIGKEIT DER DATENVERARBEITUNG NACH § 13 ABS. 1 NR. 3 ALT. 1 GSPD

Gesetzliche Pflichten und Aufgaben sind die Befugnisse und Pflichten, die eine Behörde gemäß den Gesetzen und Rechtsnormen hat und erfüllen muss. Die PBOC ist die Zentralbank Chinas und gehört zum Staatsrat. Sie übernimmt Aufgaben wie die Ausgabe von RMB und die Kontrolle des Umlaufs (§ 4 Nr. 3 GeCZB) sowie die Leitung und Durchführung der Geldwäschebekämpfung im Finanzsektor und ist für die Kapitalaufsicht und die Messung der Geldwäschebekämpfung zuständig (§ 4 Nr. 10 GeCZB). Zur Erfüllung ihrer Aufgabe der Geldwäschebekämpfung hat die PBOC nach § 13 des GBG ein Geldwäsche-Informationszentrum einzurichten, das für die Entgegennahme und Auswertung von Meldungen über Transaktionen mit hohen Beträgen und verdächtige Transaktionen zuständig ist. Im Zusammenhang mit e-CNY kann die PBOC personenbezogene Daten der Nutzer in den oben genannten Fällen verarbeiten.

Nach § 35 GSpD müssen Behörden, die personenbezogene Daten zum Zweck der Erfüllung gesetzlicher Pflichten und Aufgaben verarbeiten, ihre Informationspflicht erfüllen, es sei denn, es liegen durch Gesetz oder Verwaltungsrechtsnorm bestimmte Umstände vor, die die Verarbeitung einer Geheimhaltungspflicht unterwerfen, die Information nicht erforderlich machen oder das Informieren die Behörden bei der Erfüllung ihrer gesetzlichen Pflichten behindern würde. Die Informationspflicht der Behörde bei der Verarbeitung personenbezogener Daten zur Erfüllung ihrer gesetzlichen Aufgaben dient sowohl der Achtung des Rechts der betroffenen Personen auf Information als auch der Einhaltung des Grundsatzes der Offenheit und Transparenz bei der Verarbeitung personenbezogener Daten. [927] Bei der Erfüllung ihrer Pflichten zur Bekämpfung der Geldwäsche ist die PBOC jedoch bspw. nicht verpflichtet, ihrer Informationspflicht nachzukommen, wenn dies zur Verschleierung von Vermögenswerten, zur Vernichtung von Beweismitteln, zur Beendigung rechtswidriger Handlungen oder zu anderen Handlungen führen würde, die die Behörde an der Erfüllung ihrer gesetzlichen Pflichten hindern und damit den Zweck ihrer gesetzlichen Pflichten vereiteln würden.

### B) EINHALTUNG DER GESETZLICH VORGESCHRIEBENEN BEFUGNISSE, VERFAHREN UND VERWALTUNGSVORSCHRIFTEN NACH § 34 GSPD

Bei der Erfüllung ihrer Aufgaben sind Behörden unweigerlich auf die Verarbeitung personenbezogener Daten angewiesen. Dabei besteht ein Spannungsverhältnis zwischen der Erleichterung durch die Erhebung und Nutzung personenbezogener Daten und dem hohen Risiko von Datenschutzverstößen.[928] Beispielsweise sehen sich die Behörden bei der Verarbeitung personenbezogener Daten mit Risiken konfrontiert, die sich aus der Befreiung der Einwilligung und damit verbundenem Kontrollverlust, der Verallgemeinerung der Datenverarbeitung durch weite Ermächtigungen,

---

927 孙莹/赵精武，个人信息保护法条文解读与要点适用，法律出版社，2021, S. 108.

928 孙清白，国家机关处理个人信息的特殊风险及其法律规制，安徽大学学报（哲学社会科学版），2022, 88 (88-89).

den Überwachungsrisiken durch übermäßige Verarbeitung und den Datenschutzverletzungen aufgrund unzureichender Sicherheitsvorkehrungen ergeben. [929] In § 34 GSpD ist folglich festgelegt, wenn Behörden personenbezogenen Daten zum Zweck der Erfüllung gesetzlicher Pflichten und Aufgaben verarbeiten, müssen die Verarbeitungen auf Grundlage der von Gesetzen und Verwaltungsrechtsnormen bestimmten Zuständigkeit und Verfahren durchgeführt werden und dürfen nicht über den für die Erfüllung der gesetzlichen Pflichten und Aufgaben notwendigen Umfang und die Grenze hinausgehen. Damit wird ein rechtlicher Analyserahmen für die Rechtmäßigkeit des Verwaltungshandelns eingeführt, um die Datenverarbeitung der Behörden in Bezug auf der Rechtmäßigkeit der Zuständigkeit, des Inhalts und des Verfahrens zu überprüfen.[930]

Der Umlauf des e-CNY basiert auf der Verarbeitung personenbezogener Daten. Die PBOC ist durch die „drei Zentren“ in der Lage, alle personenbezogenen Daten der Nutzer des e-CNY zu erfassen. In diesem Zusammenhang kursieren in der Gesellschaft Gerüchte, dass der e-CNY ein Instrument staatlicher Überwachung der Bürger sei und dass es unter dem e-CNY keine Privatsphäre mehr gäbe.[931] Der e-CNY weist jedoch das Merkmal der Anonymität auf, und das Design der „drei Zentren“ innerhalb der PBOC soll ebenfalls den Anonymitätsanforderungen entsprechen. Nur bei Verdachtsfällen auf Geldwäsche oder Terrorismusfinanzierung kann die PBOC unter Zuhilfenahme der Daten der drei Zentren spezifische natürliche Personen identifizieren.[932] Darüber hinaus werden die Daten zum e-CNY innerhalb der PBOC durch institutionelle Vorkehrungen wie die Verwaltung durch speziell zuständige Personen, Geschäftstrennung, abgestufte Berechtigungen, gegenseitige Kontrolle der Positionen und interne Prüfungen geschützt, um die Privatsphäre der Nutzer des e-CNY zu gewährleisten.[933]

---

[929] 孙清白，国家机关处理个人信息的特殊风险及其法律规制，安徽大学学报（哲学社会科学版），2022, 88 (89-91).

[930] 王锡锌，行政机关处理个人信息活动的合法性分析框架，比较法研究，2022, 92 (96-105).

[931] 用它发工资？警惕数字人民币暗藏不可告人的七大阴谋，abrufbar unter //www.soundofhope.org/post/715514, 23.04.2023. 访问时间，14.11.2024; 年前中共高调测试数字人民币专家：小心监控, abrufbar unter //www.ntdtv.com/gb/2021/02/06/a103048546.

[932] Working Group on E-CNY Research and Development of PBOC, Das Weißbuch zum e-CNY, 2021, S. 10.

[933] Working Group on E-CNY Research and Development of PBOC, Das Weißbuch zum e-CNY, 2021, S. 10.

Gemäß § 4 GeCZB hat die PBOC die Pflicht zum Erlass und zur Umsetzung von Erlassen und Regeln im Zusammenhang mit ihren Aufgaben, zur Formulierung und Umsetzung der Geldpolitik im Einklang mit dem Gesetz und zur Leitung und Disposition der Geldwäschebekämpfung in der Finanzindustrie. Die PBOC muss ihre Aufgaben innerhalb der Zuständigkeit ausüben und darf weder über den für die Erfüllung der Aufgaben notwendigen Umfang noch die Grenze hinausgehen. Wenn die Zentralbank personenbezogene Daten verarbeitet, muss der Zweck rechtmäßig, spezifisch und eindeutig sein und dem Grundsatz der Verhältnismäßigkeit entsprechen. Nach dem GeCZB bzw. dem GeCZB-E verfügt die PBOC über die Rechtsgrundlage für die Verarbeitung personenbezogener Daten der Nutzer des e-CNY, es fehlen jedoch noch Rechtsnormen für die Datenverarbeitungsverfahren des e-CNY. Die VVR, die als detaillierte Durchführungsbestimmung zur Einführung des RMB dient, sollte ebenso konkrete Regelungen für die Einführung des e-CNY enthalten. Alternativ könnte die PBOC gemäß § 4 GeCZB Regeln der Abteilung speziell für e-CNY formulieren, in denen die von der PBOC bei der Verarbeitung personenbezogener Daten zu befolgenden Verfahren festgelegt werden.

### C) SPEICHERUNG PERSONENBEZOGENER DATEN IM INLAND NACH § 36 GSPD

§ 36 S. 1 Hs. 1 GSpD sieht vor, dass die von Behörden verarbeiteten personenbezogen Daten innerhalb des Gebiets der Volksrepublik China gespeichert werden müssen. Die Speicherung personenbezogener Daten im Inland bedeutet, dass das physische Speichermedium für personenbezogene Daten, sei es eine Festplatte, auf der personenbezogene Daten gespeichert werden, oder ein externes Speichermedium, das einem Cloud-Speicherdienst entspricht, im Hoheitsgebiet der Volksrepublik China eingerichtet werden muss.[934] Dabei geht es nicht nur um den Schutz personenbezogener Daten, sondern auch um die Wahrung der nationalen Sicherheit und des öffentlichen Interesses. Wenn es wirklich notwendig ist, personenbezogene Daten, die von staatlichen Organen verarbeitet werden, einem anderen außerhalb des Gebiets der Volksrepublik China zur Verfügung zu stellen, muss eine Sicherheitsbewertung durchgeführt werden; bei der Sicherheitsbewertung kann verlangt werden, dass die zuständigen Abteilungen Unterstützungen

[934] 陈啸，个人信息保护法的理解与适用，中国法治出版社，2021, S. 297.

und Hilfen anbieten (§ 36 S. 1 Hs. 2 und S. 2 GSpD). Die Sicherheitsbewertung sollte vor der grenzüberschreitenden Zusammenarbeit im Zahlungsverkehr durchgeführt werden, und es sollte nicht nur geprüft werden. Dabei ist nicht nur zu prüfen, ob das Inland über die Fähigkeit verfügt, personenbezogene Daten an ein anderes Land zu übermitteln, sondern auch, ob das empfangende Land ein Schutzniveau für personenbezogene Daten gewährleistet, das im Wesentlichen dem des Inlandes entspricht.[935]

Obwohl der e-CNY auf die Bedürfnisse des inländischen Massenzahlungsverkehrs zugeschnitten ist, arbeitet China auch aktiv mit den CBDCs anderer Zentralbanken zusammen, um ein neues grenzüberschreitendes Zahlungs- und Abwicklungssystem zu schaffen, nämlich mBridge. Um über den mBL, grenzüberschreitenden Peer-to-Peer- und atomaren Zahlungsverkehr in Wholesale CBDC zu ermöglichen. Dieses Zahlungssystem wird von den kooperierenden Ländern gemeinsam eingerichtet und genutzt, sodass Transaktionsinformationen auch im Ausland zugänglich sind. Dabei muss die PBOC eine Sicherheitsbewertung der Daten vornehmen, um deren Schutz im Ausland sicherzustellen.

### 3. *Rechte und Pflichte*

Kapitel 4 GSpD legt die Rechte der betroffenen Personen fest, einschließlich des Rechts auf Auskunft und Entscheidung (§ 44 GSpD), des Rechts auf Einsichtnahme und Vervielfältigung sowie Datenübertragbarkeit (§ 45 GSpD), des Rechts auf Berichtigung und Ergänzung (§ 46 GSpD), des Rechts auf Löschung (§ 47 GSpD), des Rechts auf Erläuterung und Erklärung der Verarbeitungsregeln (§ 48 GSpD), der personenbezogenen Daten nach dem Tod natürlicher Personen (§ 49 GSpD). Kapitel 5 GSpD regelt die Pflichten der Verarbeiter personenbezogener Daten. Diese Pflichten entsprechen jedoch nicht unmittelbar den Rechten der betroffenen Personen gemäß Kapitel 4, sondern dienen der Umsetzung der Grundsätze der Rechtmäßigkeit und Verantwortlichkeit im GSpD, um das Verhalten der Verarbeiter personenbezogener Daten zu regeln. Zu den Pflichten der Verarbeiter personenbezogener Daten gehören die Ergreifung von Schutzmaßnahmen zur Sicherstellung der Rechtmäßigkeit und Sicherheit der Verarbeitung personenbezogener Daten

[935] Vgl. 彭錞，论国家机关处理的个人信息跨境流动制度——以《个人信息保护法》第36条为切入点，华东政法大学学报，2022, 32 (34).

(§ 51 GSpD), die Bestimmung eines Verantwortlichen für den Schutz personenbezogener Daten (§ 52 GSpD), die Einrichtung spezieller Organe und die Bestimmung von Stellvertretern durch einen Verarbeiter personenbezogener Daten außerhalb der Volksrepublik China (§ 53 GSpD), Compliance-Audits (§ 54 GSpD), die Folgenabschätzung des Schutzes personenbezogener Daten (§ 55 GSpD), Abhilfemaßnahmen und die Benachrichtigungspflicht (§ 57 GSpD), Verschärften Pflichten von großen Internetplattformen (§ 58 GSpD) sowie Pflichten der Auftragsverarbeiter (§ 59 GSpD).

Für die Nutzer des e-CNY gibt es Besonderheiten bei der Ausübung des Rechts auf Löschung. Gemäß § 47 Nr. 3 GSpD muss der Verarbeiter personenbezogener Daten die personenbezogenen Daten von sich aus löschen, wenn die betroffene Person die Einwilligung widerrufen hat. Da e-CNY-Wallets hierarchisch aufgebaut sind und für jede Klasse-Wallet unterschiedliche personenbezogene Daten erhoben werden, kann z. B. ein Nutzer des e-CNY, der sein Dritte-Klasse-Wallet auf eine anonyme Wallet der Klasse 4 herabstufen möchte, nicht von seinem Recht auf Lösung Gebrauch machen, um seine gültigen Personalauswei. S. d.aten zu löschen und seine Wallet auf eine anonyme Wallet herabzustufen. Stattdessen kann der Nutzer nur seine e-CNY-Wallet abmelden und eine anonyme Wallet neu eröffnen.

Der e-CNY wird im Vergleich zu Bargeld über ein elektronisches Zahlungssystem abgewickelt, das im Rahmen des elektronischen Zahlungsverkehrs dem Risiko von Datenlecks durch Systemfehler, Sicherheitslücken bei den beteiligten Parteien oder Hackerangriffe ausgesetzt sein kann. Die Entwickler und Betreiber des e-CNY-Zahlungssystems haben die gefährlichen Zustände der Verletzung der Rechte auf personenbezogene Daten der Nutzer eröffnet und aufrechterhalten, folglich sollten sie Maßnahmen zum Schutz der Sicherheit der personenbezogenen Daten der Nutzer ergreifen.[936] Darüber hinaus sollten die Verarbeiter personenbezogener Daten geeignete Maßnahmen ergreifen, um besondere Anforderungen umzusetzen, wie z. B. die De-Identifizierung von e-CNY-Kundendaten, die Verschlüsselung und Versiegelung relevanter Daten und die Datentrennung.

Da bei der Verwendung von e-CNY sensible personenbezogene Daten wie biometrische Daten, Finanzkonten und personenbezogene Daten von Minderjährigen unter 14 Jahren verarbeitet werden und Big-Data-Analysezentren

[936] Vgl. 袁俊宇，数字人民币运营机构安全保障义务的廓清与实现，当代法学，2023, 50 (50).

personenbezogene Daten verwenden können, um automatisierte Entscheidungen zu treffen, sollte vor der Verarbeitung dieser personenbezogenen Daten eine Folgenabschätzung zum Schutz personenbezogener Daten durchgeführt werden. Die Folgenabschätzung umfasst die folgenden Inhalte: 1) ob die Zwecke, Mittel und andere Aspekte der Verarbeitung personenbezogener Daten rechtmäßig, gerechtfertigt und notwendig sind; 2) die Auswirkungen auf die Rechte und Interessen der betroffenen Personen und die Sicherheitsrisiken; und 3) ob die ergriffenen Schutzmaßnahmen rechtmäßig und wirksam sind und dem Risikoniveau entsprechen (§ 56 Abs. 1 GSpD). Die Berichte über die Folgenabschätzung des Schutzes personenbezogener Daten und die Aufzeichnungen über den die Besorgung personenbezogener Daten müssen zumindest drei Jahre aufbewahrt werden (§ 56 Abs. 2 GSpD). Alipay, WeChat Pay und andere große Internetplattformbetreiber als Mitarbeiter im Betrieb des e-CNY sind verpflichtet, die Verantwortung als „Gatekeeper" zu übernehmen, indem sie eine unabhängige Organisation aus externem Personal einrichten, die den Schutz personenbezogener Daten überwacht, angemessene Plattformregeln formuliert und regelmäßig Berichte über den Schutz personenbezogener Daten herausgibt (§ 58 GSpD).

## III. Sanktionen und Haftungen

### *1. Sanktionen und Haftungen nach §§ 66 ff. GSpD*

Kapitel 7 §§ 66 bis 71 GSpD schreiben verwaltungsrechtliche Sanktionen sowie zivilrechtliche und strafrechtliche Haftung bei Verstößen gegen die Verarbeitung personenbezogener Daten i. S. d. GSpD vor. Ein System von Rechtsstreitigkeiten im öffentlichen Interesse zum Schutz personenbezogener Daten soll nach § 70 GSpD auch eingeführt werden. Zunächst sind verwaltungsrechtliche Sanktionen vorgeschrieben: Je nach den allgemein schwerwiegenden bzw. sehr schwerwiegenden Umständen sind Sanktionen wie eine Korrektur, eine Warnung, eine Einziehung des rechtswidrig Erlangten oder eine Geldstrafe vorgesehen (§ 66 GSpD). Die verwaltungsrechtlichen Sanktionen des Verarbeiters richten sich nicht nur nach dem GSpD, sondern auch nach z. B. dem Gesetz über Strafen für die Verwaltung der öffentlichen Sicherheit und dem Gesetz über die Verwaltungsstrafen für staatliche Beamte. Zudem wird bei Vorliegen eines rechtswidrigen Verhaltens i. S. d. GSpD eine Aufzeichnung in den Unterlagen zur Kreditwürdigkeit vorgenommen und öffentlich bekannt gemacht. (§ 67 GSpD). Erfüllt eine Behörde die von diesem Gesetz vorgeschriebenen Pflichten zum Schutz personenbezogener Daten nicht, wird eine Korrektur angeordnet; gegen die unmittelbar dafür Zuständigen und andere Personen, die unmittelbar dafür verantwortlich sind, wird nach dem Recht eine Disziplinarstrafe verhängt (§ 68 GSpD). Zweitens beruft das GSpD sich auf den Grundsatz der Verschuldensvermutung und sieht den Schadenersatz der zivilrechtlichen Haftung vor (§ 69 GSpD). Drittens gibt es verwaltungsrechtliche Sanktionen für die öffentliche Sicherheit und strafrechtliche Haftung (§ 71 GSpD). Bildet die Verarbeitung personenbezogener Daten eine Straftat, wird nach dem Recht die strafrechtliche Verantwortung verfolgt. Schließlich liegt Rechtsstreitigkeiten im öffentlichen Interesse. Verletzt die Verarbeitung personenbezogener Daten, die ein Verarbeiter unter Verstoß gegen die Bestimmungen dieses Gesetzes vornimmt, die Rechte und Interessen mehrerer Einzelpersonen, können Volksstaatsanwaltschaft, gesetzlich bestimmte Verbraucherorganisationen und die von den staatlichen Abteilungen für Netzwerke und Informationen bestimmten Organisationen nach dem Recht Klage beim Volksgericht erheben (§ 70 GSpD).

### 2. *Verschuldensunabhängige Haftung als Ergänzung*

Der Schadensersatz nach dem GSpD basiert auf einer verschuldensabhängigen Haftung. Nutzer können jedoch auch Vermögensschäden durch etwaige Datenlecks erleiden, selbst wenn der Verarbeiter alle seine Verpflichtungen zur Datenverarbeitung erfüllt hat. Beispielsweise war WazirX[937] am 18. Juli 2024 von einem schweren Wallet-Sicherheitsvorfall betroffen, bei dem Krypto-Assets im Wert von über 230 Millionen USD nicht autorisiert transferiert wurden, obwohl bereits fortschrittliche Sicherheitsmaßnahmen wie Hardware-Wallets und Adress-Whitelisting implementiert waren.[938] In den ersten drei Quartalen des Jahres 2024 beliefen sich die Verluste durch Krypto-Hacks auf 2,114 Milliarden Dollar und übertrafen damit die Gesamtsumme für das gesamte Jahr 2023.[939] Das Zahlungssystem des e-CNY könnte vor denselben Herausforderungen stehen. Wenn die Nutzer ihr eigenes Risiko tragen, wird dies unweigerlich die Sicherheitsbedenken der Nutzer erhöhen

---

937 WazirX ist eine der führenden Kryptowährungsbörsen in Indien.

938 顶级中心化交易所遭黑客攻击事件盘点：从历史中吸取的教训，abrufbar unter://web3caff.com/zh/archives/102299.

939 Krasnova/Cyvers: Crypto Hacks Surge to $2.1 Billion in 2024, CeFi Takes Biggest Hit, 29.09.2024, abrufbar unter://beincrypto.com/cyvers-report-hacks-2024/.

und somit die Einführung des e-CNY beeinträchtigen. Es wird empfohlen, eine verschuldensunabhängige Haftung für den Schutz personenbezogener Daten einzuführen, um die Unzulänglichkeit der verschuldensabhängigen Haftung auszugleichen und die legitimen Rechte und Interessen der Nutzer zu schützen.

#### A) VERSCHULDENSUNABHÄNGIGE HAFTUNG

§ 1166 ZGB sieht die verschuldensunabhängige Haftung vor: Wenn der Handelnde die zivilen Rechte und Interessen eines anderen schädigt und gesetzlich bestimmt ist, dass der Handelnde unabhängig davon, ob bei ihm ein Verschulden vorliegt, für die Verletzung von Rechten haftet, gelten diese Bestimmungen.[940] Die verschuldensunabhängige Haftung hat ihre Ursprung in der Zeit der Industrialisierung im 19. Jahrhundert, als es zu einer erheblichen Zunahme gefährlicher Unfälle (z. B. Maschinenunfälle) ohne eigenes Verschulden der Verursacher kam, was dazu führte, dass die Rechte und Interessen der Opfer nicht gewahrt wurden.[941] Zur Ergänzung des Grundsatzes der Verschuldenshaftung und zur Entschädigung für große, durch Arbeitsunfälle verursachte Deliktsschäden wurde die verschuldensunabhängige Haftung eingeführt. Das ZGB legt den Grundsatz der verschuldensunabhängigen Haftung fest, um diejenigen, die hochriskante Tätigkeiten ausüben, dazu zu bewegen, ihre Arbeit mit höchster Verantwortung und Sorgfalt durchzuführen, ihre Sicherheitsmaßnahmen kontinuierlich zu verbessern, die Arbeitsqualität zu steigern und die rechtmäßigen Rechte und Interessen und das Eigentum der anderen bestmöglich zu schützen.[942] Der sachliche Anwendungsbereich der verschuldensunabhängigen Haftung ist gesetzlich geregelt. Der Grundsatz der verschuldensunabhängigen Haftung kann nur in Deliktsfällen angewendet werden, in denen das Gesetz die Anwendung dieses Grundsatzes vorsieht, einschließlich Produkthaftung (§§ 1202–1207 ZGB); 2) Haftung für Umweltverschmutzung und Zerstörung der Ökologie (§§ 1229–1235 ZGB); 3) Haftung für hohe Gefahren (§§ 1236–1244 ZGB); 4) Haftung für Schäden durch gehaltene Tiere (§§ 1245–1251 ZGB). Die

940 张新宝，中国民法典评注——侵权责任编，中国人民大学出版社，2020, S. 34; 程啸，侵权责任法，第3版，法律出版社，2020, S. 123.

941 张新宝，侵权责任法，第5版，中国人民大学出版社， 2020, S. 17.

942 最高人民法院民法典贯彻实施工作领导小组，中华人民共和国民法典侵权责任编理解与适用，人民法院出版社，2020, S. 34.

verschuldensunabhängige Haftung unterscheidet sich nur in den subjektiven Voraussetzungen von der Verschuldenshaftung. Die verschuldensunabhängige Haftung setzt kein Verschulden des Handelnden voraus. Dies schließt jedoch nicht aus, dass der Handelnde bei der Ausführung der Handlung ein Verschulden gehabt haben könnte, noch bedeutet es, dass der Handelnde auch ohne Verschulden für die Haftung verantwortlich ist.[943] Der Grundsatz der verschuldensunabhängigen Haftung entlastet das Opfer von der Beweislast für das Verschulden des Täters und entbindet gleichzeitig den Täter von der Pflicht, sein Nichtverschulden zu beweisen, wodurch das Recht des Opfers auf Schadensersatz leichter durchgesetzt werden kann.[944] Die verschuldensunabhängige Haftung und die Verschuldenshaftung bilden zusammen das dualistische System der Haftungszuweisung in China, wobei die erstere die letztere ergänzt.

### B) EINFÜHRUNG DER VERSCHULDENSUNABHÄNGIGEN HAFTUNG

Während der Ausarbeitung des GSpD schlugen einige vor, das GSpD nach dem Prinzip der verschuldensunabhängigen Haftung zu verfassen, wobei sie argumentierten, dass der Geschädigte im Fall einer Klage wegen Verletzung personenbezogener Daten nicht nachweisen muss, dass der Täter ein Verschulden hatte.[945] Der Täter kann nur dann von der Haftung befreit werden, wenn er einen gesetzlich anerkannten Entschuldigungsgrund nachweist.[946] Teilweise schlugen Rechtswissenschaftler auch vor, je nach Art des Datenverarbeiters unterschiedliche Haftungsgrundsätze zu bestimmen und ein dreigliedriges Haftungssystem zu etablieren.[947] Das GSpD wurde

---

943 徐涤宇/张家勇主编，中华人民共和国民法典评注（精要版），中国人民大学出版社，2022, S. 1219.

944 黄微主编，中华人民共和国民法典侵权责任编解读，中国法制出版社，2020, S. 13.

945 程啸，论侵害个人信息的民事责任，暨南学报（哲学社会科学版），2020, 39 (43).

946 程啸，论侵害个人信息的民事责任，暨南学报（哲学社会科学版），2020, 39 (43).

947 Für die Informationsverletzungen, die von öffentlichen Stellen unter Einsatz von automatisierten Datenverarbeitungstechnologien begangen werden, gilt die verschuldensunabhängige Haftung. Bei Informationsverletzungen durch nicht-öffentliche Stellen, die ein automatisiertes Verarbeitungssystem verwenden, findet hin-gegen die Verschuldensvermutung Anwendung. Für diejenigen Datenverarbeiter, die kein automatisiertes Datenverarbeitungssystem einsetzen, gilt bei Informationsverletzungen die allgemeine Verschuldenshaftung. Hierzu siehe叶名怡，个人信息的侵权法保护，法学研究，2018, 83 (92-95).

schließlich einheitlich der Grundsatz der Verschuldensvermutung angenommen, welcher dazu beiträgt, die legitimen Rechte und Interessen natürlicher Personen besser zu schützen, indem die Beweislast umgekehrt wird. Allerdings kann der Grundsatz der Verschuldensvermutung in bestimmten Fällen die legitimen Interessen des Geschädigten nicht ausreichend schützen, bspw. wenn der Datenverarbeiter seine Sicherheitsverpflichtungen nachgekommen ist, es aber aufgrund eines Hackerangriffs zu einem Datenleck kommt, das einen Schaden verursacht.

Die digitale Wirtschaft sieht sich neuen Risiken gegenüber, wie Datenschutz- und Sicherheitsrisiken, Cybersicherheitsrisiken, technologischen Risiken sowie neuen moralischen und ethischen Risiken. Wenn Opfer durch Risiken wie Datenlecks geschädigt werden, jedoch keinen Rechtsschutz nach dem GSpD erhalten können, könnte der Grundsatz der verschuldensunabhängigen Haftung eingeführt werden, um den bestehenden Grundsatz der Verschuldenshaftung zu ergänzen und die legitimen Rechte und Interessen der Opfer umfassender zu schützen. Die Einführung der verschuldensunabhängigen Haftung im Industriezeitalter als Reaktion auf neue industrielle Risiken zeigt, dass die digitale Wirtschaft einen solchen Mechanismus benötigt, um ihre einzigartigen Herausforderungen zu bewältigen. Nach der Gefährdungsbeginntheorie der Gefährdungshaftung tragen der Eigentümer gefährlicher Gegenstände oder der Handelnde gefährlicher Aktivitäten die Verantwortung, weil sie eine Gefahr geschaffen hat, die ursprünglich nicht vorhanden war, und dadurch ein erhebliches Risiko für die Sicherheit von Personen und Eigentum anderer verursacht haben.[948] In diesem Sinne sollten im digitalen Zeitalter die Entwickler oder Anbieter digitaler Produkte diese verschuldensunabhängige Haftung übernehmen.

### C) VERSCHULDENSUNABHÄNGIGE HAFTUNG BEI DATENVERARBEITUNG DES E-CNY

Bei der Verarbeitung personenbezogener Daten durch den Verarbeiter des e-CNY kann es trotz der Einhaltung der Verarbeitungsregeln und der Erfüllung seiner Pflichten nach dem GSpD zu einem Schaden aufgrund von Datenlecks kommen. In solchen Fällen könnte der Grundsatz der verschuldensunabhängigen Haftung angewandt werden, um die Rechte und Interessen hinsichtlich

[948] 程啸，侵权责任法，第3版，法律出版社，2020, S. 126.

der personenbezogenen Daten der betroffenen Personen zu schützen, die nicht durch das GSpD geschützt werden können. Wenn es im Betriebssystem des e-CNY zu einem Datenleck kommt, könnte dies die nationale Sicherheit und die öffentlichen Interessen erheblich gefährden. Auch wenn das Gesetz derzeit solche Fälle von Datenlecks nicht in den Bereich der unerlaubten Handlungen nach dem Grundsatz der verschuldensunabhängigen Haftung einordnet, spricht die Schwere der Situation für eine Anwendung dieses Haftungsmodells. Unter Berücksichtigung der Entwicklung des Grundsatzes der verschuldensunabhängigen Haftung aus unerlaubter Handlung können Fälle von Informationsdurchsickern bei e-CNY daher durchaus als solche eingestuft werden.

## C. Zusammenfassung

Mit der Verabschiedung und Umsetzung des GSpD begann in China eine neue Ära des Schutzes personenbezogener Daten, auch wenn es weiterhin an einer direkten Rechtsgrundlage für den Datenschutz mangelt. Der in der Verfassung verankerte Schutz des Rechts auf Privatsphäre stellt jedoch nur eine indirekte Rechtsgrundlage für den Datenschutz dar. Zwar bietet das GSpD grundsätzlich Rechtsschutz für die Verarbeitung personenbezogener Daten im Zusammenhang mit dem e-CNY, doch die auf der verschuldensabhängigen Haftung basierende Schadensersatzpflicht reicht nicht aus, um die legitimen Interessen der betroffenen Personen zu wahren, wenn der Schaden ohne Verschulden des Datenverarbeiters eintritt. Um den Schutz der betroffenen Personen weiter zu stärken, wird vorgeschlagen, die auf der verschuldensunabhängigen Haftung basierende Schadensersatzpflicht auch in der digitalen Welt einzuführen. Der e-CNY, als digitale Form eines gesetzlichen Zahlungsmittels, bringt besondere datenschutzrechtliche Herausforderungen mit sich. Daher sollte das Datenschutzrecht eindeutig festlegen, welche personenbezogenen Daten für den Betrieb und die Erbringung der Zahlungsdienste erforderlich sind und welche Pflichten die Datenverarbeiter dabei zu erfüllen haben. Die Eigenschaft des e-CNY, „kleine Beträge anonym, große Beträge gesetzeskonform rückverfolgbar", bietet den Nutzern zwar einen hohen Schutz ihrer Privatsphäre, dennoch sollten die PBOC und die Betreiber die Öffentlichkeitsarbeit intensivieren, um Missverständnisse in der Bevölkerung zu vermeiden, nach denen der e-CNY als Überwachungsinstrument der Regierung missverstanden wird.

# § 23 Datenschutz des digitalen Euro

## A. Einleitung

### I. Entwicklung des Datenschutzrechts

Die Unabhängigkeit von Persönlichkeit, mit den personenbezogenen Daten als Anknüpfungspunkt für die gesetzliche Regelung, kennzeichnet die Selbstständigkeit des Reichsgebiets des Datenschutzrechts.[949] Das Datenschutzrecht in Europa lässt sich bis in die 1970er Jahre zurückverfolgen. Es begann mit dem hessischen Landesdatenschutzgesetz von 1970, gefolgt von Schwedens Datenschutzgesetz im Jahr 1973; 1977 verabschiedete Deutschland sein eigenes Bundesdatenschutzgesetz (BDSG).[950]Die Regelungen des hessischen Landesdatenschutzgesetzes, z. B. die Verpflichtung zur Datenverarbeitung in § 2 BDSG und die Einrichtung eines unabhängigen Datenschutzbeauftragten in § 7 BDSG, sind auch heute noch bekannt.[951] Im Gegensatz zu den Landesdatenschutzgesetzen regelte das BDSG von 1977 auch die Verarbeitung personenbezogener Daten durch private Stellen.[952] Außerdem legte es den Grundsatz des Datenverarbeitungsverbots mit Erlaubnisvorbehalt fest.[953] Ein entscheidender Meilenstein war das Volkszählungsurteil des Bundesverfassungsgerichts (BVerfG) im Jahr 1983, in dem das Recht auf informationelle Selbstbestimmung aus Art. 2 Abs. 1 und Art. 1 Abs. 1 GG abgeleitet wurde.[954] Die Entscheidung bezieht sich zwar auf den öffentlichen Bereich, wurde aber in der Folge ebenfalls im privaten Bereich angewendet.[955]

Die datenschutzrechtliche Entwicklung auf EU-Ebene orientiert sich an der am 25. Mai 2016 in Kraft getretenen und ab dem 25. Mai 2018 geltenden Datenschutzgrundverordnung (DSGVO).[956] Diese Verordnung schützt die

---

[949] Schantz/Wolff, Das Neue Datenschutzrecht—Datenschutz-Grundverordnung und Bundesdatenschutzgesetz in der Praxis, C.H.BECK, 1 Aufl. 2017, S. 1.

[950] Schneider, Datenschutz—nach der EU-Datenschutz-Grundverordnung, 2 Aufl. C.H.BECK, 2019, S. 17.

[951] Moos, Datenschutzrecht Schnell erfasst, Springer, 2006, S. 4.

[952] Moos, Datenschutzrecht Schnell erfasst, Springer, 2006, S. 5.

[953] Philipp/Kramer im Paschke/Berlit/Meyer/Kröner, Hamburger Kommentar Gesamtes Medienrecht, Datenschutzgrundlagen im Mediensektor, 4. Aufl. 2021, Rn. 10.

[954] V. Lewinski/Rüpke/Eckhardt, Datenschutzrecht, 2. Aufl. C.H.BECK. 2022, S. 22.

[955] V. Lewinski/Rüpke/Eckhardt, Datenschutzrecht, 2. Aufl. C.H.BECK. 2022, S. 52.

[956] Forgo/Skorjanc, im Möslein/Omlor (Hrsg.) FinTech-Handbuch—Digitalisierung Recht Finanzen, Datenschutz, 3. Aufl., 2024, S. 343.

Grundrechte und Grundfreiheiten natürlicher Personen und insbesondere deren Recht auf Schutz personenbezogener Daten bei der Verarbeitung personenbezogener Daten (Art. 1 DSGVO). Nach Art. 4 Nr. 7 DSGVO ist Normadressat die natürliche oder juristische Person, Behörde, Einrichtung oder andere Stelle, die allein oder gemeinsam mit anderen über die Zwecke und Mittel der Verarbeitung von personenbezogenen Daten entscheidet, während die Verarbeitung personenbezogener Daten durch die Organe, Einrichtungen, Ämter und Agenturen der Union der Verordnung 2018/1725 unterliegt (Art. 2 Abs. 1 VO (EU) 2018/1725 bzw. Art. 2 Abs. 3 DSGVO). Seit 2023 verstärkt die KOM Datenschutzgesetzgebungen, um die Daten-Governance und den Datenschutz zu stärken. Seit dem 24. September 2023 gilt der Daten-Governance-Rechtsakt, der insbesondere auf Regeln zur Weiterverwendung öffentlicher Datensätze abzielt (Art. 1 Abs. 1 Daten-Governance-Rechtsakt). Zudem trat der Date Act, dessen Hauptziel es ist, einen freien und sicheren Datenaustausch zwischen verschiedenen Akteuren sicherzustellen und den Wechsel zwischen Datenverarbeitungsdiensten zu erleichtern (Art. 1 Abs. 1 Date Act), am 11. Januar 2024 in Kraft. Der Date Act gilt erst ab dem 12 September 2025.

## II. Die Rechtsgrundlage des Datenschutzes

Das Grundrecht auf Schutz personenbezogener Daten zielt darauf ab, dass Personen auf die eigenen Daten Einfluss haben.[957] Die im Jahr 1953 in Kraft getretene Konvention zum Schutz der Menschenrechte und Grundfreiheiten (EMRK) enthält bereits das Recht auf Achtung des Privat- und Familienlebens (Art. 8 Abs. 1 EMRK), dessen Schutzbereich die Verarbeitung von Informationen über das Privatleben umfasst.[958] Auf EU-Ebene sieht Art. 7 Charta der Grundrechte der Europäischen Union (GRCH) ebenfalls für jede Person ein Recht auf Achtung ihres Privatlebens vor. Unabhängig von der Staatsangehörigkeit sind alle natürlichen Personen Träger des Rechts auf Achtung des Privatlebens, dessen Schutzbereich erstreckt sich auf alle Tätigkeiten und Aspekte der Privat- und der Sozialsphäre.[959] Im Unterschied zum

[957] Calliess/Ruffert/Kingreen, 6. Aufl. 2022, EU-GRCharta Art. 8 Rn. 10.

[958] Pätzold in Karpenstein/Mayer (Hrsg.): Konvention zum Schutz der Menschenrechte und Grundfreiheiten: EMRK, Art. 8 Recht auf Achtung des Privat- und Familienlebens, 3. Auflage 2022, Rn. 28-32.

[959] Jarass GrCh, 4. Aufl. 2021, EU-Grundrechte-Charta Art. 7 Rn. 13-17.

Art. 7 GRCH regelt Art. 8 Abs. 1 GRCH ein unmittelbares Grundrecht auf Datenschutz, wonach jede Person das Recht auf Schutz der sie betreffenden personenbezogenen Daten hat, und personenbezogene Daten nur nach Treu und Glauben für festgelegte Zwecke und mit Einwilligung der betreffenden Person oder auf einer sonstigen gesetzlich geregelten legitimen Grundlage verarbeitet werden dürfen (Art. 8 Abs. 1. 2 GRCH). In der Literatur wird Art. 8 GRCH als Lex specialis zu Art. 7 GRCH angesehen, jedoch überwiegend ohne nähere Begründung.[960] Es wurde jedoch auch argumentiert, dass Art. 8 GRCH eine partielle Lex specialis zu Art. 7 GRCH ist und Art. 7 und Art. 8 grundsätzlich eigenständige Grundrechte mit einem überlappenden Schutzanspruch sind.[961] Jedoch wird davon ausgegangen, dass es vor dem Hintergrund der Entwicklung des Schutzes personenbezogener Daten in der Union und der normativen Hochzonung desselben von großen Bedeutung sei, zu versuchen, das Recht auf Schutz personenbezogener Daten als eigenständiges Grundrecht im dogmatischen zu (re-)konstruieren. [962] Die Einbettung und teilweise Verselbständigung des Rechts auf Schutz personenbezogener Daten gegenüber dem Recht auf Achtung des Privat- und Familienlebens sollte deshalb näher untersucht werden.[963] Art. 16 AEUV und Art. 39 EUV bilden zudem die gesetzliche Grundlage für den Erlass datenschutzrechtlicher Vorschriften.

## B. Datenschutzrechtlicher Befund des digitalen Euro

Die dEuroVO-E zielt ebenfalls darauf ab, ein hohes Maß an Privatsphäre und Schutz personenbezogener Daten bei der Bereitstellung und Verwendung des digitalen Euro zu gewährleisten. Die Verarbeitung personenbezogener Daten im Zusammenhang mit dem digitalen Euro wird durch EZB und NZBen, Anbieter von Unterstützungsdiensten und Zahlungsdienstleister auf das für das reibungslose Funktionieren des digitalen Euro erforderliche Maß beschränkt und unterliegt insbesondere der DSGVO sowie der VO (EU)

---

[960] Siehe etwa Kingreen in Calliess/Ruffert (Hrsg.), 6. Aufl. 2022, Art. 8 GRCH, Rn. 2; Mehde in Heselhaus/Nowak (Hrsg.), Handbuch der Europäischen Grundrechte § 21 Rn 13; Jarass GrCh, 4. Aufl. 2021, EU-Grundrechte-Charta Art. 8 Rn. 4.

[961] Wagner, Der Datenschutz in der Europäischen Union, Jan Sramek Verlag, 2015, S. 114.

[962] Wagner, Der Datenschutz in der Europäischen Union, Jan Sramek Verlag, 2015, S. 119.

[963] Wagner, Der Datenschutz in der Europäischen Union, Jan Sramek Verlag, 2015, S. 119.

2018/1715. Der Schutz der Privatsphäre beim digitalen Online-Euro entspricht dem eines privaten digitalen Zahlungsmittels.[964] In Art. 34, 35 dEuroVO-E sind die Bestimmungen für die Verarbeitung personenbezogener Daten im Zusammenhang mit dem digitalen Euro durch Zahlungsdienstleister bzw. durch die EZB und die NZBen festgelegt. Auch Anbieter von Unterstützungsdiensten können personenbezogene Daten nach Art. 36 dEuroVO-E verarbeiten. Für den digitalen Offline-Euro gilt das gleiche Datenschutzniveau wie für Euro-Bargeld, und nur personenbezogene Daten im Zusammenhang mit Aufladungen und Abhebungen dürfen gemäß Art. 37 dEuroVO-E verarbeitet werden.

## I. Personenbezogene Daten

### *1. Personenbezogene Daten nach Art. 4 Nr.1 DSGVO*

Personenbezogene Daten sind nach Art. 4 Nr.1 Hs.1 DSGVO „alle Informationen, die sich auf eine identifizierte oder identifizierbare natürliche Person beziehen." Entscheidend ist, dass diese Informationen letztlich die Identifizierung der natürlichen Person ermöglichen. So können Informationen, mit denen eine natürliche Person direkt oder indirekt mittels einer Kennung, Kennnummer, Online-Kennung oder besonderer Merkmale identifiziert werden kann – einschließlich der physischen, physiologischen, genetischen, psychischen, wirtschaftlichen, kulturellen oder sozialen Identität dieser natürlichen Person – personenbezogene Daten sein (Art. 4 Nr. 1 Hs. 1 DSGVO). Infolgedessen sind anonymisierte Daten, die die bestimmte Person nicht identifizieren, keine personenbezogene Daten i. S. v. DSGVO.[965] Alle Mittel, die wahrscheinlich von dem Verantwortlichen nach allgemeinem Ermessen genutzt werden, um eine natürliche Person identifizierbar zu machen, sollen unter Berücksichtigung aller objektiven Faktoren wie Kosten und Zeitaufwand bewertet werden, wobei auch die verfügbare Technologie und deren Entwicklung zum Zeitpunkt der Verarbeitung berücksichtigt werden müssen.[966] Personenbezogene Daten im Zusammenhang mit dem digitalen Euro gemäß Anhängen III, IV und V der dEuroVO sind aufgrund der Identifizierbarkeit der natürlicher Person die Informationen i. S. v. Art. 4 Nr. 1 DSGVO.

---

964 Begründung des dEuroVO-E, S. 5, 10.

965 Erwg. 26 DSGVO.

966 Erwg. 26 DSGVO.

## 2. *Pseudonymisierte Daten nach Art. 4 Nr. 5 DSGVO*

„Pseudonym" kommt aus dem Griechischen (pseudónymos: „fälschlich so genannt") und bedeutet nach allgemeinem Verständnis so viel wie „erfundener Name", „fingierter Name" oder „Deckname".[967] Gemäß Art. 4 Nr. 5 DSGVO sind pseudonymisierte Daten die Informationen, die ohne Hinzuziehung zusätzlicher Informationen nicht mehr einer spezifischen betroffenen Person zugeordnet werden können; solche zusätzlichen Informationen werden gesondert aufbewahrt und unterliegen technischen und organisatorischen Maßnahmen, die gewährleisten, dass die personenbezogenen Daten nicht einer identifizierten oder identifizierbaren natürlichen Person zugewiesen werden. Bei pseudonymisierten Daten handelt es sich ebenfalls um personenbezogene Daten, solange sie mit der Zusatzinformation unter verhältnismäßigen Kosten verknüpft werden können, um die Identifizierung einer bestimmten betroffenen Person zu ermöglichen. Die Pseudonymisierung zielt darauf ab, die Verarbeitung personenbezogener Daten so zu gestalten, dass die Kenntnis der vollen Identität der Betroffenen nicht zwingend erforderlich ist.[968]

Aus Gründen des Schutzes der Privatsphäre dürfen die EZB und NZBen jedoch keine Informationen erhalten, die eine direkte Identifizierung einzelner Nutzer des digitalen Euro ermöglichen. Daher müssen die Zahlungsdienstleister bzw. die Anbieter von Unterstützungsdiensten Maßnahmen ergreifen, um die Daten zu anonymisieren, bevor sie die Daten an die EZB und NZBen übermitteln (Art. 34 Abs. 4 dEuroVO-E bzw. Art. 36 Abs. 5 dEuroVO-E). Zudem müssen die personenbezogenen Daten, die die EZB und die NZBen zur Erfüllung ihrer Aufgaben gemäß Art. 5 Abs. 1 dEuroVO-E verarbeiten, pseudonymisiert werden (Art. 35 Abs. 4 dEuroVO-E). Die pseudonymisierten Daten spielen die Rolle der anonymen Daten, wenn ein Dritter keinen Zugang zum Zusatzwissen erhält oder die Verarbeiter die zusätzlichen Informationen nicht erhalten dürfen.[969] Denn die Pseudonymisierung ist in der Lage, den Zielkonflikt zwischen der notwendigen Identifizierbarkeit der betroffenen Person und ihrem Wunsch nach Anonymität

---

967 Roßnagel/Scholz, MMR 2000, 721 (724); Simitis/Scholz, BDSG § 3 Rn. 213; BeckOK DatenschutzR/Schild, 47. Ed. 1.2.2024, DS-GVO Art. 4 Rn. 71.
968 Gola/Heckmann/Gola, 3. Aufl. 2022, DS-GVO Art. 4 Rn. 48.
969 Vgl. Roßnagel, ZD 2018, 243 (245).

zu vermeiden, indem sie zwischen dem Regelfall (keine Identifizierung) und dem Ausnahmefall (Identifizierungsmöglichkeit) unterscheidet.[970] Auf Zentralbanken-Ebene sind alle personenbezogenen Daten im Zusammenhang mit dem digitalen Euro pseudonymisiert, insofern verfügt der online-digitale Euro in gewisser Weise über „Anonymität".

### 3. *Anonymitätsanforderung des digitalen Offline-Euro*

Der Schutz der Privatsphäre ist die Hauptsorge der Öffentlichkeit in Bezug auf den digitalen Euro.[971] In der Gestaltung des digitalen Euro spielt die Privatsphäre ebenfalls eine erhebliche Rolle, der größtmöglichen Schutz der Privatsphäre ist eines der wichtigsten Merkmale des digitalen Euro.[972] Der digitalen Offline-Euro wird wie Eurobargeld gestaltet, was zur Folge hat, dass seine Zahlungsvorgänge der vollständigen Anonymität unterliegen sollten (Art. 37 Abs. 2 dEuroVO-E). Weder Zahlungsdienstleister noch die EZB bzw. die NZBen bewahren Transaktionsdaten auf. Es handelt sich dabei um bargeldähnliche Nahzahlungen, deren Maß an Privatsphäre mit dem der Abhebung von Banknoten an Geldautomaten und der Nutzung von Bargeld vergleichbar ist[973]. Dies spricht gemäß Art. 37 Abs. 3 dEuroVO-E dafür, dass die Zahlungsdienstleister die Daten zur Aufladung und Auszahlung für die Speicherung des digitalen Euro auf Zahlungsinstrumenten speichern dürfen.

## II. Verarbeitung personenbezogener Daten

Neben den Grundsätzen § Art. 5 DSGVO bzw. Art. 4 VO (EU) 2018/1725, die bei der Datenverarbeitung zu beachten sind, muss mindestens einer der in Art. 6 DSGVO bzw. Art. 5 VO (EU) 2018/1725 genannten Zulässigkeitstatbestände erfüllt sein. Vor der Datenverarbeitung muss die geeignete Rechtsgrundlage festgelegt werden, die im Zusammenhang mit einem spezifischen Zweck steht. [974] Art. 6 Abs. 1 DSGVO bzw. Art. 5 Abs. 1 VO(EU) 2018/7125 sieht sechs

---

970 Roßnagel/Scholz, MMR 2000, 721 (724).

971 Hierzu siehe Eurosystem Report on the Public Consultation on a Digital Euro, ECB, April 2021, p. 10.

972 ECB, A stocktake on the digital euro—Summary report on the investigation phase and outlook on the next phase, S. 3, 18.10.2023.

973 Erwg. 75 dEuroVO-E.

974 EDSA, Leitlinien 05/2020 zur Einwilligung gemäß Verordnung 2016/679, angenommen am 04.05.2020,

bzw. fünf Zulässigkeitsbestände von Datenverarbeitung vor, die grundsätzlich gleichrangig sind und keinem Stufenverhältnis unterliegen.[975] Eine klare Festlegung der Arten personenbezogener Daten ist für die Datenverarbeitung auf der Grundlage einer geeigneten Rechtsgrundlage von wesentlicher Bedeutung, da die Rechtsgrundlage gemäß Art. 6 Abs.1 Buchst. c der DSGVO nur Anwendung findet, wenn die folgenden Voraussetzungen erfüllt sind: 1) die rechtliche Verpflichtung selbst ist präzise; 2) die Verarbeitung personenbezogener Daten zur Erfüllung dieser Verpflichtung beruht auf einer deutlichen Rechtsgrundlage; 3) dem Verantwortlichen wird kein übermäßiges Ermessen bei der Art und Weise der Erfüllung der rechtlichen Verpflichtung eingeräumt.[976]

## *1. Datenverarbeitung durch Zahlungsdienstleister*

### A) RECHTMÄSSIGKEIT DER DATENVERARBEITUNG

Vor der Datenverarbeitung ist die geeignete Rechtsgrundlage im Zusammenhang mit einem bestimmten Zweck zu bestimmen.[977] Art. 6 Abs. 1 DSGVO sieht sechs Zulässigkeitstatbestände der Datenverarbeitung vor, die grundsätzlich gleichrangig sind und keinem Stufenverhältnis unterliegen.[978] Eine klare und präzise Rechtsgrundlage oder Gesetzgebungsmaßnahme ist für den Verantwortlichen entscheidend, wonach ihre Anwendung für Menschenrechte für den Verantwortlichen vorhersehbar sein sollte.[979]

Nach Art. 34 Abs. 1 dEuroVO-E dürfen Zahlungsdienstleister personenbezogene Daten für die Zwecke gemäß Art. 34 Abs. 1 lit. a bis e dEuroVO-E verarbeiten, um eine Aufgabe im öffentlichen Interesse wahrzunehmen. Gemäß Erwägungsgrund 73 wird die Rechtmäßigkeit der Datenverarbeitung jedoch auf das öffentliche Interesse und rechtliche Pflichten verwiesen. Einerseits ist die Kommission der Auffassung, dass die Verarbeitung personenbezogener Daten für die Zwecke der Durchsetzung von Verfügungsrahmen (Art. 34 Abs. 1 lit. a), der Aufladung und Auszahlung der Bestände eines Nutzers

---

[975] Gola/Heckmann/Schulz, 3. Aufl. 2022, DS-GVO Art. 6 Rn. 10.

[976] EDSA-EDSB, Gemeinsame Stellungnahme 2/2023 zum Vorschlag für dEuroVO-E, angenommen am 17.10.2023, S. 29.

[977] EDSA, Leitlinien 05/2020 zur Einwilligung gemäß Verordnung 2016/679, angenommen am 04.05.2020,

[978] Gola/Heckmann/Schulz, 3. Aufl. 2022, DS-GVO Art. 6 Rn. 10.

[979] Erwg. 41 DSGVO

(Art. 34 Abs. 1 lit. b) und der Verwaltung lokaler Speichergeräte für Offline-Zahlungen in digitalen Euro (Art. 34 Abs. 1 lit. c) eine Aufgabe im öffentlichen Interesse darstellt, die dem Schutz und der Bequemlichkeit der Nutzer des digitalen Euro sowie der Stabilität und Integrität des Finanzsystems der Union dient.[980] Andererseits geht die Kommission davon aus, dass die von Art. 34 Abs. 1 lit. d, e dEuroVO-E ausgeführten Verarbeitungstätigkeiten, die von der Bekämpfung der Geldwäsche und der Terrorismusfinanzierung bis zur Einhaltung der Steuervorschriften usw. reichen, auf der Grundlage der Erfüllung bestehender Aufgaben im öffentlichen Interesse oder einer rechtlichen Verpflichtung erfolgen.[981] Ein eigenständiger Erlaubnistatbestand für die Datenverarbeitung kann nach Art. 6 Abs. 1 lit. c DSGVO eine rechtliche Verpflichtung sein, die sich aus EU-Recht oder dem Recht des Mitgliedstaates des Verantwortlichen ergeben.[982] Die Datenverarbeitung durch den Zahlungsdienstleister für die Zwecke des Art. 34 Abs. 1 lit. a bis c dEuroVO-E kann jedoch auf einer rechtlichen Verpflichtung i. S. d. dEuroVO-E beruhen, wobei die Rechtsgrundlage hierfür eine rechtliche Verpflichtung i. S. d. Art. 6 Abs. 1 lit. c DSGVO darstellt.[983]

Laut Art. 6 Abs. 1 lit. e Alt. 1 DSGVO als Erlaubnistatbestand ist die Datenverarbeitung unter Berufung auf eine im öffentlichen Interesse liegende Aufgabe zulässig. Allgemein kann alles als öffentliches Interesse angesehen werden, was gemäß dem Unionsrecht, insbesondere im Primärrecht wie Art. 3 EUV, als Ziel des gemeinsamen Wohlergehens der Union anerkannt ist.[984] Das öffentliche Interesse wird in verschiedenen Bestimmungen der DSGVO konkret beschrieben, bspw. durch den Schutz wichtiger wirtschaftlicher oder finanzieller Interessen der Union oder eines Mitgliedstaats sowie durch den Schutz der betroffenen Person und der Rechte und Freiheiten anderer Personen.[985] Der digitale Euro ist aufgrund seines Status als gesetzliches Zahlungsmittel ein öffentliches Gut, das sowohl dem Gemeinwohl dient als auch die wirtschaftlichen Interessen der Union fördert. Die Verarbeitung

---

980 Erwg. 73 dEuroVO-E.
981 Erwg. 73 dEuroVO-E.
982 Erwg. 40 DSGVO.
983 EDSA-EDSB, Gemeinsame Stellungnahme 2/2023 zum Vorschlag für dEuroVO-E, angenommen am 17.10.2023, S. 28.
984 Sydow/Marsch DS-GVO/BDSG/Reimer, 3. Aufl. 2022, DS GVO Art. 6 Rn. 59.
985 Erwg. 73 DSGVO.

personenbezogener Daten durch einen Zahlungsdienstleister in Erfüllung seiner Verpflichtungen zur Bekämpfung der Geldwäsche ist im Allgemeinen ebenfalls eine Aufgabe, die im öffentlichen Interesse liegt. Es wäre jedoch nicht möglich, die rechtlichen Verpflichtungen für die Wahrnehmung von Aufgaben im öffentlichen Interesse zu verallgemeinern. Die Rechtsgrundlage für die Datenverarbeitung zu den in Art. 34 dEuroVO-E genannten Zwecken sollte deutlich und im Voraus festgelegt werden.

#### B) ARTEN DER VERARBEITUNGSDATEN

Im Sinne einer geeigneten Rechtsgrundlage trägt eine klare Festlegung der Arten personenbezogener Daten dazu bei, dass dem Verantwortlichen kein übermäßiges Ermessen bei der Datenverarbeitung eingeräumt wird.[986] Nach Art. 34 Abs. 4 dEuroVO-E sind die für die Zwecke von Art. 34 Abs. 1 lit. a bis c dEuroVO-E verarbeiteten Daten in Anhang III des dEuroVO-E aufgeführt. Bei der Beschränkung der Nutzung des digitalen Euro als Wertaufbewahrungsmittel soll eine Pflicht für Zahlungsdienstleister gelten, die Beschränkung durchzusetzen, einschließlich der Überprüfung der Anzahl von Zahlungskonten des Nutzers (Art. 34 Abs. 1a dEuroVO-E). Dementsprechend dürfen Zahlungsdienstleister die in Anhang III Nr.1 des dEuroVO-E aufgezählten Daten verarbeiten: 1) die Nutzerkennung; 2) Nutzerauthentifizierung; 3) Informationen zu den Zahlungskonten für den digitalen Euro, einschließlich Informationen zum Bestand an digitalen Euro des Nutzers des digitalen Euro und der eindeutigen Nummer des Zahlungskontos für den digitalen Euro und 4) Information zu Online-Zahlungsvorgängen in digitalen Euro. Bei der Erbringung der in Art. 34 Abs. 1 lit. b dEuroVO-E geregelten Zahlungsdienste im Zusammenhang mit der Aufladung und Auszahlung des digitalen Euro sowie mit Zahlungsvorgängen in digitalen Euro durch Zahlungsdienstleister dürfen nur die in Anhang III Nr. b des dEuroVO-E aufgeführten personenbezogenen Daten verarbeitet werden, d. h. 1) die Benutzerkennung, 2) die Benutzerauthentifizierung; 3) Informationen zu den Zahlungskonten für den digitalen Euro, einschließlich der eindeutigen Nummer des Zahlungskontos für den digitalen Euro und 3) Informationen zu den Zahlungskonten für den nicht-digitalen Euro, einschließlich der

[986] Vgl. EDSA-EDSB, Gemeinsame Stellungnahme 2/2023 zum Vorschlag für dEuroVO-E, angenommen am 17.10.2023, S. 29.

Kontonummer des verknüpften Zahlungskontos für den nicht-digitalen Euro. Darüber hinaus können, wird der digitale Offline-Euro bereitgestellt, Zahlungsdienstleister die Verarbeitungsdaten ausschließlich auf 1) die Nutzerkennung, einschließlich des Namens des Inhabers des lokalen Speichergeräts und 2) Informationen zum lokalen Speichergerät, einschließlich der Kennung des lokalen Speichergeräts, beschränken (Art. 34 Abs. 1c dEuroVO-E i. V. m. Anhang III Nr. 3 des dEuroVO-E).

#### C) VERPFLICHTUNG ZUM DATENSICHERUNGSMASSNAHME

Kapitel IV der DSGVO regelt die Pflichten des Verantwortlichen und des Auftragsverarbeiters. Auf die detaillierten Pflichten des Verantwortlichen wird hier nicht eingegangen, sondern lediglich ein Überblick über die Pflichten des Verantwortlichen im Rahmen der dEuroVO-E in Bezug auf die Anonymität des digitalen Euro gegeben.

Die obigen Ausführungen verdeutlichen, dass der digitale Euro Anonymität erfordert. Beim digitalen Online-Euro könnte diese Anonymitätsanforderung durch pseudonymisierten Daten erfüllt werden. In diesem Zusammenhang sollten die EZB und die NZBen oder der Anbieter von Unterstützungsdiensten keine einzelnen Nutzer anhand der ihnen vorliegenden Daten identifizieren. Die Zahlungsdienstleister sind unter Beachtung der Anonymitätsanforderung nach Art. 34 Abs. 4 dEuroVO-E verpflichtet, geeignete technische und organisatorische Maßnahmen, einschließlich modernster Sicherheits- und Datenschutzmaßnahmen, zu treffen, um sicherzustellen, dass es der EZB oder den NZBen nicht mehr möglich ist, die von ihnen übermittelten Daten ohne Rückgriff auf zusätzliche Informationen einem einzelnen Nutzer des digitalen Euro zuzuordnen.

### 2. *Datenverarbeitung durch die EZB und die NZBen*

#### A) RECHTMÄSSIGKEIT DER DATENVERARBEITUNG

Zusätzlich zu den kundenorientierten Dienstleistungen der Zahlungsdienstleister ist die Beteiligung des Eurosystems im digitalen Euro-Ökosystem von wesentlicher Bedeutung. Nach Art. 35 Abs. 1 dEuroVO-E verarbeiten die EZB und die NZBen personenbezogene Daten für die Wahrnehmung einer Aufgabe im öffentlichen Interesse oder die Ausübung hoheitlicher Befugnisse, was eine Rechtsgrundlage für Datenverarbeitung in Art. 5 Abs. 1 lit. a VO(EU) 2018/1715 bzw. Art. 6 Abs. 6 lit. e DSGVO darstellt. Auf dieser

Rechtsgrundlage verarbeiten die EZB und die NZBen gemäß Art. 35 Abs. 1 dEuroVO-E personenbezogene Daten zu Zwecken, die die Nutzer bei der Verwendung des digitalen Euro und die Stabilität und Integrität des Finanzsystems der Union betreffen: a) die Bereitstellung des Zugangs für Zahlungsdienstleister zur Abwicklungsinfrastruktur für den digitalen Euro und die Förderung des Nachrichtenaustauschs zwischen Zahlungsdienstleistern; b) die Abwicklung von Zahlungsvorgängen in digitalen Euro; c) die Gewährleistung der Sicherheit und Integrität der Abwicklungsinfrastruktur für den digitalen Euro sowie lokaler Speichergeräte; d) die Unterstützung der Überprüfung der Verfügungsrahmen i. S. v. Art. 16 dEuroVO-E; e) die Ermächtigung zu Wechseln der Zahlungskonten für den digitalen Euro.

### B) ARTEN DER VERARBEITUNGSDATEN

Art. 35 Abs. 2 dEuroVO-E verweist für die Kategorien personenbezogener Daten, die für die in Art. 35 Abs. 1 dEuroVO-E genannten Zwecke erforderlich sind, auf Anhang IV des dEuroVO-E, der die Art von Daten entsprechend den dort genannten Aufgaben auflistet. Die EZB und die NZBen dürfen für Zwecke des Art. 35 Abs. 1 lit. a lediglich 1) Informationen zu den Zahlungskonten für den digitalen Euro, und 2) Informationen zu den Online-Zahlungsvorgängen in digitalen Euro sowie Informationen in Verbindung mit der eindeutigen Nummer des Zahlungskontos für den digitalen Euro verarbeiten, während sie bei der Aufgabe nach Art. 35 Abs. 1 lit. b die folgenden Daten verarbeiten: 1) Nutzer-Alias, 2) Nutzerauthentifizierung und 3) Transaktionsbetrag in digitalen Euro verarbeiten. Außerdem beschränkt sich die Art von Daten bei der Falschgeldanalyse von Offline-Zahlungsvorgängen in digitalen Euro auf Informationen zum lokalen Speichergerät. Bei den Aufgaben nach Art. 35 Abs. 1 lit. d, e und dem zentralen Zugangspunkt nach Art. 35 Abs. 8 sollten ausschließlich die in Anhang IV Nr. 4 des dEuroVO-E aufgezählten notwendigen Daten, darunter 1) die Nutzerkennung, 2) die Nutzerauthentifizierung im Zusammenhang mit den Beständen des Nutzers an digitalen Euro und 3) Informationen zu den Zahlungskonten für den digitalen Euro, verarbeitet werden. Wenn die EZB beschließt, Anbieter von Unterstützungsdiensten nicht mit Aufgaben nach den Art. 27 und 31 zu betrauen, kann sie die in Anhang V des dEuroVO-E genannten Arten von personenbezogenen Daten verarbeiten (Art. 35 Abs. 7 dEuroVO-E).

### C) VERPFLICHTUNGEN

#### aa) Verpflichtung zum Datensicherungsmaßnahme

Die EZB und die NZBen können über die von den Zahlungsdienstleistern übermittelten Daten auf pseudonymisierte personenbezogene Daten der Nutzer des digitalen Euro zugreifen und auf dieser Grundlage die in Art. 35 Abs. 1 dEuroVO-E genannten Aufgaben wahrnehmen. In Bezug auf diese pseudonymisierten personenbezogenen Daten werden die EZB und die NZBen aufgefordert, geeignete technische und organisatorische Maßnahmen zu ergreifen, um sicherzustellen, dass sie anhand dieser Daten keine natürlichen Personen direkt identifizieren können (Art. 35 Abs. 4 dEuroVO-E). Dies gewährleistet ein Höchstmaß an Privatsphäre für den digitalen Euro und unterstreicht erneut, dass weder die EZB noch die NZBen Zugang zu direkt identifizierenden Daten über die Nutzer haben. Aus den Anhängen III und IV des dEuroVO-E ist aber leicht ersichtlich, dass die von der EZB bzw. den NZBen und den Zahlungsdienstleistern verarbeiteten personenbezogenen Daten in vielen Fällen identisch sind. Es stellt sich deshalb die Frage, warum die EZB und die NZBen verpflichtet sind, die von ihnen verarbeiteten Daten zu pseudonymisieren, wenn diese Daten bereits von den Zahlungsdienstleistern pseudonymisiert übermittelt werden. Es wäre treffend zu verstehen, dass die EZB und die NZBen pseudonymisierten Daten getrennt speichern müssten, um Datenkombinationen zu vermeiden und natürliche Personen nicht zu erkennen.

#### bb) Verpflichtung zur Einrichtung eines zentralen Zugangspunkts

Die Zahlungsdienstleister sind sowohl im Inland als auch in den Mitgliedstaaten unabhängig voneinander, aber Nutzer des digitalen Euro können Zahlungskonten für den digitalen Euro bei verschiedenen Zahlungsdienstleistern im Inland und in Mitgliedstaaten führen. Bestimmte Aufgaben, die durch die Zusammenarbeit zwischen den verschiedenen Zahlungsdienstleistern erfüllt werden, sollten nur mit Unterstützung der EZB bzw. der NZBen durchgeführt werden, wie z. B. die Durchsetzung der Verfügungsrahmen gemäß Art. 16 Abs. 1 dEuroVO-E und Wechsel von Zahlungskonten für den digitalen Euro in Dringlichkeitsfällen nach Art. 31 Abs. 2 dEuroVO-E. Es ist erforderlich, dass die EZB allein oder gemeinsam mit den NZBen einen zentralen Zugangspunkt für die Kennungen der Nutzer des digitalen Euro gemäß Anhang 4 Nr. 4 des dEuroVO-E einrichtet (Art. 35 Abs. 8 S. 1 dEuroVO-E). Durch diesen zentralen

Zugangspunkt sind die Zahlungsdienstleister in der Lage, die personenbezogenen Daten von anderen Zahlungsdienstleistern abzurufen und zur Wahrnehmung ihrer rechtlichen Verpflichtung oder ihrer Aufgaben zu verwenden.

Die Beschränkung der Nutzung des digitalen Euro als Wertaufbewahrungsmittel verhindert nicht nur die finanzielle Disintermediation, sondern trägt auch zur Bekämpfung der Geldwäsche bei. Der Wechsel von Zahlungskonten für den digitalen Euro in Dringlichkeitsfällen maximiert den Schutz der Nutzerinteressen. Die Einrichtung des zentralen Zugangspunkts zielt auf die Gewährleistung des wirksamen Funktionierens des digitalen Euro im gesamten Euro-Währungsgebiet ab.[987] Bei der Einrichtung des zentralen Zugangspunkts sollten die EZB und die NZBen ebenfalls geeignete technische und organisatorische Maßnahmen treffen, um sicherzustellen, dass andere Stellen als die Zahlungsdienstleister, deren Kunde oder potenzieller Kunde, der Nutzer des digitalen Euro ist, aus den über den zentralen Zugangspunkt abgerufenen Informationen nicht auf die Identität einzelner Nutzer des digitalen Euro schließen können (Abs. 35 Abs. 8 S. 2 dEuroVO-E), darunter datenschutzfreundliche Voreinstellungen und eine dezentrale Datenspeicherung.[988]

### *3. Datenverarbeitung durch Anbieter von Unterstützungsdiensten*

Anbieter von Unterstützungsdiensten sind eine oder mehrere von der EZB benannte Stellen, die für alle Zahlungsdienstleister, die den digitalen Euro bereitstellen, Dienste erbringen, die das reibungslose Funktionieren von Zahlungsvorgängen in digitalen Euro erleichtern sollen (Art. 2 Nr. 30 dEuroVO-E). Nach Art. 27 Abs. 2 dEuroVO-E bzw. Art. 32 Abs. 1 S. 2 dEuroVO-E können der Streitbeilegungsmechanismus oder die allgemeinen Mechanismen zur Aufdeckung und Verhütung von Betrug direkt von der EZB oder von den von der EZB benannten Anbietern von Unterstützungsdiensten betrieben werden. Der Streitbeilegungs- und der Betrugsverhütungsmechanismus werden durch die EZB eingerichtet werden, während die Anbieter von Unterstützungsdiensten für die Unterstützung der Arbeitsweise dieser Mechanismen verantwortlich sein können.[989] Nehmen

---

[987] Erwg. 77 dEuroVO-E.

[988] Erwg. 77 dEuroVO-E.

[989] Begründung des dEuroVO-E, S. 18; EDSA-EDSB, Gemeinsame Stellungnahme 2/2023 zum Vorschlag für dEuroVO-E, angenommen am 17.10.2023, S. 32.

Anbieter von Unterstützungsdiensten die ihnen anvertrauten Aufgaben wahr, erbringen sie zahlungsbezogene Dienste über Zahlungsdienstleister hinweg (Art. 36 Abs. 1 dEuroVO-E). In diesem Zusammenhang verarbeiten Anbieter von Unterstützungsdiensten als Verantwortliche personenbezogene Daten (Art. 36 Abs. 5 dEuroVO-E), die die Rechtmäßigkeit und Sicherheit der personenbezogenen Daten der Nutzer des digitalen Euro gewährleisten müssen.

Übernehmen Anbieter von Unterstützungsdiensten die von der EZB übertragenen öffentlichen Aufgaben, könnte die Wahrnehmung einer Aufgabe im öffentlichen Interesse i. S. v. Art. 6 Abs. 1 lit. e DSGVO eine geeignete Rechtsgrundlag für die Datenverarbeitung sein (Art. 36 Abs.1 S. 2 dEuroVO-E). Für die Mechanismen zur Aufdeckung und Verhütung von Betrug können die von Anhang V des dEuroVO-E festgelegten personenbezogenen Daten, wie die Informationen zu den Zahlungskonten für den digitalen Euro und zu Online-Zahlungsvorgängen in digitalen Euro sowie zur Transaktionssitzung des Nutzers des digitalen Euro, verarbeitet werden. (Art. 36 Abs. 2 dEuroVO-E i. V. m. Anhang V des dEuroVO-E). Es ist ebenfalls für Anbieter von Unterstützungsdiensten notwendig, geeignete technische und organisatorische Maßnahmen zu treffen, um die einzelnen Nutzer des digitalen Euro nicht direkt anhand der verarbeiteten personenbezogenen Daten identifizieren zu können (Art. 36 Abs. 4 dEuroVO-E).

### 4. *Datenverarbeitung durch gemeinsam Verantwortliche*

Gemeinsam Verantwortliche sind zwei oder mehr Verantwortliche, die gemeinsam sowohl die Zwecke als auch die Mittel der Verarbeitung festlegen (Art. 26 Abs. 1 S. 1 DSGVO). Die verschiedenen Akteure können in verschiedenen Phasen und in unterschiedlichem Ausmaß an der Verarbeitung personenbezogener Daten beteiligt sein, weshalb ihre jeweiligen Verantwortlichen im Einzelfall zu beurteilen und zu bestimmen sind.[990] Im Falle des digitalen Euro gibt es ebenfalls gemeinsam Verantwortliche, um die Bereitstellung des digitalen Euro zu verbessern und sein reibungsloses Funktionieren zu unterstützen. Wenn der Zahlungsdienstleister mit einem Zahlungskonto für den digitalen Euro mit einem Zahlungskonto für nicht den nicht-digitalen Euro bei einem anderen Zahlungsdienstleister zum Zwecke der

---

[990] Piltz in Gola/Heckmann (Hrsg.): Datenschutz-Grundverordnung – Bundesdatenschutzgesetz, 3. Aufl. 2022, Art. 26 DSGVO, Rn. 5.

Waterfall-Funktion und der Reverse-Waterfall-Funktion gemäß Art. 13 Abs. 4 dEuroVO-E verknüpft, so gelten sie als gemeinsam Verantwortliche (Art. 34 Abs. 3 S. 2 dEuroVO-E). Nimmt die EZB eine in den Art. 35 dEuroVO-E genannte Aufgabe gemeinsam mit den NZBen wahr, so gelten sie in Bezug auf diese Aufgabe als gemeinsam Verantwortliche (Art. 35 Abs. 5 S. 2 dEuroVO-E). Darüber hinaus können gemeinsam Verantwortliche sowohl zwischen Zahlungsdienstleistern und der EZB bzw. den NZBen als auch zwischen Zahlungsdienstleistern und Anbietern von Unterstützungsdiensten bestehen.[991] Da die EZB und die NZBen Aufgaben wie die Unterstützung des Nachrichtenaustauschs zwischen Zahlungsdienstleistern und der Überprüfung der Verfügungsrahmen durch Zahlungsdienstleister nach Art. 35 Abs. 1 dEuroVO-E wahrnehmen, betrifft dies ihre Zusammenarbeit bei der Datenverarbeitung.

## C. Zusammenfassung

Das in der dEuroVO-E vorgesehene hohe Maß an Privatsphäre und Datenschutz werden begrüßt.[992] Dies ist von entscheidender Bedeutung, um das Vertrauen der Europäer in den künftigen digitalen Euro und das Grundrecht auf Schutz personenbezogener Daten zu gewährleisten. Positiv hervorzuheben ist insbesondere, dass die dEuroVO-E die Verantwortlichen für den digitalen Euro, ihre Pflichten sowie die Arten personenbezogener Daten, die zur Erfüllung dieser Pflichten verarbeitet werden müssen, klar definiert. Allerdings bedarf es einer weiteren Klärung der Rechtsgrundlage für die Datenverarbeitung durch Zahlungsdienstleister sowie einer genauen Aufteilung der Zuständigkeiten unter den gemeinsam Verantwortlichen.

# § 24 Zusammenfassender Rechtsvergleich zum achten Teil

Im digitalen Zeitalter boomt die Datenwirtschaft, in der Daten zu einem neuen Produktionsfaktor geworden sind. Personenbezogene Daten bilden

---

991 Vgl. EDSA-EDSB, Gemeinsame Stellungnahme 2/2023 zum Vorschlag für dEuroVO-E, angenommen am 17.10.2023, S. 31.

992 Stellungnahme der EZB vom 31. Oktober 2023 zum digitalen Euro, CON/2023/34, S. 18; EDSA-EDSB, Gemeinsame Stellungnahme 2/2023 zum Vorschlag für dEuroVO-E, angenommen am 17.10.2023, S. 26.

dabei den Kern und die Grundlage von Big Data. Während personenbezogene Daten erhebliche wirtschaftliche Vorteile bringen, treten gleichzeitig Probleme wie die illegale Erhebung, übermäßige Nutzung auf, die sowohl das Vermögen als auch die persönliche Sicherheit gefährden können. Vor diesem Hintergrund haben die EU und China nacheinander die DSGVO und das GSpD erlassen, um den Schutz personenbezogener Daten betroffener Personen zu gewährleisten. Beide Gesetze folgen einem einheitlichen Gesetzgebungsmodell und weisen in Bezug auf die Grundsätze, die rechtliche Grundlage der Verarbeitung personenbezogener Daten sowie die Rechte und Pflichten der Datenverarbeiter zahlreiche Gemeinsamkeiten auf. Es bestehen jedoch auch einige Unterschiede: So beruht das Grundrecht auf Datenschutz im EU-Recht auf dem Recht auf informationelle Selbstbestimmung, während es in China auf dem indirekten Recht auf Privatsphäre basiert.

Die DSGVO, die VO (EU) 2018/1725 und das GSpD bieten grundsätzlich einen rechtlichen Schutz für die Verarbeitung personenbezogener Daten im Zusammenhang mit CBDC. Die dEuroVO-E legt die rechtlichen Grundlagen für die Verarbeitung personenbezogener Daten durch das Eurosystem und Zahlungsdienstleister fest, definiert die Arten der verarbeiteten Daten und stellt somit eine zusätzliche rechtliche Grundlage für den Schutz personenbezogener Daten im Rahmen des digitalen Euro dar. In China existiert bislang kein spezifisches Gesetz zum e-CNY. Zwar bietet das GSpD eine Rechtsgrundlage für die Verarbeitung personenbezogener Daten im Zusammenhang mit dem e-CNY, doch es gibt Unklarheiten bezüglich der Aufteilung der Befugnisse und Zuständigkeiten zwischen der Zentralbank und den Betreibern sowie über die Arten der verarbeiteten Daten. Hinsichtlich der Anonymität des digitalen Euro lässt sich feststellen, dass nur digitale Offline-Euro das gleiche Maß an Datenschutz gewährleisten können wie Bargeld, während der e-CNY bei kleinen Beträgen Anonymität ermöglicht, ohne zwischen Online- und Offline-Transaktionen zu unterscheiden. Daraus lässt sich schließen, dass der e-CNY von vornherein einen höheren Schutz der Privatsphäre als der digitale Euro bietet. Ein höherer Schutz der Privatsphäre geht jedoch auch mit einem erhöhten Risiko im Bereich der Geldwäsche einher (siehe Teil neun Geldwäscherecht für weitere Einzelheiten).

# Neunter Teil: Geldwäscherecht

Der Begriff „Geldwäsche“ wurde in den 1930er Jahren von Agenten des US-Finanzministeriums geprägt, als sie versuchten, Al Capone, den Anführer einer Unterweltorganisation, zu fassen, der die Erlöse aus seinen illegalen Aktivitäten durch Münzwäscherei in legale Einnahmen umwandelte.[993]Der Rechtsbegriff „Geldwäsche“ stammt ebenfalls aus den USA und bezeichnet den Vorgang, bei dem die Unterwelt illegale Erlöse mit Bargeld aus legalen Geschäften vermischt, um das „Schwarzgeld“ legal oder „sauber“ erscheinen zu lassen.[994] Die Geldwäsche als nachgelagerte Straftat ist eng mit kriminellen Aktivitäten wie Drogenkriminalität, Straftaten von Organisationen mit mafiösen Strukturen, terroristischen Aktivitäten, Schmuggel und Finanzbetrug verbunden. Seit den Terroranschlägen am 11. September 2001 fokussieren die internationale Gemeinschaft und viele Länder die Bekämpfung von Geldwäsche im Zusammenhang mit Drogenhandel bis hin zu Terrorismusfinanzierung, und angesichts der immer schwerwiegenderen Schäden, die durch Geldwäsche verursacht werden, erkennt die internationale Gemeinschaft Geldwäsche als ein „nicht traditionelles Sicherheitsproblem“ an.[995] Demnach wurde die Bekämpfung von Geldwäsche auf die strategische Ebene der Aufrechterhaltung der nationalen Sicherheit und der internationalen politischen Stabilität gehoben, und die Bekämpfung

993 刘飞，反洗钱金融立法与洗钱犯罪，社会科学文献出版社，2005, S. 5.

994 王新，洗钱罪的理论与司法认定研究，北京大学出版社，2024, S. 1.

995 王新，洗钱罪的理论与司法认定研究，北京大学出版社，2024, S. 2-3.

der Geldwäsche und der Terrorismusfinanzierung ist zu einem wichtigen Thema sowohl für die Länder als auch für die internationalen multilateralen Kooperationsmechanismen geworden.[996]

Geldwäschekriminalität weist von Natur aus grenzüberschreitende und internationale Merkmale auf.[997] Diese Eigenschaft erfordert, dass in den nationalen Anti-Geldwäsche-Gesetzen das Prinzip der internationalen Zusammenarbeit verankert wird. Aus diesem Grund sind viele Länder, darunter China und die Mitgliedstaaten der EU, den wichtigsten internationalen Übereinkommen zur Bekämpfung der Geldwäsche beigetreten, wie z. B. dem Abkommen der Vereinten Nationen zur Kontrolle psychotroper Substanzen und dem Übereinkommen gegen die grenzüberschreitende organisierte Kriminalität. Gleichzeitig sind diese Länder auch Mitglieder der Financial Action Task Force (FATF) und arbeiten gemeinsam an der Bekämpfung internationaler Geldwäschekriminalität.[998] Auf nationaler Ebene haben die Länder dafür gesorgt, dass ihre Gesetze mit den internationalen Standards übereinstimmen, indem sie Rechtsnormen zur Bekämpfung der Geldwäsche formuliert und spezielle Überwachungsstellen eingerichtet haben, um Geldwäscheaktivitäten streng zu kontrollieren und einzudämmen. Währungen als Objekt der Geldwäsche umfassen alle Formen des Geldes, einschließlich der CBDC, die bereits eingeführt wurden oder in Zukunft eingeführt werden könnten. Sowohl der e-CNY als auch der digitale Euro beruhen auf einem zweistufigen Betriebsmodell, bei dem die Zentralbank CBDCs ausgibt und Zahlungsdienstleister entsprechende Zahlungsdienste anbieten. Im Rahmen dieses zweistufigen Betriebsmodells bleiben die zur Geldwäschebekämpfung Verpflichteten und die Aufsichtsstruktur zwar unverändert, jedoch wird die Geldwäschebekämpfung aufgrund der Besonderheiten von Zahlungsvorgängen in CBDC, der möglichen oder bereits eingesetzten neuen Technologien (wie Blockchain) sowie ihrer internationalen Ausrichtung in der Umsetzung mit neuen Risiken und Herausforderungen konfrontiert.

---

996 王新，洗钱罪的理论与司法认定研究，北京大学出版社，2024, S. 2-3.

997 孔令学/赵萃萃/孙超，中华人民共和国反洗钱法解读与适用，中国市场出版社，2007, S. 147.

998 China ist der Financial Action Task Force (FATF) im Jahr 2007 als Mitglied beigetreten.

# § 25 Der e-CNY im Geldwäscherecht

## A. Einleitung

### I. Recht zur Bekämpfung der Geldwäsche

Die in China geltenden Recht zur Bekämpfung der Geldwäsche umfassen in erster Linie strafrechtliche Bestimmungen über Geldwäschekriminalität sowie einschlägige Gesetze und Recht über die Regulierung der Geldwäsche und die damit verbundenen Pflichten. Die strafrechtlichen Bestimmungen umfassen einerseits die Definition der Geldwäsche (§ 91 Strafgesetz) sowie damit zusammenhängende Vorschriften, wie z. B. Verschleierung und Verheimlichung von Erlösen aus Straftaten (§ 312 Strafgesetz), die Straftaten des Schmuggels, des Handels, des Transports und der Herstellung von Drogen (§ 347 Strafgesetz). Andererseits umfasst die Regelung und Verpflichtung zur Bekämpfung der Geldwäsche eine Reihe von Rechten und Rechten. Kernstück ist das Gesetz zur Bekämpfung der Geldwäsche (GBG), das Chinas System zur Bekämpfung der Geldwäsche festlegt, einschließlich der Überwachung und Verwaltung der Geldwäschebekämpfung, der Pflichten der Finanzinstitute zur Geldwäschebekämpfung, der Ermittlungen zur Geldwäschebekämpfung und der internationalen Zusammenarbeit zur Geldwäschebekämpfung. Darüber hinaus gibt es eine Reihe von Regeln für Abteilunge, wie die „Bestimmungen zur Bekämpfung der Geldwäsche durch Finanzinstitute", die „Maßnahmen zur Verwaltung der Kundenidentifizierung und zur Aufbewahrung von Kundenidentitätsinformationen und Transaktionsaufzeichnungen durch Finanzinstitute", die „Maßnahmen zur Verwaltung der Meldung von Großbetrags- und verdächtigen Transaktionen durch Finanzinstitute" sowie die „Maßnahmen zum Einfrieren von Vermögenswerten im Zusammenhang mit terroristischen Aktivitäten". Dieses Recht bildet gemeinsam den grundlegenden Rahmen für die Geldwäschebekämpfung in China.

Am 31. Oktober 2006 verabschiedete China das GBG, das am 1. Januar 2007 in Kraft trat. Derzeit befindet sich das GBG im Änderungsprozess, am 10. September 2024 wurde der Entwurf zur Überarbeitung des Gesetzes zur Bekämpfung der Geldwäsche der elften Sitzung des Ständigen Ausschusses des Vierzehnten NVK zur zweiten Überprüfung vorgelegt.[999] Gemäß

[999] 全国人民代表大会常务委员会公报, Juni 2024, abrufbar unter https://npcobserver.com/wp-content/uploads/2024/12/2024-Anti–Money-Laundering-Law-Revision_Gazette.pdf.

§ 2 GBG bezieht sich die Geldwäsche auf die Ergreifung von entsprechenden Maßnahmen gemäß den Bestimmungen des vorliegenden Gesetzes zur Verhinderung jeglicher Geldwäschetätigkeit, die das Ziel verfolgt, die Quellen und die Art der kriminellen Erlöse aus Drogenkriminalität, bandenmäßiger Kriminalität, terroristischer Kriminalität, Schmuggelkriminalität, Korruptions- und Bestechungsdelikten, Straftaten zur Störung der Finanzverwaltung, Finanzbetrug usw. mit allen Mitteln zu verbergen oder zu verschleiern. Mit dem kontinuierlichen Aufkommen neuer Finanzprodukte, Technologien und Geschäftsmodelle, wie Blockchain-Technologie, Edelmetallhandel, Livestreaming-Plattformen und virtuelle Währungen, wird es immer schwieriger, Hinweise auf Geldwäsche zu entdecken und solche Aktivitäten präzise zu identifizieren.[1000] Der zweite Überarbeitungsentwurf des GBG verbessert die Definition von Geldwäschekriminalität, zählt die oben genannten sieben Kategorien von Vortaten ausdrücklich auf und fügt gleichzeitig eine Bestimmung über „Erlöse aus anderen Straftaten" hinzu, die Geldwäschekriminalität, die durch die Nutzung neuer Finanzaktivitäten durchgeführt wird, in das GBG einbezieht und den Geltungsbereich der Vortaten erweitert. Um den Herausforderungen neuer Finanzprodukte und -technologien zu begegnen, enthält der zweite Überarbeitungsentwurf des GBG auch eine Reihe neuer Bestimmungen. So sieht der Entwurf vor, dass die für die Geldwäschebekämpfung zuständige Verwaltungsabteilung des Staatsrats in Zusammenarbeit mit den zuständigen staatlichen Organen Leitlinien für Geldwäscherisiken herausgibt und neue Arten von Geldwäscherisiken, die mit neuen Bereichen und neuen Geschäftsformen verbunden sind, rechtzeitig überwacht (§ 23 des zweiten Überarbeitungsentwurfs des GBG); die Finanzinstitute sind verpflichtet, die Geldwäscherisiken, die von den neuen Geschäftsformen ausgehen können, zu beachten und zu bewerten (§ 36 des zweiten Überarbeitungsentwurfs des GBG).[1001]

---

[1000] Vgl. 关于《中华人民共和国反洗钱法（修订草案）》的说明，abrufbar unter http://www.npc.gov.cn/c2/c30834/202411/t20241108_440871.html.

[1001] 安然然，反洗钱法修订草案二审在即　监测新型洗钱风险被提上议程，第一财经日报，10.09.2024. 2024, 第A02 版，abrufbar unter https://www.yicai.com/news/102265481.html.

## II. Geldwäschebekämpfung und Schutz personenbezogener Daten

Die Geldwäschebekämpfung umfasst eine Vielzahl von Verarbeitungsvorgängen personenbezogener Daten, darunter Erhebung, Speicherung, Überwachung, Übertragung, Auswertung und Untersuchung. Da das Recht auf den Schutz personenbezogener Daten ein Grundrecht der Menschen ist, müssen die Maßnahmen zur Geldwäschebekämpfung bei der Verarbeitung personenbezogener Daten den Anforderungen des Datenschutzrechts entsprechen. Das geltende GBG sieht keine Verbindung zwischen den Maßnahmen zur Bekämpfung der Geldwäsche und zum Schutz personenbezogener Daten vor, aber z. B. in den §§ 8, 19 usw. des zweiten Überarbeitungsentwurfs des GBG werden Bestimmungen zum Schutz personenbezogener Daten hinzugefügt, die ausdrücklich vorschreiben, dass die Verpflichteten die Daten und Informationen, die sie bei der Erbringung ihrer Dienstleistungen erhalten, in angemessener und gesetzeskonformer Weise behandeln und sicherstellen, dass die Sicherheit der Daten und Informationen gewährleistet ist.

Als gesetzliches Zahlungsmittel hat der e-CNY sowohl die Eigenschaften von physischem als auch von E-Geld. Im Vergleich zu Bargeld ist der e-CNY jedoch portabel, stärker im Umlauf und kann leichter von Geldwäschekriminellen genutzt werden, sodass der e-CNY nicht dieselbe Anonymität wie Bargeld haben sollte.[1002] Der e-CNY sollte dem Grundsatz „Anonymität für kleine Beträge und Rückverfolgbarkeit für große Beträge“ im Einklang mit dem Gesetz folgen, um der Nachfrage der Öffentlichkeit nach anonymen Zahlungsdiensten für kleine Beträge gerecht zu werden und zu verhindern, dass der e-CNY für Telekommunikationsbetrug, Geldwäsche, Steuerhinterziehung und andere illegale und kriminelle Handlungen verwendet wird.[1003] Die personenbezogenen Daten von anonymen Wallets können nicht für Zwecke der Geldwäschebekämpfung verwendet werden, dadurch der e-CNY im Vergleich zu E-Geld ein höheres Maß an Privatsphäre genießt. Praktische Erfahrungen zeigen jedoch, dass anonyme Wallets auch für Geldwäscheaktivitäten missbraucht werden können. Obwohl der e-CNY unter anderem

---

1002 穆长春，数字人民币的隐私与安全的平衡之道，2022, abrufbar unter abrufbar unter http://www.modernbankers.com/html/2022/financiercon_1009/1426.html.

1003 Working Group on E-CNY Research and Development of PBOC, Das Weißbuch zum e-CNY, 2021, S. 10.

den Vorteil der Rückverfolgbarkeit bietet, ist im Zuge der Förderung des Pilotprojekts zunehmend das Problem aufgetreten, dass der e-CNY aufgrund fehlender gezielter Mechanismen und unvollständiger Rechtsvorschriften zur Bekämpfung der Geldwäsche für Telekommunikationsbetrug, Online-Glücksspiel, Veruntreuung, Bestechung sowie andere Vortaten und Geldwäschekriminalität verwendet wird.

## B. Geldwäsche mit dem e-CNY

### I. Fälle von Geldwäsche mit dem e-CNY

Während „der Operation Card Break 2021“[1004] deckten die Sicherheitsbehörden eine Reihe von Fällen betrügerischer Geldwäsche mit dem e-CNY auf. Beispielsweise nutzte Wang A ein Schmuckgeschäft als Tarnung, rekrutierte Personen als Operatoren und suchte nach inländischen und ausländischen kriminellen Gruppen, um Geldwäsche zu betreiben; *wang B* und andere nutzten die Regulierungslücke des digitalen Yuan, um die erste Runde der Geldwäsche durchzuführen, kauften dann Kryptowährungen und strebten an, damit Gewinne zu erzielen.[1005] Schließlich nahm die Polizei acht Verdächtige fest, beschlagnahmte vierzig e-CNY-Wallets, wodurch insgesamt 100 Millionen Yuan aufgedeckt wurden.[1006] Zhang und andere eröffneten e-CNY als Geldwäschekanal, um illegal Gelder für Zahlungen und Abrechnungen für vorgelagerte Telekommunikationsbetrügereien, Online-Glücksspiele und andere illegale und kriminelle Aktivitäten bereitzustellen.[1007] 2022 wurden

---

[1004] Die „Aktion gegen illegale Karten“ ist eine Initiative, die im Oktober 2020 vom chinesischen Staatsrat ins Leben gerufen wurde. Ziel ist die Bekämpfung der illegalen Öffnung von Bankkarten und SIM-Karten, die für Telekommunikationsbetrug und andere damit verbundene Straftaten verwendet werden, Hierzu siehe国务院打击治理电信网络新型违法犯罪工作部际联席会议决定在全国范围内开展“断卡”行动, abrufbar unter://www.gov.cn/xinwen/2020-10/11/content_5550326.htm, 27.08.2023.

[1005] Hierzu siehe广东汕尾公安机关破获利用数字人民币洗钱案, 腾讯新闻, 19.12.2021, abrufbar unter //new.qq.com/rain/a/20211209A02U5N00, 01.09.2023.

[1006] Hierzu siehe广东汕尾公安机关破获利用数字人民币洗钱案, 腾讯新闻, 19.12.2021, abrufbar unter //new.qq.com/rain/a/20211209A02U5N00, 01.09.2023.

[1007] Hierzu siehe福建龙岩警方破获首起涉数字人民币非法经营案, 民主与法制网, 29.09.2022, abrufbar unter://new.qq.com/rain/a/20220929A06DB700?suid=&media_id=, 01.09.2023.

zwanzig Verdächtige festgenommen und mehr als 100 Bankkarten im Wert von fast 200 Millionen Yuan beschlagnahmt.[1008]

Am 27. September 2024 wurden im Rahmen der vorliegenden Forschungsarbeit fünfunddreißig Geldwäschefälle aus den Jahren 2022 bis 2024 in China Judgments Online mit den Stichwörtern „e-CNY“ und „Geldwäsche“ durchsucht. Bei den Fällen von e-CNY-Geldwäsche dominieren die vorgelagerten Straftaten des Telekommunikationsbetrugs, bei denen die Täter nach Begehung des Betrugs e-CNY-App-Transfers und andere Mittel nutzen, um die illegalen und kriminellen Gelder zu transferieren und so die Erlöse aus dem Telekommunikationsbetrug zu verschleiern und zu verheimlichen.[1009] Die e-CNY-Wallets sind für den Geldtransfer geöffnet und fungieren als „Transitstation“ des Telekommunikationsbetrugs. Im Fall der Verschleierung und Verheimlichung von Erlösen aus Straftaten durch Zhu, Liu und andere eröffneten die fünf Angeklagten bspw. insgesamt neununddreißig e-CNY-Wallets durch eine Methode der persönlichen Kontaktvermittlung, ihre Bankkonten und WeChat-Konten wurden gemeinsam zur Verschleierung und Verheimlichung von Erlösen aus Telekommunikationsnetzbetrug genutzt.[1010] Die fünf Angeklagten waren an insgesamt 283 Fällen von Telekommunikationsbetrug beteiligt, bei denen es um mehr als 800.000 Yuan ging.[1011]

## II. Merkmale der Geldwäsche mit dem e-CNY

1. Merkmale der Täter. Online agierende Geldwäschebanden sind straff organisiert, verfügen über eine feine Arbeitsteilung und ein professionelles

---

1008 Hierzu siehe福建龙岩警方破获首起涉数字人民币非法经营案，民主与法制网，29.09.2022, abrufbar unter://new.qq.com/rain/a/20220929A06DB700?suid=&media_id=, 01.09.2023.

1009 Siehe etwa刘某、孙某掩饰、隐瞒犯所得等二审刑事裁定书，（2023）豫11刑终174号；张某某、杨某某等掩饰、隐瞒犯所得等一审刑事判决书，（2024）云0111刑初544号；孙某、王某等掩饰、隐瞒犯所得等二审刑事裁定书，（2023）豫11刑终137号；张某掩饰、隐瞒犯罪所得、犯罪所得收益一审刑事判决书，（2024）辽0303刑初94号；唐某富、付某也等掩饰、隐瞒犯所得等一审刑事判决书，（2024）云2624刑初28号；朱某、刘某等掩饰、隐瞒犯所得等一审刑事判决书，（2024）豫0308刑初30号；张某某掩饰、隐瞒犯罪所得、犯罪所得收益罪刑事一审刑事判决书，（2024）青0222刑初14号；黄某掩饰、隐瞒犯所得等一审刑事判决书，（2024）湘1003刑初42号；张某、郭某掩饰、隐瞒犯所得等一审刑事判决书，（2023）豫0183刑初799号；董某掩饰、隐瞒犯所得等一审刑事判决书，（2023）湘0381刑初635号。

1010 朱某、刘某等掩饰、隐瞒犯所得等一审刑事判决书，（2024）豫0308刑初30号。

1011 朱某、刘某等掩饰、隐瞒犯所得等一审刑事判决书，（2024）豫0308刑初30号。

Management und haben eine kriminelle Kette gebildet; einige Verdächtige werden von kriminellen Banden aus Übersee kontrolliert; die Kriminellen sind von niedrigem bis mittlerem Alter, haben ein geringes Einkommen und eine schlechte Ausbildung; die verdächtigen Akteure oder Transaktionspartner stehen auf der von den Sicherheitsbehörden geführten Schwarzen Liste für Telekommunikationsbetrug oder auf der Listen von beschlagnahmten, eingefrorenen oder inhaftierten Vermögenswerten.[1012]

2. Kontomerkmale. Ein Verdächtiger eröffnet mehrere Bankkonten und entsprechende Online-Banking- sowie mehrere e-CNY-Wallets, um dann aktiv zu einem Erste-Klasse-e-CNY-Wallet upzugraden; der Verdächtige hat eine anormale Kontosituation, das Konto wurde nach einer Risikokontrolle oder Untersuchung abgemeldet oder ist in den ruhenden Zustand übergegangen; die Eröffnungszeiten und die entsprechenden Filiale der e-CNY-Wallets sind relativ konzentriert. Zudem verweigern die Kunden aktiv die Zusammenarbeit bei der Sorgfaltspflichtprüfung durch die Betreiber, und mehrere Nutzer haben dieselben Kontaktdaten; darüber hinaus weisen die Unternehmen den Charakter von Briefkastenfirmen auf, wobei mehrere solcher Firmen vermutlich von derselben kriminellen Bande kontrolliert werden; die grundlegenden Identitätsinformationen sind entweder identisch oder ähneln sich stark.[1013]

3. Transaktionsmerkmale. Der Transaktionsbetrag ist hoch und liegt in der Nähe des Einzel- oder Tageslimits des Wallets; die Transaktion weist die Merkmale von „verstreuten Einzahlungen, konzentrierten Auszahlungen" oder „konzentrierten Einzahlungen, verstreuten Auszahlungen" auf, wobei die Gelder schnell ein- und ausgezahlt werden und am Ende des Tages praktisch kein Saldo übrigbleibt; die illegalen Gelder wurden über das mit dem e-CNY-Wallet verbundene Bankkonto in virtuelle Währungen und Zahlungsplattformen von Drittanbietern transferiert und schließlich über virtuelle Währungsplattformen im Ausland „gewaschen"; der Zahlungszweck der meisten ungewöhnlichen Transaktionen weist Merkmale wie „e-CNY-Auszahlung" auf.[1014]

---

1012 周喜庆，廖伯聃，数字人民币洗钱风险及应对探析，河北金融，2022, 22 (23).

1013 周喜庆/廖伯聃，数字人民币洗钱风险及应对探析，河北金融，2022, 22 (23-24).

1014 周喜庆/廖伯聃，数字人民币洗钱风险及应对探析，河北金融，2022, 22 (24).

Tatsächlich ähneln sich die Geldwäsche mit e-CNY und die Geldwäsche über Bankkonten in Bezug auf Täter, Konto und Transaktion. Da es sich beim e-CNY um ein neues Phänomen handelt, das noch wenig bekannt und bisher nur unzureichend reguliert ist, wird er gleichzeitig aufgrund seiner teilweisen Anonymität leicht zu einem neuen Instrument für die Geldwäsche im Zusammenhang mit illegalen Aktivitäten wie Telekommunikationsbetrug, Drogenhandel, Online-Glücksspiel, Korruption und Bestechung. Die Geldwäschefälle mit e-CNY sind häufig durch eine weite Verbreitung, hohe Beträge und eine große Zahl von Opfern gekennzeichnet. Die Sicherheitsbehörden müssen sich oft über Provinzgrenzen hinweg Informationen über zusammenhängende Fälle beschaffen. Die Verfolgung von Geldströmen, die Suche nach miteinander verbundenen Wallets sowie das Einfrieren und Pfänden von Konten erfordern eine enge Abstimmung und Zusammenarbeit mit Betreibern, Telekommunikationsanbietern und anderen zuständigen Stellen.

## C. Pflichten der Geldwäschebekämpfung

### I. Verpflichtete

Die Verpflichtete der Geldwäschebekämpfung ist ein Finanzinstitut mit Sitz im Hoheitsgebiet der Volksrepublik China oder ein spezielles Nicht-Finanzinstitut, das die Verpflichtung zur Geldwäschebekämpfung erfüllt (§ 3 GBG bzw. § 6 des zweiten Überarbeitungsentwurfs des GBG). Im zweiten Überarbeitungsentwurf des GBG wird der Begriff des Finanzinstituts und des Nicht-Finanzinstituts, das den Pflichten zur Geldwäschebekämpfung unterliegt, präzisiert. Finanzinstitute sind im Inland ansässige Bankfinanzinstitute, Wertpapier- und Termingeschäftefinanzinstitute sowie Versicherungsfinanzinstitute, Nichtbanken-Zahlungsinstitute und andere von der Anti-Geldwäsche-Verwaltungsbehörde des Staatsrats festgelegte und veröffentlichte Einrichtungen, die Finanzgeschäfte ausführen (§ 6 des zweiten Überarbeitungsentwurfs des GBG). Dieser Begriff erweitert den Anwendungsbereich der Finanzinstitute gemäß § 34 GBG[1015],

[1015] Nach § 34 des GBG beziehen sich Finanzinstitutionen m Sinne dieses Gesetzes auf Policenbanken, Geschäftsbanken, Kreditgenossenschaften, Postsparkassen, Treuhandgesellschaften, Wertpapierfirmen, Futures-Brokerage-Gesellschaften, Versicherungsgesellschaften sowie alle anderen Institutionen, die von der Abteilung für

indem er auf allgemeine Kategorien zurückgreift, anstatt einzelne Institute aufzuzählen, und ausdrücklich die Nichtbanken-Zahlungsinstitute einbezieht – eine aufstrebende Akteursgruppe im modernen Finanzwesen. Im Jahr 2023 wickelten Nichtbanken-Zahlungsinstitute 121,23 Milliarden Netztransaktionen mit einem Gesamtvolumen von 340,25 Billionen Yuan ab. [1016] Der zweite Überarbeitungsentwurf des GBG erstreckt die geldwäscherechtlichen Pflichten ausdrücklich auf Nichtbanken-Zahlungsinstitute, was der aktuellen Entwicklung des chinesischen E-Payment-Sektors entspricht und die Wirksamkeit der Maßnahmen zur Geldwäschebekämpfung erhöht. Zahlungsdienstleister des e-CNY sind die zehn zugelassenen Betreiber sowie weitere kommerzielle Organisationen, die mit diesen kooperieren. Beide Gruppen gelten als Finanzinstitute i. S. d. § 63 des zweiten Überarbeitungsentwurfs des GBG.

## II. Pflichten

### *1. Sorgfaltspflicht gegenüber Kunden*

#### A) UMWANDLUNG DES KUNDENIDENTIFIZIERUNGSSYSTEMS IN EIN SYSTEM FÜR DIE SORGFALTSPFLICHT GEGENÜBER KUNDEN

§ 16 des GBG verpflichtet die Finanzinstitute zur Einrichtung eines Kundenidentifikationssystems. Das Kundenidentifizierungssystem ist eines der drei Kernsysteme für die Geldwäschebekämpfung. Eine erfolgreiche Identifizierung und Verwaltung der Kundenidentität wirkt sich auf die Meldung von Großbetrags- und verdächtigen Transaktionen sowie auf die Aufzeichnung von Informationen zur Kundenidentität aus, was in direktem Zusammenhang mit der reibungslosen Durchführung von Folgemaßnahmen zur Geldwäschebekämpfung steht.[1017] Bei der Kundenidentifizierung liegt der Schwerpunkt auf einem „regelbasierten“ Ansatz, der sich auf die Umsetzung des Anti-Geldwäsche-Managements in einer „nicht-diskriminierenden“ Art und Weise konzentriert, was hauptsächlich die Erstidentifizierung von Kunden, die kontinuierliche Identifizierung von Kunden und die erneute

---

die Bekämpfung der Geldwäsche des Staatsrats für die Ausübung von Finanzgeschäften bestimmt und bekannt gegeben wurden.

1016 2023 年支付体系运行总体情况, S.4, abrufbar unter http://www.pbc.gov.cn/goutongjiaoliu/113456/113469/5314683/2024032815235914509.pdf.

1017 宋晶晶，金融领域反洗钱客户身份识别管理的意义及现状分析，现代商贸工业，2021, 132 (132).

Identifizierung von Kunden umfasst.[1018] Unter der Dominanz des Systems der Kundenidentifizierung ist das System der Sorgfaltspflicht gegenüber Kunden nahezu „unsichtbar", und der Inhalt der Sorgfaltspflicht gegenüber Kunden ergänzt nur die Kundenidentifizierung.[1019] Es gibt nahezu keine Rechtsnormen zur Regulierung des Systems der Sorgfaltspflicht. Der zweite Überarbeitungsentwurf des GBG sieht das Kundenidentifizierungssystem nicht mehr vor, sondern legt fest, dass Finanzinstitute ein System zur Einhaltung der Sorgfaltspflicht gegenüber Kunden einrichten müssen (§ 28 Abs. 1 des zweiten Überarbeitungsentwurfs des GBG). Dadurch wandelt sich das chinesische Gesetz zur Bekämpfung der Geldwäsche von einem Kundenidentifizierungssystem in ein System der Sorgfaltspflicht gegenüber Kunden im rechtlichen Sinne. Das System der Sorgfaltspflicht gegenüber Kunden hält den „risikobasierten" Einsatz ein und folgt einer „risikoorientierten" rationellen Zuteilung von Ressourcen zur Bekämpfung der Geldwäsche, die hauptsächlich die Erstidentifikation des Kunden, die Sorgfaltspflicht gegenüber Kunden, die verstärkte Sorgfaltspflicht gegenüber Kunden und die geschwächte Sorgfaltspflicht gegenüber Kunden umfasst (§ 29 des zweiten Überarbeitungsentwurfs des GBG).[1020] Der „risikobasierte" Einsatz kann die Wirksamkeit der Geldwäschebekämpfung durch die Anwendung differenzierter Identifizierungsmethoden für Kunden unterschiedlicher Risikostufen verbessern. Die Sorgfaltspflicht gegenüber Kunden bedeutet die Identifizierung der Kunden und untersagt es den Finanzinstituten, Dienstleistungen für nicht identifizierte Kunden zu erbringen, Transaktionen mit ihnen durchzuführen, anonyme oder pseudonymisierte Konten zu eröffnen oder Konten für Kunden zu eröffnen, die in betrügerischer Absicht die Identität anderer Personen verwenden. (§ 28 Abs. 2 des zweiten Überarbeitungsentwurfs des GBG).

### B) SCHWIERIGKEIT DER SORGFALTSPFLICHT GEGEN KUNDEN FÜR E-CNY

Von den fünf Klassen von e-CNY-Wallets müssen die erste und die zweite Klasse an ein Bankkonto gebunden sein, wobei der Nutzer auch Kunde der

---

1018 蔡宁伟，从客户身份识别向客户尽职调查的转型——兼评反洗钱“四大核心义务”的传承与发展，金融纵横，2023, 78 (82, 84).

1019 蔡宁伟，从客户身份识别向客户尽职调查的转型——兼评反洗钱“四大核心义务”的传承与发展，金融纵横，2023, 78 (80).

1020 蔡宁伟，从客户身份识别向客户尽职调查的转型——兼评反洗钱“四大核心义务”的传承与发展，金融纵横，2023, 78 (83-84).

Bank ist und die Bank in der Lage ist, die Sorgfaltspflicht gegen Kunden anhand der vom Nutzer bei der Bank hinterlegten Informationen durchzuführen. Bei einer e-CNY-Wallet dritter Klasse ist eine Überprüfung einer gültigen ID erforderlich, aber kein verbundenes Bankkonto, der Nutzer ist folglich nicht unbedingt ein Kunde der Bank. Die Sorgfaltspflicht gegenüber dem Kunden erfordert jedoch nicht nur, dass das Finanzinstitut die Identitätsinformationen des Kunden kennt, sondern auch den beruflichen oder geschäftlichen Hintergrund des Kunden, den Zweck der Transaktion, die Geldquelle und andere relevante Informationen, um festzustellen, ob eine Transaktion normal ist oder nicht.[1021] Folglich müssen für die e-CNY-Wallets der dritten Klasse zusätzliche Informationen erhoben werden, um die Sorgfaltspflicht gegenüber dem Kunden zu erfüllen. Die Wallets vierter und fünfter Klasse sind anonyme Wallets und können über eine Mobiltelefonnummer oder eine E-Mail-Adresse eröffnet werden, ohne dass Identitätsdokumente überprüft werden oder ein Bankkonto an sie gebunden ist. Aufgrund des Anonymitätsprinzips ist es dem Betreiber nicht möglich, die Identität der Nutzer anhand von Telefonnummern oder E-Mail-Adressen festzustellen. Auch bei ungewöhnlichen Transaktionen ist die Bank nicht berechtigt, die Identitätsdaten der Kunden zu erheben. Im Falle der Anmietung oder des Kaufs einer Mobiltelefonnummer zur Eröffnung der e-CNY-Wallets haben die Betreiber keine Möglichkeit, den realen Nutzer zu kennen.[1022] Die Eröffnung von e-CNY-Wallets der vierten und fünften Klasse entspricht auch nicht der Anforderung, dass Finanzinstitute keine anonymen oder pseudonymisierten Konten für ihre Kunden eröffnen dürfen (§ 16 Abs. 4 GBG bzw. § 28 Abs. 2 des zweiten Überarbeitungsentwurfs des GBG). Um die Rechtmäßigkeit der Eröffnung anonymer e-CNY-Wallets zu gewährleiten, sollte in § 28 Abs. 2 des zweiten Überarbeitungsentwurfs des GBG ein Vorbehalt aufgenommen werden, dass Finanzinstitute anonyme e-CNY-Wallets eröffnen dürfen.

Die e-CNY-Wallets der vierten Klasse sollen dem Bedürfnis der Nutzer nach Anonymität bei Kleinbetragszahlungen Rechnung tragen. Sie sind beschränkt auf ein Guthabenlimit von 10.000 Yuan, ein Einzeltransaktionslimit von 2.000 Yuan und ein tägliches und jährliches kumulatives Transaktionslimit

---

1021 孔令学/赵萃萃/孙超，中华人民共和国反洗钱法解读与适用，中国市场出版社，2007, S. 79-80.
1022 武颖/刘振，数字人民币与反洗钱：机遇、挑战和应对，金融科技，2021, 77(80).

von 5.000 bzw. 50.000 Yuan. Die e-CNY-Wallets fünfter Klasse weisen noch niedrigere Zahlungslimits auf. Ein geringerer Transaktionsbetrag geht mit einem reduzierten Geldwäscherisiko einher. Es ist jedoch zu beachten, dass ein hohes Geldwäscherisiko besteht, wenn ein Nutzer zehn e-CNY-Wallets gleichzeitig eröffnet und illegal eine Mobiltelefonnummer kauft oder mietet, um eine anonyme Wallet zu eröffnen. Kriminelle Banden könnten e-CNY-Wallets als Geldumlaufkonten für Telekommunikationsbetrug nutzen und dank ihrer Anonymität und Verschleierung der Geldwäscheaktivitäten der Entdeckung entgehen. Um die Anforderungen des GBG zu erfüllen und gleichzeitig die Anonymität von Vierte-Klasse-Wallets zu wahren, können die Verfügungsrahmen des digitalen Euro nach Art. 16 Abs. 6 übernommen werden, d. h. Nutzer dürfen mehrere anonyme e-CNY-Wallets eröffnen, aber alle Wallets teilen sich einen Gesamtbetrag. Da die Geschäftsbanken jedoch keine Informationen über die Nutzer untereinander austauschen, müsste die PBOC insofern ein einheitliches System einrichten, das die Banken bei der Überprüfung unterstützt und sicherstellt, dass die Gesamtsumme der verschiedenen anonymen Wallets eines Nutzers das Limit nicht übersteigt. Auf diese Weise könnte jedoch die Zahlungserfahrung der Nutzer beeinträchtigen und das Interesse der Öffentlichkeit an der Nutzung des e-CNY weiter verringern. Darüber hinaus schreibt § 8 der Verwaltungsmaßnahmen zur Kundenidentifizierung und Aufbewahrung von Kundenidentitätsinformationen und Transaktionsaufzeichnungen von Finanzinstituten vor, dass, wenn ein Finanzinstitut für einen Kunden, bei dem es sich um eine natürliche Person handelt, eine einmalige Bareinzahlung oder Bargeldabhebung mit einem Betrag von 50.000 Yuan oder mehr oder einem Gegenwert von 10.000 USD oder mehr in einer Fremdwährung vornimmt, es die gültige Identitätsbescheinigung oder ein anderes Identitätsbestätigungsdokument des Kunden überprüfen muss. Das Transaktionslimit für anonyme Wallets übersteigt nicht den Betrag der Einzeltransaktion, sowohl Wallets der vierte Klasse als auch der fünfter Klasse bleiben auch bei Aufladungen und Abhebungen von e-CNY anonym. Die Geldwäschebekämpfung bei e-CNY stellt folglich eine große Herausforderung dar.

### 2. *Einrichtung eines Systems zur Aufbewahrung von Kundenidentifikationsdaten und Transaktionsaufzeichnungen*

§ 19 des GBG bzw. § 34 des zweiten Überarbeitungsentwurfs des GBG sieht ein System zur Aufbewahrung von Kundenidentifikationsdaten und Transaktionsaufzeichnungen vor. Dieses System soll Anhaltspunkte für die Verfolgung von Geldwäschekriminalität liefern: Einerseits ist die Geldwäschebekämpfung keine einmalige Aufgabe, und verdächtige Transaktionen erfordern in der Regel eine kontinuierliche Überwachung über einen langen Zeitraum; andererseits ist die Justiz auf die Transaktionsaufzeichnungen der Finanzinstitute als wichtige Grundlage für die Untersuchung von Geldwäscheaktivitäten und die Sammlung von Beweisen angewiesen.[1023] Die Kundenidentitätsdaten nach Beendigung einer Geschäftsbeziehung und die Transaktionsinformationen nach Abschluss der Transaktion sind mindestens zehn Jahre lang aufzubewahren (§ 34 Abs. 3 des zweiten Überarbeitungsentwurfs des GBG). Wird ein Finanzinstitut aufgelöst, widerrufen oder für insolvent erklärt, so überträgt es die entsprechenden Kundenunterlagen und die Transaktionsdaten der Kunden an die von der zuständigen Abteilung des Staatsrats benannte Einrichtung (§ 34 Abs. 4 des zweiten Überarbeitungsentwurfs des GBG). Die Aufbewahrung von Kundenidentitätsdaten und damit zusammenhängenden Informationen im e-CNY unterscheidet sich von der bisherigen Aufbewahrung von Identitätsdaten und Transaktionsaufzeichnungen von Bankkunden. Alle Kundeninformationen im e-CNY werden de-identifiziert und die relevanten Informationen werden verschlüsselt gespeichert.[1024]Bestehende Aufbewahrungssysteme zur Identifizierung von Kundenidentifikationsdaten und Transaktionsaufzeichnungen sind auf den e-CNY nicht anwendbar. In diesem Zusammenhang müssen die Betreiber neue Technologien einsetzen, um ein neues System für die Aufbewahrung von Kundenidentifikationsdaten und Transaktionsaufzeichnungen für Nutzer des e-CNY einzurichten.

---

[1023] 反洗钱法释义编写组著，中华人民共和国反洗钱法释义，中国法制出版社，2006, S. 68.

[1024] 穆长春，数字人民币的隐私与安全平衡之道，2022, abrufbar unter http://www.modernbankers.com/html/2022/financiercon_1009/1426.html.

### 3. *Meldepflicht*

Bei der Geldwäsche handelt es sich in der Regel um große Beträge mit einer hohen Anzahl von Geldtransfers, die verdeckt, diversifiziert, professionell und technisch durchgeführt werden, um letztlich die Herkunft und die Art der Mittel zu verschleiern und die illegalen Einkünfte zu legitimieren.[1025] § 20 des GBG bzw. § 35 des zweiten Überarbeitungsentwurfs des GBG schriebt vor, dass die Finanzinstitute ein Meldesystem für Großtransaktionen und verdächtige Transaktionen einrichten, um auf institutioneller Ebene kriminellen Organisationen, die Geldwäsche betreiben, jede Gelegenheit zur Begehung von Straftaten zu nehmen. Gemäß § 5 der Maßnahmen für die Verwaltung von Finanzinstituten bei der Meldung von Transaktionen mit hohem Wert und verdächtigen Geschäften gelten die folgenden Zahlungstransaktionen als Großbetragstransaktionen: 1) Eine einzelne Transaktion oder die kumulierten Transaktionen eines Tages zur Bareinzahlung, Barabhebung, Abrechnung oder zum Verkauf von Devisen in bar, zum Umtausch von Geldscheinen, zur Überweisung von Bargeld, zur Zahlung von Bargeldinstrumenten oder zu jeder anderen Form der Einnahme und Zahlung von Bargeld, deren Wert 50.000 Yuan oder mehr oder den Gegenwert von 10.000 USD oder mehr in Fremdwährungen erreicht; 2) Eine einzelne Überweisung oder die kumulierten Überweisungen von Geldern an einem Tag zwischen den Bankkonten eines Kunden, der keine natürliche Person ist, und anderen Bankkonten, deren Wert 2 Millionen Yuan oder mehr oder den Gegenwert von 200.000 USD oder mehr in Fremdwährungen erreicht; 3) Eine einzelne inländische Überweisung oder die kumulierten inländischen Überweisungen von Geldern an einem Tag zwischen den Bankkonten eines natürlichen Kunden und anderen Bankkonten, deren Wert 500.000 Yuan oder mehr erreicht oder den Gegenwert von 100.000 USD oder mehr in Fremdwährungen erreicht; 4) Eine einzelne grenzüberschreitende Überweisung oder die kumulierten grenzüberschreitenden Überweisungen von Geldern an einem Tag zwischen den Bankkonten eines natürlichen Kunden und anderen Bankkonten, deren Wert 200.000 Yuan oder mehr erreicht oder den Gegenwert von 10.000 USD oder mehr in Fremdwährungen erreicht. Bei Zahlungsvorgängen, die in Bezug auf Höhe, Häufigkeit, Fluss, Verwendung und Art ungewöhnlich sind, müssen die Finanzinstitute unabhängig von der Höhe der Geldbeträge

---

[1025] 反洗钱法释义编写组著，中华人民共和国反洗钱法释义，中国法制出版社，2006, S. 70.

oder dem Wert der beteiligten Vermögenswerte verdächtige Transaktionen melden (§ 11 der Maßnahmen für die Verwaltung von Finanzinstituten bei der Meldung von Transaktionen mit hohem Wert und verdächtigen Geschäften).

Derzeit ist es den Finanzinstituten in China nicht möglich, Kundeninformationen auszutauschen, da die Geldwäschebekämpfungssysteme der einzelnen Institute wurden separat entwickelt und sind weitgehend unabhängig voneinander.[1026] Nutzer haben die Möglichkeit, mehrere Bankkonten zu Geldwäschezwecken zu eröffnen, was auch beim e-CNY ein ähnliches Problem darstellt. Aktuell können Nutzer des e-CNY theoretisch bis zu zehn e-CNY-Wallets besitzen, wobei die Meldesysteme für Großtransaktionen nur für e-CNY-Geldbörsen der ersten und zweiten Klasse geeignet sind. Aufgrund der Informationsunabhängigkeit zwischen den Finanzinstituten können Kriminelle bei Großtransaktionen häufig mehrere e-CNY-Wallets nutzen und das Meldesystem durch Streuung und Zusammenlegung von Geldern umgehen, um Geldwäsche zu betreiben. Zudem bietet e-CNY im Vergleich zur Banküberweisung, insbesondere der Interbanküberweisung, den Vorteil einer schnellen Ein- und Auszahlung. Die Transaktionen in e-CNY können unabhängig vom derzeitigen Zahlungs- und Abwicklungssystem durchgeführt werden, jedoch hat das bestehende System zur Überwachung verdächtiger Transaktionen noch nicht die gesamte Kette der e-CNY-Transaktionsgelder abgedeckt.[1027] Die Entwicklung von Überwachungsmodellen für digitale Währungstransaktionen zwischen digitalen Wallets sowie zwischen Wallets und Bankkonten befindet sich noch in der Testphase.[1028] Um das Meldesystem für Großbetragszahlungen und verdächtige Transaktionen im e-CNY effektiv umzusetzen, sind der Informationsaustausch zwischen den Banken und die Schaffung neuer Standards für die Transaktionsüberwachung und Überwachungssysteme von entscheidender Bedeutung.

---

1026 苏和平/阎慧茹，金融机构在执行可疑交易报告后续控制措施中存在的问题及建议，经济师，2020, 115 (115).

1027 杨广/王若平，数字人民币试点中的洗钱风险隐患及其防范, 北方金融，2022, 71 (74).

1028 杨广/王若平，数字人民币试点中的洗钱风险隐患及其防范, 北方金融， 2022, 71 (74).

## D. Gesetzliche Aufgaben der PBOC bei der Geldwäschebekämpfung

Das System Chinas zur Geldwäschebekämpfung basiert auf dem Modell, dass eine Abteilung die Leitung übernimmt, während mehrere andere Abteilungen zusammenarbeiten. Die Verwaltungsabteilung für Geldwäschebekämpfung des Staatsrats ist für die Überwachung und Verwaltung der Geldwäschebekämpfung im ganzen Land zuständig; Die dem Staatsrat unterstellten Abteilungen nehmen im Rahmen ihrer jeweiligen Funktionen und Aufgaben ihre Verpflichtungen zur Überwachung und Verwaltung der Geldwäschebekämpfung wahr (§ 4 Abs. 1 GBG). Die für die Bekämpfung der Geldwäsche zuständige Verwaltungsabteilung des Staatsrats, die dem Staatsrat unterstehenden einschlägigen Abteilungen und Aufsichtsorgane sowie die Justizorgane stimmen sich bei ihrer Arbeit zur Bekämpfung der Geldwäsche untereinander ab (§ 4 Abs. 2 GBG). Die PBOC ist Die Verwaltungsabteilung für Geldwäschebekämpfung des Staatsrats Bestimmungen zur Bekämpfung der Geldwäsche durch Finanzinstitute (§ 3 der Bestimmungen zur Bekämpfung der Geldwäsche durch Finanzinstitute). Deshalb organisiert und koordiniert die PBOC die Arbeit zur Geldwäschebekämpfung im ganzen Land, übernimmt die Aufsicht über die Geldwäschebekämpfungsfonds, formuliert selbst oder in Zusammenarbeit mit der dem Staatsrat unterstellten Finanzaufsichtsabteilung die Bestimmungen über die Verwaltung der Finanzinstitute zur Bekämpfung der Geldwäsche. Darüber hinaus führt sie die Überwachung und Prüfung der Erfüllung der Verpflichtungen zur Bekämpfung der Geldwäsche durch die Finanzinstitute durch, untersucht im Rahmen ihrer Befugnisse und Aufgaben zweifelhafte Transaktionen und nimmt andere Aufgaben und Funktionen zur Bekämpfung der Geldwäsche wahr, die durch das Gesetz oder den Staatsrat vorgeschrieben sind (§ 8 GBG).

### I. Einrichtung eines Big-Data-Analysezentrums

§ 16 des zweiten Überarbeitungsentwurfs des GBG richtet als die für die Geldwäschebekämpfung zuständige Verwaltungsabteilung des Staatsrats eine Agentur für die Überwachung und Analyse der Geldwäsche ein, die die Geldwäschefonds überwacht, Berichte über große Transaktionen und verdächtige Transaktionen entgegennimmt und sie analysiert sowie die Analyseergebnisse überträgt. Am 7. April 2004 hat die PBOC das Chinesische

Zentrum für die Überwachung und Analyse von Geldwäschebekämpfung eingerichtet. Dieses umfasst 13 Abteilungen, darunter ein Büro, eine Forschungsabteilung, eine Abteilung für Informationssammlung und eine Abteilung für Transaktionsanalyse.[1029] Darüber hinaus wurden Außenstellen in Shanghai und Shenzhen eingerichtet, die als Zweigstellen des Chinesischen Zentrums für die Überwachung und Analyse von Geldwäschebekämpfung fungieren.[1030] Nach der estaltung des e-CNY ist sein AML-Überwachung- und Analysezentrum unabhängig vom bestehenden AML-Überwachungs- und Analysezentrum. Wie im dritten Teil § 7 B beschrieben, hat die PBOC „drei Zentren“ für den e-CNY auf Zentralbankebene eingerichtet, von denen das Big-Data-Analysezentrum als Überwachungs- und Analysezentrum zur Geldwäschebekämpfung fungiert, das für die Entgegennahme von Meldungen über Großbeträge und verdächtige Transaktionen von zugelassenen Betreibern und anderen kommerziellen Einrichtungen sowie für die Analyse des Zahlungsverhaltens der Nutzer nach Erhalt der Meldungen zuständig ist.[1031] Nur wenn das Big-Data-Analysezentrum feststellt, dass tatsächlich Geldwäscheaktivitäten vorliegen, wird es die Informationen aus dem Authentifizierungszentrum und dem Registrierungszentrum kombinieren, um den Nutzer für Zwecke der Geldwäschebekämpfung zu identifizieren. Die Zahlungsvorgänge in e-CNY unterscheiden sich von den bestehenden Transaktionsmodellen, sodass es notwendig ist, spezielle Überwachungsmodelle für e-CNY zu entwickeln: die ständige Zusammenfassung der Merkmale und Risikopunkte von Geldwäschefällen im Zusammenhang mit dem e-CNY, Entwicklung von Indikatoren und Modellen zur Überwachung verdächtiger Transaktionen mit dem e-CNY, um anormale Transaktionen sowie die zugehörigen Konten in den vor- und nachgelagerten Bereichen von e-CNY-Wallets zu identifizieren und zu erfassen, miteinander zu verknüpfen und zu analysieren.[1032] Die Einrichtung eines Big-Data-Analysezentrums durch die PBOC ist nicht nur eine wichtige Voraussetzung für die Gestaltung des e-CNY, sondern auch eine notwendige Maßnahme zur Erfüllung ihrer gesetzlichen Aufgaben nach GBG.

---

1029 孔令学/赵萃萃/孙超，中华人民共和国反洗钱法解读与适用，中国市场出版社，2007, S. 50.
1030 孔令学/赵萃萃/孙超，中华人民共和国反洗钱法解读与适用，中国市场出版社，2007, S. 50.
1031 姚钱，中国法定数字货币原型构想，中国金融，2016, 13 (14).
1032 周喜庆/廖伯聃，数字人民币洗钱风险及应对探析，河北金融，2022，22 (25).

## II. Einrichtung eines Mechanismus für den Informationsaustausch

Wenn Zahlungsdienstleister keine Informationen über die Nutzer anderer Zahlungsdienstleister erhalten können, sind sie nicht in der Lage sind, alle Elemente der Geldwäsche, des Betrugs usw. zu verstehen oder rechtzeitig zu erkennen. Die Informationsisolierung wirkt sich unmittelbar auf die Effizienz der Umsetzung von Maßnahmen zur Bekämpfung der Geldwäsche aus und erschwert die Erkennung von und die Reaktion auf kriminellen Aktivitäten. Die PBOC sollte den Informationsaustausch zwischen Zahlungsdienstleistern unterstützen, um die Maßnahmen zur Bekämpfung der Geldwäsche landesweit zu koordinieren. Im Jahre 2020 schlug eine Gruppe des Anti-Geldwäsche-Büros der PBOC den Einsatz der Blockchain-Technologie im Bereich der Geldwäschebekämpfung vor und regte den Aufbau einer Blockchain-Plattform an, um den Austausch von Anti-Geldwäsche-Informationen zwischen verschiedenen Finanzinstituten zu ermöglichen.[1033] Das auf der Blockchain-Technologie basierende e-CNY-Zahlungssystem speichert eine große Menge an Transaktions-, Konto- und Identitätsinformationen in Blöcken und ist daher auch ein verteiltes Informationssystem.[1034] Dieses Zahlungssystem wird von der PBOC entwickelt und von anderen zugelassenen Geschäftsbanken gewartet. Es muss mit Datenschutz- und Sicherheitsberechnungen für mehrere Parteien kombiniert werden, um das System für Datenberechnungen und Shared Services nutzen zu können.[1035] Das bedeutet, dass das verteilte e-CNY-Informationssystem die gemeinsame Nutzung von Informationen zur Bekämpfung der Geldwäsche ermöglichen könnte, aber auch die Berechnung zum Schutz der Privatsphäre erforschen und erproben muss, die als eine Reihe von Berechnungstechniken zum Schutz der Privatsphäre betrachtet werden kann, wie z. B. sichere Mehrparteienberechnung, föderiertes Lernen und vertrauliche Berechnung.[1036] Unter Zuhilfenahme des Informationsaustauschs und des Schutzes der Privatsphäre kann jeder Zahlungsdienstleister eine gemeinsame Risikokontrolle zur Bekämpfung der Geldwäsche durchführen.

---

1033 中国人民银行反洗钱局课题组：区块链技术在反洗钱工作中的运用前景研究，金融电子化，2020, 11 (11-13).

1034 Vgl柯达，区块链证券结算的法律规制——基于信息系统的视角，大连理工大学学报（社会科学版），2020, 77 (79).

1035 中国人民银行反洗钱局课题组，区块链技术在反洗钱工作中的运用前景研究，金融电子化，2020, 11 (12).

1036 朱玮，数字人民币反洗钱联合风险控制：隐私保护计算的应用场景分析，征信，2022, 11 (13).

Aufgrund der Rückverfolgbarkeit des e-CNY zu den Kunden kann der Verdächtige, der nur identifiziert werden muss, zu vielen anderen verwandten Verdächtigen führen, und die Qualität der Berichte über verdächtige Transaktionen kann erheblich verbessert werden, um verdächtige Transaktionen schnell zu erkennen und rechtzeitig zu verhindern.[1037]

## III. Formulierung von Anti-Geldwäsche-Regelungen für den e-CNY

Die PBOC ist verpflichtet, selbst oder in Zusammenarbeit mit der dem Staatsrat unterstellten Finanzaufsichtsbehörde die Regeln für die Verwaltung der Finanzinstitute im Bereich der Geldwäschebekämpfung zu formulieren. Der e-CNY ist ein neues gesetzlichem Zahlungsmittel, das sich derzeit in der Pilotphase befindet. China hat noch keine einschlägigen Gesetze und Regeln zur Bekämpfung der Geldwäsche mit dem e-CNY erlassen. Die neue Funktionsweise des e-CNY wird neue Formen von Finanzdienstleistungen für digitale Wallets hervorbringen, den blinden Fleck der Transaktionsüberwachung vergrößern und die Untersuchung und Verfolgung von Straftaten erschweren. Obwohl sich der e-CNY derzeit erst im Versuchsstadium befindet und die entsprechenden Theorien und Technologien noch nicht ausgereift sind, ist es erforderlich, die Überarbeitung und Verbesserung der einschlägigen Rechtsnormen im Lichte der Pilotsituation koordiniert voranzutreiben. Der bestehende Rechtsrahmen zur Bekämpfung der Geldwäsche lässt sich in drei Ebenen unterteilen: Die erste Ebene sind die vom NVK und seinem Ständigen Ausschuss erlassenen Gesetze zur Bekämpfung der Geldwäsche; die zweite Ebene sind die von der PBOC und anderen Regulierungsbehörden erlassenen einschlägigen Regeln zur Bekämpfung der Geldwäsche; und die dritte Ebene sind die von der PBOC und anderen Regulierungsbehörden formulierten normativen Dokumente zur Bekämpfung der Geldwäsche. Innerhalb des Rechtsrahmens des Geldwäscherechts könnten erstens Ausnahmen vom GBG für den e-CNY festgelegt werden, um dessen Regulierung im Rahmen des GBG zu ermöglichen. Zweitens könnte die PBOC spezielle Regeln für Geldwäsche für den e-CNY einführen, um klare Richtlinien zur Bekämpfung der Geldwäsche im Zusammenhang mit e-CNY zu schaffen.

---

1037 朱玮，数字人民币反洗钱联合风险控制：隐私保护计算的应用场景分析，征信，2022, 11 (13).

## E. Zusammenfassung

Chinas derzeitiges Geldwäscherecht sowie der zweite Überarbeitungsentwurf des GBG enthalten bislang keine spezifischen Regelungen zum e-CNY. Dennoch muss der e-CNY in den regulatorischen Rahmen des Geldwäscherechts einbezogen werden. Aufgrund der Anonymität des e-CNY der vierten und fünften Klasse, der verschlüsselten Speicherung von Nutzerdaten, der Abwicklung durch Zahlungen, unabhängiger Abrechnungssysteme sowie der Informationsisolierung zwischen Finanzinstituten gestaltet sich die Erfüllung der Geldwäschepräventionspflichten für Finanzinstitute erheblich schwieriger. Dies zeigt sich insbesondere in der erschwerten vollständigen Umsetzung der Kundensorgfaltspflicht sowie der Notwendigkeit, separate Datenbanken zur Speicherung von Kundenidentitätsinformationen und Transaktionsaufzeichnungen einzurichten. Darüber hinaus müssen die Finanzinstitute ein neues Überwachungsmodell für Transaktionen entwickeln, um ihren Verpflichtungen zur Meldung von Großtransaktionen und verdächtigen Transaktionen wirksam nachzukommen. Zur Bewältigung dieser Herausforderungen sollte die PBOC einen Mechanismus für den Informationsaustausch auf der Grundlage des Blockchain-Transaktionssystems des e-CNY einrichten, um die gemeinsame Kontrolle des Geldwäscherisikos unter den Zahlungsdienstleistern zu unterstützen. Während des Probebetriebs des e-CNY sind bereits Fälle von Geldwäsche aufgetreten, sollte die PBOC die in der Praxis gewonnenen Erfahrungen zusammenfassen, das Design des e-CNY hinsichtlich der Geldwäscheprävention weiter optimieren und spezielle Rechtsnormen zur Bekämpfung der Geldwäsche entwickeln, um den zunehmend komplexen Geldwäscherisiken im digitalen Finanzumfeld zu begegnen.

# § 26 Der digitale Euro im Geldwäscherecht

Der digitale Euro könnte wie Bargeld und e-Geld ein Geldwäscherisiko bergen. Die Bekämpfung der Geldwäsche des digitalen Euro muss Bargeld- und Bargeldlosverkehr im Hinblick auf seine Online- und Offline- Zahlungsvorgänge in Betracht ziehen. Im Einklang mit dem EU-Rahmen zur Bekämpfung der Geldwäsche und Terrorismusfinanzierung würden beim Online-Zahlungsvorgang in digitalen Euro dieselben Vorschriften zur Bekämpfung von Geldwäsche und Terrorismusfinanzierung gelten wie für private digitale

Zahlungsmittel,[1038] während Offline-Zahlungsverkehr mit dem digitalen Euro eine eigene Vorschrift zur Bekämpfung von Geldwäsche nach Art. 37 dEuroVO-E hat.

## A. Gestaltungen der Geldwäschebekämpfung

### I. Verfügungsrahmen nach Art. 16 dEuroVO-E

Die Begrenzung von Kontoguthaben auf kleinere Beträge trägt dazu bei, das Potenzial für Geldwäsche zu verringern. Wenn der digitale Euro als Wertaufbewahrungsmittel benutzt wird, gibt es einen Verfügungsrahmen des digitalen Euro (möglicherweise 3.000 Euro), der gleichzeitig sowohl für digitale Online- als auch Offline-Euro gilt (Art. 16 Abs. 1 und 4 dEuroVO-E). Der Verfügungsrahmen des Nutzers ist einmalig und nicht stapelbar, unabhängig von der Anzahl der Konten, die ein und derselbe Digital-Euro-Nutzer besitzt (Art. 16. Abs. 6 dEuroVO-E). Außerdem könnten Beschränkungen für die Umwandlung anderer Kategorien von Geldbeträgen in digitale Euro innerhalb eines bestimmten Zeitrahmens gelten.[1039] Für gewerbliche Nutzer und staatliche oder öffentliche Stellen gilt eine Null-Bestandsgrenze.[1040] Unter Geldwäsche versteht man die Umwandlung großer Mengen illegaler Erlöse in legale Erlöse durch mehrfache Geldtransfers. Angesichts des Verfügungsrahmens und der Beschränkungen für den Umtausch des digitalen Euro ist die Möglichkeit, den digitalen Euro für Geldwäsche in großem Maßstab zu verwenden, relativ gering. Dennoch ist Vorsicht geboten gegenüber Verhaltensweisen, mit denen versucht wird, durch die Nutzung mehrerer Konten, häufige Transaktionen oder andere komplexe Methoden die Aufsicht zu umgehen. Bemerkenswert ist, dass Konten für den digitalen Euro mit einem Bankkonto verknüpft werden können, um die Waterfall-Funktion und die Reverse-Waterfall-Funktion zu umsetzen (Art. 13 Abs. 4 dEuroVO-E). Sollte es Kriminellen gelingen, ausschließlich durch diese Funktionen verdeckte und vielfältige Transaktionen durchzuführen, wäre der Verfügungsrahmen für digitale Euro in ihrer Wirksamkeit zur

---

[1038] Erwg. 32 dEuroVO-E.

[1039] Erwg. 32 dEuroVO-E.

[1040] ECB, A stocktake on the digital euro—Summary report on the investigation phase and outlook on the next phase, 18.10.2023, S. 12-13.

Bekämpfung von Geldwäsche eingeschränkt. Der digitale Offline-Euro vereint Wertaufbewahrungs- und Zahlungsfunktion und bietet ein mit Bargeld vergleichbares Datenschutzniveau. Ohne eine angemessene Begrenzung der Halte- oder Zahlungsbeträge könnte der digitalen Offline- Euro jedoch leicht für Geldwäschezwecke genutzt werden. Es ist von entscheidender Bedeutung, angemessene Verfügungsrahmen für den digitalen Offline-Euro festzulegen (siehe unten C II).

## II. Informationsaustausch nach Art. 16 i. V. m. Art. 35 Abs. 1 lit. a dEuroVO-E

Die Informationsaustausch zwischen verschiedenen Zahlungsdienstleistern ist eine Voraussetzung für die Umsetzung eines Verfügungsrahmens des digitalen Euro, da die Nutzer bei jedem Zahlungsdienstleister im Euroraum ein Konto für den digitalen Euro eröffnen können. Ausweislich Art. 35 Abs. 1 lit. a, d dEuroVO-E haben die EZB und die NZBen die Aufgaben, den Nachrichtenaustausch zwischen Zahlungsdienstleistern zu unterstützen und die Überprüfung durch Zahlungsdienstleister zu unterschützen, ob ein potenzieller Nutzer bereits über Zahlungskonten für den digitalen Euro bei anderen Zahlungsdienstleistern verfügt. Insofern sollten die EZB und die NZBen einen zentralen Zugangspunkt einrichten, Informationen über die Bestände der Nutzer zusammenfassen und den Zahlungsdienstleistern zur Verfügung stellen. [1041] Anhand der gemeinsam genutzten Informationen können Zahlungsdienstleister überprüfen, ob ein potenzieller oder bestehender Nutzer von digitalen Euro ein Konto für den digitalen Euro bei einem anderen Zahlungsdienstleister hat (Art. 34 Abs. 1 lit. a dEuroVO-E). Verfügt ein Nutzer über mehrere Zahlungskonten für den digitalen Euro, ist er verpflichtet, den Zahlungsdienstleistern, bei denen die Zahlungskonten für den digitalen Euro geführt werden, mitzuteilen, wie sein Verfügungsrahmen auf die verschiedenen Zahlungskonten für den digitalen Euro aufgeteilt werden soll (Art. 16 Abs. 6 dEuroVO-E). Ein von allen Zahlungskonten für den digitalen Euro des Nutzers und den digitalen Offline-Euro gemeinsam genutzter Verfügungsrahmen würde Geldwäsche durch mehrere Zahlungskonten und kleine, aber zahlreiche Überweisungen verhindern.

---

[1041] Erwg. 77 dEuroVO-E.

## B. Geldwäschebekämpfung bei Online-Zahlungsvorgänge in digitalen Euro

Die Online-Zahlungsvorgänge in digitalen Euro könnten aufgrund der Höhe, Liquidität und unbeschränkter Übertragbarkeit ein größeres Risiko in Bezug auf Geldwäsche und Terrorismusfinanzierung sein.[1042] Deshalb sollten die für private digitale Zahlungsmittel geltenden Vorschriften zur Bekämpfung von Geldwäsche und Terrorismusfinanzierung auch auf den digitalen Euro Anwendung finden (Art. 5 Abs. 5 dEuroVO-E). Abgesehen von der sofortigen Abwicklung und dem Verfügungsrahmen soll sich der digitale Euro nicht von privaten Zahlungsmitteln unterscheiden. Dabei haben Kreditinstitute bei Online-Transaktionen mit dem digitalen Euro dieselben Pflichten zur Bekämpfung der Geldwäsche wie Zahlungsdienstleister bei privaten Zahlungsmitteln. Ein Konto für den digitalen Euro könnte ein Unterkonto (TARGET Dedicated Cash Account, DCA) sein, das unter dem Hauptzentralbankkonto (Main Cash Account, MCA) eines Zahlungsdienstleisters (PSP) geführt wird.[1043] Ist der Nutzer des digitalen Euro bereits Kunde der PSP, kann auf diese Identifizierungspflicht verzichtet werden, da der Kunde durch die bestehende Geschäftsbeziehung bereits identifiziert ist.[1044] Die Sorgfaltspflicht gegenüber Kunden im Zusammenhang mit dem digitalen Euro sollte auch nach der Risikobewertung der Kunden (Risikoansatz) erfolgen, z. B. eine vereinfachte Sorgfaltspflicht für Zahlungsdienstleister bei Transaktionen mit geringem Risiko.[1045] Weitere Pflichten zur Geldwäschebekämpfung im Zusammenhang mit digitalen Euro ergeben sich keine Besonderheiten gegenüber privaten digitalen Zahlungsmitteln.

## C. Geldwäschebekämpfung bei Offline-Zahlungsvorgängen in digitalen Euro

### I. Kein Zurückverfolgen der Transaktionsdaten

Bei Offline-Zahlungsvorgängen in digitalen Euro handelt es sich um bargeldähnliche Nahzahlungen, weshalb der Schutz der Privatsphäre mit dem

---

[1042] Erwg. 80 dEuroVO-E.

[1043] ECB, Annex 1, Functional and non-functional requirements linked to the market research for a potential digital euro implementation, 13,01,2023, S.7.

[1044] ECB, A stocktake on the digital euro—Summary report on the investigation phase and outlook on the next phase, 18.10.2023, S. 12.

[1045] Erwg. 79 dEuroVO-E.

Schutz von Bargeld vergleichbar ist.[1046] Ausweislich Art. 37 Abs. 2 dEuroVO-E werden die Transaktionsdaten des digitalen Offline-Euro weder von den Zahlungsdienstleistern noch von der EZB bzw. den NZBen aufbewahrt. Wie bei der Abhebung oder Aufladung von Banknoten an Geldautomaten dürfen die Zahlungsdienstleister nur die personenbezogenen Daten im Zusammenhang mit der Einzahlung oder Abhebung verarbeiten.[1047] Zum Zwecke der Bekämpfung der Geldwäsche sollten die Zahlungsdienstleister Daten auf Anfrage der zentralen Meldestelle und anderen zuständigen Behörden zur Verfügung stellen (Art. 37 Abs. 3 dEuroVO-E). Die von Zahlungsdienstleistern verarbeiteten Daten sind auf die in Art. 37 Abs. 4 dEuroVO-E genannten Daten beschränkt und umfassen lediglich den aufgeladenen bzw. ausgezahlten Betrag, die Kennung des lokalen Speichergeräts, das Datum und die Uhrzeit der Aufladungs- und Auszahlungstransaktion sowie die Nummern des zur Aufladung und Auszahlung verwendeten Kontos.

## II. Transaktionsgrenzen und Verfügungsrahmen

Zur Bekämpfung von Geldwäsche und Terrorismusfinanzierung tragen ebenfalls Transaktionsgrenzen und Verfügungsrahmen bei. Die Nutzer des digitalen Euro können im Rahmen der von der Kommission festgelegten Schwellenwerte einen Höchstbetrag für den digitalen Offline-Euro verwenden (Art. 16 Abs. 4, Art. 37 Abs. 5, 6 dEuroVO-E). Bei der Ausarbeitung einer Durchführungsrechtakte zur Festlegung von Transaktionsgrenzen und Verfügungsrahmen für den digitalen Euro musste die Kommission einige Punkte berücksichtigen: a) eine Bewertung der Risiken der Geldwäsche und der Terrorismusfinanzierung sowie der Schwachstellen und Risiken des digitalen Euro bei Aufladung und Auszahlung ihres Zahlungsinstruments; b) einschlägige Empfehlungen und Berichte internationaler Organisationen und Einrichtungen, die für die Festlegung von Standards auf dem Gebiet der Bekämpfung der Geldwäsche und der Terrorismusfinanzierung zuständig sind; c) das Ziel, die Nutzbarkeit und Akzeptanz des digitalen Euro als gesetzliches Zahlungsmittel sicherzustellen (Art. 37 Abs. 6 dEuroVO-E). Grundsätzlich umfasst die Bekämpfung der Geldwäsche bei Offlineverkehr mit digitalen Euro zwei Aspekte: Zum einen die Übermittlung von Auflade- und Auszahlungsdaten

[1046] Begründung dEuroVO-E, S. 5.
[1047] Erwg. 75 dEuroVO-E.

an die zentrale Meldestelle und zum anderen die Festlegung von Transaktionslimits und Verfügungsrahmen für den digitalen Offline-Euro. Ersteres muss unter Berücksichtigung des Schutzes der Privatsphäre erfolgen, Letzteres soll eine Balance zwischen dem Schwellenwert und der Nutzbarkeit und Akzeptanz des digitalen Euro als gesetzliches Zahlungsmittel finden.

### D. Zusammenfassung

Die Gestaltung des digitalen Euro zur Wahrung der Finanzstabilität trägt auch dazu bei, kriminelle Aktivitäten wie Geldwäsche zu verhindern. Bestandsobergrenzen und zentralbankgestützter Informationsaustausch ergänzen sich gegenseitig und fördern gemeinsam die Geldwäschebekämpfung. Die AML-Bemühungen für online-digitale Euro sollten sich an dem bestehenden Rechtsrecht zur Geldwäschebekämpfung orientieren, und solange keine neuen Technologien (z. B. Blockchain) eingeführt werden, besteht keine Notwendigkeit für Ausnahmen. Für digitale Offline-Euro, die demselben Datenschutzniveau unterliegen wie Bargeld, ist ein angemessener Transaktionsgrenzen- und Verfügungsrahmen gemäß Art. 37 Abs, 6 dEuroVO-E für die Bekämpfung von Geldwäsche und Terrorismusfinanzierung unerlässlich, da keine Möglichkeit besteht, Transaktionsdaten zurückzuverfolgen.

## § 27 Zusammenfassender Rechtsvergleich zum neunten Teil

Vor dem Hintergrund des Geldwäscherechts, die den Grundsatz der internationalen Zusammenarbeit verkörpern, gibt es viele Ähnlichkeiten zwischen den chinesischen Geldwäscherechten und denen der EU oder Deutschlands: bspw. legt das Strafrecht die Straftat der Geldwäsche fest, die drei wesentlichen Systeme zur Bekämpfung der Geldwäsche für Finanzinstitute sind weitgehend identisch. Der e-CNY und der digitale Euro könnten aufgrund ihrer einzigartigen technischen Merkmale und Funktionsweisen neue Geldwäscherisiken mit sich bringen. Gegenwärtig gibt es in China kein Geldwäschebekämpfungsrecht speziell für den e-CNY, während der dEuroVO-E besondere Vorschriften zur Bekämpfung der Geldwäsche für digitale Offline-Euro enthält.

Die Gestaltung des e-CNY ist in vielerlei Hinsicht zwar innovativ, birgt aber auch ein höheres Geldwäscherisiko. Erstens ist die Anonymität des e-CNY so konzipiert, dass sie nicht mit den bestehenden Vorschriften zur Bekämpfung der Geldwäsche vereinbar ist, die die Eröffnung anonymer Wallets verbieten. Zweitens reichen die Informationen, die zum Zeitpunkt der Eröffnung einer e-CNY-Wallet erhoben werden, nicht aus, um eine umfassende Sorgfaltspflicht gegenüber Kunden zu ermöglichen. Darüber hinaus erschwert die anonymisierte Verarbeitung und verschlüsselte Speicherung von Nutzerdaten des e-CNY die Nutzung bestehender Datenbanken zur Informationsspeicherung. Zudem erfordern die Besonderheit der Zahlungsvorgänge in e-CNY und das einheitliche verteilte Zahlungssystem die Entwicklung neuer Modelle zur Transaktionsüberwachung. Noch kritischer ist, dass der fehlende Informationsaustausch zwischen Zahlungsdienstleistern es Kriminellen ermöglicht, die Informationsisolierung der Zahlungsdienstleister für Geldwäschezwecke auszunutzen. Es ist ferner erwähnenswert, dass trotz des anonymen Designs des e-CNY die Transaktionsaufzeichnungen vollständig rückverfolgbar sind, ohne zwischen Online- und Offline-e-CNY zu unterscheiden. Bei der anonymen Gestaltung kann jedoch keine Sorgfaltspflicht gegenüber dem Kunden angewandt werden. Daraus folgt, dass das Design des e-CNY die Privatsphäre zwar der Kunden schützt, erschwert aber die Bemühungen zur Geldwäschebekämpfung.

Im Gegensatz dazu könnte das Risiko der Geldwäsche mit dem digitalen Euro durch die Gestaltung von Verfügungsrahmen, Verfügungsrahmensteilen zwischen mehreren Konten für den digitalen Euro sowie den Informationsaustausch kontrolliert werden. Der Schutz der Privatsphäre beim digitalen Euro spiegelt sich vor allem in Offline-Transaktionen wider, da Transaktionsdaten nicht aufgezeichnet und nicht gespeichert werden. Dem dEuroVO-E zufolge ist der digitale Euro sowohl in Bezug auf das Design zur Bekämpfung von Geldwäsche als auch auf die entsprechenden gesetzlichen Regelungen im Vergleich zum e-CNY besser ausgestaltet. Es muss jedoch auch anerkannt werden, dass der digitale Euro nicht das gleiche Maß an Datenschutz bietet wie der e-CNY. Der Schutz der Privatsphäre ist eine unabdingbare Voraussetzung für den digitalen Euro und den e-CNY, aber beide sollten auch den internationalen Standards zur Bekämpfung von Geldwäsche und Terrorismusfinanzierung sowie den nationalen Gesetzen entsprechen. In dieser Hinsicht ist es entscheidend, ein Gleichgewicht zwischen dem Schutz der Privatsphäre und sicheren Transaktionen zu suchen.

# Gesamtergebnis

Die Entwicklung von CBDCs ist für souveräne Staaten und Währungsräume nicht bloß eine Option. Vielmehr ist sie ein weiterer Schritt im voranschreitenden Prozess der Entmaterialisierung des Geldes, welcher sich in Zukunft wohl kaum vermeiden lässt. In einer zunehmend digitalisierten Wirtschaft sollten Zentralbanken CBDCs entwickeln und ausgeben, um den Status souveräner Währungen sowie die wirtschaftliche Stabilität zu sichern. Das Recht bleibt zwar an nationale Grenzen gebunden, doch im Zuge der Entmaterialisierung zeigt sich im Währungs- und Geldrecht sowohl in China als auch in der EU (mit Fokus auf Deutschland) eine konvergierende Entwicklungstendenz. Gleichzeitig stehen beide Rechtsordnungen vor ähnlichen Herausforderungen. Während China den e-CNY zunächst ohne gesetzliche Grundlage entwickelt und eingeführt hat, ist die Einführung des digitalen Euro erst nach der Verabschiedung der dEuroVO -E möglich.

## Die Rechtliche Einordnung von CBDCs

1. Die Untersuchung des Geldrechts setzt einen rechtlichen Geldbegriff voraus, der alle Formen des Geldes umfasst. Weder der Begriff der Währung noch der des Geldes sind im chinesischen oder im deutschen Recht vorgeschrieben. Allerdings werden sie in Deutschland vertieft behandelt, während sie in China nahezu ein akademisches Vakuum darstellen.

2. Obwohl es in China keinen einheitlichen rechtlichen Geldbegriff gibt, lässt sich ein solcher de lege lata sowohl in einem weiteren als auch in einem engeren Sinne ableiten. Voraussetzung für die Einordnung als

Geld im engeren Sinne ist mithin dessen Anerkennung als gesetzliches Zahlungsmittel sowie die allgemeine Anerkennung als Tauschmittel. Dies erfordert nicht notwendigerweise eine Körperlichkeit des Zahlungsmittels, was einen großen Unterschied zum deutschem konkreten Geldbegriff darstellt. Aus diesem Grund fallen Bargeld und der e-CNY unter diesen engeren Geldbegriff. Geld im weiteren Sinne setzt demgegenüber gerade nicht die Anerkennung als gesetzliches Zahlungsmittel voraus. Jedoch bedarf es einer zumindest normativen Anerkennung in der Rechtsordnung sowie der Verwendung als Universaltauschmittel. Insofern entspricht dies dem deutschen Geldbegriff im abstrakten Sinne. Für den Geldbegriff im konkreten Sinne ist in Deutschland die Körperlichkeit erforderlich, sodass der digitale Euro ein neuer Anwendungsfall des abstrakten Geldbegriffs ist.

3. Der digitale Euro und der e-CNY sind als gesetzliche Zahlungsmittel mit einer Annahmepflicht ausgestattet. Allerdings wird diese Annahmepflicht durch subjektive und objektive Faktoren eingeschränkt. Die Ausnahmen der Annahmepflicht für Euro-Bargeld und den digitalen Euro sind in Art. 5, 6 EuroBaMüVO-E, Art. 11 S. 3 Euro-Einführungsverordnung sowie Art. 9, 10, 11 dEuroVO-E geregelt. Im Gegensatz dazu sehen das GZB, der GeCZB-E oder die VVR keine Ausnahmen von der Verpflichtung vor, Bargeld oder den e-CNY annehmen zu müssen. Jedoch bestimmen die Regeln für Abteilungen einige Ausnahmen vom Annahmezwang. Diese jedoch sind unvollständig und fragmentiert.

4. Der digitale Euro und der e-CNY sind keine körperlichen Sachen, daher kommt eine unmittelbare Anwendung von § 90 BGB bzw. § 115 ZGB nicht in Betracht. Der digitale Euro und der e-CNY sind jedoch aufgrund ihres Status als gesetzliche Zahlungsmittel dem Bargeld rechtlich gleichzustellen. Durch gesetzliche Sachfiktion können sie wie körperliche Sachen behandelt werden, sodass das Sachenrecht Anwendung findet. Hier haben die deutschen und die chinesischen Rechtswissenschaftler den gleichen Lösungsweg erarbeitet.

## Geldsachenrecht

1. Die Übertragung des Eigentums an einer beweglichen Sache richtet sich nach dem Sachenrecht. Sowohl das Bargeld als Sache als auch der digitale Euro und der e-CNY als gesetzlich fingierte Sachen sollen den Regeln unterliegen, die beim Eigentumsübergang beweglicher Sachen Anwendung finden.

Allerdings ist in China die Lehre „Besitz ist Eigentum" zu beachten, welche vom deutschen Geldsachenrecht abweicht.

2. Nicht auf der lex ferenda beruht jedoch die Lehre „Besitz ist Eigentum", die den Willen der Parteien völlig außer Acht lässt. Dadurch eröffnet dies die Möglichkeit, die Vorschriften über den Eigentumserwerb an beweglichen Sachen auf Geld anzuwenden. Sachgeld könnte folglich durch rechtsgeschäftlichen Eigentumserwerb nach §§ 224, 226 bis 228 ZGB erworben werden, jedoch nicht durch gesetzlichen Eigentumserwerb. Denn im Falle eines gesetzlichen Eigentumserwerbs gehen verlorene Sachen innerhalb eines Jahres nach der Anzeige des Anspruchs ohne Geltungsmachung gemäß § 318 ZGB ins Staatseigentum über. Zudem fehlen Sondervorschriften zu Geld.

3. Der Eigentumsübergang von CBDC könnte sich nach den Übereignungstatbeständen der §§ 929 ff. BGB bzw. § 224 ff. ZGB richten. Der e-CNY kann jedenfalls wie Bargeld RMB nicht nach § 318 ZGB erworben werden. Der digitale Euro unterliegt nicht den Vorschriften über den gesetzlichen Eigentumserwerb, da er mit personenbezogenen Daten des Nutzers verknüpft ist und seine Beträge identifizierbar sind.

## Geldschuldrecht

Die Geldschuld ist eine Schuld eigener Art und sollte im Zweifel eine Bringschuld sein. Nach § 511 Abs. 3 ZGB ist die Geldschuld in China eine Bringschuld. Da das ZGB jedoch keinen allgemeinen Teil des Schuldrechts enthält, ist für die Risikoverteilung, den Verzug usw. bei Geldschulden auf die allgemeinen Grundsätze der Verträge zu verweisen. Obwohl die Art von Geldschuld in Deutschland umstritten ist, sind § 269 Abs. 1 i. V. m. § 270 Abs. 4 BGB im Lichte des gesetzgeberischen Zwecks von § 270 Abs. 4 BGB und der vernünftigen Risikoverteilung etc. auszulegen. Letztlich sollte die Geldschuld im Zweifel als modifizierte Bringschuld anerkannt werden.

## Zahlungsdiensterecht

1. Das Vertragsverhältnis zwischen dem Nutzer der CBDC und dem Zahlungsdienstleister richtet sich nach dem Zahlungsdienstrecht. Das chinesische Recht kennt kein systematisches Zahlungsdienstleistungsrecht und auch keinen eigenständigen Zahlungsdienstleistungsvertrag. Das nach §§ 919 ff. ZGB

(Geschäftsbesorgungsvertrag) konstruierte Zahlungsdienstleistungsvertragsverhältnis muss zwischen dem ZGB, dem GEC und den LeZ (Nr. 1) usw. hin- und hergeschoben werden, um die Rechte und Pflichten des Zahlungsdienstleisters und des Nutzers sowie die Haftungsübernahme zu klären. Die Anwendung des Zahlungsdienstrechts wird durch eine Vielzahl von Regeln für Abteilungen erschwert, und viele der Bestimmungen (wie etwa die Haftung des nicht autorisierten Zahlungsvorgang) sind noch nicht umfassend.

2. Im Gegensatz dazu stellt der Zahlungsdienstevertrag i. S. d. §§ 675c ff. BGB einen eigenständigen Vertragstyp dar, der vom Auftragsvertrag und vom allgemeinen Geschäftsbesorgungsvertrag abzugrenzen ist. Angesichts des Status des digitalen Euro als gesetzlichem Zahlungsmittel sowie seines Charakters der sofortigen Abwicklung müssten die Bestimmungen über das Entgelt (§ 675q BGB) und die Ausführungsfrist (§ 675s BGB) angepasst werden, bevor sie auf den digitalen Euro anwendbar wären.

## Datenschutzrecht

1. Der Schutz personenbezogener Daten ist ein zentrales Anliegen für den digitalen Euro und den e-CNY. Der digitale Euro unterliegt der GSDVO bzw. der VO (EU) 2018/1725, der e-CNY dem GSpD. Die Datenschutzrechte der EU und Chinas sind beide im digitalen Zeitalter entstanden und haben viele Gemeinsamkeiten in Bezug auf die Grundsätze der Datenverarbeitung, die Rechtsgrundlage und die Rechte und Pflichten der betroffenen Personen und Zahlungsdienstleister.

2. Die chinesische Verfassung enthält jedoch keine dem „Recht auf informationelle Selbstbestimmung" vergleichbare Bestimmung, die als unmittelbare Rechtsgrundlage für den Datenschutz dienen kann. Darüber hinaus gibt es kein Gesetz über den e-CNY, wodurch Unklarheit über die Verantwortlichen und die Verteilung der Zuständigkeiten sowie über die Art der verarbeiteten Daten besteht.

3. Der Schadensersatz nach dem GSpD basiert auf einer verschuldensabhängigen Haftung, doch kann dieser Zurechnungsgrundsatz die betroffene Person nicht vor materiellen und körperlichen Schäden schützen, selbst wenn der Verarbeiter alle seine Verpflichtungen zur Datenverarbeitung erfüllt hat. In der digitalen Wirtschaft sollte die verschuldensunabhängige Haftung in das Datenschutzrecht aufgenommen werden, um die Mängel der

verschuldensabhängigen Haftung auszugleichen. Dies wird dazu beitragen, den Sicherheitsbedenken der Öffentlichkeit gegenüber dem e-CNY zu begegnen.

4. Die Unterschiede im Datenschutz zwischen dem digitalen Euro und dem e-CNY spiegeln sich jedoch in der unterschiedlichen Gestaltung wider: Der digitale Offline-Euro ermöglicht anonyme Transaktionen, während der e-CNY bei kleinen Beträgen Anonymität gewährt und nicht zwischen Online- und Offline-e-CNY unterscheidet.

## Geldwäschebekämpfungsrecht

1. Der digitale Euro und der e-CNY sollen möglichst unter Wahrung einer angemessenen Anonymität und unter Beachtung des Schutzes personenbezogener Daten nicht für kriminelle Zwecke verwendet werden und müssen daher den Rechtsnormen zur Geldwäschebekämpfung beachten. Die Geldwäschebekämpfung ist ein internationales Kooperationsprojekt, weshalb die Geldwäschegesetze der EU und Chinas viele Gemeinsamkeiten aufweisen.

2. In China gibt es noch kein Recht zur Bekämpfung der Geldwäsche für den e-CNY. Aufgrund der Anonymität des e-CNY ist das bestehende Recht zur Geldwäschebekämpfung nicht direkt auf ihn anwendbar. Im Gegensatz dazu kann das bestehende Geldwäschebekämpfungsrecht auf den digitalen Online-Euro unmittelbar wie auf private digitale Zahlungsmittel angewendet werden, während der dEuroVO-E für den digitalen Offline-Euro spezielle Anforderungen für die Geldwäschebekämpfung vorsieht.

3. Die Unterschiede zwischen dem digitalen Euro und dem e-CNY im Hinblick auf die Geldwäschebekämpfung ergeben sich vor allem aus ihrer Gestaltung: Die anonyme Gestaltung des e-CNY, der fehlende gemeinsame Verfügungsrahmen sowie der mangelnde Informationsaustausch zwischen Zahlungsdienstleistern stellen wesentliche Hindernisse für die wirksame Bekämpfung der Geldwäsche dar. In der Praxis hat sich gezeigt, dass zahlreiche Geldwäscheaktivitäten über e-CNY-Wallets durchgeführt werden, was wahrscheinlich einer der Hauptgründe dafür ist, dass der e-CNY bislang noch nicht vollständig eingeführt wurde. Im Gegensatz dazu bieten die Gestaltung der Bestände des digitalen Euro, die gemeinsame Nutzung dieser Bestände sowie der Informationsaustausch zwischen den Zahlungsdienstleistern theoretisch bessere Voraussetzungen für die wirksame Bekämpfung von Geldwäsche.

## Literaturverzeichnis

Agur, Itai/Ari, Anil/Dell'Ariccia, Giovanni: Designing Central Bank Digital Currencies, 18.11.2019, Abrufbar unter https://www.imf.org/en/Publications/WP/Issues/2019/11/18/Designing-Central-Bank-Digital-Currencies-48739.

Assmann, Heinz-Dieter/Schütze, Rolf A./Buck-Heeb, Petra: Handbuch des Kapitalanlagerechts, 6. Auflage, München 2024.

Atlantic Council, Central Bank digital Currency Tracker, abrufbar unter https://www.atlanticcouncil.org/cbdctracker/.

Auer, Raphael/Böhme, Rainer: The Technology of Retail Central Bank Digital Currency, BIS Quarterly Review, März 2020, abrufbar unter https://www.bis.org/publ/qtrpdf/r qt2003j.pdf.

Auer, Raphael/Frost, Jon/Gambacorta, Leonardo/Monnet, Cyril/Rice, Tara/Shin, Hyun Song: Central bank digital currencies: motives, economic implications and the research frontier, BIS Working Papers No 976, November 2021, abrufbar unter https://www.bis.org/publ/work976.pdf (29.12.2024).

Bank for International Settlements: Central bank digital currencies: system design and interoperability, September 2021, abrufbar unter https://www.bis.org/publ/othp42_system_design.pdf.

Bank of Canada, Digital currencies and fintech: projects, abrufbar unter:// www.bankofcanada.ca/research/digital-currencies-and-fintech/projects/, 26.08.2024.

Bank of Thailand/Hong Kong Monetary Authority: Inthanon-LionRock: LeveragingDistributed Ledger Technology to Increase Efficiency in Cross-Border Payments, 2020, Project Inthanon-LionRock, abrufbar unter https://www.hkma.gov.hk/media/eng/doc/key-functions/financial-infrastructure/Report_on_Project_Inthanon-LionRock.pdf.

Basle Committee on Banking Supervision, Risk Mangement for Electronic Banking and Electronic Money Activties, 03.1998 BS/97/122.

Bech, Morten/Garratt, Rodney: Central bank cryptocurrencies, BIS Quarterly Review, September 2017, abrufbar unter https://www.bis.org/publ/qtrpdf/r_qt1709f.pdf.

Beck, Benjamin/König, Dominik: Bitcoin: Der Versuch einer vertragstypologischen Einordnung von kryptographischem Geld, JZ 2015, 130ff.

Beilner, Maximilian: Digitales Bargeld, Tübingen 2023.

Birne, Das Allgemeine Privatrecht der Blockchain-Token, Tübingen 2023.

BIS Innovation Hub, Project Polaris: Part 1: A handbook for offline payments with CBDC, May 2023, abrufbar unter https://www.bis.org/publ/othp64.pdf.

Bittner, Lydia: Verträge über digitale Produkte – der Beginn des digitalen Zeitalters im BGB, VuR 2022, 9ff.

Boar, Codruta/Holden, Henry/Wadsworth, Amber: Impending arrival – a sequel to the survey on central bank digital currency, BIS Papers No 107, 2020, abrufbar unter https://www.bis.org/publ/bppdf/bispap107.pdf.

Boehmer, Gustav: Festschrift für Gustav Boehmer: Dem Siebziger von Freunden und Kollegen dargebracht, Bonn 1954.

Brox, Hans/Walker, Wolf-Dietrich: Schuldrecht AT, 47. Auflage, München 2023.

Calliess, Christian/Ruffert, Matthias (Hrsg.): EUV/AEUA: Das Verfassungsrecht der Europäischen Union mit Europäischer Grundrechtecharta, 6. Auflage, München 2022.

Canaris, Claus-Wilhelm: Die Reform des Rechts der Leistungsstörungen, JZ 2001, 499ff.

Committee on Payments and Market Infrastructure, Central bank digital currencies, 2018, abrufbar unter https://www.bis.org/cpmi/publ/d174.pdf.

Daria Krasnova, Exclusive Cyvers: Crypto Hacks Surge to $2.1 Billion in 2024, CeFi Takes Biggest Hit, 29.09.2024, abrufbar unter https://beincrypto.com/cyvers-report-hacks-2024/.

Dauner-Lieb, Barbara /Langen, Werner: NOMOSKOMMENTAR zum BGB, 4. Auflage, Baden-Baden 2021.

David Chuam, Blind Sigatures for Untraceable Patments, 1983, abrufbar unter https://sceweb.sce.uhcl.edu/yang/teaching/csci5234WebSecurityFall2011/Chaum-blind-signatures. PDF.

Der Europäische Datenschutzausschuss (EDSA): Leitlinien 05/2020 zur Einwilligung gemäß Verordnung 2016/679, angenommen am 04.05.2020, abrufbar unter https://www.edpb.europa.eu/sites/default/files/files/file1/edpb_guidelines_202005_consent_de. pdf.

Der Europäische Datenschutzausschuss Datenschutzbeauftragte, EDSA-EDSB Gemeinsame Stellungnahme 2/2023 zum Vorschlag für eine Verordnung des Europäischen Parlaments und des Rates zur Einführung des digitalen Euro, angenommen am 17.10.2023, abrufbar unter https://www.edpb.europa.eu/system/files/2024-04/edpb_edps_jointopinion_022023_digitaleuro_de.pdf.

Digital Euro Association/Public Digital Euro Working Group, Privacy and CBDCs, 01.2023, abrufbar unter https://www.researchgate.net/publication/367361120_Privacy_and_CBDCs.

Digital euro –for everyone, everywhere in the euro area, 17.05.2024, abrufbar unter https://www.ecb.europa.eu/press/key/date/2023/html/ecb.sp230517~25f6ba13c7.en.pdf.

Drescher, Ingo/Fleischer, Holger/Schmidt, Karsten (Hrsg.): Münchener Kommentar zum Handelsgesetzbuch, 5. Auflage, München 2024.

Drescher, Ingo/Fleischer, Holger/Schmidt, Karsten: Münchener Kommentar zum HGB, 5. Auflage München 2024.

Ehrenberg, Victor (Hrsg): Handbuch des gesamten Handelsrechts, Wein 1917.

Eichler, Hermann: Institutionen des Sachenrechts, Zweiter Band/ Erster Halbband, Berlin 1957.

Einsele, Dorothee: Haftung der Kreditinstitute bei nationalen und grenzüberschreitenden Banküberweisungen, AcP 198 (1998), 145ff.

Ellenberger, Jürgen/Bunte, Hermann-Josef (Hrsg.): Bankrechts-Handbuch, 6. Auflage, München 2022.

Endemann, Friedrich: Römisches Privatrecht, Reprint 2017 Edition, Berlin 2017.

Erläuterung wichtiger Begriffe zu innovativen Technologien und Geschäftsmodellen, BaFin 05.01.2023, abrufbar unter https://www.bafin.de/DE/Aufsicht/FinTech/InnovativeFinanztechnologien/DLT_Blockchain/Glossar/glossar_node.html.

Euro Retail Payments Board: Compensation model for the digital euro, 22.02.2023, abrufbar unter https://www.ecb.europa.eu/euro/digital_euro/timeline/profuse/shared/pdf/ecb.degov230222_item4compensationmodel.en.pdf.

Europäische Kommission: Empfehlung der Kommission vom 22. März 2010 über den Geltungsbereich und die Auswirkungen des Status der Euro-Banknoten und -Münzen als gesetzliches Zahlungsmittel (2010/191/EU), abrufbar unter https://eur-lex.europa.eu/legal-content/DE/TXT/PDF/?uri=CELEX:32010H0191.

EZB: A stocktake on the digital euro Summary report on the investigation phase and outlook on the next phase, 18.10.2023, abrufbar unter https://www.ecb.europa.eu/euro/digital_euro/progress/shared/pdf/ecb.dedocs231018.en.pdf.

EZB, Rolle des Bargelds, abrufbar unter //www.ecb.europa.eu/euro/cash_strategy/cash_role/html/index.de.html.

EZB: Annex 1, Functional and non-functional requirements linked to the market research for a potential digital euro implementation, 13.10.2023, abrufbar unter https://www.ecb.europa.eu/euro/digital_euro/timeline/profuse/shared/pdf/ecb.dedocs230113_Annex_1_Digital_euro_market_research.en.pdf.

EZB: ECB announces members of Digital Euro Market Advisory Group, 25.10.2021, Abrufbar unter https://www.ecb.europa.eu/press/pr/date/2021/html/ecb.pr211025%7E08af93ada7.en.html.

EZB: Eurosystem launches digital euro project, 14.07.2021, abrufbar unter https://www.ecb.europa.eu/press/pr/date/2021/html/ecb.pr210714~d99198ea23.en.html.

EZB: Eurosystem proceeds to next phase of digital euro project, 18.10.2023,abrufbar unter https://www.ecb.europa.eu/press/pr/date/2023/html/ecb.pr231018~111a014ae7.en.html.

EZB: Eurosystem Report on the Public Consultation on a Digital Euro, April 2021, abrufbar unter https://www.ecb.europa.eu/pub/pdf/other/Eurosystem_report_on_the_public_consultation_on_a_digital_euro~539fa8cd8d.en.pdf.

EZB: Interview with Les Echos, 24.05.2024, Abrufbar unter https://www.ecb.europa.eu/press/inter/date/2023/html/ecb.in230524~c2d729b46a.en.html.

EZB: Market Research Outcome Report, February 2023, abrufbar unter https://www.ecb.europa.eu/euro/digital_euro/timeline/profuse/shared/pdf/ecb.dedocs230526.en.pdf.

EZB: Progress on the investigation phase of a digital euro – fourth report, July 2023, abrufbar unter https://www.ecb.europa.eu/euro/digital_euro/

progress/shared/pdf/ecb.degov230713-fourth-progress-report-digital-euro-investigation-phase.en.pdf.

EZB: Progress on the investigation phase of a digital euro – second report, December 2022, abrufber unter https://www.ecb.europa.eu/euro/digital_euro/progress/shared/pdf/ecb.degov221221_Progress.en.pdf.

EZB: Progress on the investigation phase of a digital euro – third report, April 2023, abrufbar unter https://www.ecb.europa.eu/euro/digital_euro/progress/shared/pdf/ecb.degov230424_progress.en.pdf.

EZB: Progress on the investigation phase of a digital euro, September 2022, abrufbar unter https://www.ecb.europa.eu/euro/digital_euro/progress/shared/pdf/ecb.degov220929.en.pdf.

EZB: Report on a digital Euro, Oktober 2020, abrufbar unter https://www.ecb.europa.eu/pub/pdf/other/Report_on_a_digital_euro~4d7268b458.en.pdf.

EZB: Rolle des Bargelds, abrufbar unter https://www.ecb.europa.eu/euro/cash_strategy/cash_role/html/index.de.html.

EZB: Stellungnahme der Europäischen Zentralbank vom 31. Oktober 2023 zum digitalen Euro, CON/2023/34, abrufbar unter https://eur-lex.europa.eu/legal-content/DE/TXT/PDF/?uri=OJ:C_202400669.

EZB: Study on the payment attitudes of consumers in the euro area (SPACE), Dezember 2022, abrufbar unter https://www.ecb.europa.eu/stats/ecb_surveys/space/shared/pdf/ecb.spacereport202212~783ffdf46e.en.pdf.

Falck, Bernhard: Das Geld und seine Sonderstellung im Sachenrecht, Stuttgart 1960.

Falck, Bernhard: Das Geld und seine Sonderstellung im Sachenrecht, Stuttgart 1960.

Fögen, Hermann: Geld- und Währungsrecht, München 1969.

G20 2016 China: G20 Digital Economy Development and Cooperation Initiative (FINAL), abrufbar unter https://www.mofa.go.jp/files/000185874.pdf.

Globel Times: Yuan internationalization proceeds as Argentina to use it again for IMF debt, 1.11.2023, abrufbar unter https://www.globaltimes.cn/page/202311/1301005.shtml, 04.09.2024.

Gola, Peter/Heckmann, Dirk: Datenschutz-Grundverordnung, Bundesdatenschutzgesetz: DS-GVO / BDSG, 3. Auflage, München 2022.

Gsell, Beate/Krüger, Wolfgang/Lorenz, Stephan/Reymann, Christoph: beck-online.GROSSKOMMENTAR zum Zivilrecht, München 2020–2024.

Gsell, Beate: Rechtzeitigkeit der Zahlung per Banküberweisung und Verzugsrichtlinie. Zugleich eine Besprechung von EuGH, Urteil vom 3.4.2008, C-306/06 – 01051 Telecom GmbH gegen Deutsche Telekom AG, GRP 2008, 165ff.

Häde, Ulrich: Die Behandlung von Geldzeichen in Zwangsvollstreckung und Konkurs, KTS 1991, 365ff.

Häde, Ulrich: Geldzeichen im Recht der Bundesrepublik Deutschland, Baden-Baden 1991.

Hammer, Eduard: Die Hauptprinzipien des Geld- und Währungswesens, Wein 1891.

Hau, Wolfgang/Poseck, Roman(Hrsg.): BeckOK BGB, München 2023–2024.

Heermann, Peter W.: Geld und Geldgeschäfte, Tübingen 2003.

Heinrich Lange: Sachenrecht des BGB, Stuttgart 1967.

Herresthal, Carsten: Die Rechtzeitigkeit der Leistungshandlung bei der Erfüllung von Geldschulden, ZGS 2007, 48 ff.

Herrmann, Christoph: Währungshoheit, Währungsverfassung und subjektive Rechte, Stuttgart 2010.

Heselhaus, Sebastian M./Nowak, Carsten (Hrsg.): Handbuch der Europäischen Grundrechte, 2 Auflage, München 2020.

Hong Kong Monetary Authority/Bank of Thailand/Digital Currency Institute of the People's Bank of China/Central Bank of the United Arab Emirates/BIS Innovation Hub Hong Kong Centre: Inthanon-LionRock to mBridge: Building a multi CBDC platform for international payments, September 2021, Abrufbar unter https://www.bis.org/publ/othp40.pdf.

Huang, Tingting: Kryptowährung im Rechtsvergleich China-Deutschland, MLR 2021, 48ff.

Jarass, Hans D.: Charta der Grundrechte der Europäischen Union: GRCh, 4. Auflage, München 2021.

John, David: Zur Sachqualität und Eigentumsfähigkeit von Kryptotoken - eine dogmatische (Neu)Betrachtung, BKR 2020, 76ff.

Kähler, Lorenz: Zur Entmythisierung der Geldschuld, AcP 2006, 805ff.

Karpenstein, Ulrich/Mayer, Franz C. (Hrsg.): Konvention zum Schutz der Menschenrechte und Grundfreiheiten, 3. Auflage, München 2022.

Kaser, Max: Das Geld im Sachenrecht, Tübingen, 1937.

Khiaonarong,Tanai/Humphrey, David: Cash Use Across Countries and the Demand for Central Bank Digital Currency, 2019. Abrufbar unter: https://www.imf.org/en/Publications/WP/Issues/2019/03/01/Cash-Use-Across-Countries-and-the-Demand-for-Central-Bank-Digital-Currency-46617 (29.12.2024).

Kiff, John/Alwazir, Jihad/Davidovic, Sonja/Farias, Aquiles/Khan, Ashraf/Khiaonarong, Tanai/Malaika, Majid/Monroe, Hunter/Sugimoto, Nobu/Tourpe, Hervé/Zhou, Peter: A Survey of Research on Retail Central Bank Digital Currency, IMF Working Papier. 26.06.2020, abrufbar unter https://www.imf.org/en/Publications/WP/Issues/2020/06/26/A-Survey-of-Research-on-Retail-Central-Bank-Digital-Currency-49517 (29.12.2024).

Knöpper, Isabell: Rechtzeitigkeit der Leistung bei Geldschulden? – Prämienzahlung, NJW-Spezial 2009, 105ff.

Kuhlmann, Nico: Bitcoins, CR 2014, 691ff.

Lagarde, Christine, Winds of Change: The Case for New Digital Currency, Singapore Fintech Festival,14.11.2018, Abrufbar unter https://www.imf.org/en/News/Articles/2018/11/13/sp111418-winds-of-change-the-case-for-new-digital-currency (29.12.2024).

Langenbucher, Katja: Die Risikozuordnung im bargeldlosen Zahlungsverkehr, München 2001.

Larenz, Karl: Methodenlehre der Rechtswissenschaft, 6. Auflage, Berlin 1991.

Lewinski, Kai von/Rüpke, Giselher/Eckhardt, Jens (Hrsg.): Datenschutzrecht, 2. Auflage, München 2022.

Lorenz, Stephan: Zahlungsverzug und Verschulden, WuM 2013, 202ff.

Martens, Sebastian A E: Grundfälle zu Geld und Geldschulden, JuS 2014, 105ff.

Medicus, Dieter (Hrsg.): Festschrift für Hermann Lange zum 70. Geburtstag am 24. Januar 1992, Stuttgart 1992.

Medicus, Dieter/Lorenz, Stephan: Schuldrecht AT, 22. Auflage, München 2021.

Medicus, Dieter: „Geld muß man haben“: Unvermögen und Schuldnerverzug bei Geldmangel, AcP 1988, 490ff.

Medicus, Dieter: Ansprüche auf Geld, Jus 1983, 897ff.

Meier, Johannes: Geld- und Mietzinsschulden sind modifizierte Bringschulden!, ZMR 2018, 899ff.

Meier, Patrick: Der Leistungs- und der Erfüllungsort der Geldschuld, JuS 2018, 940ff.

Möllers, Thomas M. J.: Juristische Methodenlehre, 5. Auflage, München 2023.

Monetary and Economic Department, Triennial Central Bank Survey: OTC foreign exchange turnover in April 2022, 27.10.2022, abrufbar unter https://www.bis.org/statistics/rpfx22_fx.pdf.

Moos, Flemming: Datenschutzrecht - Schnell erfasst, Berlin 2006.

Möslein, Florian/Omlor, Sebastian (Hrsg.): FinTech-Handbuch, 3 Auflage. München 2024.

National Internet Financial Security Technical Experts Committee, Bericht über die Entwicklung inländischer ICOs aus der ersten Jahreshälfte 2017, abrufbar unter https://marketplace.huaweicloud.com/article/1-c2a6b4e1d021b9028c3f11b6a5f42144.

Newzoo Global Mobile Market Report 2021/Free version, abrufbar unter https://newzoo.com/resources/trend-reports/newzoo-global-mobile-market-report-2021-free-version#:~:tex.

Nutzervereinbarung für die e-CNY-App, die e-CNY-App.

Nutzervereinbarungen für die e-CNY-APP‘ der zugelassenen Banken, die e-CNY-App.

Oelsner, Tobias: Auswirkungen des Umsetzungsverzugs bei der Zahlungsverzugsrichtlinie, NJW 2013, 2469ff.

Omlor, Sebastian/Birne, Aurelia: Digitales Zentralbankgeld im Euroraum, RDi 2020, 1ff.

Omlor, Sebastian/Link, Mathias (Hrsg.): Kryptowährungen und Token, 2. Auflage, Frankfurt am Main 2023.

Omlor, Sebastian/Schneider, Alexander: Der Kommissionsentwurf zur Einführung des digitalen Euro, BKR 2023, 649ff.

Omlor, Sebastian: Kryptowährungen im Geldrecht, ZHR 2019, 294ff.

Omlor, Sebastian: Privatrecht der Kryptowerte, NJW 2024, 335ff.

Paal, Boris P./Daniel A., Pauly (Hrsg.): Beck'sche Kompakt-Kommentare: Datenschutz-Grundverordnung Bundesdatenschutzgesetz, 3. Auflage, München 2021.

Paschke, Marian/Berlit, Wolfgang/Meyer, Claus/Kröner, Lars (Hrsg.): Hamburger Kommentar Gesamtes Medienrecht, 4. Auflage, Baden-Baden 2021.

Pfister, Christian: Issuing a Wholesale Central Bank Digital Currency: Why and How, Intereconomics 2024, 35ff.

Pikart, Heinz: Die sachenrechtliche Behandlung von Geld und Wertpapieren in der neueren Rechtsprechung, WM 1980, 510ff.

Pikart, Heinz: Die sachenrechtliche Behandlung von Geld und Wertpapieren in der neueren Rechtsprechung, WM 1980, 510ff.

Reimer, Franz: Juristische Methodenlehre, 2. Auflage, Baden-Baden 2020.

Riksbank, E-krona project, report 1, unterbar unter https://www.riksbank.se/en-gb/payments--cash/e-krona/e-krona-reports/e-krona-project-report-1/.

Roßnagel, Alexander/Scholz, Philip: Datenschutz durch Anonymität und Pseudonymität Rechtsfolgen der Verwendung anonymer und pseudonymer Daten, MMR 2000, 721ff.

Roßnagel, Alexander: Pseudonymisierung personenbezogener Daten, ZD 2018, 243ff.

Säcker, Franz Jürgen/Rixecker, Roland/Oetker, Hartmut/Limperg, Bettina/ Schubert, Claudia: Münchener Kommentar zum Bürgerlichen Gesetzbuch, München 2012–2024.

Sandner, Philipp/Groß, Jonas/Bechtel, Alexander/Von Wachter, Wachter: Programmierbares Geld versus programmierbare Zahlungen, 05.11.2020, abrufbar unter https://www.capital.de/wirtschaft-politik/programmierbares-geld-und-programmierbare-zahlungen.

Satoshi Nakamoto, Bitcoin: A Peer to Peer Electronic Cash System, abrufbar unter https://bitcoin.org/bitcoin.pdf.

Savigny, Friedrich Carl von: Das Obligationenrecht als Theil des Heutigen RömischenRechts, Bd. I, München 1851.

Schantz, Peter/Wolff, Heinrich Amadeus (Hrsg.): Das Neue Datenschutzrecht—Datenschutz-Grundverordnung und Bundesdatenschutzgesetz in der Praxis, München 2017.

Schlund, Albert/Pongratz, Hans: Distributed-Ledger-Technologie und Kryptowährungen - eine rechtliche Betrachtung, DStR 2018, 598ff.

Schmidt, Karsten: Geld und Geldschuld im Privatrecht, JuS 1984, 737ff.

Schmidt, Rolf: Schuldrecht AT, 13. Auflage, Grasberg 2019.

Schneider, Jochen: Datenschutz: nach der EU-Datenschutz-Grundverordnung, 2. Auflage, München 2019.

Schön, Wolfgang: Prinzipien des bargeldlosen Zahlungsverkehrs, AcP 1998, 401ff.

Schulze, Reiner/Dörner, Heinrich/Ebert, Ina/Fries, Martin/Friesen, Siegfried/Himmen, Andreas/Hoeren, Thomas/Kemper, Rainer/Saenger, Ingo/Scheuch, Alexander/Schreiber, Christoph/Schulte-Nölke, Hans/Staudinger, Ansgar/Wiese, Volker: Nomos HANDKOMMENTAR zum Bürgerlichem Gesetzbuch, Baden-Baden 2021.

Schwab, Martin: Geldschulden als Bringschulden?, NJW 2011, 2833ff.

Shmatenko, Leonid/Möllenkamp, Stefan: Digitale Zahlungsmittel in einer analog geprägten Rechtsordnung: A bit(coin) out of control - Rechtsnatur und schuldrechtliche Behandlung von Kryptowährungen, MMR 2018, 495ff.

Simitis, Spiros (Hrsg.): Bundesdatenschutzgesetz, 7. Auflage, Baden-Baden 2011.

Simitis, Spiros/Dammann, Ulrich/Mallmann, Otto/Reh, Hans-Joachim: Kommentar zum Bundesdatenschutzgesetz, 3. Aufl., 1981.

Simitis, Spiros: Bemerkungen zur rechtlichen Sonderstellung des Geldes, AcP 159 (1960/ 61), 406ff.

Spindler, Gerade/Bille, Martin: WM 2014, Rechtsprobleme von Bitcoins als virtuelle Währung, 1357ff.

Staudinger, Julius von (Begr.): Kommentar zum Bürgerlichen Gesetzbuch mit Einführungsgesetzen und Nebengesetzen (2013–2021).

Stephan, Lorenz/Riehm, Thomas (Hrsg.) : JuS Lern-CD Zivilrecht I, Edition 3, 2002 München.

Stürner, Rolf: Bürgerliches Gesetzbuch: mit Rom-I-, Rom-II-, Rom-III-VO, EG-UntVO/HUntProt und EuErbVO, 19. Auflage, München 2023.

Sydow, Gernot//Marsch, Nikolaus (Hrsg.): Datenschutz-Grundverordnung/ Bundesdatenschutzgesetz, 3. Auflage, Baden-Baden 2022.

The Bank of Japan (BOJ) and The European Central Bank (ECB), the second phase of the Stella project, 27.03.2018, Abrufbar unter https://www.ecb.europa.eu/pub/pdf/other/stella_project_leaflet_march_2018.pdf.

Top 100 Kryptowährungen nach Börsenwert, abrufbar unter // coinmarketcap.com/de/, 02.06.2024.

United Nations, Building Inclusive Financial Sectors for Development, New York 2006, abrufbar unter https://www.undp.org/sites/g/files/zskgke326/files/migration/tr/summury_doc_bluebook.pdf.

United Nations, Resolution adopted by the General Assembly on 16 September 2005, 24.10.2005, abrufbar unter https://www.refworld.org/legal/resolution/unga/2005/en/19525.

Wagner, Lorin-Johannes: Der Datenschutz in der Europäischen Union, Wien 2015.

Walter, Andreas: Bitcoin, Libra und sonstige Kryptowährungen aus zivilrechtlicher Sicht, NJW 2019, 3609ff.

Wank, Rolf: Juristische Methodenlehre: eine Anleitung für Wissenschaft und Praxis, München 2020.

Weller, Marc-Philippe/Harms, Sophie: Die Kultur der Zahlungstreue im BGB - Zur Umsetzung der neuen EU-Zahlungsverzugsrichtlinie ins deutsche Recht, WM 2012, 2305ff.

Westermann, Harm Peter/Bydlinski, Peter/Arnold, stefan: BGB – Schuldrecht Allgemeiner Teil, 9. Auflage, Braunschweig 2020.

Wolf, Ernst: Lehrbuch des Schuldrechts, Köln 1978.

Wolff, Martin/Raiser, Ludwig: Sachenrecht, 10. Auflage, Tübingen 1957.

Working Group on E-CNY Research and Development of the People's Bank of China, Progress of Research & Development of E-CNY in China, 07.2021, abrufbar unter http://www.pbc.gov.cn/goutongjiaoliu/113456/113469/4293590/2021071614200022055.pdf.

安然然，反洗钱法修订草案二审在即 监测新型洗钱风险被提上议程，第一财经日报, 10.09.2024. 2024, 第A02 版，abrufbar unter https://www.yicai.com/news/102265481.html.

包伟民, 试论宋代纸币的性质及其历史地位, 中国经济史研究, 1995年, 21ff.

宝山/文武，法定数字货币，中国金融出版社，2018.

比特币有多依赖中国?, 2021, Abrufbar unter https://www.dw.com/zh/比特币有多依赖中国/a-57619798.

才华/肖普山/章郑，基于专利分析的中国央行数字货币系统研究，中国科技信息2021, 17ff.

蔡宁伟，从客户身份识别向客户尽职调查的转型——兼评反洗钱“四大核心义务”的传承与发展，金融纵横，2023, 78ff.

曹龙骐主编，货币银行学，高等教育出版社，2000.

曹新友，论存款所有权的归属，现代法学，2000, 63ff.

曹亦萍，社会信息化与隐私权保护，政法论坛，1998, 68ff.

曾诗钦/霍如/黄韬/刘江/汪硕/冯伟，区块链技术研究综述：原理、进展与应用，通信学报, 2020, 134ff.

常熟市宣布：所有公务员，用数字人民币发工资, 中国服务贸易指南网，http://tradeinservices.mofcom.gov.cn/article/difang/maoydt/202305/148880.html.

陈承堂, 存款所有权归属的债法重述，法学，2016, 96ff.

陈华彬，债法总论，中国法治出版社，2012.

陈华彬，中国制定民法典的若干问题，法律科学, 2003, 49ff.

陈吉栋，个人信息的侵权救济，交大法学，2019, 40ff.

陈世英，试论中国古代黄金的作用，伊犁教育学院学报，2004, 51ff.

陈甦主编，民法总则评述（下册），法律出版社，2017.

陈桐生译注，盐铁论，中华书局， 2015.

陈啸，个人信息保护法的理解与适用，中国法治出版社，2021.

陈雨露/边卫红，电子货币发展与中央银行面临的风险分析，国际金融研究，2002, 53ff.

陈哲立，法定数字货币的私法性质研究——基于架构论的视角，人大法律评论，2020, 49ff.

程建华/王珂珂， 再论数据的法律属性——兼评《民法典》第127 条规定，重庆邮电大学学报( 社会科学版) , 2020, 67ff.

程帅, 金钱债务外币履行的开放转向及实践应对—— 《民法典》第514条规范功能的收束与外溢, 西部法学评论，2024，47ff.

程啸，论侵害个人信息的民事责任，《暨南学报（哲学社会科学版）》，2020, 39ff.

程啸, 侵权责任法, 第3版, 法律出版社, 2020.

崔建远, 陈进, 债法总论, 法律出版社, 2021.

崔建远, 论利息之债, 中州学刊, 2022, 66ff.

崔建远, 债法总则与中国民法典的制定, 清华大学学报, 2003, 67ff

崔建远主编, 合同法, 第7版, 法律出版社, 2021.

大额支付系统HVPS ( High Value Payment System), abrufbar unter://www.cncc.cn/zfxt/200812/t20081218_421.html.

大量硬币恶意支付 "麻烦制造者"涉违法, 光明网, 2021, abrufbar unter: abrufbar unter https://news.qq.com/rain/a/20210409A02YEP00.

大量硬币恶意支付 "麻烦制造者"涉嫌违法, 新浪网, 2021, abrufbar unter://k.sina.cn/article_7517400647_1c0126e4705901st0w.html.

担心预付资金打水漂? 数字人民币智能合约了解一下! 新华社, abrufbar unter http://www.news.cn/2022-09/10/c_1128992289.htm.

电子商务法起草组, 中华人民共和国电子商务法解读, 中国法制出版社, 2018.

顶级中心化交易所遭黑客攻击事件盘点: 从历史中吸取的教训, abrufbar unter https://web3caff.com/zh/archives/102299.

对公数字人民币钱包功能可依据用户需求定制, 澎湃新闻, 11.06.2021, abrufbar unter https://www.thepaper.cn/newsDetail_forward_13099761.

法理学编写组编, 法理学, 第2版, 人民出版社, 2020.

反洗钱法释义编写组著, 中华人民共和国反洗钱法释义, 中国法制出版社, 2006,

方新军, 盖尤斯无体物概念的重构与分解, 法学研究, 2006, 88ff.

费安铃, 论合同法中的附随义务, 当代私法, 1999, 27ff.

分析: 比特币的"主战场"为何在中国, 2017, abrufbar unter https://www.bbc.com/zhongwen/simp/business-39228005.

冯洁语, 论私法中数字货币的规范体系, 政治与法律, 2021, 133ff.

福建龙岩警方破获首起涉数字人民币非法经营案, 民主与法制网, 29.09.2022, abrufbar unter https://new.qq.com/rain/a/20220929A06DB700?suid=&media_id=.

高郦梅, 网络虚拟财产保护的解释路径, 清华法学, 2021, 179ff.

高旭男, 于夕媛, 论货币之债的风险成因与防空措施, 文化学刊, 2019, 174ff.

管汉晖/钱盛, 宋代纸币的运行机制: 本位、回赎、战争与通胀, 经济科学, 2016, 114ff.

广东汕尾公安机关破获利用数字人民币洗钱案，腾讯新闻，19.12.2021, abrufbar unter https://new.qq.com/rain/a/20211209A02U5N00.

郭光灿/陈以鹏/王琴，量子计算机研究进展，南京邮电大学学报（自然科学版），2020, 3ff.

郭泽鹏，我国法定数字货币法偿性问题探析，经济问题，2021, 16ff.

国家发展改革委，国务院信息办关于印发电子商务发展“十一五”规划的通知，发改高技[2007]1194号，01.06.2006, abrufbar unter https://www.ndrc.gov.cn/xxgk/zcfb/ghwb/200706/W020190905497504075546.pdf.

国务院打击治理电信网络新型违法犯罪工作部际联席会议决定在全国范围内开展“断卡”行动，abrufbar unter https://www.gov.cn/xinwen/2020-10/11/content_5550326.htm.

国新办举行《非银行支付机构监督管理条例》国务院政策例行吹风会，28.12.2023, http://www.pbc.gov.cn/rmyh/3963412/3963426/5184370/index.html, 25.06.2024.

韩世远，合同法总论，第4版，法律出版社，2018.

何飞，外币之债的给付应坚持有利于守约方原则，人民法院报，15.10.2014, 第 007 版.

何勤华/李秀清/陈颐编，新中国民法典草案总览（增订版）（上卷），北京大学出版社，2017.

贺伟，计算机网络信息安全中数据加密技术的研究，电子技术与软件工程，2016, 231ff.

胡洪春，我国存贷款犯罪研究，上海社会科学院出版社，2013.

扈纪华， 民法总则起草历程，法律出版社， 2017.

黄达/张杰，金融学，第5版，中国人民大学出版社，2020.

黄达/张杰，金融学——货币银行学，第7版，中国人民大学出版社，2020.

黄如桐，一九三五年国民党政府法币政策概述及其评价，近代史研究，1985, 94ff.

黄微，中华人民共和国民法典—合同编解读，中国法制出版社，2020.

黄微主编，中华人民共和国民法典侵权责任编解读，中国法制出版社，2020.

黄薇主编，中华人民共和国民法典释义，法律出版社，2020.

江平，中国民法典的三个创新，政法论坛，2022, 35ff.

江平/王泽鉴，问道民法——江平、王泽鉴对话中国民法典法典化，元照出版有限公司，2019.

江平主编，物权法教程，第3版，中国政法大学出版社，2017.

姜长青，新中国成立后首次人民币发行的历史过程，上海党史与党建，2021, 50ff.

蒋银科/肖毅/聂笑一，微信支付的现状分析与信用问题研究，电子商务，2014, 35ff.

交通银行股份有限公司个人电子银行服务协议，abrufbar unter https://mbank.95559.com.cn:8888/mobs6/card_management/CA1/TCA1A03.html.

交通银行全国集中式银期转账服务协议, https://www.rdqh.com/upload/yqzz/交通银行银期转账服务协议.pdf.

境内外币支付系统 CFXPS (China Foreign Exchange Payment System), abrufbar unter://www.cncc.cn/zfxt/200812/t20081218_418.html.

柯达，货币法偿性的法理逻辑与制度反思——兼论我国法定数字货币的法偿性认定，上海财经大学学报，2020, 123ff.

柯达，基于公私利益衡量：论我国法定数字货币的个人信息保护，南京社会科学，2023, 80ff.

柯达，论我国法定数字货币的法律属性，科技与法律，2019, 57ff.

柯达，区块链证券结算的法律规制——基于信息系统的视角，大连理工大学学报（社会科学版），2020, 77ff.

柯达，数字资产视角下货币法律概念的界定，重庆大学学报（社会科学版），2023, 226ff.

孔令学/赵萃萃/孙超，中华人民共和国反洗钱法解读与适用，中国市场出版社，2007.

雷磊，法学概念是重要的吗，法学研究，2017, 74ff.

李国强，时代变迁与物权客体的重新界定，北京师范大学学报（社会科学版），2011, 125ff.

李建国，《关于（中华人民共和国民法（草案）的说明》），2017年3月8日第十二届全国人民代表大会第五次会议，abrufbar unter http://www.npc.gov.cn/zgrdw/npc/xinwen/2017-03/09/content_2013899.htm.

李建星，数字人民币私权论，东方法学，2022 , 81ff.

李建星/施越，电子支付中的四方关系及其规范架构，浙江社会科学，2017, 52ff.

李健男，存款行为法律性质新论，暨南学报（哲学社会科学版），2006, 39ff.

李珊珊/黄忠，《民法典》下虚拟财产的法律属性及其可继承性辨识，上海政法学院学报（法治论丛），2021, 108ff.

李世刚，中国债编体系构建中若干基础关系的协调，法学研究, 2016, 3ff.

李思奇/徐文， 限制的边界：论法定数字货币的法偿性设置，2022, 40ff.

李锡鹤，作为种类物之货币“占有即所有”无例外吗——兼论信托与捐赠财产的法律性质，法学，2014, 37ff.

李兴强，论北洋政府时期的币制改革，湖北教育学院学报，2007, 70ff.

李亚欣，支付宝的发展历程及对国内第三方支付的影响，东方企业文化·百家争鸣，2010, 189ff.

李志宏/王丽萍/吴岚腾/许小颖，虚拟货币的分类及演变过程，中国科学基金，2021，627ff.

李祖德，试论秦汉的黄金货币，中国史研究，1997, 53ff.

梁 建，人民币，与新中国同行，金融博览（财富），2018, 32ff.

梁汇川/王一成，中国古代货币理论初探，中国钱币论文集，1985, 9ff.

梁慧星，民法总论，法律出版社，2011/2017.

梁慧星，是制定“物权法”还是制定“财产法”？——郑成思教授的建议引发的思考，人大法律评论，2001, 1ff.

梁慧星，松散式、汇编式的民法典不适合中国国情， 政法论坛，2003, 9ff.

梁慧星/陈华彬，物权法，法律出版社，1997/2016.

梁慧星主编，中国物权法草案建议稿，社会科学文献出版社，2000.

梁慧星主编，中国物权法研究（上册），法律出版社，1998.

凌斌/胡凌主编，电子商务法，第2版，中国人民大学出版社，2022.

刘保玉，论货币所有权流转的一般规则及其例外，山东审判，2007, 4ff.

刘承韪，民法典合同编的立法取向与体系开放性，环球法律评论，2020, 68ff.

刘丹冰，银行存款所有权的归属与行使——兼论存款合同的性质，法学评论，2003, 117ff.

刘得宽，民法总则（增订四版），中国政法大学出版社，2016.

刘飞，反洗钱金融立法与洗钱犯罪，社会科学文献出版社，2005.

刘精诚，李祖德，货币史话，社会科学文献出版社，2012.

刘磊，吴之欧，数字货币与法，第一版，法律出版社，2022.

刘少军，货币法学研究，中国政法大学出版社，2022.

刘向民，央行发行数字货币的法律问题，中国金融，2016, 17ff.

刘晓露，数字人民币智能合约在预付卡领域的应用研究，金融言行：杭州金融研修学院学报，2021, 25ff.

刘颖, 货币发展形态的法律分析——兼论电子货币对法律制度的影响, 中国法学, 2002, 81ff.

刘玉峰, 中国古代货币理论和铸币政策评议, 山西大学学报, 2008, 39ff.

柳经纬, 我国民法典应设立债法总则的几个问题, 中国法学, 2007, 3ff

柳经纬/张润, 债的概念和体系——以《民法典》第118 条为中心, 海峡法学, 2022, 3ff.

柳彤, 试论中国古代货币理论发展概况, 首都博物馆丛刊, 1994, 13ff.

龙卫球主编, 个人信息保护法释义, 中国法制出版社, 2021.

陆青, 债法总则的功能演变, 当代法学， 2014, 59ff.

罗培新/吴韬, 非授权交易中第三方支付机构的法律责任, 华东政法大学学报, 2017, 86ff.

罗勇, 特定识别与容易比照: 区块链背景下的个人信息法律界定, 学习与探索, 2020, 59ff.

马化腾/孟昭莉/闫德利等著, 数字经济——中国创新增长新动力, 中信出版集团, 2017.

马俊驹/曹治国, 守成与创新： 对制定我国民法典的几点看法, 法律科学, 2003, 36ff.

马强, 货币返还请求权规则的重构， 法学研究, 2024, 73ff.

马新彦/戴嘉宜, 第三方电子支付中的责任归属问题研究, 东北师范大学（哲学社会科学版）, 2014, 82ff.

孟勤国, 论中国民法典的现代化与中国化, 东方法学, 2020, 159ff.

孟勤国, 物的定义与《物权编》, 法学评论, 2019, 1ff.

孟勤国, 物权二元结构论——中国物权制度的理论重构, 人民法院出版社, 第2版, 2004.

孟勤国, 物权法的现代意义, 湖北大学学报( 哲学社会科学版), 2007, 1ff.

闵海峰, 存款货币财产权研究, 中国政法大学硕士毕业论文, 2006.

穆长春, DCEP以广义账户体系为基础, 不会冲击现有移动支付格局, 中国电子银行网, 12.06.2020, abrufbar unter https://www.cebnet.com.cn/20200612/102668303.html.

穆长春, 关于数字人民币价值特征法律问题的思考, 移动支付网, 15.09.2022. abrufbar unter https://m.mpaypass.com.cn/news/202209/15114755.html.

穆长春, 数字化驱动的中央货币与钱包变革, 2023, abrufbar unter https://www.sohu.com/a/721910428_674079.

穆长春，数字人民币的隐私与安全平衡之道，2022, abrufbar unter http://www.modernbankers.com/html/2022/financiercon_1009/1426.html.

穆长春，稳妥推进数字人民币研发和应用 扎实助力金融强国战略，abrufbar unter https://finance.sina.cn/zl/2024-10-11/zl-incscxfw8223406.d.html?from=wap.

拿12万硬币买车，客户是否违法？商家能否拒收？新浪四川，2021，abrufbar unter://sc.sina.com.cn/news/m/2021-12-30/detail-ikyamrmz1997203.shtml.

倪禾/张育/刘曦子，数字人民币的国际合作与发展，银行家，2023, 22ff.

年内八家机构被摘牌 第三方支付行业持续出清，abrufbar unter https://finance.sina.com.cn/jjxw/2024-11-22/doc-incwwrnw0897822.shtml.

年前中共高调测试数字人民币 专家：小心监控, abrufbar unter https://www.ntdtv.com/gb/2021/02/06/a103048546.html.

聂卫锋，中国法上货币之债的自治与管制——《民法典》第514条的联动效应与适用效果，荆楚法学，2022, 116ff.

女子告赢单位获赔2.8万，单位却给她两筐硬币，2021, abrufbar unter://www-sohu-com.translate.goog/a/481018081_121123763?_x_tr_sl=zh-CN&_x_tr_tl=de&_x_tr_hl=de&_x_tr_pto=sc.

彭錞，论国家机关处理的个人信息跨境流动制度——以《个人信息保护法》第36条为切入点，华东政法大学学报，2022, 32ff.

彭礼堂/饶传平，网络隐私权的属性：从传统人格权到资讯自决权，法学评论，2006, 57ff.

彭信威，中国货币史，中国人民大学出版社，2020.

齐爱民，论个人信息的法律属性与构成要素，情报理论与实践，2009, 26ff.

祁明/肖林，虚拟货币：运行机制、交易体系与治理策略，中国工业经济，2014，111ff.

其木提，货币所有权归属及其流转规则——对“占有即所有”原则的质疑，法学，2009, 58ff.

千际投行，2023年第三方支付行业研究报告，经济网，16.01.2023, abrufbar unter https://www.21jingji.com/article/20230616/herald/38ec484bc3e899b5d5dbdcb900fb13a7.html.

秦成德/王汝林主编，电子商务法高级教程，对外经济贸易大学出版社，2010.

全国人民代表大会常务委员会公报，Juni 2024, abrufbar unter https://npcobserver.com/wp-content/uploads/2024/12/2024-Anti–Money-Laundering-Law-Revision_Gazette.pdf.

全国首笔“数字人民币农户专项资金智能合约”落地成都，四川新闻，2022, Abrufbar unter abrufbar unter https://sichuan.scol.com.cn/ggxw/202203/58433049.html.

全国唯一入选！江苏省苏州市数字人民币试点经验“上榜”，移动支付网，31.05.2024 abrufbar unter https://m.mpaypass.com.cn/news/202405/31093450.html#:~:text.

人民银行，2022年支付体系运行总体情况, abrufbar unter https://www.gov.cn/xinwen/2023-03/24/5748114/files/1c2109bbcf514f1499d824fe835481a7.pdf.

任双伟，永通万国：货币与历代兴衰，2023，人民文学出版社.

商务部，中央网信办， 发展改革委， “十四五”电子商务发展规划，2021.

商务部解读《“十四五”电子商务发展规划》, abrufbar unter https://www.gov.cn/zhengce/2021-11/01/content_5648151.htm#:~:text.

上海一男子兑换500个一角硬币当罚款 被拘留5日，abrufbar unter https://www.chinanews.com.cn/sh/2016/05-28/7886671.shtml.

申卫星，物权法原理，第2版，中国人民大学出版社，2016.

沈德咏主编，中华人民共和国民法总则条文理解与适用（上）人民法院出版社，2007.

沈宗灵主编，法理学，高等教育出版社，1994.

盛松成/张璇，虚拟货币本质上不是货币——以比特币为例，专家论坛，2014，35ff.

石光，构建新发展格局需要推进人民币国际化，来源中国经济时报，02.02.2024 , abrufbar unter https://www.drc.gov.cn/DocView.aspx?chnid=379&leafid=1338&docid=2907555.

石佳友，隐私权与个人信息关系的再思考，上海政法学院学报（法治论丛），2021, 81 (81).

史尚宽，物权法论，中国政法大学出版社，2000.

史尚宽，债法各论，中国政法大学出版社, 2000.

史尚宽，中国政法大学出版社，债法总论，2000年，S. 246;

舒国滢主编，法理学导论，第3 版，北京大学出版社，2019.

数字人民币封闭测试不会影响人民币发行流通, 新华社, 17.04.2020, abrufbar unter https://www.gov.cn/xinwen/2020-04/17/content_5503711.htm.

数字人民币渐行渐近, 新华网, 13.03.2022, abrufber unter http://www.xinhuanet.com/politics/2022-03/13/c_1128465510.htm.

数字人民币无网无电支付功能上线 目前适用于安卓部分机型，中国电子银行网，2023 , abrufbar unter://www.cebnet.com.cn/20230112/102851798.html.

宋晶晶，金融领域反洗钱客户身份识别管理的意义及现状分析，现代商贸工业，2021, 132ff.

苏和平/阎慧茹，金融机构在执行可疑交易报告后续控制措施中存在的问题及建议，经济师，2020, 115ff.

孙宝文/王智慧/赵胤钘，电子货币与虚拟货币比较研究，金融证券，2008, 28 (30).

孙国峰，货币创造的逻辑形成和历史演进——对传统货币理论的批判, 经济研究，2019, 182ff.

孙国华主编，法理学教程，中国人民大学出版社，1994.

孙鹏，金钱"占有即所有"原理批评及权利流转跪着之重塑，法学研究，2019, 25ff.

孙清白，国家机关处理个人信息的特殊风险及其法律规制，安徽大学学报（哲学社会科学版），2022, 88ff.

孙宪忠，我国民法立法的体系化与科学化问题，清华法学，2012, 46ff.

孙宪忠，中国物权法总论，法律出版社，2014/2018.

孙宪忠/朱广新，民法典评注——物权编，中国法制出版社，2020.

孙莹/赵精武，个人信息保护法条文解读与要点适用，法律出版社，2021.

覃有土/麻昌华， 我国民法典中债法总则的存废，法学，2003, 101ff.

汤擎，试论个人资料与相关法律关系, 华东政法学院学报，2000, 40ff.

屠凯，法学绪论，第1版，法律出版社，2022.

万方，个人信息处理中的"同意"与"同意撤回", 中国法学，2021, 167ff.

万明，明代白银货币化：中国与世界连接的新视角，河北学刊，2004, 145ff.

汪鑫，金融法学, 中国政法大学出版社，1999.

王昶/申柯娅/李国忠，中国古代对黄金的认识和利用，中国宝玉石，1998, 48ff.

王晨，关于《中华人民共和国民法典（草案）》的说明——2020年5月22日在第十三届全国人民代表大会第三次会议上，22.05.2020. http://www.xinhuanet.com/politics/2020lh/2020-05/22/c_1126021017.htm.

王丹，货币如何塑造我们得世界：一部全新得世界经济史，天地出版社，2022.

王国刚，中国银行业70年：简要历程、主要特点和历史经验，abrufbar unter http://www.imi.ruc.edu.cn/docs/2020-12/88181ac6be994fa396b15f66397934f4.pdf.

王洪亮，论登记公信力的相对化，比较法研究，2009, 31ff.

王洪亮，债法总论，北京大学出版社，2016.

王化群, 吴涛, 区块链中的密码学技术, 南京邮电大学学报 (自然科学版), 2017, 61ff.

王利民, 物权法研究 (上卷), 第4版, 中国人民大学出版社, 2016.

王利民, 债法总则研究, 2018年, 第2版, 中国人民大学出版社.

王利民编, 民法, 第6版, 中国人民大学出版社, 2015.

王利民主编, 中国民法典评注合同编 (一), 人民法院出版社, 2021.

王利明, 和而不同: 隐私权与个人信息的规则界分和适用, 法学评论, 2021, 15ff.

王利明, 论个人信息权的法律保护——以个人信息权与隐私权的界分为中心, 现代法学, 2013, 62ff

王利明, 论个人信息权在人格权法中的地位, 苏州大学学报 (哲学社会科学版) 2012, 68ff..

王利明, 论民法典合同编发挥债法总则的功能, 法学论坛, 2020, 5ff.

王利明, 论债法总则与合同法总则的关系, 广东社会科学, 2014, 224ff.

王利明, 物权法, 中国人民大学出版社, 2015.

王利明, 准合同与债法总则的设立, 法学家, 2018, 117ff.

王利明/杨立新/王轶/程啸, 民法学 (上), 第6版, 法律出版社, 2020.

王利明主编, 中国民法典评注——合同编, 人民法院出版社, 2021.

王利明主编, 中国物权法草案建议稿及说明, 中国法制出版社, 2001.

王明国, 张卫新主编, 货币银行学, 第2版, 2022.

王沛然, 认真对待法定数字货币的知识基础——数字人民币的三个争议问题及其澄清, 探索与争鸣, 2023, 75ff.

王胜明主编, 中华人民共和国中国人民银行法释义, 法律出版社, 2004.

王世舜/王翠叶译注, 尚书, 中华书局, 2012, S. 122.

王思思, 不同币种金钱之债的抵销, 人民司法, 2016, 94ff.

王卫青/宋云瑞/孙婕, 民法视角下物的概念之反思, 法制与社会, 2013, 269ff.

王锡锌, 行政机关处理个人信息活动的合法性分析框架, 比较法研究, 2022, 92ff.

王新, 洗钱罪的理论与司法认定研究, 北京大学出版社, 2024.

王雪農主编, 中国钱币大辞典——考古资料编, 中华书籍, 1991.

王永生, 钱币上的中国史, 中信出版集团, 2022.

王永生, 三千年来谁铸币: 50枚钱币串联的极简中国史, 中信出版集团, 2019.

王永生, 纸币史话, 社会科学文献出版社, 2016.

王郁琦, NII与个人数据保护, 信息法务透析, 1996, 34ff.

王毓莹, 执行异议之诉案件的裁判思路, 载民事审判指导与参考载最高人民法院,

民事审判第一庭编, 人民法院出版社, 2017, S. 51.

王泽鉴, 不当得利, 第2版, 北京大学出版社, 2015.

王泽鉴, 民法物权, 北京大学出版社, 2009.

王泽鉴, 民法学说与判例研究（第4册）, 北京大学出版社, 2009.

王泽鉴, 人格权的具体化及其保护范围·隐私权篇(中), 比较法研究, 2009, 1ff.

王泽鉴, 债法原理, 第2版, 北京大学出版社, 2013.

王钊, 开元通宝的产生和意义, 西安金融, 2003, 59ff.

王仲殊, 论汉唐时代铜钱在边境及国外的流传——从开元通宝的出土看琉球与中国在历史上的关系, 考古, 1998, 58ff.

王竹, 民法典起草实用主义思路下的“债法总则”立法模式研究, 四川大学学报（哲学社会科学版）,2012, 121ff.

网上支付跨行清算系统 IBPS (Internet Banking Payment System), abrufbar unter //www.cncc.cn/zfxt/201606/t20160615_416.html.

微信支付服务协议, abrufbar unter https://pay.weixin.qq.com/static/protocol/protocol_normal_v2.shtml.

温世杨,《民法典》合同履行规则检视, 浙江工商大学学报, 2020, 6ff.

文化部,《文化部, 商务部关于加强网络游戏虚拟货币管理工作的通知》, 2009, abrufbar unter https://whlyj.beijing.gov.cn/zwgk/zcfg/2021sjbmwj/202112/t20211208_2556597.html.

我国第三方支付行业竞争: 移动支付市场占比最大 支付宝和微信为双寡头, abrufbar unter https://www.chinabaogao.com/detail/681616.html#:~:text.

我国第三方支付行业竞争: 移动支付市场占比最大 支付宝和微信为双寡头, 关研报告网, abrufbar unter https://www.chinabaogao.com/detail/681616.html#:~:text.

吴清旺/贺丹青, 物的概念与财产权立法构造, 现代法学, 2003, 122ff.

王伟伟, 德国物法体系的历史形成与发展, 北京大学出版社, 2022.

吴逸宁, 民法典编纂视野下的债权人不履行受领行为的责任规范整合, 法治研究, 2018, 116ff.

吴志攀, 中国银行业和银行业发展40年的本土经验, 载洪艳蓉主编: 金融法苑, 中国金融出版社, 2019.

武颖/刘振，数字人民币与反洗钱：机遇、挑战和应对，金融科技，2021, 77ff.

夏尊文，存款货币财产所有权研究，北方法学，2011, 41ff.

小额支付系统BEPS (Bulk Electronic Payment System), abrufbar unter:// www.cncc.cn/zfxt/200812/t20081218_420.html.

肖世清，数字人民币无网无电支付功能上线 目前适用于安卓部分机型, 中国电子银行网，2023, abrufbar unter https://www.cebnet.com.cn/20230112/102851798.html.

谢平/石午光，数字加密货币研究：一个文献综述，金融研究，2015. 1ff.

徐涤宇/张家勇，中华人民共和国民法典评注（精要版），中国人民大学出版社，2022.

徐冬根，论法偿货币——兼论电子货币非法律意义上的货币，江西社会科学，2013, 152ff.

徐国栋，《民法典》不采用债法总则的本国立法史和比较法依据，法治研究，2020, 137ff.

徐虎成/朱体正，恶意支付大量小面额货币的法律规制，北京科技大学学报（社会科学版），2022, 439ff.

徐元浩，国语集解， 中华书局，2002.

许中缘，合同的概念与我国债法总则的存废, 清华法学, 2010, 150ff.

薛军，中国民法典编纂： 观念、愿景和思路, 中国法学, 2015, 41ff.

央行发布境外来华人士数字人民币支付指南，中国新闻网，18.03.2024, abrufbar unter https://cn.chinadaily.com.cn/a/202403/18/WS65f83f1ba3109f7860dd5f77.html.

杨代雄主编，袖珍民法典评注，中国民主法制出版社，2021.

杨东/陈哲立，法定数字货币的定位与性质研究，中国人民大学学报，2020, 108ff.

杨东/黄尹旭，《电子商务法》电子支付立法精神与条文适用，苏州大学学报（哲学社会科学版），2019, 62ff.

杨广/王若平，数字人民币试点中的洗钱风险隐患及其防范，北方金融， 2022, 71ff.

杨立新，电子商务交易中电子支付服务损害赔偿责任及其规则，中州学报，2019, 45ff.

杨立新，论民法典中债法总则之存废, 清华法学, 2014, 81ff.

杨立新，物权法，中国人民币大学出版社，2016.

杨立新，债法，中国人民大学出版社，2018.

杨延超，论数字货币的法律属性，中国社会科学，2020, 84ff.

杨卓/曹海峰/康一鑫，数字货币对支付系统的影响分析，金融科技时代，2022, 22ff.

姚前，分布式账本技术研究进展综述，武汉金融，2008，4ff.

姚前，数字货币初探，中国金融出版社，2018.

姚前，中国法定数字货币原型构想，中国金融，2016, 13ff.

姚前，中央银行数字货币原型系统实验研究，软件学报，2018, 2716ff.

叶林，预付式消费合同的法律管制，哈尔滨工业大学学报(社会科学版)， 2011, 32ff.

叶名怡，个人信息的侵权法保护，法学研究，2018, 83ff.

一文带你了解数字人民币及其发展历程——2021年数字货币时代加速到来，中国产业经济信息网，01.19.2021, abrufbar unter http://www.cinic.org.cn/sj/sdxz/cjjr/1020593.html.

已获许可机构（支付机构），政府信息公开，abrufbar unter http://www.pbc.gov.cn/zhengwugongkai/4081330/4081344/4081407/4081702/4081749/4081783/index.html.

易纲/吴有昌，货币银行学，上海人民出版社，1999.

尹龙，电子货币对中央银行的影响，金融研究，2000, 34ff.

尹田，物权法，第2版，北京大学出版社，2017.

用它发工资？警惕数字人民币暗藏不可告人的七大阴谋，abrufbar unter https://www.soundofhope.org/post/715514.

余云峰，从“北极星项目”看数字人民币的“双离线支付”，abrufbar unter https://m.mpaypass.com.cn/news/202308/09101518.html

余云峰，数字人民币的钱包形态和能力解析，移动支付网，25.12.2023. abrufbar unter https://m.mpaypass.com.cn/news/202312/25095456.html.

余云峰，数字人民币发展研究报告2022, abrufbar unter http://tradeinservices.mofcom.gov.cn/article/difang/maoydt/202305/148880.html.

余云峰，数字人民币发展研究报告2022，S.55.

虞宝棠，试论国民党政府的法币政策，历史档案，1983, 114ff..

袁俊宇，数字人民币运营机构安全保障义务的廓清与实现，当代法学，2023, 50ff.

袁翔珠，论电子货币的法律性质， 经济与法， 2002, 129ff.

袁勇/王飞跃，区块链技术发展现状与展望，自动化学报，2016, 481ff.

原永清，贝币三题，收藏，2013, 80ff.

张焕然，论拟制规范的一般结构——以民法中的拟制为分析对象，法制与社会发展，2021, 177ff.

张里安/李前伦，论银行账户资金的权利属性——横向公司诉冶金公司、汉口支行案之理论评析，法学评论，2007, 83ff.

张亮/刘百祥/张如意/江斌鑫/刘一江，区块链技术综述，计算机工程，2019, 1ff.

张庆麟，电子货币的法律性质初探，武汉大学学报（社会科学版），2001, 544ff.

张庆麟，论货币的法律概念及其法律性质，经济法论丛，2003, 164ff.

张素华，有关债法总则存废的基本理论问题，法学评论, 2015, 129ff.

张文显主编，法理学，第5版，高等教育出版社，2018.

张新宝，从隐私到个人信息：利益再衡量的理论与制度安排，中国法学，2015, 38ff.

张新宝，侵权责任法，第5版，中国人民大学出版社，2020.

张新宝，中国民法典评注——侵权责任编，中国人民大学出版社，2020.

张新谊，电子支付与信息安全实践教程，清华大学出版社，2012.

张馨月，浅析数字钱包与支付账户的异同，青海金融 观察思考，2023, 61ff.

张媛，王宏斌，论北洋政府时期银元与铜元市场比价波动问题，河南大学学报(社会科学版), 1991, 90ff.

招商银行个人客户电子银行业务服务协议，abrufbar unter https://www.cmbchina.com/personal/netbank/NetbankInfo.aspx?guid=e4ba46be-5792-45e9-9ac9-43da548ff2cf.

赵磊，区块链类型化的法理解读与规制思路，法商研究，2020, 46ff.

赵旭东主编，中华人民共和国电子商务法释义与原理，中国法制出版社，2018.

赵轶峰，试论明代货币制度的演变及其历史影响，东北师大学报（哲学社会科学版），1985, 41ff.

赵莹，从银行法视角探究数字人民币流通中的法律风险, 上海法学研究，2021, 189ff.

赵莹，数字货币激励性法律规范的逻辑与路径，法商研究，2021, 130ff.

赵祯祺，预付式消费：如何实现理性健康发展？中国人大，2020, 50ff.

郑玉波，民法物权，台北三民书局，1986.

郑玉波，民法债编总论，中国政法大学出版社（修订2版），2003.

支付宝服务协议，abrufbar unter https://help.alipay.com/lab/help_detail.htm?help_id=201602698273.

支付宝支付服务协议 (2024), abrufbar unter https://render.alipay.com/p/yuyan/180020010001196791/preview.html?agreementId=AG00000006.

中国工商银行电子银行个人客户服务协议, abrufbar unter https://media.icbc.com.cn/agreement/938282581273911303.html.

中国共产党第十八届中央委员会第四次全体会议，《中共中央关于全面推进依法治国若干重大问题的决定》, 23.10.2014, abrufbar unter https://www.gov.cn/zhengce/2014-10/28/content_2771946.htm.

中国货币, 中国政府网, abrufbar unter https://www.gov.cn/guoqing/2005-06/16/content_2615216.htm.

中国建设银行电子银行个人客户服务协议, abrufbar unter https://www3.ccb.com/cn/OtherResource/agreement/20221214_1670983545.html.

中国农业银行电子账户服务协议, abrufbar unter https://www.abchina.com/cn/PersonalServices/zcxy221101/ls221101/202309/t20230913_2333508.htm.

中国人民银行, 2023 年人民币国际化报告, 27.10.2023 , abrufbar unter http://www.pbc.gov.cn/goutongjiaoliu/113456/113469/5114765/2023102720175126516.pdf.

中国人民银行, 2023 年支付体系运行总体情况, abrufbar unter http://www.pbc.gov.cn/goutongjiaoliu/113456/113469/5314683/2024032815235914509.pdf.

中国人民银行, 2023年金融统计数据报告, abrufbar unter https://www.gov.cn/lianbo/bumen/202401/content_6925677.htm.

中国人民银行, 2023年支付体系运行总体情况, 28.03.2024, abrufbar unter http://www.pbc.gov.cn/zhifujiesuansi/128525/128545/128643/5314683/2024032815235914509.pdf.

中国人民银行, 2024年中国人民银行工作会议, 05.01.2024, abrufbar unter http://www.pbc.gov.cn/goutongjiaoliu/113456/113469/5194629/index.html.

中国人民银行, 关于《中华人民共和国反洗钱法（修订草案）》的说明, abrufbar unter http://www.npc.gov.cn/c2/c30834/202411/t20241108_440871.html.

中国人民银行, 关于《中华人民共和国中国人民银行法（修订草案征求意见稿）》的说明, 23.10.2020, abrufbar unter https://www.gov.cn/zhengce/zhengceku/2020-10/24/content_5553847.htm.

中国人民银行, 关于整治拒收现金支付行为的公告, 中国人民银行公告[2018]第10号, 13.07.2018, abrufbar unter http://www.pbc.gov.cn/tiaofasi/144941/3581332/3730104/2018122910172183514.pdf.

中国人民银行，人民币发行，abrufbar unter http://www.pbc.gov.cn/huobijinyinju/147948/147954/index.html.

中国人民银行，银行业概述，abrufbar unter http://www.pbc.gov.cn/jinrongxiangguan/214057/214059/214192/index.html.

中国人民银行，中国人民银行关于改革完善贷款市场报价利率（LPR）形成机制有关事宜的公告，中国人民银行公告2019年第15号，16.08.2019, abrufbar unter https://www.waizi.org.cn/doc/67564.html.

中国人民银行，中国数字人民币的研发进展白皮书媒体吹风会文字实录，16.07.2021. abrufbar unter http://www.pbc.gov.cn/rmyh/3963412/3963426/4294165/index.html

中国人民银行，中国数字人民币的研发进展白皮书媒体吹风会文字实录，16.07.2021，abrufbar unter http://www.pbc.gov.cn/rmyh/3963412/3963426/4294165/index.html, Abruf: 9.7.2023

中国人民银行2021年三季度拒收人民币现金处罚信息表，银管罚〔2021〕22号，abrufbar unter http://www.pbc.gov.cn/goutongjiaoliu/113456/113469/4366099/2021102217512579466.pdf.

中国人民银行反洗钱局课题组，区块链技术在反洗钱工作中的运用前景研究，金融电子化，2020, 11ff.

中国人民银行关于《中华人民共和国中国人民银行法（修订草案征求意见稿）》公开征求意见的通知，中国政府网，23.10.2024, abrufbar unter https://www.gov.cn/zhengce/zhengceku/2020-10/24/content_5553847.htm.

中国人民银行数字货币研究所，数字货币定向使用的方法和装置，专利编号2017104955585, 2017, abrufbar unter https://pss-system.cponline.cnipa.gov.cn/retrieveList?prevPageTit=changgui.

中国人民银行支付系统介绍，abrufbar unter http://www.gzxhhyh.com/noticedetail/184949.html.

中国信息通信研究院，全球数字经济白皮书（2023），01. 2024, abrufbar unter http://www.caict.ac.cn/kxyj/qwfb/bps/202401/P020240326601000238100.pdf.

中国信息通信研究院，中国数字经济白皮书（2023），04. 2024, abrufbar unter https://bimsa.net/doc/publication/4230.pdf.

中国银行，“粒米百元”——恶性通货膨胀给中行带来严重影响（1946年－1949年），abrufbar unter https://www.boc.cn/aboutboc/ab7/200809/t20080926_6910.html.

中国银行股份有限公司个人客户电子支付服务协议，abrufbar unter https://www.boc.cn/ebanking/service/cs1/202210/t20221010_21885683.html.

中国银行股份有限公司手机银行服务协议，abrufbar unter https://www.boc.cn/ebanking/service/cs1/201004/t20100429_1016362.html.

中国支付清算协会，中国产业支付年报2022. Abrufbar unter abrufbar unter https://www.kuajinzhifu.com/book/1278.html.

中华人民共和国民法典（2020年5月28日第十三届全国人民代表大会第三次会议通过），中国人大网，http://www.npc.gov.cn/npc/c2/c30834/202006/t20200602_306457.html.

中华人民共和国新闻办公室，中国特色社会主义法律体系白皮书，10.2011，新华社，abrufbar unter https://www.gov.cn/zwgk/2011-10/27/content_1979526.htm#:~:text.

中华人民共和国主席令，第六十六号，15.03.2017，http://www.npc.gov.cn/zgrdw/npc/xinwen/2017-03/15/content_2018721.htm.

钟起瑞，货币结构分析，中国金融出版社，1988.

钟志勇，电子支付服务监管法律问题研究，中国政法大学出版社，2018.

周汉华，中华人民共和国个人信息保护法（专家建议稿）及立法研究报告，法律出版社，2006.

周虹，电子支付与网络安全，第2版，中国人民大学出版社， 2022.

周虹主编，电子支付与网络银行，第2版，中国人民大学出版社，2011.

周喜庆/廖伯眗，数字人民币洗钱风险及应对探析，河北金融，2022年第8期，22ff.

周永坤，法理学——全球视野，第4版，法律出版社，2016.

朱伯玉，关于电子货币的法律问题，法学杂志，2002, 19ff.

朱光新/谢鸿飞，民法典评注——合同编通则，中国法制出版社，2020.

朱广新，合同法总则研究上下卷，中国人民大学出版社，2018.

朱广新，债法总则的体系地位与规范结构，北航法律评论，2013, 58ff.

朱虎，债法总则体系的基本反思与技术重整，清华法学，2019, 126ff.

朱庆育，债法总则消亡史，法学研究，2023, 52ff.

朱太辉/张皓星，中国央行数字货币的设计机制及潜在影响研究—— 基于央行数字货币专利申请的分析，金融发展研究，2020，3ff.

朱玮，数字人民币反洗钱联合风险控制：隐私保护计算的应用场景分析，征信，2022, 11ff.

朱晓喆，存款货币的权利归属与返还请求权——反思民法上货币“占有即所有”法则的私法运用，法学研究，2018, 116ff.

诸葛达，国民党政府1935年的币制改革，浙江学刊（双月刊），1995, 119ff..

邹传伟，关于数字货币可编程性的思考，第一财经，19.09.2022. abrufbar unter https://m.yicai.com/news/101540788.html.

最高人民法院民法典贯彻实施工作领导小组，中华人民共和国民法典侵权责任编理解与适用，人民法院出版社，2020.

最高人民法院民法典贯彻实施工作领导小组编，中华人民共和国民法典总则编理解与适用，人民法院出版社，2020.

左保昌/吴开泰，新中国战时的本位货币——回顾第一套人民币的印制发行，中国钱币，1985, 53ff.